FACTUM

POVR Philippes Aubery, Seigneur de Montbar, Defendeur.

CONTRE Maiſtre Iacques Buiſſon, Adjudicataire
des Domaines de France & droiɛts y joints, Deman-
deur.

OV IL EST TRAITTE

I. Du Domaine de la Couronne : & s'il peut eſtre tenu en
Fief Lige d'un Vaſſal de la Couronne.

II. Des Fiefs Liges : Quand ils ont commencé d'avoir cours
en France : de leur origine, nature, & conditions eſſentielles.

III. Des Partages & Appennages accordez aux Enfans de
France. 1. En proprieté, par quotité, & en Souveraineté :
2. En proprieté, mais non en Souveraineté ny par quotité.
3. Sous la clauſe de Retour à defaut d'hoirs indiſtincte-
ment Maſles & Femelles. 4. A defaut d'hoirs Maſles
limitativement & excluſivement pour les Femelles.

IV. De l'Vnion Tacite au Domaine de la Couronne ; ſi elle
a eſté admiſe en France auparavant l'Ordonnance de 1566,
& ſi juſques en ce temps nos Roys ont conjointement
poſſedé deux ſortes de Domaines diſtincts & ſeparez : l'un
propre & particulier, l'autre de la Couronne & de l'Eſtat.

V. Des Donations faites par nos Roys de leur Domaine :
En quel cas & pour quelles cauſes ils peuvent valablement
donner non ſeulement celuy qui leur eſt propre & particulier, mais encore celuy de l'Eſtat.

Par Mᵉ MARTIN HUSSON Avocat au Parlement de Paris.

F. 1145.

A PARIS.

De l'Imprimerie de la V. LE GENTIL, demeurante ruë des Noyers,
au coin de la ruë Saint Iean de Beauvais.
M. DC. LXXVII.

FACTUM,

POVR Philippes Aubery, Seignéur de Montbar, Defendeur.

CONTRE Maiſtre Iacques Buiſſon, Adjudicataire des Domaines de France & droicts y joints, Demandeur.

A ſeule queſtion de laquelle il s'agit entre les parties, ſe reduit à ſçavoir *ſi la Terre & Baronnie de Montbar eſt du Domaine de la Couronne.* *Queſtion à juger.*

LE FAIT eſt ſommaire auſſi bien que la procedure.

Le Sieur Aubery eſt legataire univerſel de *Eſtabliſſement du faict.* defunt Meſſire Chriſtople du Pleſſis par ſon Teſtament du premier Novembre mil ſix cens ſoixante & unze ; Entre les effets de ce legs univerſel s'eſt trouvé la Baronnie de Montbar, elle eſtoit acqueſt au deffunt, qui dés le 13 May 1638. l'avoit euë par De-cret fait au Parlement de Paris ſur le Cura-teur à la ſucceſſion vacante du Sieur Baron de Termes ſon Debiteur, n'ayant trouvé que cet effet pour ſe payer de ſa debte.

Cette Terre eſtoit venuë au Sieur Baron de Termes par Contract d'échange, qu'il avoit paſſé le premier Juin 1616. avec Monſieur le Duc de Bellegarde ſon frere : Et celuy-cy l'avoit acquiſe dés le mois d'Avril 1613. de Monſieur le Duc de Nemours, dans la Maiſon duquel elle eſtoit entrée dés le commencement de l'année 1554. par un partage que le Roy Henry II. avoit bien voulu faire luy-meſme de la ſucceſſion de François d'Orleans Duc de Longueville & Comte de Dunois decedé ſans enfans dés 1551.

La Maiſon de Longueville l'avoit poſſedée juſques alors, au moyen du mariage contracté le 2 Octobre 1504. Entre Loüis d'Orleans I. du nom Duc de Longueville, & Jeanne de Hohsbert fille de Philippe de Hohsberg, Mareſchal de Bourgogne, auquel le Roy Loüis XI. en avoit fait don par Lettres patentes du mois d'Octobre 1478.

C'eſt ce Don qui a ſervy de pretexte à ceux qui prétendent aujour-d'huy que la Baronnie de Montbar ſoit une Terre Domanialle : car ils ſe ſont imaginé qu'elle faiſoit partie de l'Appennage des Ducs de Bourgogne, la reverſion duquel Appennage avoit eſté faite de plein droit à la Couronne, par la mort du Comte de Charolois, decedé ſans hoirs mâles : mais s'ils euſſent ſceu la nature & la qualité de cette

A

Baronnie, qui avoit toûjours esté tenuë en *Fief lige* de l'Evesché de Langres par les Ducs de Bourgogne, tant de la premiere que de la seconde Branche, ils eussent connu sans doute que *jamais elle n'avoit fait partie de leur Appennage.*

Cependant, soit qu'ils n'ayent pas eu cette connoissance, soit qu'ils ayent bien voulu faire croire qu'elle n'estoit pas venuë jusques à eux, ils ont fait au Sieur Aubery le procés dont il s'agit ; Et voicy qu'elle a esté la procedure qu'ils ont tenuë.

Et de la procedure.

Le 7 Octobre 1673. Maistre Claude Vialet Fermier General des Domaines de France, en vertu d'une Commission emanée du Lieutenant General de la Chancellerie de Semur en Auxois Subdelegué de Monsieur Bouchu Intendant en la Generalité de Bourgogne, fit saisir les fruits & revenus de la Terre de Montbar, & assigner le Sieur Aubery pardevant ledit Sieur Subdelegué, *pour en execution de l'Arrest du Conseil d'Estat du 4 Ianvier 1673. representer les Titres, en vertu desquels il joüissoit de ladite Terre ;* à quoy le Sieur Aubery ayant satisfait, Sentence intervint le 29 Novembre ensuivant, portant que Vialet prendroit communication des Titres representez pour les contredire si bon luy sembloit, & cependant main-levée faite & baillée de sa saisie.

Premiere Instance portée pardevant le subdelegué de Monsieur Bouchu, Intendant de la Iustice, Police & Finances en la Generalité de Bourgogne à la Requeste de Maistre Claude Vialet.

Les années 1674. & 1675. s'estant écoulées sans aucune poursuitte de la part de Vialet, il y a eu en 1676. une autre Instance formée contre le Sieur Aubery, sous un pretexte bien different à la requeste d'une autre partie.

Autre Instance portée en la Maistrise particuliere d'Avalon à la Requeste du Procureur du Roy.

Il y a plusieurs Bois considerables dependans de la Baronnie de Montbar, dans lesquels les Habitans ont droit d'usage, sous certaines Redevances anciennes qu'ils en payent au Seigneur : Pour pouvoir introduire une nouvelle action, l'on a supposé que ces Bois estoient communeaux, & suivant la disposition de l'Ordonnance pour les Eaux & Forests a de l'année 1669. les Habitans de Montbar ont esté traduits en la Maistrise particuliere d'Avalon, à la Requeste du Procureur du Roy, pour voir dire *que le quart desdits Bois seroit reservé pour croistre en Fustaye, dont à cet effet triage & designation seroit faite.*

a *Titre.* Des bois, prez, marais, landes, pastis, pescheries, & autres biens appartenans aux Communautez & Habitans des Parroisses, *art. 1 & 2.*

Le Sieur Aubery seul Seigneur proprietaire de ces Bois est intervenu, a fait voir par Titres, Que ce n'estoient pas des Communes ; Que les Habitans de Montbar n'y avoient que le droit d'usage ; Que le fonds & la proprieté estoient des dependances de la Baronnie de Montbar, Verité dont le Procureur du Roy a esté si convaincu, qu'il s'est desisté du triage qu'il avoit requis : mais ayant remarqué és Titres produits par lesdits Habitans que ce droit d'usage leur avoit esté accordé *par les anciens Ducs de Bourgogne en qualité de Seigneurs de Montbar,* il s'est imaginé que cette Terre avoit fait partie de l'Appennage de Bourgogne, & par l'extinction de la derniere Branche estoit revenuë à la Couronne ; De sorte que par un dire signifié le 5 Fevrier 1676. il a conclu *à ce que ladite Terre fut reünie au Domaine.*

Sur cela, Sentence est intervenuë en la Maistrise particuliere d'Avalon le 11 Fevrier 1676. portant qu'auparavant que faire droit, le Sieur Aubery prendroit communication des Titres, dont le Procureur du Roy entendoit se servir pour y fournir tels contredits qu'il adviseroit.

Maistre Iacques Buisson reprend la premiere Instance, en laquelle il se sert des titres que les Habitans de Montbar avoient produits en la seconde.

Cette seconde Instance estant demeurée indecise, Maistre Iacques Buisson adjudicataire des Domaines de France & Droits y joints s'est advisé le 24 Mars 1677 de reprendre la premiere, qui dés la fin de 1673. avoit esté introduite pardevant le Sieur Subdelegué de Monsieur l'Intendant, sous le nom de Vialet ; *Et prenant droit, a-il dit, par les Titres que les Habitans de Montbar avoient produits en la Maistrise particuliere d'Avalon,* il a conclu à ce que la Terre & Baronnie de Montbar, *membres & dépendances d'icelle soient reünis & incorporez au Domaine de la*

Et conclud à ce que la Terre de Montbar soit reünie & incorporée à la Couronne.

Couronne, & le Sieur Aubery condamné à la restitution de tous les fruits qui en ont esté perceus, tant par luy que par ses Auteurs avec interests & despens.

C'est à cette pretention que le Sieur Aubery se trouve aujourd'huy obligé de deffendre, & pour y reüssir avec ordre, il se renferme dans trois propositions dont il fournira les preuves demonstratives & evidentes.

La premiere, Que la Terre & Baronnie de Montbar n'a jamais esté de l'Appennage des Ducs de Bourgongne de la premiere branche ny du Domaine de la Couronne.

La seconde, Que la Terre & Baronnie de Montbar n'a point esté reünie à la Couronne, ny par le Roy Iean aprés la mort de Philippes de Rouvre dernier Duc de Bourgongne de la premiere branche, ny par le Roy Loüis XI. aprés la mort de Charles Comte de Charolois dernier Duc de Bourgongne de la seconde Branche.

La troisiéme, Que Louys XI. par ses Lettres patentes du mois d'Octobre 1478. a pu valablement donner (comme il a fait) ladite Terre & Baronnie de Montbar à Philippes de [illisible] Mareschal de Bourgongne ses descendans & ayans cause.

Defense du sieur Aubery renfermée en la preuve de trois propositions.

PREVVES
DE LA PREMIERE PROPOSITION.

Que la Baronnie de Montbar n'a jamais esté de l'Appennage des Ducs de Bourgogne de la premiere branche, ny du Domaine de la Couronne.

QUOY que ceux qui ont écrit de la Maison de France conviennent que la premiere branche des Ducs de Bourgongne ait commencé dés l'année 1030. en la personne de Robert de France II. fils du Roy Robert, & qu'elle ne soit finie qu'en 1361. par le deceds de Philippes de Bourgongne, surnommé de Rouvre, sans enfans, neanmoins ils ne sont pas d'accord entr'eux du Titre, sous lequel le Duché de Bourgongne a esté tenu & possedé par cette premiere branche.

Quelques-uns [a] ont crû que ce Duché fut donné à Robert de France par le Roy Henry I. son frere à titre d'Appennage reversible à la Couronne, en defaut d'hoirs mâles ; Ce qui fit, disent ils, qu'il écheut au Roy Iean par droit de retour aprés le deceds de Philippe de Rouvre ; D'autres au [b] contraire ayant remarqué que la Loy des Appennages n'avoit esté introduite que sous Philippe le Bel, & que le Roy Iean avoit recueilly le Duché de Bourgongne par droit de succession, ainsi qu'il l'avoit declaré luy-mesme és Lettres patentes du mois de Novembre 1361. ont donné sujet de croire que ce Duché avoit esté delaissé proprietairement à Robert de France pour sa portion hereditaire, en execution du Testament du Roy Robert son pere, suivant & ainsi qu'il s'estoit toûjours pratiqué sous les deux premieres Races de nos Roys.

Mais la decision de cette question n'est pas absolument necessaire pour la preuve de la premiere proposition mise en avant par le Sieur Aubery, puisque pour l'établir il suffit de sçavoir, *Que la Terre & Baronnie de Montbar n'est venuë aux Ducs de cette premiere branche de Bourgongne, que par l'investiture que les Evesques de Langres leur en ont bien voulu donner sous l'Hommage Lige envers eux & leurs successeurs Evesques.*

Cette verité ne souffre pas de contredit dans le Fait.

a Du Tillet, chap. de la premiere branche de Bourgogne; Traittez de du Puy, au titre, Duché de Bourgogne, chap. 1. pag. 480. 481.

b Du Chesne, Histoire de Bourgogne. Tom. 2. chap. 16. pag. 123. & és preuves pag. 128. Sainte Marthe Histoire de la Maison de France. tom. 2. liv. 38. chap. 16. pag. 755. 736.

Debat entre nos Auteurs, si le Duché de Bourgogne a esté possedé à titre d'appenage ou proprietairement par les Ducs de la premiere branche.

Montbar donné en Fief lige aux Ducs de Bourgogne de la premiere branche par les Evesques de Langres.

Premier hommage lige fait par Hugues IV.

Le premier acte que le Sieur Aubery en rapporte datté du mois de Ianvier 1228. est un Hommage Lige rendu par Hugues IV. Duc de Bourgongne à celuy qui lors estoit Evesque de Langres, pour raison de la Terre de Montbar & de ses dépendances : Hugues estoit fils de Eudes III. & d'Alix de Vergy ; après la mort du Duc son pere arrivé en Iuillet 1218. il demeura en la tutelle d'Alix de Vergy sa mere, n'ayant encore que six ans, mais en 1228. ayant quinze ans accomplis qui estoit l'aage pour entrer en Foy & Hommage, il fut obligé de s'advoüer à Vassal envers les Seigneurs, dans la mouvance desquels il tenoit des Fiefs.

La Chartre dont il s'agit est conceuë en langue Latine, comme en ce temps tous les actes se redigeoient ; Hugues qui y parle en premiere personne, fait sa declaration en ces termes : *Ego sum Homo Ligius Episcopi Lingonensis post regem Franciæ* : Il adjoûte ensuitte les Fiefs & les Teneures qui le rendoient *Vassal lige* de l'Evesché de Langres, entre lesquels est Montbar : *Et teneo*, poursuit-il, *ab eodem Episcopo in feodo ligio quidquid habeo apud Castellionem & in appendiciis, tam in feodo quam in domanio, & Castrum Montis Barri cum appendiciis* : Et parce que ce mot general & indefini *cum appendiciis*, eut compris generalement tout ce qu'il possedoit à Montbar, s'il ne l'eut expliqué & modifié, il en excepte une certaine Maison qui estoit de la Mouvance de l'Abbé du Moustier saint Iean : *Excepta domo mea quam habeo in eodem castro quam teneo ab abbate Reomensi a.*

En veuë duquel il refuse de s'engager indefiniment.

Une des obligations des Vassaux Liges estoit de ne prendre aucuns engagemens au préjudice de leur Seigneur : Hugues se montra fort religieux en ce point, à l'égard des Evesques de Langres, dont il nous est resté deux témoignages authentiques.

a Reomaüs, Reomagus, Reomense Monasterium, vulgo, *Moustier S. Iean*. Robert, Gallia. Christia. in Lingon. *num.* 14. & in abba. Galliæ. *lit. R.*

b Tom. 2. liv. 38 chap. 9. *pag.* 712.

Sainte Marthe *b* dans son Histoire de la maison de France en rapporte le premier sous l'an 1234. c'est le Traité de Confederation que ce Duc fit & conclud avec Thibaut Roy de Navarre Comte Palatin de Champagne & de Brie, auquel il promit de donner secours contre toutes personnes, excepté *le Roy de France, la Reyne sa mere & l'Evesque de Langres*, mais la Chartre Latine de cet accord est conceuë en termes beaucoup plus précis & significatifs que ceux esquels sainte Marthe s'en exprime : Elle est inserée dans les preuves que Chantereau le Févre a ajoûtées à son Traitté des Fiefs, *c Ego*, porte-elle, *Hugo Dux Burgundiæ notum facio Vniversis quod ego sum juratus illustri viro Theobaldo Dei gratia Regi Navarræ, Campaniæ & Briæ Comiti Palatino ad juvandum ipsum, salva fidelitate Domini Regis Franciæ & Dominæ Reginæ matris ejus & Episcopi Lingonensis, contra omnes gentes quæ possunt vivere & mori* : La Chartre adjoûte que Hugues pour seureté de l'execution de ce qu'il promettoit sous serment au Roy de Navarre luy fournit par maniere de pleiges, Robert lors Evesque de Langres, & le Seigneur de Janicourt, & se soûmit, s'il contrevenoit à son serment, à l'Excommunication que les Evesques d'Autun, de Langres & de Troyes pourroient fulminer contre luy.

Envers. Thibault Roy de Navarre, Comte Palatin de Champagne & de Brie.

c Pag. 217.

Et envers Alphonse X. Roy de Castille, éleu Empereur.

L'autre témoignage se tire d'une Chartre Latine, donnée à Segovie, ville de Castille la veille le 21. Septembre 1258. inserée dans le Recüeil de plusieurs pieces curieuses pour servir à l'Histoire de Bourgongne, donné *d* au public par Monsieur Perard Doyen de la Chambre des Comptes de Dijon, page 491.

d Imprimé en 1664 par Claude Cramoisy ruë S. Victor.

e Cela se prouve tant par l'acte capitulaire de S. Benigne inseré au mesme Recueil *pag.* 490. que par la souscription de la Chartre de l'hommage fait par Hugues au Roy Alphonse, imprimée cy aprés.

Hugues estant demeuré veuf d'Yoland de Dreux sa premiere femme, entreprit *e* par devotion le voyage de saint Iacques en Galice, accompagné de Guy Vicomte de Limoges & de Pierre Abbé de S. Benigne de Dijon, ce fut l'an 1258.

Alphonse X. surnommé *l'Astrologue*, qui regnoit lors en Espagne, avoit

avoit de grandes affaires fur les bras, au fujet de ce que luy & Richard Comte de Cornoüaille, frere du Roy d'Angleterre, avoient efté nom, mez concurremment à l'Empire : Car Guillaume a Roy des Romains ayant efté miferablement tué par les Frifons en 1256. dans le temps qu'il fe difpofoit à paffer en Italie pour y eftre couronné Empereur, Les feuls Electeurs de Mayence, de Cologne, du Rhin & de Bavieres affemblez à Francfort avoient élû Richard ; Et les trois autres Electeurs de Treves, de Saxe & de Brandebourg indignez que cette élection eut efté faite précipitamment, & fans leur participation avoient incontinent aprés élu Alphonfe avec d'autant plus de raifon ce leur fembloit, qu'Alphonfe eftoit de la Maifon de *b* Baviere. Richard s'eftant l'année fuivante 1257. tranfporté à Aix la Chapelle y avoit efté couronné Empereur par Conrard Archevefque de Cologne, *c* l'un de ceux qui l'avoient élû, dont Alphonfe irrité au dernier point avoit fait porter fes plaintes, tant au Roy d'Angleterre, frere de Richard, qu'au Pape Alexandre IV. refolu de maintenir fon élection avec le fecours que les Rois d'Arragon & de Navarre luy avoient promis, joint les intelligences qu'il avoit en Italie, où non feulement le Tyran de Padoüe Ecelin; mais encore les Guelphes Florentins l'avoient invité par leurs Deputez de fe rendre en diligence, croyant qu'Alphonfe beaucoup plus puiffant que Richard, reüffiroit auffi beaucoup mieux à fouftenir, defendre & reftablir les interefts de l'Eglife contre la tyrannie de Manfred, qui s'eftoit faifi de la Sicile.

Tel eftoit l'eftat des affaires d'Alphonfe lors que Hugues Duc de Bourgogne traverfant l'Efpagne pour aller en Compoftelle, luy parut un Seigneur tout à fait propre pour faciliter fon paffage en Italie, pourveu qu'il le pût engager dans fon parti. L'expedient qu'il prit pour y reüffir, fut d'affigner au Duc par chacun an dix milles Maravotins *d* monnoye d'Efpagne, revenans à quatre mil marcs d'argent au poinçon de Troyes, à les prendre fur les droicts & revenus du Royaume de Caftille ou de l'Empire; d'ériger cet affignat en Fief, d'en inveftir le Duc, de luy en payer comptant la premiere année, & luy donner affeurance d'eftre payé par avance de l'année fuivante.

nus Univerfis & fingulis præfentem paginam infpecturis quod nos, pro *fidelitate & homagio* quod nobis nobilis vir *Hugo Dux Burgundiæ* pro fe & fucceſſoribus fecit & exhibuit, *ficut in literis inde confectis plenius continetur*, promifimus ei foluere *quatuor millia marcarum argenti ad Marcam Trecenfem* in proximo futuro fefto Nativitatis Beatæ Mariæ Virginis menfe Septembris Parifius : Ita tamen quod fi in dicto termino de prædictis *quatuor millibus marcis*, eidem Duci vel ejus nuncio fuerit integre fatisfactum, quod ipfe de *decem millibus maravotinis* computatis *quindecim folidis pipionum pro Maravotino*, quod à nobis & fucceſſoribus noftris fingulis annis eidem Duci & fucceſſoribus fuis debentur, *pro feudo & nomine feudi* tenebit fibi fore integre fatisfactum pro eodem anno ufque ad confimile feftum Nativitatis Beatæ Mariæ Virginis menfis Septembris fubfequentis anni. Si vero in folutione dictarum *Marcarum* in prædicto termino, quod abfit, nos deficere contingeret, volumus & concedimus, quod præfatus Dux & fucceſſores fui ex-tunc abfoluti fint & liberi maneant à *fidelitate & homagio* nobis ab ipfo facto pro fe & fucceſſoribus fuis, & de *decem millibus Maravotinis quos idem Dux recepit à nobis* præfentis anni folutione *feudi*, & ab omnibus literis & conventionibus factis per eum pro fe & fuis fucceſſoribus nobis & noftris fucceſſoribus, in aliquo nobis & noftris fucceſſoribus minime teneatur. &c. Data Segoviæ die Sabbati xxi. menfis Septembris, Rege mandante *Anno Domini* 1258. præfentibus &c. *Recueil des pieces curieufes pour l'Hiftoire de Bourgogne. pag.* 492.

Mais Hugues ne voulut accepter des offres fi honorables & fi avantageufes que fous deux conditions : L'une, qu'il ne feroit tenu d'affifter en armes le Roy Alphonfe qu'en deça de Roncevaux, fans eftre obligé d'entrer en Efpagne : L'autre, que l'hommage qu'il rendroit ne dérogeroit point aux obligations qu'il avoit desja contractées envers les Seigneurs dont il eftoit homme lige, entre lefquels l'Evefque de Langres eft nommément compris.

La Chartre *e* qui en fut dreffée eft trop de confequence pour n'en pas rapporter icy les principalles claufes.

Marginal notes (left column):

a Spondan. Continuat. Baro. anno 1256. num. & 10.

Hic Alphonfus fuit electus in Imperatorem Romanorum, in difcordia Electorum : ex eo enim quod erat de domo Bavariæ voluiffent aliqui ut imperaret in Germania. *Alphonf. à Carthagena, cap.* 84.

c Sponda. Continuatio. Baro. an. 1257. num. 1.

d Nos *Alfonfus* Dei Gratia Romanorum Rex femper Auguftus & Caftellæ, Toleti, Galliciæ, Siciliæ Cordubæ, Murciæ & Giennij Rex, notum facimus Univerfis & fingulis...

e Nos Univerfis & fingulis præfentem paginam infpecturis,

La premiere concerne l'investiture solemnelle qui se faisoit en Espagne par la tradition du baston de Commandement, comme une marque d'honneur & d'autorité que les Rois mettoient eux-mesmes és mains de leurs Vassaux qualifiez, *& de prædicto feudo, dictus Dominus Rex, pro se, & successoribus dictum Ducem pro se & successoribus suis cum virgâ, quam in manu tenebat, solemniter investivit.*

La seconde contient la forme de l'hommage rendu par le Duc, & est conceuë en ces termes, *Et dictus Dux promisit pro se & successoribus suis tanquam verus fidelis dicti Regis, ipsum dictum Regem & successores suos contra omnes homines ultra portus Roncidenalis fideliter adjuvare.*

La derniere comprend l'exception cy-dessus observée, *salua fidelitate illustris Regis Franciæ & Reginæ, & aliorum dominorum dicti Ducis; videlicet, Eduensis, Lingonensis & Scabilonensis Episcoporum.*

Voila donc un premier acte d'hommage lige rendu par les Ducs de Bourgogne en la personne de Hugues I V. aux Evesques de Langres pour raison de la Baronnie de Montbar & de ses dépendances; mais hommage lige, dont les obligations ont esté si religieusement observées par ce Duc, qu'il n'a jamais voulu prendre aucuns engagemens qui pussent tant soit peu les interesser & les alterer.

Second hommage Lige de la terre de Montbar fait par Robert II. Duc de Bourgogne à l'Evesque de Langres.

Le second acte rapporté par le sieur Aubery est de Robert II. Duc de Bourgogne.

Hugues IV. duquel il vient d'estre parlé, avoit eu plusieurs enfans de deux mariages qu'il avoit contractez, le premier avec Yoland de Dreux; le second avec Beatrix de Navarre ou de Champagne : Mais lors de son deceds arrivé l'an 1272. de quatre fils qu'il s'estoit veu, il ne luy en restoit que deux; sçavoir Robert issu de son premier lit, & Hugues ou Huguenin issu de son second, les deux autres qui estoient aussi de son premier mariage, & qui estoient ses aisnez estant decedez auparavant luy sans avoir laissé de leurs mariages autres enfans que des filles.

Le desir qu'il eut que le Duché de Bourgogne passa à Robert, fils de son premier lict, sans que les filles issuës de ses deux aisnez predecedez le luy pussent quereller, sous pretexte qu'elles devoient representer leurs peres en la succession de luy qui estoit leur ayeul, l'induisit à en disposer par Testament au profit de Robert, lequel il institua nommément son heritier en son Duché. Ce Testament est datté du Lundy avant la Feste de S. Michel : du Chesne l'a fait imprimer entre les preuves de la Genealogie des Ducs de Bourgogne qui se trouvent dans le tome second de son Histoire, page soixante & dix-huit, & suivantes.

Or à peine Hugues I V. fut-il decedé, que Robert I I. porta la foy & hommage lige à celuy qui lors estoit Evesque de Langres pour raison de la Baronnie de Montbar & des dépendances d'icelle. Le Testament de Hugues estoit du mois de Septembre 1272. cet hommage lige est du mois de Fevrier au mesme an, c'est à dire environ cinq mois aprés : Car comme en ces temps-là l'année ne commençoit qu'à Pasques, il est certain que suivant cette maniere de compter, qui lors estoit en usage, Fevrier estoit le dernier, ou au plus le penultiéme des mois de l'année suivant que Pasques écheoit, ou en Mars ou en Avril.

quòd excellentissimus Dominus Alphonsus Dei gratiâ Romanorum Rex semper Augustus, & Castellæ, Toleti, Legionis, Siciliæ, Cordubæ, Murciæ & Giennij Rex pro se & successoribus suis, recipiens nobilem virum Dominum Hugonem Ducem Burgundiæ pro se & successoribus, in verum hominem & fidelem, concessit, donavit & assignavit eidem Duci & successoribus suis, decem millia Maravotinorum computatis quindecim solidis pipionum pro Moravotino, in feudum & feudi nomine dandos & soluendos annuatim eidem Duci & successoribus suis vel eorum nuncio in festo Nativitatis Mariæ Virginis mensis Septembris in regno Castellæ vel Imperio in reditibus usque ad eamdem quantitatem; & de prædicto feudo dictus Dominus Rex pro se & successoribus suis cum virga quam in manu tenebat solemniter juvestivit; & dictus Dux promisit pro se & successoribus suis, tamquam verus fidelis dicti Regis, ipsum dictum Regem & successoris suos in futuro Imperij &c. contra omnes Homines ultra portus Roncidenalis fideliter adjuvare, salua fidelitate illustris Regis Franciæ & Reginæ & aliorum dominorum dicti Ducis, videlicet Eduensis, Lin-

gonensis & Scabilonensis Episcoporum & hominum ejusdem Ducis, dummodo ipsi homines Ducis non impedierint dictum dominum Regem, vel successores suos & eorum in terris vel de terris feudalibus dicti Ducis : Et nos Alfonsus Dei gratiâ Romanorum Rex pro nobis & successoribus nostris concedimus approbamus & confirmamus omnia & singula supradicta, in quorum omnium testimonium & munimen præsens scriptum sigilli nostri munimine fecimus roborari. Actum Segoviæ, Rege mandante die Sabbati xxi. die mensis Septembris, Petrus Cabeton scripsit, anno Domini millesimo ducentesimo quinquagesimo octavo : præsentibus venerabili Patre Domino Pascasio Episcopo Giennensi, & nobili viro Guidone Vicecomite Lemovicensi, & Garsia Martini Domini Regis Parthonotario Castellæ, & Baudino Prothonotario Sacri Imperij, & Ferando Roderici Notario Sacri Imperij. Recueil de plusieurs pieces curieuses pour l'Histoire de Bourgogne, pag. 493.

La Chartre de cet hommage lige est Latine, & conforme mot à mot à celle de Hugues I V. qui a cy-dessus a esté rapportée.

De plusieurs enfans masles que Robert I I. eut de son mariage avec Agnes de France, fille du Roy S. Louys, il n'y eut que Eudes I V du nom qui continua sa posterité, quoy qu'il ne fut que le troisiéme selon l'ordre de naissance : Car Jean, qui estoit l'aisné, mourut jeune sans laisser aucuns enfans ; & Hugues V. du nom qui avoit survescu son pere, & recueilly le Duché de Bourgogne, deceda aussi sans enfans, de sorte que le Duché écheut à Eudes.

Cetuy-cy donc entra en foy & hommage lige envers l'Evesque de Langres à cause de Montbar & de ses dépendances : La Chartre qui en fut dressée est du mois d'Aoust 1338, elle est en langage François tel qu'il estoit lors en usage ; & l'on peut dire que c'est une traduction tres-fidelle des deux hommages liges redigez en Latin qui avoient esté auparavant rendus par Hugues I V. & Robert I I.

C'est icy le troisiéme acte que le sieur Aubery rapporte : *Sçavoir faisons (c'en sont les termes) que nous sommes homs liges de l'Evesque de Langres, aprés le Roy de France, & teignons d'iceluy en Fief lige ce que nous avons à Chastillon, tant en fiez comme en Demaines ; & le Chastiaut de Montbar, ensemble les appartenances, excepté nostre maison que nous havons en yceluy Chastiaut, laquelle nous teignons de l'Abbé de Moustier S. Iean.*

Peut-on jamais rien souhaiter de plus précis & de plus formel ?

Eudes I V. eut à femme Jeanne de France, fille aisnée du Roy Philippe le Long, de laquelle il eut deux fils, Philippe & Jean, mais l'un & l'autre le predecederent : Jean qui estoit le puisné mourut jeune : Philippe épousa Jeanne de Boulogne, de laquelle il eut un fils, appellé pareillement Philippe, surnommé de Rouvre, parce qu'il nasquit au Chasteau de Rouvre prés Dijon ; Et une fille nommée Jeanne. Eudes I V. ne se voyant d'hoir mâle que ce sien petit fils, l'institua son heritier universel en son Duché & en ses autres biens par son *b* testament du 12 Octobre 1346 ; & en cas qu'il decedat sans enfans, luy substitua Ieanne de Bourgogne sa sœur.

Ainsi par le deceds de Eudes I V. arrivé en 1349. Philippe de Rouvre son petit fils luy succeda, & recueillit tous ses biens. Les Historiens remarquent qu'il n'avoit lors que quatre ans, car il estoit né l'an 1345, il n'estoit donc pas assez aagé pour entrer en foy & hommage envers les Seigneurs dont il estoit vassal : Mais si-tost qu'il eut 15 ans accomplis, il ne manqua pas de satisfaire à ce devoir feodal, du moins envers Hugues de Poictiers, lors Evesque de Langres, auquel il porta la foy & hommage lige le 22 Mars 1360.

C'est le quatriéme acte que rapporte ledit sieur Aubery ; il est conceu en langue Latine, & les solemnitez de l'hommage lige, telles qu'elles se pratiquoient alors, y sont exactement inserées ; il porte que, *Illustrissimus Princeps Dominus Philippus Dux Burgundiæ fecit homagium Reverendo in Christo Patri at Domino, Domino Guillelmo de Pictavia tamquam Episcopo & Duci Lingonensi, & confessus fuit se esse Hominem Ligium ipsius Episcopi post Dominum Regem Franciæ : Et peu aprés, posuit que manus suas inter manus dicti Domini Episcopi ; & ipsum osculando.*

Philippe mourut sans aucuns enfans l'année suivante 1361. au moyen dequoy la premiere branche des Ducs de Bourgogne finit en luy, aprés avoir duré plus de trois cens trente années ; & par son deceds le Roy Iean recueillit à titre de succession, non seulement le Duché de Bourgogne tel qu'il avoit esté delaissé à Robert de France, second fils du Roy Robert ; mais encore tout ce que les Ducs de Bourgogne ses successeurs avoient acquis dans la mesme Province, comme il sera monstré cy-aprés en prouvant la seconde proposition.

Voila donc quatre actes de foy & *Hommage Lige*, conformes entierement les uns aux autres, rendus consecutivement pendant le cours d'environ 90 années par quatre differents Ducs de Bourgogne à divers Evesques de Langres, desquels ils se sont avoüez *Vassaux Liges & Hommes Liges pour raison de la terre & Baronnie de Montbar & de ses dépendances*; De sorte que l'on ne peut à present douter que cette terre n'ait esté originairement un fief mouvant Ligement de l'Evesché de Langres.

Desquels actes il resulte, que Montbar n'a jamais esté de l'appennage des Ducs de Bourgogne, ny du Domaine de la Couronne.

Or de cette verité de faict si évidemment establie, il s'ensuit par une consequence infaillible & invincible, que jamais la Baronnie de Montbar n'a esté Domanialle, & qu'elle n'a point fait partie du patrimoine, autrefois éclipsé de la Couronne, delaissé à Robert de France & à ses descendans, soit à titre d'appennage, soit à titre de portion hereditaire & proprietaire.

I. Raison : le Domaine de la Couronne ne peut estre tenu en Fief d'un Vassal de la Couronne.

La premiere raison se tire, de ce que la terre de Montbar a esté originairement un *Fief servant* de l'Evesché de Langres, tenu, possedé, & reconnu tel par les Ducs de la premiere branche de Bourgogne, qualité du tout incompatible avec l'ingenuité & l'indépendance qui se trouve naturellement & necessairement dans le patrimoine de nos Rois.

Car chacun sçait que le Domaine de la Couronne est de sa nature franc, ingenu, indépendant, & ce par la proportion & par la relation qu'il doit avoir à la personne Sacrée de nos Rois; Ceux-cy n'ont que Dieu au dessus d'eux, *superiorem in temporalibus non agnoscunt*; Et si l'on les supposoit dépendans de quelqu'un, dés ce moment mesme ils cesseroient d'estre Rois : C'est le *a* premier de quantité de privileges singuliers dont ils joüissent; en veuë duquel un Docteur Vltramontain *b* des plus éclairez n'a point feint de dire, *Qu'un Roy de France est comme un Dieu corporel dans son estat* : Et c'est delà que ceux qui nous ont precedé ont aussi doctement que *c* sagement inferé, *Que le Domaine de la Couronne de France n'est point un Fief, ou que si l'on le doit appeller Fief, eu égard à sa noblesse, c'est un Fief purement singulier & dominant, qui n'est chargé d'hommage envers personne, qui ne releve que de Dieu, qui a pour appennage une indépendance d'origine, pour charactere une Souveraine liberté,* au lieu que les autres Fiefs de quelque dignité qu'ils puissent estre, portent necessairement en soy & avec soy les liens de la soumission, engageant ceux qui les possedent à une espece de servitude, totalement opposée à l'ingenuité & à l'indépendance qui est inseparable du patrimoine & de l'heritage des Lys.

Puisque donc la Baronnie de Montbar a esté originairement, comme on a veu, un *Fief servant* de l'Evesché de Langres; Que les Ducs de Bourgogne de la premiere branche ne l'ont jamais possedé qu'en cette qualité. Que cette qualité est incompatible d'une incompatibilité de nature avec l'ingenuité & l'indépendance du Domaine de nos Rois; il s'ensuit necessairement & évidemment que cette terre n'a jamais esté du Patrimoine de la Couronne, & qu'elle n'a point fait partie de ce qui en a esté éclipsé & délaissé à Robert de France, Chef de cette premiere Branche, soit à titre de succession, soit à titre d'appennage.

II. Raison : le Domaine de la Couronne ne peut estre tenu Ligement d'un Domaine tenu en Fief Lige de la mesme Couronne.

La seconde raison se tire de ce que la Baronnie de Montbar n'a pas esté un Fief simple; mais un *Fief Lige* de l'Evesché de Langres : Qualité non seulement incompatible avec l'indépendance que le Patrimoine de la Couronne a de sa nature; mais qui iroit jusques à ruiner cette indépendance, & mesmes jusques à donner atteinte à la Souveraineté de nos Rois, qui cesseroient d'estre Rois, s'ils estoient Vassaux Liges de leurs propres Vassaux.

Pour mettre cette raison dans son jour & dans sa force, il n'y a qu'à considerer l'étroite obligation de l'*Hommage Lige* incomparablement plus onereuse que celle de l'hommage simple.

a Primum liliorum jus altum & præcipuum Serenissimæ Coronæ Franciæ est, quód Rex nullum in temporalibus recognoscit, nec recognoscere tenetur. *Styl. Parlam. Part. 4. Privilegio 1.*

b Excepto Rege Franciæ qui super omnes Reges est, & tamquam quidam corporalis Deus in suo regno. *Baldus. Apud Rebuffum. tit. de feudis, num. 23.*

c Et ideo scriptum est quod non est feudum; & si feudum debet dici, quòd nullum est ita Francum sicut Regnum Franciæ, quia nullam fidelitatem debet, quod est signum libertatis maximæ, nam omnis fidelitas est libertati contraria, & est illa servitus quædam. *Styl. Parlam. Part. 4. Privileg. 1.*

L'hommage simple, comme nos Feudistes François a ont sagement remarqué, n'est nullement personnel, mais absolument reel, aussi n'est-il rendu que pour raison du fonds érigé en Fief, auquel fonds il est si uniquement attaché, qu'aussi-tost que le vassal le quitte, y renonce & s'en desfait (ce qui luy est loisible en tout temps, malgré mesme son Seigneur) il demeure dés cet instant libre, quitte & déchargé de toute l'obligation qu'il avoit contractée, laquelle avec le fonds passe en la personne de celuy qui y succede, & qui s'en fait investir : Ce qui a fait dire aux mesmes Feudistes, que *Feudum simplex magis cohæret patrimonio quam persona.*

Mais à l'égard de l'hommage Lige, ils ont tenu par une b raison opposée que *magis cohæret personæ quam patrimonio* ; & qu'encore que la ligeance affecte le fonds, qui par la premiere érection en Fief y a esté assujetty, celuy neantmoins qui s'en fait une fois investir, se charge personnellement & principallement de toutes les obligations qui y ont esté originairement imposées, en consequence dequoy il affecte tous ses autres biens, sans jamais pouvoir s'en affranchir, non pas mesme en se desfaisant du fief & y renonçant, parce qu'il ne peut jamais y estre receu contre le gré de son Seigneur.

Ils ont remarqué c de plus, que chaque hommage devoit estre fait & porté nommément & specifiquement en qualité de Lige *adeo ut rem semel in feudum ligium concessam, necesse sit in feudum Ligium teneri & recognosci tamquam sub qualitate feudo ipsi à sui origine impressa :* C'est-pourquoy à chaque nouvelle reception en foy, le vassal devoit en signe de subjection mettre ses mains jointes en celles de son Seigneur, & après cela estre par luy admis au baiser.

Et en effet tout cela s'estoit fait & pratiqué tres-specifiquemẽt par les Ducs de la premiere branche de Bourgogne, dont il a esté cy-dessus parlé, à l'égard des Evesques de Langres pour raison de la terre de Montbar & de ses dépendances, puisque leurs hommages avoient esté rendus comme Liges, & pour un Fief Lige, ainsi qu'il se justifie de ces termes essentiels y inserez, *Sum homo Ligius Episcopi Lingonensis, teneo ab eodem Episcopo in feodo Ligio : Nous sommes homs Liges de l'Evesque de Langres, &c.*

Le serment outre ce avoit esté par eux presté comme *Vassaux Liges* leurs mains jointes és mains des Evesques de Langres, & ensuite receus au baiser, dont l'hommage rendu par le Duc Philippes au mois de Mars 1360, faisoit pleine foy en ces termes, *posuitque manus suas inter manus dicti Domini Episcopi & ipsum osculando.*

Enfin l'obligation personnelle contractée par cet hommage Lige leur avoit esté si bien connuë & en si grande recommandation, que Hugues IV. n'avoit jamais voulu prendre aucun engagement soit avec Thibaud Roy de Navarre, Comte Palatin de Champaigne & de Brie, soit avec Alphonse X. Roy de Castille nommé à l'Empire, qui put tant soit peu prejudicier aux devoirs esquels il estoit entré envers l'Evesque de Langres en qualité de son Homme Lige.

Or pour supposer que Montbar eût fait partie de l'appennage des Ducs de Bourgogne de la premiere branche, il faudroit donc establir pour une verité dans le fait, Que cette terre eût fait partie du patrimoine de la Couronne ; Que le Roy Robert l'eût possedée comme Fief Lige ; Qu'il l'eût tenuë & reconnuë Ligement des Evesques de Langres ; Qu'il fût devenu leur Homme Lige pour raison d'icelle ; Qu'il se fut obligé personnellement envers eux, & en consequence auroit obligé le surplus du Patrimoine de la Couronne.

Cependant y-a-t-il personne de bons sens qui ne condamne cette proposition de fausseté ? Quoy ! le Roy Robert se seroit rendu non seu-

C

lement vassal de son vassal; mais qui plus est vassal Lige de son vassal Lige?

Cette proposition encore une fois porte avec soy la preuve de sa fausseté; c'est une espece d'heresie en fait du Domaine, du Patrimoine, de l'Estat, & de la Souveraineté de nos Rois.

Mais comment le Roy Robert auroit-il voulu prendre en Fief Lige des Evesques de Langres la terre de Montbar, luy qui ne voulut pas tenir d'eux en simple Fief le Chasteau *a* de Dijon, & qui pour l'avoir patrimonialement & proprietairement le receut à titre de contrefchange? Car quiconque est quelque peu sçavant en l'Histoire, ne peut ignorer que le Chasteau de Dijon estoit du Domaine des Evesques de Langres, & que c'estoit eux qui establissoient les Vicomtes de la Ville de Dijon, Que Robert appellé à la succession du Duché de Bourgogne par le deceds de Henry surnommé le Grand, son oncle paternel, s'en saisit par la force de ses Armes, & en expulsa Otte-Guillaume, fils du premier lict de la femme dudit Henry; Que Dijon luy parut une Ville propre pour en faire, comme il fit depuis, la capitale de la Province; & que pour cet effet il en eut à titre d'échange de Lambert, lors Evesque de Langres, non seulement le Chasteau, mais encore tout ce que l'Eglise de Langres avoit dans la Ville, soit en Domaines, soit en droicts : Y a-t-il donc apparence qu'il eut voulu recevoir Montbar à un titre moins qualifié, ou plustost à un titre qui eut en quelque façon dérogé à la Souveraineté d'un Roy de France ?

a Du Chesne: Histoire de Bourgogne. *tom.* 1. *liv.* 3. *chap.* 2. *pag.* 262. *tom.* 2. *chap.* 1. *pag.* 7.

Vassaux de la Couronne qui ont fait tous leurs efforts pour se soustraire de l'Hommage Lige envers nos Rois: Sçavoir

Enfin les obligations de l'Hommage Lige ont esté trouvées si onereuses dans la suite des temps, que quantité de Vassaux Liges ont fait tous les efforts imaginables, ou pour persuader qu'ils n'y devoient pas estre soûmis, ou pour tâcher de s'en affranchir.

Ducs de Bretagne.

Car nonobstant les Hommages Liges rendus pour le Duché de Bretagne *b* par Arthus I. à Philippe Auguste au mois de Juillet 1202, par Pierre de Dreux, *c* dit Mauclerc, tant au mesme Philippe Auguste le Dimanche avant la Chandeleur 1212, qu'au Roy S. Louys par le Traitté d'Angers *d* de l'an 1231, & par Jean I. *e* dit le Roux, au mesme Roy S. Louys en l'anée 1239; Ceux qui leur succederent au Duché de Bretagne pretendirent ne devoir que l'Hommage simple, & ne purent jamais estre reduits à s'avoüer Hommes & Vassaux Liges; nos Rois s'estant contentez qu'il fut inseré dans les Actes, que *l'Hommage estoit rendu par lesdits Ducs tel qu'il avoit esté fait & porté par les Ducs leurs Predecesseurs*, & les Chanceliers de France y ayant simplement ajoûté des protestations, ausquelles les mesmes Ducs en avoient faites de contraires redigées dans les mesmes actes; comme il se voit és actes de foy & *f* hommage rendus par Jean le Vaillant en Decembre 1366, au Roy Jean (dont depuis il y eut un article exprés inseré au second Traité de Guerrande du mois d'Avril 1380) & à Charles V. au mois de Septembre 1381. par Jean V. au *g* Roy Charles VI. en Janvier 1403. par François *h* I. au Roy Charles VII. en Mars 1445. par Pierre II. au mesme Charles VII. en Novembre audit an 1445. par Arthus *i* dit de Richemont Connestable de France au mesme Roy en Octobre 1458, & par *k* François II. encore au mesme Roy en Fevrier de la mesme année 1458, l'année ne commençant lors qu'à Pasques, ainsi qu'il a esté desja observé cy-dessus.

b Cet Hommage Lige est rapporté & inseré par Dargentré, *Histoire de Bretagne, liv.* 3. *chap.* 32.

c Cet hommage Lige se trouve dans les preuves de l'Histoire de la Maison de Dreux faite par du Chesne, *liv.* 3. *pag.* 327.

d Ce Traitté est inseré dans l'Histoire de Bretagne faite par Dargentré, *liv.* 4. *ch.* 164.

e Le mesme *au liv.* 4. *chap.* 175.

g Ces Hommages de Jean le Vaillant & le 2. Traité de Guerande sont inserez dans la mesme Histoire, *liv.* 6. *chap.* 248. *liv.* 8. *chap.* 299. & 301.

h Voy la mesme Histoire, *liv.* 10. *ch.* 343.

i Ibidem, *liv.* 11. *ch.* 390

k Ibidem, *chap.* 403.

l Ibidem, *chap.* 409.

m Ibidem, *liv.* 12. *ch.* 409. *bis.*

Rois d'Angleterre à cause du Duché de Guyenne.

Nos Historiens ont encore esté soigneux de remarquer sous l'an 1329, Qu'Edoüard III. Roy d'Angleterre, s'estant rendu en Fráce pour porter l'Hommage qu'il devoit à Philippes de Valois, nouvellement parvenu à la Couronne pour raison du Duché de Guyenne & du Comté de Ponthieu, refusa de le faire en qualité d'*Homme Lige*, s'excusant sur ce qu'il n'estoit pas juste qu'il s'obligeat plus estroitement que ses Predecesseurs ne l'avoient esté; Que l'expedient dont on se servit fut de l'admettre en termes generaux, sous le serment qu'il feroit de porter ey-aprés les foy & hommage en la mesme forme que ses Predecesseurs les avoient rendus aux Rois de France. Qu'estant ensuite retourné en Angleterre, & ayant esté informé qu'il devoit l'hommage Lige, il en avoit donné ses Lettres dattées à Esclin *a* le 30 Mars 1331, par lesquelles il s'avoüoit Homme Lige du Roy de France en qualité de Duc de Guyenne, de Pair de France & de Comte de Ponthieu, & y declara nommément la maniere en laquelle ce mesme hommage seroit delà en avant porté & rendu par ses successeurs.

Que si des Ducs de Guyenne & de Bretagne ont trouvé si onereuses les soûmissions de l'Hommage Lige, quoy qu'il dût estre porté & rendu à un Seigneur autant élevé & éminent qu'estoit un Roy de France : y-a-il apparence qu'un Roy de France eut voulu s'y soumettre luy mesme envers un sien vassal; ce que neantmoins il faudroit dire avoir esté pratiqué par le Roy Robert, s'il avoit tenu & possedé la Baronnie de Montbar en qualité de Fief Lige de l'Evesché de Langres.

Une 3me raison se tire du temps auquel les Fiefs Liges ont commencé à estre connus & à avoir cours en France, qui n'a esté que dans le douziéme Siecle assez avancé; c'est à dire plus de cent ans aprés le Duché de Bourgogne délaissé à Robert de France, soit à titre d'appennage, soit par droit de succession. Et comme les Fiefs, pour estre Liges, ont dû l'avoir esté par la premiere investiture; il s'ensuit que l'infeodation de Montbar en qualité de Fief Lige n'ayant pû estre faite avant que ces sortes de Fiefs fussent connus & introduits en France, & ne l'y ayant esté que dans le douziéme Siecle, cette terre par consequent n'a point fait partie de cette portion du patrimoine de la Couronne, qui dans le vnziéme Siecle, c'est à sçavoir dés l'an 1030. avoit esté délaissée à Robert de France ou pour son appennage, ou pour ses droicts hereditaires.

Pour donner à cette troisiéme raison la force & l'évidence d'une démonstration sensible & palpable, il faut de necessité sçavoir trois choses.

La premiere, dans quel temps l'Hommage Lige a commencé d'avoir cours.

La seconde, quelle en a esté l'origine.

La troisiéme, quelles en ont esté les conditions essentielles.

A l'égard de la premiere observation, l'on peut poser d'abord pour une chose tres-certaine & tres-constante, que les termes de *Fiefs Liges*, d'*Hommages Liges*, de *Vassaux Liges*, de *Ligeance*, & de *Ligeïté* ont esté entierement inconnus sous les deux premieres races de nos Rois.

En effet l'on n'en trouve rien ny dans ce qui nous reste de titres de la Loy Salique, ny dans les Formules anciennes de Marculphe, & des Autheurs anonymes, ny dans les ouvrages de Gregoire de Tours, de Fredegaire, de Nitard, de Thegan, de Frodoard, d'Aymoin, de Flodoard, ny mesmes dans les Capitulaires de Charlemagne, de Loüis le Débonnaire, & de Charles le Chauve; quoy que les usages des Fiefs tant simples que de dignité, qui lors avoient cours en France, & les devoirs reciproques des Seigneurs & des Vassaux y soient suffisamment expliquez; jusques-là que les plus anciens de ces Auteurs nous ont laissé des preuves tres-constantes, que dés la premiere Race de nos Rois il y avoit des Fiefs proprietaires & patrimoniaux. *b*

Mais il faut passer encore plus avant, puisque les termes de Lige, Ligeance, Ligeïté n'ont pas mesme eu cours ny esté en usage sous les quatre premiers Rois de la troisiéme Race, dont le dernier qui fut Philippes I. du nom mourut au commencement du douziéme siecle, sçavoir l'an 1108.

a Ces Lettres sont rapportées par Froissard, *Volum. I. chap. 25.*

b Cela a esté prouvé par l'Auteur du present Factum, dans celuy qu'il fit en 1668. pour Madame la Duchesse de Noirmontier, en faveur de laquelle intervint Arrest au Conseil Privé au rapport de Monsieur de Ribeyre le 27 Aoust 1668, contre Maistre Jean Caillet Fermier du Domaine de Paris; *le tout imprimé dans le 5. tome du Journal du Palais.*

III Raison. Que les Fiefs Liges n'ont esté connus & introduits en France que dans le XII Siecle plus de six vingt ans aprés le Duché de Bourgogne délaissé à Robert de France.

Trois choses à sçavoir touchant les Fiefs Liges. 1. Dans quel temps ils ont eu cours, 2. Leur origine, 3. Leurs conditions essentielles.

Fiefs Liges inconnus sous les deux premieres Races de nos Rois.

Et sous les quatre premiers Rois de la 3. Race, qui furent Hugues Capet, Robert, Henry I. & Philippes I.

Chacun sçait que la troisiéme Race commença vers la *a* fin du dixiéme   *a* L'an 987.
Siecle, en la personne de Hugues Capet, qui eut pour successeur Robert son fils : Fulbert vivoit lors, qui pour son éminent sçavoir, fût
fait Chancelier de France, & qui aprés avoir exercé cette Charge sous
le Roy Robert, avec une approbation universelle de tous les Ordres
du Royaume, fût pour son insigne pieté élevé l'an 1007, à l'Evesché
de Chartres où il mourut au mois d'Avril 1028 : C'estoit un homme si
consommé dans la Iurisprudence feodale de son Siecle, que ceux qui
depuis luy ont compilé les usages des Fiefs des Lombards qui nous
restent, & qui sont adjoûtez au Corps du droict Civil, y ont transcript
tout du long l'Epistre qu'il écrivit à Guillaume, Duc d'Aquitaine,
comprenant en abregé les devoirs reciproques du Vassal envers son
Seigneur, & du Seigneur envers son Vassal : Elle est la cent-unieme en
ordre dans le Volume des Epistres de ce Grand-homme ; Mais quoyque dans plusieurs Epistres de ce mesme Volume, qui sont, tant de luy,
que de plusieurs personnes qualifiées & Sçavantes, il y ait des textes
considerables touchant la patrimonialité des Fiefs, la commise d'iceux,
la maniere d'en convaincre & d'en punir les Vassaux & autres usages
importans sur les matieres feodalles, il n'y a pas neantmoins la moindre mention des termes de *Lige, Ligeance* & *Ligeïté*, preuve certaine &
constante qu'ils n'estoient pas encore lors en usage.

Ce que nous avons de fragmens des Autheurs qui ont escrit sous
Henry I. & sous Philippe I. n'en disent pas d'avantage, non plus que
Yves Evesque de Chartres sous Phillippe I. & sous Louïs le Gros son
fils ; Et enfin Sugger, Abbé de S. Denis a esté aussi sterile qu'eux sur
cette matiere, quoy que dans l'Histoire qu'il nous a laissée de la vie de
Louïs le Gros, & dans les memoires qu'il a dressez des choses les plus
importantes concernant l'Abbaye de S. Denis qui se sont passées de
son temps, il nous ait donné plusieurs lumieres touchant la Iurisprudence des Fiefs de son Siecle.

Voila donc le douziesme Siecle bien entamé, sans avoir encore rien
pû trouver dans nos Autheurs sur la matiere dont il s'agit ; D'où l'on
pourroit raisonnablement conclure que les *Fiefs Liges* n'auroient au
plus commencé d'avoir cours qu'en ce mesme Siecle : Mais cela se
prouvera encore mieux par une methode opposée ; C'est à dire en exa-
minant ceux qui en ont traitté dans les derniers Siecles, & remontant
à leur faveur jusqu'au premier qui en a parlé.

Quelle mention il est fait des Fiefs Liges dans le Droict Canon.

Un de ceux *b* qui a paru environ le commencement du Siecle precedent, a remarqué n'avoir trouvé dans tout le droict qu'un seul texte
touchant *l'Hommage Lige*, sçavoir en la Clementine appellée vulgairement *Pastoralis* ; En quoy il semble qu'il ait suivy un fameux *c* Ultra-
montain du quinziesme Siecle, qui fait ingenument le mesme advéu :
Cette Clementine est une Sentence du Pape Clement V. renduë l'an
1313, par laquelle il cassa & annulla le Iugement que Henry VII. Empereur avoit prononcé contre Robert, Roy de Sicile, fondée, entre
autres moyens, sur ce que Robert estant *Vassal Lige* de l'Eglise & du
S. Siege, à cause du Royaume de Sicile, Henry n'avoit pû s'attribuer
de Jurisdiction sur luy, comme s'il eut esté Vassal de l'Empire, ny par
consequent le priver de son Royaume, ainsi toutes fois qu'il l'avoit fait
par un pur attentat.

b M. Jean Sainxon, Lieutenant à Chastil-lon, depuis Conseiller au Parlement de Paris, & enfin President au Parlement de Greno-ble ; sur l'ancienne Goust. de Tours, *tit. comment l'Hommage, art. 1. conclus. 23.* & ad verte ad me quia non reperitur in jure, quod viderim, de hoc homagio Ligio, nisi in Clementina *Pasto-*

ralis, junctà glos. *de re judicata.*

c Jason. Qui docebat Paduæ anno 1486. *super usib. feudo. num. 107.* de quo feudo Ligio fit mentio in textu &
glos. Clementinæ *pastoralis*, & alibi in jure scriptum non invenitur secundùm Baldum.

Or il est bien vray que dans tout le cours du droict Canon, il n'y a
que ce seul texte concernant l'Hommage Lige ; Mais si au lieu de se
contenter du simple texte des decretales, qui pour la plus part ne sont

a C'eft le Chapirre, *ad Apoftolica* 2. *de Sentent. & re indicat. in* 6. tiré de la Sentence d'excommunication prononcée contre Frederic II. qui eft toute entiere imprimée à la fin du Concile tenu à Lyon fous Innocent IV. l'an 1245. *au* 7. *tome des Conciles, partie* 2.

b Chaffanée fur les Couft. du Duché de Bourgogne, *tit. des Fiefs. §. 3. in verbo,* l'Hommage *num.* 10. & de ifto *Ligio* habemus duos textus, unus eft in de Clementina *Paftoralis* &c. alius eft textus in titulo de quibufdam alijs extraordinarijs capitulis feudorum.

c Mingon. *inconfuetud. andegau.* § 498. de Homagio enim *Ligio* habemus duos textus; unus in Clementina *Paftorialis*; alius eft in quibufdam extraordinarijs capitulis feudorum.

que des extraits, l'on fe donne la peine de lire les Conftitutions en leur entier, on trouvera que la Sentence d'excommunication *a* fulminée l'an 1245, par Innocent VI. au Concile de Lyon, contre l'Empereur Frederic II. dont il n'y a que parties dans le Sexte, faifoit déja expreffe mention de l'Hommage Lige; Un des crimes dont Frederic eftoit chargé & convaincu, confiftant en ce que perfecutant l'Eglife, comme il avoit fait, il avoit violé le ferment folemnel dont il s'eftoit lié envers Elle, lors qu'en recevant du Pape Innocent III. l'inveftiture du Royaume de Sicile, il s'eftoit advoüé & reconnû *Vaffal Lige* du Saint Siege.

Cette découverte neantmoins ne paffant pas le treiziéme Siecle, il faut tafcher de remonter plus haut; A quoy deux Commentateurs de deux differentes Couftumes du Siecle dernier, femblent nous inviter & conduire, ayant *b* l'un & l'autre *c* obfervé qu'outre la Clementine *Paftoralis*, il y avoit encore une texte formel de *l'Hommage Lige* dans les Livres des Fiefs adjouftez au Cours de droict, dont l'ancienneté ne pourroit eftre moindre que du douziefme Siecle, en cas que Gerard ou Obert en fuffent les Autheurs, puifqu'ils floriffoient tous deux environ l'An 1160. *Et dans les Livres de ufibus feudorum.*

Il eft tres-certain dans le fait, que Gerard appelle *Niger*, & Obert furnommé *de Horto*, paffent pour les premiers Compilateurs des ufages des Fiefs chez les Lombards; Qu'ils eftoient contemporains; Qu'ils vivoient dans le douziefme Siecle; Qu'ils furent tous deux Confuls de Milan en l'année 1158; Et qu'en cette qualité, ils comparurent devant Frederic premier, dit *Barberouffe*, pour refpondre aux plaintes que les Habitans de Laude porterent au mefme Empereur, de la tyrannie infupportable que ceux de Milan avoient exercée fur eux, de forte que la feule difficulté qui refte fe reduit à fçavoir fi le texte ou plûtoft le Chapitre intitulé *de feuda Ligio*, eft de l'un ou de l'autre de ces Docteurs.

Pour en bien juger, il faut recourir à l'ordre dans lequel Cujas a reftably la Compilation des Livres des Fiefs, qui fe trouve adjouftée au Cours du Droit Civil, avec tant de confufion, qu'encore qu'il n'y ait que trois Livres diftinguez par les Rubriches, le dernier neantmoins eft cotté le cinquiéme, fans qu'il y ait ny troifiéme ny quatriéme, dont les tiltres font confondus pefle, mefle dans les deux premiers; Outre qu'apres le tiltre 58 du deuxiéme Livre, celuy qui fuit immediatement eft cotté le 73, fans que l'on fçache ou font les 59. 60 & fuivans. *Reftabliffement fait par Cujas de la Compilation des Livres de ufibus feudorum.*

Or Cujas ayant fuivy Ardizon & Alvarot, a diftribué en cinq Livres feparez cette collection confufe, dont le premier eft attribué à Gerard fon Autheur: Le fecond & le troifiéme à Obert, qui effectivement les avoit compofez: Dans le quatriefme font ramaffez les efcrits de plofieurs Feudiftes innommez, dont les uns avoient tenu les opinions de Gerard, les autres s'eftoient attachez à la Doctrine & aux fentimens d'Obert, & dans le cinquiéme, font quelques conftitutious feodales des Empereurs Conrard I. Henry II. Lothaire II. felon nos Autheurs François ou III. felon les feudiftes Ultramontains; Frederic I. dit Barberouffe, & la Bulle dorée de Charles IV.

Maintenant pour revenir à l'éclairciffement de la difficulté propofée, le tiltre ou Chapitre *de feudo Ligio* n'eft dans aucun des trois premiers Livres, dont les Autheurs, quoyque tres-confommez en la Doctrine des Fiefs, ne femblent pas, par confequent, avoir eû la moindre connoiffance du *Fief Lige*, autrement ils ne fe feroient pas abftenu d'en parler: Mais ce tiltre eft le 99e en ordre dans le quatriéme Livre, fous lequel, comme il a efté dit, ont efté ramaffez les Efcripts des feudiftes Anonymes, & comme dans ces Efcrits, il eft fait mention de fois à autres des conftitutions feodales portées au cinquiéme Livre, il faut *Que le terme de Fief Lige, ne fe trouve point dans les Livres de ufibus feudorum, dont Gerard & Obert font les Autheurs, mais dans les écrits des Feudiftes Anonymes qui ont vefcu quelque temps aprés eux.*

D

par confequent que ces Anonymes ayent efté poftérieurs, non feulement à Gerard & à Obert, mais encore aux Empereurs dont ils ont cité les conftitutions, de forte que le temps le plus advancé que l'on leur pourroit raifonnablement affigner feroit vers la fin du douziéme Siecle ou au commencement du treiziéme, Barberouffe ayant tenu l'Empire jufqu'en 1190.

Ce qui eft appuyé de l'opinion d'Argentré, Auteur des Commentaires fur la Conftume de Bretagne.

D'Argentré *a* eft affez dans ce fentiment ; car faifant un difcernement judicieux des Livres de Gerard & d'Obert ; Enfemble des conftitutions feodales des Empereurs cy-deffus nommez, d'avec les écrits des Anonymes, dont Cujas a compofé fon quatriéme Livre. Il convient que dans les premiers, aucune mention n'a efté faite du Fief Lige, *Ligij certe*, dit-il,] *Libri feudorum non meminerè*: La raifon qu'il en rend, eft que cette nature de Fiefs n'eftoit pas encore lors connuë en Lombardie, ou elle ne fut introduitte que quelque temps aprés : *fed ufus*, ce font fes propres mots, *invexit & ætas, non multò illis libris pofterior*, puis reconnoiffant qu'il en avoit neantmoins efté parlé dans quelques Anonymes : *quibus*, pourfuit-il, *interdum illa farrago fcriptionum, quæ libris illis addita eft utitur*, lefquels termes, *farrago fcriptionum* font confiderables pour le fujet dont il s'agit : Car en effet ces Ecrits n'avoient point fait partie de la primitive collection de *ufibus feudorum*, ainfi que Chaffanée l'avoit déja obfervé, *quæ capitula*, dit cét *b* Autheur, *funt extraordinaria, funt extravagantia & non funt in corpore decimæ Collationis* : Mingon avoit fait auffi la mefme remarque, *alius textus*, dit-il, *eft in quibufdam alijs extraordinarijs Capitulis feudorum* : Et dans le Cours du Droict Civil, la note en forme d'avertiffement, qui eft mife entre le 58 tiltre & le 73 du Livre fecond, eft conceuë en ces termes, *hic eft finis feudorum in editione vulgata : fequuntur fragmenta five extraordinaria capitula, quæ Cujacius reftituit ex Ardizone & Alvaroto ufque ad finem libri quarti.*

Et de celle d'Argentré Auteur de l'Hiftoire de Bretagne.

L'Hiftoire de Bretagne compofée par d'Argentré, Livre fecond Chapitre trente deux, porte à peu pres la mefme chofe ; Cét Autheur fe mocquant de ceux qui avoient efcrit *que l'Hommage Lige eftoit fort ancien*, fe renferme à luy donner cours au commencement du treiziéme Siecle feulement, *& qui voudroit*, ce font fes propres mots, *argumenter d'advantage, il diroit que les premiers livres des Feudes qui font les commencemens & principes de nos ufances feodales, en telles chofes ne font mention, en lieu que ce foit de Fief Lige ny du mot d'Hommage, combien que lefdits Livres foient bien de temps pofterieur, c'eft à dire de la faifon d'Obert de Orto, & Gerard Campegifte, qui eftoient deux Confeillers de Milan du temps de Frederic I. Empereur.*

Enfin l'on peut dire du terme *Ligium* ce que du Moulin dit de la diction *Homagium*, qu'il a remarqué eftre encore plus barbare que celle de Fief, advoüant que ce terme eftoit du tout inconnû lors de la compilation des Livres *de ufibus feudorum* : C'eft fur l'ancienne Coûtume de Paris §. *1.glo. 5 num. 12 iftud verbum*, dit-il, *eft barbarius feudo, ac tempore libri feudorum adhuc erat incognitum; fuit autem*, pourfuit-il, *poftea inductum moribus quorumdam & ex confuetudine faciendi fe hominem alterius.*

Ainfi pour fe fixer & fe déterminer fur le temps auquel l'Auteur Anonyme du titre de *feudo Ligio* doit avoir écrit & vefcu, on aura peine fans doute à croire, que ç'ait efté pluftoft qu'environ le commencement du treiziéme Siecle ou vers la fin du douziéme, comme il a efté dit cy-deffus.

Le terme de Fief Lige, employé par le Continuateur d'Aimoinius fous l'an 1150.

Mais delà il s'enfuivroit, que Choppin auroit penetré plus avant qu'aucun autre fur cette matiere, ayant cité le continuateur d'Aimoine, qui rapporte l'inveftiture Lige du Duché de Normandie accordée par Louys VII. dit le jeune, à Henry fils de Geofroy Comte d'Anjou; ce qui arriva environ l'an 1150.

a In Confuetud. Britan. *art.* 311. Glo. *in verbo.* Tout Juveigneur, *num. 3.*

b In confuetud. Burgun. *tit. des Fiefs.* § 3. *in verbo.* Hommage, *num.* 10.

Or à cet égard il est certain que le texte y est formel : Cet Auteur rapporte que Geofroy Comte d'Anjou & Henry son fils, qui depuis fut Roy d'Angleterre, s'adresserent à Louys le jeune, & implorerent sa protection contre Estienne Roy d'Angleterre, qui les avoit injustement dépoüillez du Royaume d'Angleterre & du Duché de Normandie; Que Louys le jeune sçachant qu'en Iustice il estoit tenu de les defendre & maintenir, mit une puissante Armée sur pied, & se rendit maistre de la Normandie : *Quam Henrico filio Comitis Andegavorum reddidit,* poursuit le texte; *& eum pro eadem terra in hominem Ligium accepit.*

Il est certain de plus, suivant ce que les plus exacts des *b* Historiens en écrivent, que cette expedition fut faite l'an 1150.

Et enfin, quoy que l'on doive peser avec beaucoup de circonspection les textes des Historiens, quand on veut tirer avantage des termes esquels ils s'expriment; parce qu'assez souvent *ils parlent c des choses anciennes qu'ils écrivent, selon le langage receu au temps auquel ils vivent;* cela neantmoins ne peut pas estre reproché au Continuateur d'Aymoinius, qui finissant son ouvrage en 1165, & ne parlant au chapitre cité par Choppin que de ce qui s'estoit passé recemment de son temps, ne peut pas estre presumé s'estre servy d'autres termes que de ceux avec lesquels l'action qu'il rapporte s'expliquoit vulgairement.

Mais pourtant ce texte d'Aymoinius, ou plustost de son Continuateur, n'est pas le plus ancien que nous ayons au sujet de l'*Hommage Lige*; Saint Bernard le devance de quelques années, qui n'est devancé par aucun autre sur cette matiere, c'est en son Epistre 320. écrite comme le remarque Baronnius *d* l'an 1138. dont voicy le sujet.

Le schisme que l'antipape Pierre de Leon, qui prit le nom d'Anaclet, causa en l'Eglise au commencement de l'année 1130. fut d'autant plus opiniastré, que la famille, de laquelle il estoit, *e* se trouvoit lors puissante en biens, en charges, en amis, en alliez. Pierre de Leon son pere (ainsi surnommé, parce qu'il estoit fils de Leon, Noble Citoyen Romain) avoit sousteñu avec autant de fidelité que de puissance les Papes *f* Paschal II. & Gelase son successeur, contre les Colomnes, les Ptolemées, les Frangipanes, jusques à voir sa maison pillée par les Schismatiques & les Factieux, ausquels il s'opposoit pour la defense du S. Siege; & le credit d'un pere qui s'estoit si fidellement attaché aux Souverains Pontifes legitimement éleus contre les Antipapes qui leur avoient esté opposez, joint aux emplois considerables que luy, ses freres & ses enfans avoient dans les terres de l'Eglise, ne pouvoit que beaucoup autoriser l'antipape son fils, qui de sa part sceut adroitement tirer à son parti Roger, Duc de Sicile, de la Poüille, de la Calabre, & Prince de Capoüe, en luy accordant le Titre & la Dignité de Roy.

Innocent II. quoy que seul legitimement & canoniquement éleu, contraint de ceder à la force se refugia en France ; d'où trois années aprés estant repassé en Italie avec Lothaire II. nommé à l'Empire, & son party s'y fortifiant, il manda l'an 1137 S. Bernard, esperant qu'il travailleroit aussi utilement en Italie pour étouffer le Schisme qu'il avoit desja fait en France: Mais l'Antipape Pierre de Leon estant mort en Ianvier de l'année suivante 1138, & par mesme moyen ce long Schisme s'estant appaisé, ses freres implorerent la clemence d'Innocent, reprirent de luy les Fiefs qu'ils tenoient de l'Eglise, & luy en firent l'*Hommage Lige.*

C'est de ce détail dont S. Bernard informe Geoffroy, lors Prieur de Clervaux, dans l'Epistre 320 cy-dessus alleguée, *In Octavis,* dit-il, *ipsa die complevit Deus desiderium nostrum, Ecclesiæ unitatem & urbi dando pacem: Nam,* poursuit-il, *illa die filij Petri Leonis omnes humiliaverunt se ad pedes Domini Papæ, & facti homines eius Ligij, iuraverunt ei Ligiam fidelitatem.*

Et par S. Bernard dés l'an 1138.

---

a Lib. 5. cap. 53. vel 54. secundum diversas editiones.

b Sainte Marthe, Histoire de la Maison de France, *tom. 1. liv. 12. chap. 8.* Mathæus Paxis, *anno* 1156.
c Romuald Archevesque de Salerne, qui mourut l'an 1180, & S. Antonin Archevesque de Florence, qui mourut l'an 1459, sont diverses fois tombez dans ce defaut.

d Tom. 12. anno 1138. num. 5.

e Qui (*Anacletus*) cum contra virum Sanctissimum Innocentium à consanguineis sæculari potentiâ contra jus fasque intruderetur, &c. tunc enim plebs classico excitata potentium eò properat quo furens vocat ambitio & provocat spes avida lucri : Sicque ejus cujus scirent esse horrea oppleta, nummis arcas refertas, promptuaria plena eructantia ex hoc in illud, favent electioni, quam labantem nec subsistentem clamoribus obnixe sustentant, minis Roborant, terroribusque stabiliunt, ut nemo palàm Papam alium vel nominare præsumeret, præter eum *quem factiosa tyrannis evexerat, ac metus retinere compellebat.* Baron. *tom. 12. anno 1130. num. 2.*
f Idem Baronius, *tom. 12. anno 1108. num. 1. anno 1115. num. 5. anno 1118. num. 10.*

Voila donc les termes, d'*Hommes Liges*, & d'*Hommages Liges* en usage dés l'an 1138. chez un Auteur non suspect, qui les employoit pour expliquer ce qui se passoit à ses yeux, & qui fait foy par consequent qu'ils estoient vulgaires & usitez; mais l'investiture du Royaume de Sicile que le mesme Souverain Pontife Innocent II. accorda l'année suivante 1139. au Comte Roger, confirme encore cette verité.

Ce Prince qui avoit extremement ambitionné le titre de Roy, & qui n'avoit pû l'obtenir que de l'Antipape en se declarant de son parti, apprehendoit avec raison qu'Innocent le luy refusat si jamais il estoit universellement reconnu pour le seul vray & legitime Souverain Pontife; c'est pourquoy si tost que la mort de Pierre de Leon luy fut annoncée, il manda à ses freres, & aux Cardinaux de sa faction de luy subroger un successeur *a* : En effet ils élurent Gregoire Cardinal, auquel ils donnerent le nom de Victor; mais celuy-cy ayant esté de nuict trouver S. Bernard, se déposa volontairement, & se soûmit au Pape Innocent : Roger neantmoins persista seul dans son Schisme, désola les terres de l'Eglise, & ayant sceu la mort de Raynulphe, lequel Innocent avoit investi du Duché de la Poüille, il se rendit maistre à main armée de toutes les Villes de ce Duché, excepté Troye & Bary; Innocent ayant mis des Troupes sur pied se hasta d'empescher les progrés de ce Schismatique; mais ayant esté surpris, il fut *b* conduit prisonnier dans le camp de son ennemy, qui neantmoins le fit supplier de le recevoir en grace, & de luy accorder une investiture valable du Royaume de Sicile.

La Chartre *c* de cette Investiture fut donc dressée, par laquelle Innocent donna la Sicile en titre de Royaume, le Duché de la Poüille & la Principauté de Capoüë à Roger & aux siens, *Qui nobis & successoribus nostris* (ce sont les propres termes) *Ligium Homagium fecerint, & fidelitatem quam tu Iurasti, juraverint.*

Mais comme cette Chartre est la premiere en laquelle l'*Hommage Lige* soit énoncée, elle sert extremement à prouver que ces termes *Ligium Homagium,* ne commençoient qu'à estre en usage & avoir cours, veu principallement qu'ils ne se trouvent en aucunes Chartres & Investitures anterieures, dont quelques-unes ne la precedoient que de fort peu d'années.

En effet l'Investiture que Pierre de Leon avoit accordée l'an 1130 au mesme Comte des mesmes terres sous les mesmes titres & dignitez, parle simplement de l'Hommage sans le qualifier Lige ; *Hæc omnia supradicta, d porte-elle, concedimus, tradimus & auctorizamus, tibi & filijs tuis habenda & possidenda iure perpetuò dum nobis nostrisque successoribus homagium & fidelitatem competenti nobis & vobis loco facies vel facient iuraveris vel iuranerint ;* Cependant si l'*Hommage Lige* eut esté dés lors connu & introduit, peut-on croire que Roger eut refusé de s'y soumettre, veu la passion extreme qu'il avoit d'estre fait Roy; & d'ailleurs Pierre de Leon l'en eut-il déchargé dans la necessité de bien-sceance où il se trouvoit de ne pas paroistre, negliger, diminuer, ou dissiper les droicts de l'Eglise, de laquelle il pretendoit estre le seul & veritable Pasteur ? Mais il faut remonter plus haut.

Douze ans seulement auparavant, sçavoir l'an 1118. Guillaume, l'un des fils du mesme Comte avoit esté investi par Gelase II. du Duché de la Poüille & de la Calabre, Romuald Archevesque de Salerne qui vivoit dans le mesme Siecle, a inseré dans sa Chronique la formule de cette investiture que le Cardinal *e* Baronius a transcrite dans ses Annales ; mais il n'y a pas un seul mot de l'Hommage Lige, *Quemadmodum,* est-il dit, *Gregorius tradidit illam Roberto Guiscardo avo tuo, & sicut Urbanus Papa iam Rogerio Patri tuo tradidit, & sicut Paschalis Papa eidem Rogerio Patri tuo priùs & posteà tibi tradidit, sic & ego trado tibi eamdem terram cum honore Ducatus.*

L'investiture du Royaume de Sicile sous l'Hommage Lige, accordée par Innocent II. à Roger, fils de Robert Guiscard l'an 1139.

Les Investitures precedentes ne portoient que l'Hommage sans le qualifier Lige.

a Idem Baron. *tom.* 12. *anno* 1138. *num.* 12.

b Idem, *eo. tom. anno* 1139. *num.* 12.

e C'est l'Epître ix d'Innocent II. elle est imprimée toute entiere dans le 7. tom des Conciles, part. 2.

d Cette Investiture est rapportée par Baronius, *tom.* 12. *ann.* 1130. *num.* 61.

e Tom. 12. *anno* 1118. *num.* 18.

11

Il faudroit donc au plus recourir aux Investitures precedentes mentionnées en celle-cy, & s'y arrester: Or il n'y a dans pas une d'icelles la moindre mention de *l'hommage lige*. C'est une verité de fait qu'il est aisé de justifier, il n'y a pour cela qu'à parcourir les Actes d'hommages & sermens de fidelité faits & rendus par le mesme Guillaume *a* en 1114. à Paschal II. duquel il receut l'investiture du Duché de la Poüille & de la Calabre : par le Comte Roger à Urbain II. lors qu'en 1097. il l'investit des Duchez de Sicile de la Calabre & de la Poüille: par Robert Guiscard à Gregoire *b* VII. l'an 1080. à cause des mesmes Duchez de la Poüille de la Calabre, & de la Sicile : Et encore par le mesme Robert Guiscard *c* à Nicolas II. recevant de luy en 1059. l'Investiture du Duché de la Poüille, & de la Calabre dans l'esperance de recevoir aussi bien-tost celle de la Sicile.

Mais ce qui est remarquable & absolument décisif est, que comme il n'y a eu nulles investitures & formules d'hommages & de sermens de fidelité, qui ayent employé le terme *Lige*, auparavant l'an 1139. aussi depuis cette année n'y en a-il eu aucunes dans lesquelles le mesme terme n'ait esté tres-soigneusement & mesmes, s'il faut ainsi dire, tres-scrupulemment inseré.

C'est ce qui se verifie dans l'hommage rendu par Guillaume I. surnõmé Mauvais, fils du Roy Roger, & aprés luy Roy de *d* Sicile à Adrien IV. l'an 1156. dans l'Investiture du mesme Royaume accordée *e* à Constance vesve de Henry V. Empereur, & à Frederic son fils l'an 1199. par Innocent III. dans l'hommage rendu par Alphonse *f* Roy d'Arragon à Martin V. l'an 1445. *g* & dans l'hommage de Ferdinand dit le Catholique à Jules II. l'an 1492.

Si donc depuis qu'une fois ce terme *Lige*, a esté inseré dans les investitures, & les hommages des Fiefs de l'Eglise Romaine, il y a esté de là en avant tres-soigneusement continué; ne s'ensuit-il pas necessairement que n'y ayant point esté employé auparavant l'année 1139. il n'avoit pas auparavant encore esté connu, introduit & receu ? De sorte qu'il faut de necessité qu'il ait commencé à avoir cours dans les neuf années ou environ qui se sont escoulées entre l'investiture accordée au Comte Roger par l'Antipape Pierre de Leon l'an 1130. & l'investiture accordée au mesme Comte Roger par Innocent II. l'an 1139.

Que si les Chartres des Hommages faits à nos Roys dans le cours du douziesme Siecle pour raison des Duchez, & Comtez de Bourgogne, Normandie, Guyenne, Champagne, Tholoze, Flandres & autres Fiefs qualifiez n'avoient pas esté pris & pillez par les Anglois sous Philippes Auguste, ainsi qu'il sera dit cy-aprés; nous y trouverions sans doute que le mot de *Lige*, inseré esdits Hommages rendus sur le declin du douziesme Siecle, n'avoit point esté mis és hommages des mesmes Fiefs rendus au commencement du mesme Siecle, & que les Fiefs *Liges*, *Ligences*, *Ligeitez* n'avoient commencé d'avoir cours en France, que sur la fin du regne Loüis le Gros, qui mourut l'an 1137. d'où immediatement aprés ils avoient esté introduits dans le patrimoine du S. Siege.

L'antidate palpable & visible qui (peut-estre neantmoins par erreur) a esté donnée à une Chartre d'hommage *Lige*, de Thibault Comte de Troyes pour la faire remonter jusqu'en l'an 1110. comme la premiere & la plus ancienne marque de cette sorte d'hommage, ne sert pas de peu à l'establissement de la verité, dont il s'agit ; puisque remettant les choses dans le veritable ordre des temps, elle ne se trouvera que de l'an 1190. & neantmoins elle sera encore la plus ancienne dans la recherche & compilation qu'un *h* Autheur Moderne a faite de ce qu'il a pû récouvrer de ces sortes d'Actes *pour faire connoistre*, ainsi qu'il l'avoit *i* promis, *le vray usage des Fiefs, és onze, douze & treizesme siecles*, & monstrer *la difference qui*

Notes marginales :

a In Concilio apud Cyperanum habito. *tom.* 7. *Concilio. part.* I. Baro. *tom.* 12. *ann.* 1114. *num.* I & 4.

b La Chartre de cette Investiture est rapportée toute entiere par Baronius, *tom.* 12. *an.* 1080. *num.* 30 & 31.

c Cette Investiture est encore toute entiere dans le mesme *12 tom. an.* 1059. *num.* 64.

d Extat apud Baron. *tom.* 12. *ann.* 1156. *num.* 7.

e Idem in dissertatione de Regno Siciliæ ad Calcem. *tom.* 11.

f Ibidem.

g Ibidem.

h Chantereau le Fevre, Traitté de l'origine des Fiefs, *liv.* 1. *chap.* 12. *pag.* 78. & dans les preuves par les actes, *pag.* 2.

i Livre 1. chap. 12. pag. 78.

Et dans toutes les Investitures subsequentes l'Hommage a esté tres exactement qualifié Lige.

Que les Fiefs Liges n'ont esté introduits en France qu'environ l'an 1130, & non plustost.

Antidatte de 80 années entieres d'une Chartre d'Hommage Lige imprimée dans le Traitté des Fiefs de Chantereau le Fevre.

estoit, dit-il, *durant ces mesmes Siecles entre l'Hommage Lige & l'Homage simple.*

Par cette Chartre, la seconde en ordre dans cette compilation, Philippes Roy de *a* France *reçoit l'hommage lige*, de Thibault Comte de Troyes son nepveu, *pour raison des terres que le Comte Henry pere dudit Thibault avoit autrefois relevées du pere dudit Roy Philippes, & encore pour raison de celles que le Comte Henry, frere aisné du mesme Thibault, avoit aussi tenuës, & relevées du mesme Roy*, la datte y apposée est du mois d'Avril 1110.

Or cette antidatte est palpable & visible ainsi qu'il a esté dit.

Premierement en l'année 1110. il n'y avoit point de Roy en France qui portast le nom de Philippes : Loüis le Gros regnoit lors, qui dés le mois de Juillet 1108. avoit succedé à la Couronne par le decez de Philippes I. son pere.

Secondement, la maison de Champaigne n'avoit point d'alliance avec le Roy Philippes I. lequel n'avoit eu ny pour oncle ny pour nepveu, soit Henry, soit Thibault Comte de Troyes.

Mais ce qu'il y a de certain est que Philippes II. appellé *b* Auguste, estant fils du troisiesme mariage contracté par Loüis VII. dit le jeune avec Alix de Champagne, cinquiesme fille de Thibault IV. surnommé le Grand, Comte de Champagne, il estoit par consequent du chef de la Reyne Alix sa mere, nepveu d'Henry Comte de Troyes, surnommé le Large, fils aisné du mesme Thibault le Grand; & Cousin Germain des Enfans, que ledit Henry le Large avoit eus de son mariage avec Marie de France, dont l'aisné s'appelloit Henry, & le puisné Thibault.

Et d'autant que ladite Marie de France estoit fille aisnée du premier mariage de Loüis VII. avec Eleonor de Guienne, & par consequent Sœur vterine de Philippe Auguste; Il est certain que les enfans qu'elle avoit eus de Henry le Large, estoient de par elle nepveux du mesme Philippes Auguste.

Or Henry le Large estant decedé en 1180. Henry son aisné, dit le jeune, luy succeda au Comté de Troyes, mais s'estant depuis croisé contre les Infidelles, il fit donation de son patrimoine de Champagne à Thibault Comte de Blois & de Chartres son frere puisné, s'il avenoit qu'il ne retournast d'outre mer ; laquelle donation eut effet, d'autant que Henry espousa Isabelle Reine de Hierusalem, fille d'Amaury I. du nom, Roy de Hierusalem, au moyen duquel mariage estant devenu aussi Roy de Hierusalem, il ne revint plus en France.

Preuve évidente de cette antidatte. Les choses estant donc ainsi restablies dans la pure verité de l'Histoire, la Chartre de laquelle il s'agit se trouve de necessité estre l'acte de l'hommage Lige rendu par Thibault, fils de Henry le Large, au Roy Philippes Auguste.

Car premierement, Philippes appelle ce Thibault, son nepveu, *Philippus, &c. Nouerint vniversi quod nos Karissimum nepotem nostrum Theobaldum, &c. Recepimus in hominem nostrum ligium* : Or Thibault, fils de Henry le Large, estoit en effet nepveu de Philippes Auguste, estant fils de Marie de France sa sœur vterine.

Table qui fait voir que Thibault Comte de Champ. estoit nepveu de Phil. Auguste.

Loüis VII. dit le Ieune,
marié

en premiere nopces   *en troisiéme nopces.*
avec Alienor de Guyenne.   avec Alix de Champagne,

|

Marie de France . . *sœur consanguine de* . . Philippes Auguste,
Henry de Champagne
surnommé *le Large.*

|

Henry dit *le Ieune.*   Thibault *Comte de Blois.*

Secondement, Philippes dit, que le pere de Thibault s'appelloit Henry, & que cet Henry estoit son oncle, *de tota terra quam avunculus noster Comes Henricus pater ejus tenuit à nostro genitore:* Ce qui convient uniquement à Henry le Large, lequel effectivement estoit oncle maternel de Philippes Auguste : car ce Roy avoit eu pour mere Alix de Champagne sœur dudit Henry le Large, l'un & l'autre, enfans de Thibault le Grand, Comte de Champagne, lequel Henry le Large avoit porté l'hommage Lige du Comté de Troyes à Loüis le Jeune, pere & predecesseur de Philippes Auguste.

Table qui fait voir que Thibault Comte de Champagne estoit oncle de Philippes Auguste.

Thibault I V. dit le Grand
Comte de Champagne.
Mahaud fille de Baudoüin
Comte de Flandre.

Henry, dit *le Large.* Marie de France, fille du 1. lit de Loüis VII.	Guillaume Archevesque de Rheims.	Alix de Champagne femme en 3 nopces de Louys V I I.
Henry dit Thibault *le Ieune.* Côte de Blois.		Philippes Auguste.

Troisiesmement, Philippes, au nom duquel la Chartre est conceuë, adjouste que la mesme terre avoit esté relevée en hommage de luy par Henry frere de Thibault : *& quam Comes Henricus frater ejusdem Theobaldi tenuit à nobis :* Ce qui convient encore uniquement à Thibault Comte de Blois, fils puisné de Henry le Large ; car il avoit pour frere aisné, Henry surnommé le Ieune, lequel apres la mort de Henry le Large son pere arrivée en 1180. estoit entré en foy & hommage de Philippes Auguste, qui la mesme année estoit parvenu à la Couronne.

Quatriémement, Philippes, en cas qu'il manque à la protection qu'il devoit à Thibault son homme Lige, veut que jusques à ce qu'il ait amendé & reparé les torts & pertes qu'il luy aura causez, sa propre terre soit mise en interdit par Guillaume Archévesque de Rheims qu'il appelle son oncle : *Concessimus autem Karissimo avunculo nostro Guillelmo Rhemensi Archiepiscopo, &c.* Or cela convient encore uniquement à Philippes Auguste : car il avoit pour oncle maternel *a* Guillaume de Champagne, dit aux Blanches mains, quatriesme fils de Thibault le Grand, qui fut Archevesque de Rheims, Cardinal du titre de sainte Sabine, *b* & qui ayant sacré Philippes Auguste dans l'Eglise de Rheims l'an 1179. du vivant de Loüis le Ieune son pere, eut le credit de faire vuider à l'avantage de son Eglise, le differend qui jusques alors avoit esté pour la prerogative de sacrer nos Roys.

Que la veritable datte de cette Chartre ne peut estre que sous l'année 1190.

Cette Chartre se trouvant donc constamment estre de Philippes Auguste, qui ne parvint à la Couronne qu'en l'année 1180. il est certain que la datte qui luy a esté donnée du mois d'Avril 1110. est absolument fausse.

Mais dira-on qu'elle en sera la veritable.

Pour la restablir il faut observer, Que Henry le Large mourut aprés

a Pithou aux preuves des Comtes de Champagne & de Brie, *num 47.*
b Sainte Marthe, *tom.* 1. *livre* 1 2. *chap.* 8. Robert. *Gallia Christiana. In Rhemens. num.* 32.

son retour d'outre mer le 17 Mars 1180. comme *a* Pithou l'a remarqué; Que Henry le Ieune son aisné luy succeda au Comté de Troyes, duquel Comté il ne se deffit par donation en faveur de Thibault son puisné, que quand il partit pour la terre Sainte: Que les deux *b* freres accompagnerent Philippes Auguste au voyage de la terre Sainte l'an 1190; Qu'en 1192. Henry *c* par le conseil de Richard Roy d'Angleterre son oncle maternel espousa Isabelle Reyne de Hierusalem, vefve de Conrad, Marquis de Montferrat Prince de Tyr; Que le mesme Henry mourut à Ptolemaïde l'an *d* 1197. Et que Thibault son frere mourut à Troyes au mois de May 1200. *e* n'ayant encore que vingt-cinq ans.

Cela estant, la plus ancienne datte que l'on puisse donner à la Chartre, dont il s'agit n'est que l'an 1190. car puisque Thibault, lors de son deceds arrivé en 1200. n'avoit que vingt-cinq ans, il s'ensuit qu'il n'avoit atteint qu'en 1190. l'âge requis pour porter l'hommage qui estoit de quinze ans accomplis, & qu'auparavant cette année il n'eust pû ny demander ny recevoir l'investiture du patrimoine de Champagne, dont Henry son frere luy avoit fait donation, de sorte que voulant accompagner Philippes Auguste au voyage d'Outre mer, & se trouvant lors avoir l'âge de Vassal il luy fist l'hommage Lige mentionné en cette Chartre auparavant que de partir, car elle est dattée à Melun au mois d'Avril, & le départ de Philippes *f* Auguste ne fut qu'au mois de Iuillet 1190.

Or la verité de la datte de cette Chartre estant ainsi restablie sous l'an 1190, l'on connoist évidemment l'erreur notable de celuy qui l'avoit dattée de l'an 1110, pour s'acquitter de ce qu'il avoit promis, qui estoit de faire *connoistre*, disoit-il, *le vray vsage des Fiefs es vnze, douze & treiziéme Siecles*, & montrer *la difference qui estoit durant ces Siecles-là entre l'Hommage Lige & l'Hommage simple :* Cette Chartre avoit esté pour ce dessein par luy rapportée sous les dix premieres années du douziéme Siecle; & à present la verité tirée de l'Histoire fait connoistre qu'elle ne doit estre portée que sous les dix dernieres années du mesme Siecle : C'est donc 80 années seulement de mescompte & d'erreur, pour ne pas dire d'antidatte; mescompte qui valoit bien la peine d'estre relevé, reparé & restably dans une matiere & pour une affaire autant importante que celle dont il s'agit.

Car enfin resumant à present tout ce qui a esté dit, estably & prouvé cy-dessus tant par les Autheurs que par les anciennes Chartres & les Livres de *Vsibus Feudorum*, il doit demeurer pour constant que les termes d'*Hommage Lige, Foy Lige, Vassal Lige, Homme Lige, Fief Lige, Ligeance & Ligeité*, n'ont commencé d'avoir cours soit en France, soit en Italie, que dans le douziéme Siecle bien avancé, c'est à dire cent ans pour le moins aprés le Duché de Bourgogne delaissé à Robert de France, fils du Roy Robert, ou pour son appennage, ou pour sa portion hereditaire; qui est la premiere chose que l'on a dit devoir estre sceuë & connuë concernant les Fiefs Liges & les Hommages Liges.

La seconde concerne l'origine de cette sorte de Fiefs & d'Hommages, à l'égard de laquelle l'on ne peut qu'estre fort surpris de voir qu'aucuns soit Historiens, soit Feudistes, dont nous avons les ouvrages ne l'ayent marquée, & que tous au contraire ayent si évidemment fait connoistre leur incertitude sur ce sujet, qu'ils ayent, s'il faut ainsi parler, ouvertement affecté de s'en taire.

Un des plus *g* recens, lequel ayant entrepris de traitter de l'origine des Fiefs, eut esté ce semble, obligé par le titre, la fin, le plan & le dessein de son ouvrage de rapporter celle des Fiefs Liges, s'est contenté de remarquer en deux Chapitres la difference qu'il y avoit entre l'*Hommage Lige* & l'*Hommage Simple*, & n'a point feint d'avancer, *qu'il parut dés le commencement deux sortes de Foy & Hommage, l'un appellé Lige, & l'autre*

Simple

a és preuves des Comtes de Champagne, *num.* 59.
b Rex itaque Philippus iter aggressus est & cum eo Dux Burgundiæ, *Henricus* Comes Campaniæ, *Tybaldus* Comes Blesensis. *Gesta Dei per Francos. tom.* 2. *lib.* 3. *pars.* 10. *cap.* 4.
c Ibidem cap. 7.
d Ibidem cap. 8.
e Pithou aux preuves des Comtes de Champagne. *num.* 60.

f Sainte Marthe, *tom.* 1. *liv.* 12. chap. 9.

g Chantereau le Fevre, *Traitté des Fiefs, liv.* 1. *chap.* 12. 13.

Simple, quoy qu'il soit constant aprés ce qui vient d'estre prouvé, que les Fiefs Simples estoient en usage en France plus de quatre à cinq Siecles auparavant les Fiefs Liges.

La pluspart des autres esquivant d'entrer dans la recherche & la penetration de cette origine, se sont presque uniquement attachez au terme *Lige*, duquel ils ont tiré chacun l'éthimologie suivant leur sens particulier, les uns ayant *a* écrit que le Vassal estoit appellé *Lige*, parce qu'il estoit *lié à son Seigneur Feodal*, luy jurant & promettant une loyauté toute singuliere : D'autres ayant avancé *que le Fief b Lige avoit pris le nom de l'effet & de la suite des obligations sous lesquelles il avoit esté originairement donné*, en ce que ceux qui s'en faisoient investir estoient soûmis & engagez à des conditions plus onereuses que celles qui estoient attachées aux Fiefs Simples, & d'autres ayant tenu que ce terme, *Lige*, venoit de la forme particuliere de l'Hommage qui se rendoit pour ces sortes de Fiefs, sçavoir, *les poulces du vassal estant liez & les mains d'iceluy iointes entre les mains de son Seigneur*, sentimens qui ont paru si peu sensez à un *c* Auteur du Siecle passé, qu'il les a traittez de ridicules, *Vulgo nugantur, dit-il, quis sanus illos non culpabit, non coarguet ? quis risum tenebit cum pueriliter ludunt?*

Enfin il s'en est trouvé qui ont tenu que ce terme, *Lige*, avoit pris son origine de la *ligue & confederation* que quelques personnes font ensemble, en ce que les Seigneurs & les Vassaux se liguoient & se confederoient par serment les uns aux autres , & sur ce fondement les Feudistes Allemans ont insinué que les Fiefs Liges avoient commencé en Italie : *à Liga , verbo Italico, quæ Liga & confœderatio est adversus quemquam*, dit Argentré *d* sur la Coustume de Bretagne apres Alberts Krants; Mais un de nos plus modernes Auteurs écrit que nos Feudistes François *e* au contraire tiennent & plus probablement, que le terme *Lige* est derivé d'un ancien mot François, *Liga*, qui signifie, *Colligationem, pacem & confœderationem*, Ce que nous disons une *Ligue*.

A dire le vray, c'est bien deviner à plaisir que d'avoir recours au terme *Liga*, & de le vouloir faire passer ou pour Italien ou pour Gaulois: Car pour peu que l'on ait connoissance de la langue Italienne, on ne peut ignorer qu'une ligue n'est pas appellée *Liga* en cette langue , mais *Lega*, & d'ailleurs comment l'origine des *Fiefs Liges* seroit-elle venuë d'Italie , veu que dans les Loix & Constitutions Napolitaines, auutrement Siciliennes, quoy que posterieures en partie aux usages des Fiefs des Lombards, il n'y a pas un seul mot ny du *Fief Lige* ny de *l'hommage lige* de vouloir aussi faire passer ce terme *Liga* , pour un vieux mot Gaulois il n'y a point d'apparence; car les *Fiefs Liges* n'ayant commencé d'avoir cours que dans le douziéme siecle bien avancé , ainsi qu'il vient d'estre prouvé , ce qui nous reste d'Auteurs de ce temps soit Romans soit Poëtes (quelques Fragmens desquels on peut voir encore dans Fauchet) font assez connoistre que leur langage n'estoit point thiois ; aussi *f* d'Argentré est-il obligé d'avoüer que cette parole, *Liga*, est tout-à-fait barbare : *de qua , dit-il, cum barbara sit , non fuit pugnandum eruditis viris.* Il adjouste que ce n'est pas un terme duquel on se puisse ou se doive autoriser pour en tirer aucune decision, *Cùm authoritatem, poursuit-il , non habeat ab ullo jure, sed ab intelligentia utentium, alibi alia proùt descripsit usus:* Et peu apres, *Cùm nec usus nec Barbaræ vocis significatio authoritatem habeat ab lege , non rectè usurpari dicetur quod legem non habet:*

Pour se determiner neantmoins dans cette ancienneté de temps & de siecles à quelque chose de certain , il faut remarquer que pendant le cours du douziéme siecle, deux sortes de *Fiefs liges* ont esté introduits, les uns *primitifs & immediats*, tenus sans aucun moyen des Souverains : emportans avec eux une totale & entiere subiection de la personne des *Vassaux*. Les

F

Marginal notes (left column):

a dicitur autem *Vassallus Ligius* quasi ligatus Domino suo vel *Legalitatem* promittens supra omnes: *Jason. de usibus. feudo. num.* 108.

b Feudum *Ligium* à ligando , nominis originem contraxisse videtur ab effectu: quòd plus quàm alia feuda liget & arctet vassallum. *Math. ad Guido Pap. decisio.* 309.

c Ragueau. Indice des droicts Royaux, *in Verbo*, l'Hommage Lige.

d In consuet. Britan art. 311. *Glo.* Tout Iuveigneur. *In Verbo.* Ligence.

e Brodeau sur la Coust. de Paris, *art.* 65. *num.* 28.

f In consuetud. Britan. art. 311. *glos.* tout Iuveigneur. *In verbo,* Comme du Seigneur Lige, *num.* 4. *& 6.*

Marginal note (right column):

Que les Fiefs tenus immediatement du Souverain ont esté qualifiez Liges sous la fin du regne de Louys le Gros.

autres *derivez des premiers, mediats & comme subordinez qui souffroient des reserves, des exceptions & des modifications.*

A l'égard des premiers l'origine n'en est pas incertaine *quant à l'obligation*, mais bien *quant à la nomination, ou plustost qualification* : Car il est hors de doute que les Vassaux qui tenoient de nos Roys dans leur Estat, des Empereurs dans l'Empire, des Souverains Pontifes dans le patrimoine de l'Eglise, estoient obligez de les servir & defendre *contra omnes nemine dempto* : mais cette obligation estoit extrémement affoiblie en France sous les Roys Hugues Capet, Robert & Henry I. qui trouvant des Vassaux puissans, accoustumez à faire les petits Roys sous la decadence des Carlovingiens, eurent besoin d'une prudence extraordinaire pour affermir leur trosne & pour conserver la Couronne à leurs descendans ; *respectez au reste*, suivant que *a* Fauchet l'a remarqué *ainsi qu'il plaisoit à ces grands Vassaux.*

Cette mesme obligation fut encore plus diminuée, & presqu'aneantie *b* sous Philippes I. qui pour ses desordres également scandaleux & continus, attira sur soy les foudres de l'Eglise, & le mépris de ses Vassaux ; De sorte que ceux-cy tirant avantage de sa vie molle & effeminée, s'erigerent en tyranneaux presque dans tous les Cantons de la France, & se fussent maintenus dans leur rebellion, si Louys le Gros ne les eust rangez à leur devoir.

On auroit peine à croire jusques où l'audace de ces Vassaux se porta si les Histoires de ce temps ne nous l'avoient marqué, car qu'y-a-t-il de plus arrogant que la repartie d'Aldebert Comte de Perigort à Hugues *c* & à Robert, en ces termes, *Qui est-ce qui vous a fait Roys ?* Et qu'y-a-t-il de plus insolent que le refus de David Comte du Mans, *d* de relever son Fief du mesme Roy Robert, protestant que *jamais il ne se soumettroit à la Race des Bourguignons* : Foulques Comte d'Anjou (qui depuis fut Roy de Jerusalem ayant épousé Melisende fille aînée de Baudouin II.) ne répondit il pas *e* qu'il n'estoit point tenu de servir Louys le Gros dans la Guerre qu'il avoit contre Henry Roy d'Angleterre fils de Guillaume le Conquerant, parce que Louys avoit donné à Anselme & Guillaume de Garlande la Mairie, & la Seneschaussée de France, que Foulques pretendoit estre hereditaires aux Comtes d'Anjou, & ne fallut il pas que Louys luy fit donner des asseurances, par Amaury de Monfort son oncle, par Geoffroy Abbé de Vandosme, & par Raoul de Baugency, qu'il repareroit ce qu'il luy avoit fait de tort? Mais que peut-on ajouster à l'ambition extravagante, & à la brutalité d'Eudes Comte de Corbeil fils de Bouchard, qui n'aspirant pas moins qu'à la Royauté, & refusant *f* un jour de recevoir son épée de la main de celuy de ses domestiques qui la luy presentoit, s'adressa à sa femme, & luy dit, *donnez Comtesse avec joye l'épée à un Comte qui dans le jour vous la rendra n'estant plus Comte, mais estant Roy?*

D'un mépris si arrogant & si insolent naissoit la Rebellion ouverte, & la necessité fâcheuse à nos Roys d'employer la force des Armes pour se faire reconnoistre par leurs propres Vassaux, aprés mesmes les avoir quelques fois inutilement fait condemner en Justice ; C'est l'extremité où l'Abbé Sugger remarque, que Louys le Gros du vivant de Philippes son pere se trouva reduit à l'égard de Bouchard de Montmorency : Louys ayant contraint Bouchard de comparoistre devant Philippes, le fit condamner ; Mais ce Seigneur rebelle ne voulut point acquiescer au jugement ; l'authorité de la Justice estoit lors si affoiblie, ou plûtost la puissance des Vassaux estoit si grande (ainsi que Sugger l'écrit) qu'il *g* n'estoit pas permis de se saisir de leurs personnes, Bouchard se retira donc en toute liberté, continua ses desordres, se ligua avec Mathieu Comte de Beaumont & Dreux Seigneur de Mou-

a Livre II. *ch.* 5.

b Rex Philippus in diem deficiebat, neque enim post superductem Andegavensem · Comitissam quicquam Regia Majestate dignum agebat, unde nec Reipublicæ providebat. *Sugger. de vita Ludo. Grossi. cap.* 12.

c Qui cum urbem Turonis obsideret, nequaquam Rex Hugo, vel Robertus filius ejus ausi sunt provocare eum ad bellum: sed hoc ei mandaverunt: *Quis te*, inquiunt, *Comitem constituit ?* Et Aldebertus remandavit eis : *Qui vos Reges constituerunt ?* Histor. Aquit. fragm. *Dans les Historiens de du Chesne, to.* 4. *pag.* 80 *&* 81. *d* David Comes Cenomanorum & Comes Corbonensis, dedignabantur recipere feodum suum à Rege Roberto, asserentes nullo modo se posse subijci generi Burgundionum. Hugo. de Clerijs. *dans du Chesne, to.* 4. *pag.* 328.

e Ibidem, pag. 329. *f* Qui tumultuosus miræ magnanimitatis, caput sceleratorum, cùm ad Regnum aspirans quadam die arma contra Regem assumeret, gladium de manu porrigentis recipere refutavit, adstanti conjugi Comitissæ invective sic dicens : *Præbe nobilis Comitissa, nobili Comiti splendidum ensem lætabunda; quia qui Comes à te recipit, Rex hodie tibi reddet.* Sugg. cap. 19. *dans du Chesne, tom.* 4. *pag.* 302. *g* Quod cum auribus Domini Ludovici insonuisset, indignatus ægrè tulit : Nec mora quin præfatum Burchardum ante patrem Castro Pinciaco ad

chy, les plus grands Hommes de guerre de ce temps : mit nombre de Trouppes sur pied, & il fallut que Louys (qui n'estoit pas lors encore Roy) avec le secours de Robert Comte de Flandres son oncle, assiegeat Bouchard de Montmorency dans son propre Chasteau, le forçat & l'humiliat.

Il seroit long de faire icy l'enumeration de tous les Vassaux rebelles que Louys le Gros, estant parvenu à la Couronne, fut obligé de dompter par la force des armes tels que Mathieu Comte de Beaumont a dont il vient d'estre parlé qui s'estoit saisi du Chasteau de Lusarche: Hugues de Pompoane Chastellain de Gournay sur Marne dont le Chasteau fut rasé nonobstant le secours que Thibault Comte de Champagne luy avoit amené, qui fut mis en deroute ; Guy le Roux & Hugues de Crecy son fils qui s'estoient saisis de la personne de Eudes Comte de Corbeil, l'avoient chargé de fers & le tenoient prisonnier dans la Ferté Baudouin: Philippes son frere naturel ; Hugues Seigneur du Puyset en Beausse ; Thomas de Marne ; Haymon Seigneur de Bourbon ; mais sur tout Thibault (depuis surnommé le Grand ou le Vieil) Comte de Champagne, & la Comtesse de Chartres sa mere, nonobstant qu'ayant attiré à leur party les Seigneurs de Dammartin, Montjay Monthlery, Chasteau-Fort, Crecy, Rochefort, ils se fussent flattez de l'esperance de se saisir de b Corbeil, & de mettre s'il faut ainsi parler, le Roy en brassieres dans le chœur de son Royaume.

Il suffit de connoistre par ce detail que les principaux Vassaux de la Couronne, ou refusoient absolument d'entrer en hommage & de reprendre leurs Fiefs ; ou que s'ils en faisoient le serment de fidelité, ils tenoient aussi peu de compte de l'enfraindre, que de manquer à la moindre parolle qu'ils eussent donnée, s'imaginans estre libres de s'en departir selon que leurs interests particuliers ou ceux de leurs Alliez sembloient le demander, & ce fut peut-estre le motif qui porta Louis le Gros après tant, & de si puissant Vassaux domptez & humiliez, à revestir les formules de l'hommage, des solemnitez plus rigoureuses que celles qui jusques alors avoient esté pratiquées.

Car autant que l'on peut conjecturer de ce que l'Abbé Surger a laissé par écrit, les precautions que ce c Roy apporta pour s'asseurer de la fidelité de Foulques Comte d'Anjou furent singulieres ; l'Hommage ayant esté suivy des sermens reïterez, & les sermens ayant esté ou suivis ou accompagniez du fournissement de plusieurs ostages ; toutes lesquelles precautions furent depuis aisement reunies dans un mesme acte d'hommage, comme l'on peut voir dans la Chartre cy-dessus prouvée devoir estre de l'*Hommage Lige* de Thibault Comte de Champaigne fait au Roy Philippes Auguste: En effet, dans cette Chartre l'Hommage est accompagné d'un serment fait sur l'Hostie & sur les Evangiles, & du fournissement de plusieurs personnes qualifiées, qui sous le mesme serment se rendent pleiges & cautions de la fidelité du Vassal, jusques à promettre de se rendre prisonniers volontaires dans les Villes, Chasteaux & lieux y specifiez, en cas que dans le temps convenu le Vassal n'amende son manque de fidelité, & d'y garder prison jusques à ce qu'il l'ait reparé : Enfin la soûmission du Vassal à la puissance Ecclesiastique y est ajoustée, afin que sa terre puisse estre mise en interdit si-tost que le mesme temps sera passé sans avoir amandé sa faute.

Or cette formule d'hommage estant nouvelle, & beaucoup plus onereuse que celle qui sous les deux premieres Races de nos Roys avoit esté pratiquée, (qui estoit assez simple comme on peut voir dans les modeles que Pithou d en a recueillis, & qu'il nous a laissez) il fallut bien luy donner quelque nom qui la specifiat, & la distinguat ; d'autant plus qu'à l'égard des Fiefs subordinez, l'Hommage demeuroit simple, &

tel qu'il avoit esté fait auparavant ainsi qu'il sera prouvé cy aprés.

Et comme tel nom, que l'on eut donné dés lors à cette sorte d'homma-ge, eut suffi pour le faire discerner d'avec l'Hommage simple, sans estre obligé de se conformer ny de se captiver sous les regles de l'ethimolo-gie, aussi devons nous à present nous contenter que le nom singulier qui luy fut lors imposé ait esté celuy de *Lige*.

Tres-mal à propos rapportée à aucun terme soit Latin, soit Grec, soit Italien.

D'où il resulte que si ceux qui ont voulu tirer ce nom ou de *Liga* terme supposé Italien, ou de *Liga* terme pareillement supposé Gaulois, le sont fort travaillez en vain : Ceux qui l'ont voulu deriver de la Lan-gue Grecque, adaptant *Homo Ligius* ou *Leugius*, à cette parolle com-posée chez les Grecs ἱμόλογοι, n'ont pas moins erré ; car y a-il appa-rence que pendant le cours du douziéme siecle la Langue Grecque nous eut esté assez familiere en France pour en tirer cette denomi-nation ?

Il y auroit quelque peu plus de vraisemblance de donner les mains à qui ont écrit que *Ligius Italorum verbum , significat omnimodam subjectio-nem*, du moins cette pensée se trouveroit elle avoir quelque fonde-ment, puis que S. Antonin sous l'an 1224. écrivant la maniere en la-quelle S. Jean d'Angely se rendit à Louys VIII. pere de S. Louys, s'exprime en ces termes, *Abbas autem & Burgenses audito Regis adventu, pacificum castrum reddunt , ei ligam exhibentes & fidelitatem*, sur lequel endroit, *Petrus Maturus* Iesuiste, a fait en marge cette annotation, *Liga*, i. e. *Obsequium* : Mais S. Antonin ayant ecrit, & vescu jusques au mi-lieu du quinziéme siecle, n'est pas un auteur auquel on se doive rap-porter de l'etimologie du terme *Lige*, qui plus de trois siecles aupara-vant avoit esté introduit en France : joint qu'il d'écrit ce qui se passa lors en Saintonge, sous la foy & l'autorité de Vincent de Beauvais en son Miroir historial, qui sous la mesme année 1224. s'exprime en des ter-mes fort differens ; car il dit simplement *legitimam facientes ei fidelitatem :* Et cependant Vincent, qui estoit Bourguignon de naissance, écrivoit des choses qui se passoient luy vivant & en des termes qui lors estoient usitez ; car il estoit Comtemporain, & ayant poussé son Histoire jusques en la susdite année 1224. ne la mit au jour non plus que ses autres ou-vrages que par les instantes sollicitations que ses amis luy en firent , & qu'apres que S. Louys voulut bien en faire les frais.

a Part. 3. tit. 19. cap. 3. § 6.

Ainsi quand les choses sont approfondies, l'authorité de S. Antonin sur cette matiere ne se trouve d'aucun poids, & il faut de deux choses l'une, ou qu'il y ait eu erreur en la transcription des cahiers qui estoient de sa composition, de sorte que l'on ait pris *ligam* pour *legitimam* , & qu'afin de donner quelque sens à la phrase l'on ait ajousté la conjon-ction , *&* ; ou si la transcription a esté fidelle, que le terme *liga* , ait esté latinisé par cet autheur pour signifier *totale obsequium* ; en quoy il n'y auroit autre remarque à faire sinon que cette Diction latine auroit esté tirée du terme, *lige* introduit en France plus de 300 ans aupara-vant : & non pas au contraire que nostre terme *lige* auroit pris son ori-gine d'un terme latinisé , & usurpé plus de 300 ans apres : Ce qu'ont creu neantmoins ceux qui aveuglement ont donné dans cette pensée, & l'ont authorisée par leurs écrits.

Voilà donc ce qui paroist de plus certain touchant l'origine des Fiefs *liges primitifs immediats*, ainsi que l'on les a cy-dessus appellez, d'autant qu'ils estoient tenus des Souverains , & que l'hommage pour raison d'iceux, estoit rendu à des personnes qui n'ayant autre que Dieu au dessus d'elles devoient estre reconnuës par les Vassaux avec une sou-mission totale, indefinie, illimitée, & sans aucune exception, qui est ce que l'on dit ordinairement, *Contra omnes nemine dempto*. Ce qui parut d'abord si raisonnable, que ces sortes d'hommages furent admis & re-

ceus

eeus incontinent apres dans l'eſtat de l'Egliſe ainſi qu'il a eſté veu cy-
deſſus, dans les Royaumes d'Angleterre & d'Eſcoſſe, & dans les autres
Souverainetez qui avoient le plus de correſpondance, & d'intelligence
avec nous.

Mais quant aux Fiefs liges qui cy-deſſus pour les diſtinguer des premiers ont eſté appellez *ſubordinez mediats & ſubalternes*, l'origine en eſt
tellement certaine que l'on peut preſque cotter l'année en laquelle ils
ont eſté introduits.

a Dadinus Alteſerra.
Orig. feudo.cap. 8.pag.
316.

Un Autheur *a* de noſtre ſiecle en a judicieuſement remarqué l'occaſion, & le pretexte, *& ſi vero*, dit-il, *hominum ligium ſupremo dumtaxat
principi deberetur, tamen Duces & Comites Regalium inſani aucupes, hominio
ligio Vaſſallos ſibi obſtringere non debitarunt.*

Ce ne fut pas neantmoins ſans peine, & ſans que la forme de cet
hommage *lige*, qu'ils ambitionnoient de ſe faire rendre, eut eſté bien
concertée & bien examinée dont les pretentions de Henry II. Roy
d'Angleterre, contre *b* Raymond Comte de S. Gilles pour raiſon du
Comté de Tholoze firent naiſtre le ſujet qui fut tel.

b Tout cecy eſt tiré de
Catel en ſon Hiſtoire
de Toloſe, *liv.* 2. *ch.*
5. du Tillet, Recueil
des Traittez d'entre
les Rois de France &
d'Angleterre , *ſous*
Louys le Ieune. Math.
Pariſ. anno 1159.
Guill. Neub. *lib.* 1.
cap. 10.
Sainte Marthe, *livre*
12. *chap.* 8.

Henry, du chef d'Alienor de Guyenne qu'il avoit epouſée apres que
Louys le Jeune l'eut repudiée, pretendoit que le Comté de Tholoze
luy appartenoit & tiroit ſon droit de ce que Guillaume IV. Comte de
Tholoze, biſayeul d'Alienor ayant engagé ce Comté à Raymond Comte de S. Gilles ſon frere, les deſcendans de Raymond n'avoient pas
changé la cauſe de leur poſſeſſion qui n'eſtoit qu'un ſimple titre d'engagement, de ſorte que tout ce qu'ils pouvoient eſperer & demander,
eſtoit ſimplement d'eſtre rembourſez de la ſomme que Guillaume IV.
avoit touchée, laquelle Henry offroit payer.

Et ce qui portoit Henry à retirer ce Comté, eſtoit le grand avantage qu'il prevoyoit luy en devoir revenir pour s'agrandir & ſe rendre
puiſſant en France ; car ayant de ſon chef la Normandie, la Touraine,
le Mayne & l'Anjou, & du chef d'Alienor ſa femme, le Poitou & la
Guienne, s'il y eut pû joindre le Comté de Tholoze, il auroit preſque
eſté maiſtre de la moitié de la France.

Raymond de S. Gilles (petit fils de Raymond qui avoit traitté du
Comté de Tholoze avec Guillaume IV. ſon frere) ſouſtenoit au contraire que le Comté avoit eſté vendu, & non pas ſimplement engagé à
ſon ayeul , & qu'Alphonſe ſon pere y avoit eſté maintenu contre Guillaume IX. Comte de Poitou pere d'Alienor : il avoit déja allegué les
meſmes raiſons lors que Louys le Jeune du chef de la meſme Alienor
ſa femme avoit pretendu le meſme Comté , en veuë deſquelles Louys
s'eſtoit deſiſté & avoit donné ſa ſœur Conſtance en mariage à Raymond : De ſorte que ſe trouvant appuyé de l'alliance de Louys, qui de
ſa part eſtoit bien-aiſe d'empeſcher que Henry ne vint à bout de ſon deſ-
ſein, il ſe reſolut de ſe deffendre en cas que Henry employat ſa force
ouverte contre luy.

Henry n'y manqua pas ; & pour y mieux reüſſir, il tira à ſon party
Raymond Comte de Barcelonne , Guillaume Trincavel Viſcomte de
Beziers, Guillaume Seigneur de Montpellier. Puis avec une armée fort
nombreuſe à laquelle s'eſtoit joint Maclouin Roy d'Eſcoſſe, il entra
dans le Comté de Tholoze ; Mais Louys ayant en diligence marché au
ſecours du Comte ſon beau frere, & s'eſtant meſme jetté dans Tholoze
ainſi que nos Hiſtoriens l'écrivent , l'entrepriſe de Henry s'évanoüit
pour cette fois ; s'eſtant ſeulement ſaiſi de la Ville de Cahors qu'il
fortifia.

Ce differend eut de grandes & fâcheuſes ſuites pendant pluſieurs
années, & meſmes Raymond ſe trouvant obligé de ceder à la force,
s'accorda enfin avec Henry à condition que le Comté de Tholoze luy

demeureroit, pour raison duquel il devint Vassal lige de Henry, à cause
du Duché de Guyenne, & luy en fit l'hommage lige.

Louys le Ieune ne put supporter cette entreprise sur sa Couronne,
prevoyant assez quelle en seroit la consequence, s'il souffroit qu'un
Duc de Guyenne eut des Vassaux liges, ce qu'il sçavoit n'appartenir
qu'aux Souverains; cela s'apprend de l'Epitre 153, de Pierre de Blois:
Elle est conceuë au nom de Rotrou Archevêque de Roüen, & d'Arnoul Evêque de Lixieux: Ces Prelats y rendent compte à Henry Roy
d'Angleterre du succés de la legation, en laquelle il les avoit employez
auprés du Roy Louys, & entre les sujets de plainte que le Roy de
France alleguoit avoir receus du Roy d'Angleterre, *addebat*, disent-ils,
*quòd in Coronæ suæ dispendum, Comitem sancti Ægidij in ligium hominem
recepistis.*

Mais enfin l'expedient qui fut trouvé pour assoupir cette querelle, &
conserver à un chacun ses droicts fut, *Que le Comte de S. Gilles demeureroit Vassal Lige du Roy d'Angleterre comme Duc de Guyenne, sauf &
excepté neantmoins l'Hommage Lige qu'il devoit au Roy de France:* C'est
ce qui se recueille de la Chronique manuscrite dont un extrait *a* est
rapporté dans l'Histoire des Comtes de Tholoze en ces termes *annò
millesimo centesimo septuagesimo secundo, Henricus Rex Anglorum à Comite
Raymundo S. Agidij exegit hominum Tolosæ, quam dixit spectare ad Ducatum Aquitaniæ:* Et peu aprés *tamdem colloquio inter eos (Reges) ha-
bite convenit inter ipsos, ut signum Regis Anglorum in turri Castelli Narbonensis
levaretur & fidelitas ei fieret, salva fidelitate Regis Francorum.*

Que si l'on objecte que cette Chronique parle de l'Hommage sans
le qualifier *Lige:* L'ôn répondra fort pertinemment qu'elle ne se peut
entendre que de cet hommage pour deux raisons: La premiere parce
que c'estoit de celuy là seul dont le Roy de France se plaignoit, ainsi
qu'il est prouvé par l'Espitre 153 de Pierre de Blois. La deuxiéme parce
que l'on n'eut rien accordé d'extraordinaire au Roy d'Angleterre de
souffrir que le Comte de S. Gilles eut esté son Vassal simple; & qu'en
ce cas il eut esté inutile d'excepter la fidelité deuë au Roy de France,
salvà tamen fidelitate Regis Francorum, laquelle clause n'a esté introduite que pour la subordination des ligences és Fiefs subalternes &
mediats.

Voilà donc l'origine des Fiefs Liges, *mediats, subordinez & subalter-*
nes sous l'an 1172 seulement: C'est à dire 142 ans aprés le Duché de
Bourgogne delaissé à Robert de France, depuis lequel temps & en consequence de l'exemple que l'on en avoit eu en la personne d'un Duc de
Guyenne, il n'y eut point de Seigneur en France qui ne tâchat de se
faire des hommes & Vassaux Liges, ce qui eut une telle vogue & un si
grand cours que sur le declin du douziéme siecle, & pendant tout le
treziéme il n'y a rien de si frequent, soit dans nos Historiens, soit dans
les Chartres de ce temps que les termes *dé Ligence, Hommage Lige, Foy
Lige, Hommage Lige, Vassal Lige*, jusques à y trouver des Vassaux
Ligement subordinez à deux trois quatre & cinq Seigneurs differents,
lesquels Seigneurs aussi sont exceptez du dernier Hommage selon le
rang & la datte de la ligence qui leur avoit déja esté faite & jurée.

A quoy ne contribuërent pas peu les expeditions d'Outre-mer; car
cette sorte d'Hommage estant personnel ainsi qu'il sera dit cy-aprés,
les Seigneurs qui passoient en Syrie, en Palestine, en Egipte se tenoient
beaucoup plus asseurez de la fidelité des hommes qui leur avoient fait
l'Hommage Lige, que de ceux qui ne leur avoient fait que l'Hommage simple, aussi ont ils esté tres soigneusement distinguez les uns des autres par tous les Autheurs de ce temps.

Il y a neantmoins une chose à observer à l'égard de cet Hommage

Lige *mediat* & *subalterne*, qu'il ne fut nullement ~~d'abord~~ receu en Italie, ainsi qu'il sera prouvé incontinent, & c'est sans doute la raison pour laquelle les Autheurs des Livres intitulez *De usibus feudorum*, n'en ont fait aucune mention.

Reste la troisiéme & derniere chose que l'on a dit estre necessaire de sçavoir touchant les Fiefs Liges, & qui se reduit *aux conditions essentielles de ces sortes de Fiefs*.

Du Moulin *a* semble pouvoir suffir tout seul sur cette matiere, apres ce que nous en trouvons dans le Commentaire qu'il a fait sur l'ancienne Coûtume de Paris où il traitte *ex professo* de la nature & des effects du Fief Lige.

Quant à sa nature il dit que deux choses sont absolument requises: *Ad cujus constitutionem*, ce sont ses mots, *duo de necessitate requiruntur.* La premiere que le serment de fidelité du Vassal soit indefini, & sans exception d'aucunes autres personnes : *Primum est quòd Vassalus iurat fidelitatem nullus alterius fidelitate salvâ vel exceptâ*, d'où il infere qu'une mesme personne ne peut estre *Vassal Lige* que d'un seul Seigneur & non pas de plusieurs ; C'est pourquoy il pose pour une verité de principe, que les Fiefs Liges *à solo supremò Principe recognoscuntur*.

La seconde chose est que l'erection primitive de l'heritage en Fief, la premiere Investiture & la concession originaire d'iceluy doit porter expressement & nommement que le Fief est Lige, *Secundum requisitum est*, poursuit cet Auteur, *quòd nominatim & expressè dicatur in ejus concessione seu investitura, quod sit feudum Ligium* ; Il n'en rend pas la raison; mais un Feudiste *b* Vltramontain l'avoit auparavant exprimée en ces termes, *quia Feudum Ligium excedit naturam recti feudi etiam nobilis* : Il veut dire, que la condition du *Fief Lige* estant plus dure & plus onereuse que celle du Fief simple, & le Vassal ne pouvant au prejudice de son Seigneur, ny le Seigneur au prejudice de son Vassal, changer la qualité primitive du Fief, on ne presumoit pas qu'un Fief fut *Lige* s'il n'en apparoissoit par l'Investiture, & que par consequent les Seigneurs ne pouvoient obliger leurs Vassaux de tenir en Fief Lige les Fiefs qu'ils n'avoient possedez que sous l'Hommage simple ; C'est pourquoy quand cette sorte de teneure fut receuë en Lombardie, les Auteurs du quatriéme Livre des Fiefs establirent pour maxime, *c Que l'erreur mesme d'un Vassal qui avoit reconnu ligement un Fief qui de sa nature estoit simple ne prejudicioit point à son heritier*, & que celuy cy ne pouvoit estre contraint de relever ce Fief ligement, *Vassali factum*, dit Cujas sur ce sujet, *non mutat originem feudi in deterius.*

Mais si jamais ce Brocard de droit s'est verifié qui porte que, *omnis definitio in jure, periculosa*, c'est l'on peut dire que c'est dans la definition que du Moulin a faite de la nature du Fief Lige, & des deux conditions essentielles qu'il y a requises : puisque si ce qu'il a establi sur ce sujet estoit veritable, Il n'y auroit jamais eu aucun Fief Lige en France.

La demonstration en est facile à l'égard des Fiefs tenus & mouvans immediatement de la Couronne; car le serment pour raison d'iceux est bien de verité fait au Prince, *nullius alterius fidelitate salvâ vel exceptâ*, qui est la premiere chose requise par cet Auteur : Mais dans la primitive & originaire concession & investiture d'iceux, ils n'ont point esté declarés *Liges*, qui est pourtant la seconde chose necessairement par luy requise, & mesme il estoit impossible de les declarer tels, puis qu'ainsi qu'il a esté cy-dessus prouvé, l'Hommage Lige n'a esté introduit qu'apres la compilation des premiers Livres des Fiefs : Et cependant il y avoit eu déja pendant plusieurs siecles quantité de Fiefs tenus & mouvans nuëment & immediatement de la Couronne, qui par conſequent ~~n'auroient~~ jamais pû devenir Liges.

La meſme demonſtration eſt auſſi tres-facile à faire à l'égard des Fiefs Liges ſubordinez & mediats: Car dans la premiere Inveſtiture & conceſſion d'iceux, on ne peut douter qu'ils n'ayent eſté nommement qualifiez & declarez Liges, qui eſt la ſeconde choſe neceſſairement requiſe par du Molin: Mais la premiere ne peut pas leur convenir, puis qu'eſtant tenus & mouvans de Seigneurs qui ſe trouvoient Vaſſaux mediats ou immediats de la Couronne, le ſerment de fidelité, *nullius alterius fidelitate ſalvâ vel exceptâ*, n'auroit jamais pû en eſtre fait ny porté.

Ainſi tous les grands Fiefs tenus de la Couronne que nous reconnoiſſons eſtre *Liges* par leur nature, ne l'auroient jamais eſté par le defaut de la ſeconde choſe; & les Fiefs ſubordinez, que nous reconnoiſſons avoir eſté *Liges* par leur errection, ne l'auroient non plus jamais eſté par le defaut de la premiere choſe que du Molin avoit conjoinctement requiſes comme abſolument neceſſaires.

Mais pour reduire en effet & en pratique cette doctrine, il falloit ſuivant la maxime des *a* Philoſophes uſer de diviſion auparavant que d'eſtablir une difinition; le terme *Lige* eſt equivoque; il y a des Fiefs Liges directs, immediats & primitifs; & il y en a de ſubalternes, de ſubordinez & de mediats.

Quant aux premiers il n'y a qu'une ſeule choſe qui en conſtituë neceſſairement la nature: Sçavoir, *qu'ils ſoient tenus & mouvans immediatement du Souverain*, auquel l'Hommage en doit eſtre rendu, *nullius alterius fidelitate ſalvâ vel exceptâ*; Et à l'égard des autres, il n'y a auſſi qu'une ſeule choſe qui en conſtituë neceſſairement la nature: Sçavoir, *que par la premiere erection, conceſſion, & inveſtiture d'iceux, ils ſoient qualifiez & declarez Liges*.

Apres leſquels principes eſtablis, il n'y a plus qu'à examiner l'*effet principal*, de l'Hommage Lige que *b* du Molin au meſme endroit a dit conſiſter *en l'obligation perſonnelle du Vaſſal Lige envers ſon Seigneur qui emporte une obligation ſur tous ſes autres biens*.

Or tous ceux qui ont écrit des Fiefs Liges auparavant *c* & depuis cet Auteur l'ont ainſi tenu: Mais pas un d'eux n'a eu pour garand de cette doctrine que ceux qui l'avoient precedé, & ny les uns ny les autres n'ont eu ſoin de marquer ſurquoy elle eſtoit fondée; il faut donc tâcher de le découvrir.

Les Vaſſaux ſelon la premiere origine des Fiefs n'ont eſté adſtraincts & obligez envers leurs Seigneurs qu'entant qu'ils poſſedoient les Fonds, par la conceſſion & inveſtiture deſquels ils eſtoient chargez des ſervices militaires, ce qui a fait dire à nos Feudiſtes *d* qu'en France les Hommages eſtoient purement reels, eſtant faits & rendus, non pas en conſideration de la perſonne du Seigneur Feodal; mais en conſequence, au ſujet & à raiſon de l'heritage accordé & accepté en Fief, duquel ſi-toſt que le Vaſſal n'eſtoit plus poſſeſſeur, il n'eſtoit plus adſtraint ny obligé en vertu de l'Hommage qu'il en avoit fait autrefois.

Et comme entre les choſes relatives, la condition doit eſtre egale, auſſi les Seigneurs Feodaux n'ont ils eu autre pouvoir que de ſe prendre à leur propre choſe, ou la tenant ſous leur main pendant quelque temps juſques à ce que le Vaſſal fut rentré en ſon devoir, ou la reprenant pour toûjours & l'oſtant à leurs Vaſſaux, à la perſonne deſquels non plus qu'à leurs autres biens, ils ne ſe pouvoient jamais prendre; doctrine ſi ſagement eſtablie, & ſi inviolablement gardée qu'apres l'écoulement de pluſieurs Siecles, elle a ſur la fin du dernier, paſſé en force de loy lors de la reformation de la Couſtume de Paris.

Car quoy que l'article ſous lequel elle a eſté inſerée, ne ſoit conceu qu'en

Qu'és Fiefs Liges, mediats & ſubordinez.

Que cette definition ne peut convenir à aucun Fief Lige, à moins que de la reduire en diſtinction.

De l'effet principal de l'Hommage Lige, & s'il conſiſtoit en l'obligation perſonnelle du Vaſſal.

Qu'originairement les Vaſſaux n'ont eſté obligez envers leurs Seigneurs qu'à cauſe de leurs Fiefs, tant & ſi longuement qu'ils les poſſedoient, & non plus.

Que les Seigneurs ne ſe peuvent prendre qu'à la choſe pour les profits de leur Fief.

a Æquivoca priùs ſunt diſtinguenda quàm definienda.

b Vaſſallus Ligius principaliter & abſoluté obligat & ſubjicit perſonam Domino, & in conſequentiam perſonæ omnia bona: & *Paulo ſuperiùs*, iſtud non eſt de forma nec de conſtitutione *feudi Ligij*, ſed de ejus effectu. *Molin. in conſuetud. Pariſ.* §. 1. gloſ. 5. num. 8.

c Speculato. tit. de feud. num. 33. & alij paſſim.

d Apud nos homagia non ſunt perſonalia, ſed realia, nec præſtantur ſimpliciter nec ratione perſonæ, ſed ratione & contemplatione feudi conceſſi, & ſic liberé poteſt Vaſſallus renunciando illi feudo ſe liberare ab omni jugo homagij, & ab omni obligatione & nexu feudali. *Molin. in conſuet. Pariſ.* §. 1. glo 5. num. 4. Vide eumdem, *ibidem* num. 1. & 2.

qu'en termes permissifs, positifs & affirmatifs, l'on n'a jamais douté neantmoins que ces mesmes termes ne fussent, quant à la pratique & dans l'execution, purement limitatifs, puis que l'on demeure d'accord que le Seigneur Feodal pour les profits de son Fief, ne se peut jamais prendre qu'à la chose par luy ou ses Autheurs primitivement concedée en Fief, sans pouvoir s'adresser à la personne de son Vassal, ny à ses autres biens, non pas mesmes aux meubles dont le Fief se trouve garny, à moins qu'il eut obtenu une condemnation, car alors en consequence de la quasi-obligation qui se contracte en jugement, la Sentence ou l'Arrest que le Seigneur auroit obtenu, porteroit son execution sur tous les biens du Vassal.

Tronçon, Charondas, Brodeau, *sur l'art.* 24 *de la Coust. de Paris.* Molin. *In consuet. Paris.* §. 1. glo. 5. num. 13. Pontan. *In Consuet. Blesensi.* §. 76. In verbo. *Fructus.*

C'est sur cette mesme doctrine que le Pape Honnoré III. fit instance aux Ambassadeurs de Philippes Auguste en faveur de Henry III. Roy d'Angleterre fils de Iean surnommé sans Terre. Iean avoit esté condamné à mort dés l'an 1202, par le jugement des Pairs de France, à cause de l'assassinat par luy commis en la personne d'Arthus Duc de Bretagne & Comte d'Anjou son neveu, depuis lequel jugement ayant eu Henry du mariage qu'il avoit contracté avec Isabelle fille du Comte d'Angoulesme, on pretendoit que Henry estoit incapable de luy succeder, *Tanquam proles suscepta post sententiam damnationis*: A quoy le Pape répondoit *quòd Barones non* [b] *potuerunt iudicare eum* (*Ioannem*) *ad mortem, sed saltem alio modo punire eum, per ablationem scilicet feudi sui.*

[b] Matheus. Parif. *ann.* 1216.

Pour une plus claire & plus facile intelligence de cecy, il faut sçavoir que dans les Autheurs qui ont écrit sous les deux premieres Races de nos Roys, les termes *Feudum, Beneficium, honos,* sont Synonimes: Que les Vassaux que l'on investissoit des Fiefs, estoient reputez en estre *honorez*: Que par une raison opposée on ne pouvoit les en priver ny les leur oster sans les noter & les *deshonnorer*: Que d'ailleurs les devoirs reciproques des Vassaux & des Seigneurs marquoient une reverence & une obeïssance aucunement Filiale des Vassaux envers leurs Seigneurs ; une protection & une authorité aucunement paternelle des Seigneurs envers leurs Vassaux : Et qu'enfin la privation du Fief est fort souvent exprimée par le terme d'*exheredation* chez les Autheurs qui ont écrit sous les premiers Roys de la troisiéme Race ?

Ainsi Iean Sans Terre dont il vient d'estre parlé, est declaré avoir esté *Exheredé* par le jugement contre luy rendu, pour signifier que l'on l'avoit privé de tous les Fiefs qu'il tenoit de la Couronne de France: *super quæ à Baronibus apud Regem Franciæ, cuius Vassallus erat, vocatus, cum comparere nollet, post multas citationes per iudicium exhæredatus est, & sic Aquitaniam & Normaniam Philippus tamquam suas sibi subiugavit:* L'Abbé Sugger [d] en la vie de Louys le Gros apres avoir dit qu'il restablit à main armée Eudes Comte de Corbeil dans son Chasteau : *Militum quosdam,* ajoûte-il, *eorum bona depopulans exhæredavit :* Il poursuit & rapporte en ces termes de quelle maniere Thomas de Marne, qui ravageoit & desoloit l'Evesché de Laon, fut puny & chastié, *& tam ipsum præfatum Thomam nequissimum, quàm suos, dominio eiusdem civitatis perpetuò exhæredavit;* Enfin dans l'Epistre que le Comte Eudes écrivit au Roy Robert qui est la 96 en ordre parmy celles de Fulbert Evesque de Chartres, & qui est le plus beau témoignage qui nous soit resté qu'en ces temps, où l'Hommage Lige estoit encore inconnu, un Vassal sans un sujet legitime ne pouvoit estre depoüillé de son Fief, il se sert du terme *hæreditabilis,* pour exprimer qu'il n'y avoit rien en luy qui le deut faire déchoir du sien, *daret Dei gratia, quod hæreditabilis sum.*

[e] *Cap.* 14 *et* 20.

Mais les Hommages Liges ayant esté introduits sous Louys le Gros, on ajoûta dans la formule d'iceux, des obligations plus estroites que

[Si cela devoit avoir lieu dans la condamnation prononcée contre Iean sans Terre Roy d'Angleterre, Vassal Lige de la Couronne de France.]

[Exheredation des Vassaux ce que signifie chez les anciens Autheurs.]

[Que l'obligation personnelle ne fut pas l'effet]

des Hommages Liges à l'égard des Fiefs mon- vans nuement des Sou- verains.

celles qui jusques alors avoient esté inserées dans les formules d'hommages usitées auparavant. Ce ne fut pas neantmoins l'obligation personnelle, car ce seroit un abus trop palpable de se persuader que par les Hommages rendus jusques en ce temps à nos Roys, les Vassaux n'eussent contracté qu'une obligation réelle pour raison des Fiefs à eux accordez & concedez, & qu'ils n'eussent commencé à s'obliger personnellement que par les Investitures Liges ; la seule qualité *a* de Sujet estoit plus que suffisante, pour leur faire connoistre que leurs personnes, leurs vies & leurs biens devoient estre employez pour le service & la defense de ceux que Dieu avoit establis leurs Souverains ; mais toute la precaution apportée dans la formule de *l'Hommage Lige*, fut uniquement pour rendre facile prompte & asseurée l'execution de cette obligation personnelle.

a Omnes homines qui sunt in regno Franciæ, sunt sub potestate & principatu Regis Franciæ, & in eos habet Imperium generalis Jurisdictionis & potestatis. *Speculator. tit. de feudis, num. 28.*

Et parce que l'execution en eut esté ou difficille ou inutille sur les autres biens des Vassaux ; inutille si ces biens eussent esté mouvans de la Couronne, puis que par la primitive loy des Fiefs, la privation en estoit déja permise ; difficile, parce que si ces biens eussent esté mouvans d'autres Seigneurs, Ceux-cy n'eussent pas souffert que nos Roys s'en fussent saisis & emparez à leur prejudice, l'on eut recours à un autre expedient qui fut que le Vassal fournit des pleiges suffisans de l'execution du serment auquel il s'engageoit, & qu'il se soûmit aux Censures Ecclesiastiques, s'il y contrevenoit.

Cela se prouve clairement par la Chartre de l'Hommage Lige de Thibault Comte de Troyes, que l'on a justifié cy-dessus estre de l'année 1190. C'est la plus ancienne qui nous reste ; parce que le Thresor des Chartres que Philippes Auguste faisoit porter à sa suite, *b* ayant esté pillé par les gens de Richard Roy d'Angleterre qui surprit Philippes Auguste devant son disner entre Fresteval & Blois, les Chartres expediées sous les Roys Philippes, Louys le Gros & Louys le Ieune furent perduës, & enlevées ; mais comme on ne peut douter que l'Hommage Lige de Thibault ne fut conforme à ceux qui avoient esté rendus depuis que cette sorte d'Hommage avoit esté introduite en France, il faut par consequent que les obligations & soubmissions extraordinaires y inserées, nous servent de regle en cette matiere, lesquelles se reduisent *au fournissement de Pleiges, & aux soumissions aux Censures Ecclesiastiques*, l'obligation personnelle estant d'ailleurs suffisamment establie par la qualité de Sujet, & n'estant question que d'en rendre l'execution plus aisée.

b Du Tillet. *Recueil des Traitez, d'entre les Rois de France & d'Angleterre sous Louys VII & Philippes Auguste.*

Ainsi l'on peut dire, que c'est une erreur d'avoir creu que l'*Hommage Lige* rendu à nos Roys ait adjousté *l'obligation personnelle* du Vassal, aux Hommages qui leurs avoient esté rendus auparavant que ces termes *Liges*, *Ligeance & Ligëité* eussent esté connus & introduits en France ; tous les Vassaux qualifiez *Liges* estoient obligez personnellement à nos Roys en qualité de Sujets, comme tous leurs autres Sujets l'estoient, sans aucune distinction ny difference ? Que si Louys le Gros se contenta d'oster à ses Vassaux rebelles les Fiefs qu'ils tenoient de luy, & de les en *desheriter*, pour user des termes de Sugger, sans les faire punir de mort, ce fut par une pure clemence ; son pouvoir en qualité de Souverain n'estoit point borné par la Loy des Fiefs, ny limité à la seule privation de ceux que ces Rebelles tenoient de luy.

Que la condamnation de mort fut renduë par les Pairs et Barons de France contre Iean Sans Terre, parce qu'il estoit Pair, & eut pour fon-

D'autre part la condamnation de mort renduë par les Barons de France contre Iean Sans Terre, n'avoit pas pour fondement aucune obligation personnelle qu'il eut contractée par l'Hommage *Lige*, côme la pluspart de nos Histoiriens l'insinuent ; mais la seule perpetration de l'assassinat commis par luy mesme, & de ses propres mains dans le Royaume de France en la personne d'Arthus son neveu, au moyen de quoy il s'estoit soûmis *ipso facto* à la Iustice du Roy de France, n'y ayant que la forme du Iugement à garder, à cause qu'il estoit Pair & Vassal Lige de la Couronne. C'est ce que les Ambassadeurs de Louys VIII. repliquerent au Pape Honoré III. qui pretendoit, ainsi qu'il a esté cy-dessus rapporté, que la punition n'eut pû aller au plus qu'à la seule descheance & privation des Fiefs que Iean tenoit de la Couronne de France, & qu'encore qu'il en fut Vassal *Lige*, neantmoins estant d'ailleurs Roy d'Angleterre, & une personne Ointe & Sacrée, *Major dignitas a quodammodò absorpserat minorem* : Car les Ambassadeurs apres avoir estably la Coustume de France selon laquelle *nos Roys avoient toute Iurisdiction sur leurs Hommes Liges*, prevoyant que l'on pourroit cotter une tres-grande disparité entre les autres Vassaux *Liges* de la Couronne qui d'ailleurs en estoient Sujets naturels, & le Roy d'Angleterre, qui quoy qu'Homme *Lige*, n'estoit point né Sujet du Roy de France, ils ne se contenterent pas d'observer que du moment qu'il s'estoit fait Homme *Lige*, il estoit devenu de mesme condition que tous les autres Vassaux *Liges*; mais passant plus loing, *Imò*, ajousterent-ils, *Si non esset Dux & Comes vel Homo Ligius Regis Franciæ, & deliquisset in Regno Franciæ, ratione delicti in Regno perpetrati potuerunt Barones eum iudicare ad mortem, alioquin si Rex Angliæ, quia Rex erat vnctus, non posset iudicari ad mortem, impunè posset intrare Regnum Franciæ, & interficere Barones Franciæ sicut interfecerat Arthurum.*

Il est vray, comme il a esté dit, que Iean estant Pair & Vassal *Lige* de la Couronne, avoit en cette qualité un Tribunal particulier où il devoit estre traduit & jugé, qui estoit la Cour des Pairs & Barons de France : Aussi le procés luy fut-il par eux fait selon qu'il se pratiquoit lors: Mais toûjours paroist-il clairement par les raisons que les Ambassadeurs de Louys VIII. proposerent, que la derniere, à laquelle ils se retrancherent comme à la seule decisive, fut la perpetration du crime dans les Terres du Ressort de la Couronne.

Mais si l'obligation personnelle ne fut point inferée dans l'Hommage des Vassaux *Liges* de la Couronne, parce que de droict elle y estoit sous entenduë, elle fut d'autre part tres-soigneusement exprimée dans les Investitures & premieres concessions des *Fiefs Liges, subordinez, mediats & subalternes*, parce que sans cela, jamais elle n'y auroit esté sous-entenduë, & c'est ce que l'on va voir demonstrativement.

Il est assez difficile de trouver des premieres concessions en Fief quand elles sont fort anciennes, neantmoins il y en a dans le Livre des Fiefs de l'Evesché de Langres dattées dés *b* la fin du treziéme siecle qui sont expresses & speciales pour le sujet dont il s'agit.

La premiere est dattée du Dimanche auparavant la chaire de saint Pierre 1275. par laquelle Guillaume *c* Seigneur de Saux apres avoir fait l'Hommage Lige à Guy Evesque *d* de Langres de plusieurs Fiefs y enoncez, reconnoist qu'il a pris de luy à *nouveau Fief Lige le Poiset sous Saux*, & autres domaines y exprimez, lesquels il promet tenir, defendre & garantir comme son propre heritage audit Guy, & à ses Successeurs Evêques de Langres, à quoy il s'oblige & ses heritiers, & tous ses biens generallement quelconques : *Et promitto*, porte cette Chartre, *prædicto Episcopo & successoribus eius Lingonensibus prædicta omnia guarentire tanquam de proprio allodio meo, me & successores meos, & omnia bona mea quantum ad hoc obligando* : Voilà donc une obligation personnelle & de tous biens.

La seconde est dattée du mois de Iuin 1277. par laquelle Guy, Damoiseau & Seigneur de Trichastel, *e* apres avoir aussi fait l'*Hommage Lige* au susdit Evêque de Langres pour raison du Chasteau & maison forte de Trichastel, finages & Parroisse d'iceluy, que ses Predecesseurs

ab antiquo avoient tenu en *Fief Lige* de l'Evêché de Langres, il reconnoist avoir pris en augmentation de Fief du mesme Evêque à pareil titre
de *Fief Lige*, la maison forte de Crecy, & autres domaines y declarez
jusques à la quantité de deux cens livres de Terre en revenu annuel, &
pro prædictis omnibus, poursuit-il, *tenendis & fideliter adimplendis, obligo
dicto Episcopo, & successoribus suis, me & hæredes meos, & omnia bona mea, &
hæredum meorum, mobilia & immob.lia, præsentia & futura* : Voila donc
encore une obligation personnelle & de tous biens, inserée en la premiere concession d'un Fief *Lige*, un peu plus estenduë que la precedente.

Troisiéme exemple.

La troisiéme dattée du mois d'Octobre 1281. n'est point mélée de
l'Hommage fait pour aucun Fief que le Vassal où ses Predecesseurs eussent déja tenu; mais est une pure & primitive concession en Fief *Lige* de
plusieurs Terres & Domaines y exprimez, pour raison desquels celuy
qui en est investy entre pour la premiere fois en foy & Hommage de
l'Evesque de Langres, & dans laquelle par consequent l'on peut clairement connaistre l'obligation personnelle & de tous biens imposée aux
Vassaux *Liges* dés que ces sortes de Fiefs eurent cours, puis qu'il y a
tantost 400 ans que cette troisiéme fut passée.

Elle commence en ces termes, *Ego Guillelmus, Dominus Salionis Domi-
cellus Notum facio omnibus, quòd ego pro me & meis hæredibus præsentibus, &
futuris retinui & accepi,* in feudum Ligium & casamentum perpetuum, à
*Domino meo Carissimo Reverendo in Christo Patre Guidone, Dei gratia Lingo-
nensi Episcopo, nomine suo & omnium successorum qui pro tempore fuerint Episcopi
Lingonenses, ea omnia quæ hic inferius continentur;* La declaration des Terres
Droicts & Domaines concedez en Fief est mise en suite dans le detail,
apres quoy, *& de prædictis,* est il dit, *intravi homagium dicti Domini Episcopi : ac etiam hæredes mei de hærede in hæredem successivè tenentur de prædictis
intrare homagium dicti Domini Episcopi, & successorum suorum :* Enfin l'obligation personnelle & de tous biens clost cette Chartre en ces termes,
*promittens sub expressa obligatione bonorum meorum omnium mobilium & immo-
bilium, præsentium & futurorum ubicumque existentium, & per stipulationem
legitimam, & solemniter conceptam, & per Sacramentum meum, prædictum*
Feudum Ligium, *dictarum* 400. *librarum terræ, guarentire & defendere,
dicto Domino Episcopo Lingonensi, & eius successoribus contra omnes in omni Cu-
ria, meis sumptibus, & facere servitia Feodi prædicti quotiens super hoc fuero
requisitus, & in nullo contraïre de cætero per me vel per alium, verbo vel facto
seu consensu aut jure seu consuetudine, vel modo alio qualicumque.*

Effets de l'obligation
personnelle contractée
par les Vassaux Liges.

L'on connoist donc par ces anciennes Investitures primitives
& primordiales des Fiefs *Liges, Mediats & Subordinez,* que l'obligation personnelle de tous biens, y estoit inserée & estenduë pour
la rendre differente des Investitures des Fiefs simples, esquelles les Vassaux ne s'obligeoient que pour raison des Domaines dont on les investissoit, & encore tant & si longuement qu'ils les possederoient & non
plus, sans que leurs personnes & leurs autres biens fussent assujettis
& engagez aux services & charges imposées aux Fiefs qu'ils acce-
ptoient.

Et c'est à proprement parler, le seul & veritable fondement de ce
que du Molin, apres les Feudistes qui l'avoient precedé, nous a laissé
par écrit, touchant l'impuissance où se trouvoit le *Vassal Lige* de jamais
se liberer de l'obligation en laquelle il estoit entré, à moins que le
Seigneur Feodal y donnat son consentement : *Hinc est,* ce sont ses propres termes *a quòd in istis Feudis non licet Vassallo renunciare, nec se liberare
sine voluntate Domini, quia persona principaliter est obligata* ; car comme encore aujourd'hui le preneur d'un heritage sous quelque Charge fonciere que ce soit, n'est point recevable *b* à déguerpir & n'en est jamais
déchargé

a In consuetud. Parif.
§. 1. glo. 5. num. 9.

c Nouvelle Coust. de
Paris, art. 109 & 116.

... qu ... prim ... diæi & p ...
... Alice ... ofs ... Vaffaux & du Seig ...
ferm ... fenf ... fant ... ne homines, ligios ; & ...
... feu ... & præ ... unt per ... feu ...
... fuvament contra omnem ...

... es tourn ... uabl ... Pourveu qu'eftant ...
... reff ... aux ... er ... fondées, fi ... que les Fiefs ...
... apobation en ... our une difpofition ... Seigneurs ou les ...
... de ... ur ... ncienne Cou ... aux fuffent declarez ...
... enfeudation et ... ne liges.
... où mouv ...

... de ... Mouv ...

... tion ... Hommage ... Fiefs mouv ...
... im ... ement ...
... Souverains, l'obli ...
... perfonnelle à
... l'Hommage
... Lige.

... esté introduite ...
lique que fort long-
temps aprés qu'il eust esté
receuë en France, &
pourquoy.

Reduction en princi-
pes de ce qui a esté dit
cy-dessus du temps au-
quel les Fiefs Liges ont
eu Cours en France, de
leur origine, de leur na-
ture, effets & autres
conditions.

Conclusion de la III.
raison du sieur Aubery,
qui est que la terre de
Montbar ayant esté
tenue en Fief Lige de
l'Eschée de Langres
les dernieres Ducs
Bourgogne de la pre-
miere branche, n'a pu
leur estre avenue que
de 450 ans aprés
le Duché de Bourgogne,
delaissé à Robert de
France, duquel Duché
par consequent jamais
elle n'a fait partie.

Confirmation de cette
III raison, tirée de ce
que la terre de Mont-
bar a eu des Seigneurs
propres & particuliers
dans le 12 Siecle, au-
paravant qu'elle ait esté
possedée par les Ducs de
Bourgogne.

Que la famille des Seigneurs de Montbar estoit des plus considerables du Duché de Bourgogne.

[...] de *Foix* avec à Hugues [...] Duc [...] assurer [...] estimer que d'en parlant [...] allegera [...] sans quelque fondement [...]

[...] Acte qui peut soit [...] & qui puis [...] Seigneur de Monthi [...] Car l'an [...] la suite après la prise d'A[...] e 1391. pilla les Tro[...] Lieutenant General, & qui [...] la Ville de Tyr l'an 1123. [...] quel on ne peut don [...] de Mont [...] anchit les habitans de [...] il avoit sur eux, par une Chartre [...] d'Avril 1209. il leur remit & [...] vouloir aller au secours des [...] de Syrie [...] il ne [...] son voyage, parce que [...] il fut [...] de laquelle il mourut [...] au [...] mariage qu'il avoit contracté avec Ali[...] Hugues [...] Duc [...]

[...] accorda [...] heureuse de Ce[...] jouissant, souffri [...] apres [...] payant en [...] resent [...] obligé [...]

Vassaux qualifiez qui
tenoient de l'Evesché de
Langres.

Si les Ducs de Bour-
gogne de la première
branche ont réuni la
terre de Montbar en...

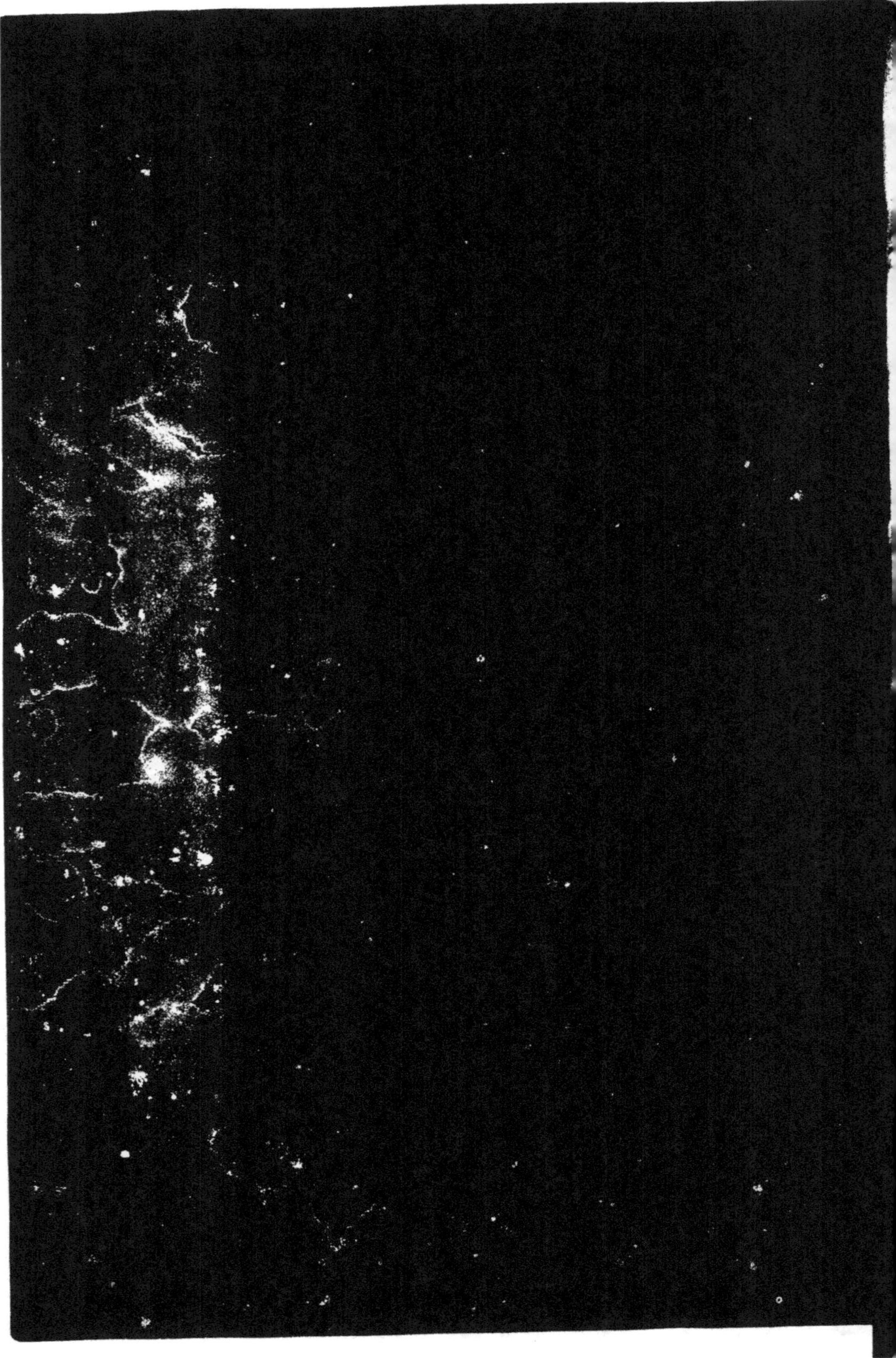

de leur Appennage : Jufques là , que quand l'Appennage vient à finir leurs heritiers *ab inteftat*, qui où par le fexe ou par autre raifon fe trouvent exclus de l'Appennage, fuccedent pleinement & librement aux Fiefs acquis par les Appennagez ou qui leur font avenus par desherence, confifcation ou autrement.

Quand l'Appennage eft fini, les heritiers ab inteftat de l'appennagé fuccedent aux Fiefs qu'il a acquis, ou qui luy font avenus, quoy que mouvans de fon appennage.

a Choppin. De Domanio, lib. 1. tit. 4. num. 6.

Ainfi aprés l'Appennage du Duché d'Anjou fini,*a* les heritiers du dernier Appennagé conferverent la Baronnie de Sablé au pays du Mayne, que Louis I I. Duc d'Anjou avoit achetée d'un particulier, auquel Charles V I. l'avoit donnée aprés qu'elle euft efté confifquée fur Pierre de Craon, pour crime de Leze Majefté, par luy commis en la perfonne d'Olivier de Cliffon Conneftable de France faifant fa Charge.

b Idem ibi. lib. 2. tit. 5. num. 4.

Ainfi par Arreft contradictoire de la Pentecofte 1273, Guillaume *b* Venandi Efcuyer, fut maintenu contre Monfieur le Procureur General en la poffeffion des biens qu'Alphonfe frere de Saint Louis Comte de Toulouze luy avoit vendus aprés la confifcation qui en avoit efté faite a fon profit fur le proprietaire, convaincu de l'herefie des Albigeois.

Ainfi aprés le retour de l'Appennage d'Alençon à la Couronne fous François I. par le deceds de Charles dernier Duc d'Alençon fans hoirs, Françoife d'Alençon Ducheffe de Vendofme, & Anne d'Alençon Marquife de Montferrat les fœurs, fouftinrent contre Monfieur le Procureur General, que les Terres de Chafteauneuf en Thymerais, Senonches, Baloches, Brezolles. Champrond & autres acquifes par les Comtes d'Alençon & du Perche, devoient leur appartenir comme n'ayant point efté, ny pû eftre reünies à l'Appennage. La Caufe *c* fut plaidée en la Grand' Chambre pendant fix Audiences, par M. Aligret leur Advocat, & Monfieur Lizet lors Procureur General; appointée par Arreft de l'an 1526. Et enfin terminée par deux Tranfactions regiftrées au Parlement & en la Chambre des Comptes fous Charles IX. par lefquelles Chafteauneuf en Thymerais, & Champrond furent laiffez à la Ducheffe de Vendofme Senonches : & Brezolles aux heritiers de la Marquife de Montferrat.

c Bry dans fon Hiftoire des Comtez d'Alençon & du Perche. Livre 5. chap. 12.

Et l'on verra dans les preuves de la propofition fuivante, qu'une des principales raifons qui porterent le Roy Iean à recueillir le Duché de Bourgogne à titre d'heredité & non pas de retour à la Couronne, fut que s'il fe fuft contenté du feul droit de retour, fuppofant que le Duché fuft un Appennage reverfible en defaut d'hoirs mafles, il eut eû peine à conferver tous les autres Domaines que les Ducs de Bourgogne avoient acquis & recueillis à titres particuliers, & qui n'eftoient point réunis au Duché.

Or ces principes de la reünion feodale ainfi eftablis, il eft impoffible que la Terre de Montbar ait efté reünie au Duché de Bourgogne par les Ducs de la premiere Branche, qui fucceffivement l'ont poffedée pendant cent foixante & douze années.

Que les Ducs de Bourgogne de la premiere branche n'ont pû réunir Montbar au Duché de Bourgogne.

Car où les Ducs de la premiere Branche de Bourgogne en ont poffedé le Duché à titre d'Appennage; où ils l'ont eu & tenu à titre d'hoirie & proprietairement.

S'ils l'ont poffedé à titre d'Appennage, la reünion dont il s'agit a efté impoffible par le defaut des deux chofes neceffairement requifes pour la reünion : La premiere, parce qu'ils ne poffedoient pas enfemble le Fief fervant & le Fief dominant, puifque le Duché de Bourgogne mouvoit en Plein fief de la Couronne, & que la Baronnie de Montbar eftoit tenuë en Fief lige de l'Evefché de Langres ; ainfi c'eftoient deux Fiefs abfolument differends, qui n'eftoient point fubordinez l'un à l'autre, & qui par confequent eftoient tenus & poffedez fans aucune implication de qualitez, de fonctions & de droits.

La feconde, parce que quand bien Montbar auroit efté un Fief du Duché de Bourgogne, (ce qui eft abfolument contre toute verité) les

L

Ducs de Bourgogne n'estant qu'appennagers & non proprietaires du
Duché, il n'y auroit point eu en leurs personnes de concours de titres
de possession incompatibles à l'égard de ces Fiefs, n'estant qu'appana-
gers du plus Noble, & proprietaires du moins Noble.

Que si l'on dit qu'ils n'estoient pas simplement appennagers, mais
vrayement proprietaires du Duché, encore n'auroient-ils pas pû faire
la reünion dont il s'agit par le defaut de la premiere chose necessairement requise pour la reünion, puisqu'ils n'auroient pas possedé le Fief
dominant & le Fief servant; Montbar, comme il a esté dit, estant un
Fief lige de l'Evesché de Langres, nullement subordiné ny dependant
du Duché de Bourgogne, qui d'ailleurs estoit tenu & mouvant de la
Couronne.

Et lors qu'à ces raisons on ajouste celle qui a esté touchée cy-dessus:
sçavoir, que toute reünion presuppose necessairement une desunion
precedente, Montbar n'ayant jamais esté desuny du Duché de Bourgogne, puisqu'il n'en avoit jamais fait partie; il s'ensuit que la reünion
que l'on suppose en avoir esté faite par les derniers Ducs de cette premiere Branche est une pure imagination, ou pour mieux dire une pure
illusion.

Mais le Sieur Aubery passe encore plus loin, puisque tant s'en faut
que les Ducs de Bourgogne de cette premiere Branche, ayant uny la
Terre de Montbar à leur Duché, qu'au contraire ils l'ont tenüe comme un Fief distinct & separé, & qui n'a oit pas les qualitez susceptibles
d'aucune union, incorporation & consolidation avec le mesme Duché.

Cela se prouve demonstrativement *a* par le Testament de Hugues
IV. datté du Lundy avant la Feste de S. Michel 1672.

Ce Duc declare avoir deux sortes de biens; le Duché de Bourgogne,
ses appartenances & dependances, qu'il joint ensemble pour ne composer qu'un seul & mesme Domaine; & ce qu'il a acquis ou qui luy est
écheu par les successions de ses ancestres.

Quant au Duché, il en dispose en faveur de Robert, qu'il consideroit
comme son aisné, dautant que les deux premiers enfans masles qu'il
avoit eûs estoient decedez, & n'avoient laissé que des filles. Il veut
donc que son Duché de Bourgogne appartienne entierement à Robert
sans aucune diminution, & mesmes il y unit expressément, *Omnia alia
feoda ad Ducatum quondam pertinentia & à me acquisita.* Tels que sont
nommément, *Feodum Comitis Campaniæ, Comitis Nivernensis, Domini
Belle-Ioci, Feudum Sine muri Briennensis.* Ce sont les termes du Testament,
qui prouvent que quoy que ces Fiefs fussent des anciennes dependances du Duché de Bourgogne, ils n'avoient pas neantmoins esté reünis
à iceluy, & qu'ils n'auroient pas appartenu à Robert en vertu de la
simple institution d'heritier qui estoit faite de sa personne au Duché de
Bourgogne, si Hugues son pere ne les luy eût nommément donnez
par une disposition qui equipoloit à une union precise, formelle &
specifique.

Mais quant aux autres biens que le testateur ne veut point confondre
ny estre confondus avec son Duché, & qu'il appelle pour cet effet *ses
biens propres hereditaires & ses acquests,* il en dispose separément & nommément tant en faveur de Robert, qu'au profit de ses autres enfans, &
encore au profit des filles de ses deux fils predecedez.

Montbar est de ce nombre; Le Duché entier devoit passer à Robert,
mais Montbar est par luy donné à titre d'institution à Hugues autrement Huguenin, le seul fils qu'il avoit eu de son second mariage: *Volo
dit-il, & præcipio quod dictus Hugo proportione sua in bonis meis hæreditariis
& acquisitis sibi competente habeat Castrum & Castellaniam Avalonis, &c.
Montem Barrum, Grignonem &c. cum Castris & Castellaniis prædictorum, pertinentiis, feodis & dominiis.* Et pour oster tout équivoque que l'on auroit pû faire sous pretexte de ces termes indefinis: *Et intelligo,* pour
suit-il *pertinentias in omnibus supradictis, ea quæ ab antiquo pertinent ad dic-*

tas Castellanias, Villas, seu loca, & ea quæ infra dictas Castellanias, Villas Finagia Villarum vel locorum acquisivi.

Voila donc nommément Montbar possedé par Hugues IV. comme un Fief distinct & separé du Duché de Bourgogne, compris sous les biens propres & hereditaires de ce Duc, & cela sur un fondement tressolide & tres-certain, puisque cette Terre luy estoit écheüe par la succession d'Eudes III. son pere, qui l'avoit aussi recueillie dans la succession de Hugues III. aussi son pere, auquel elle avoit esté un pur acquest, en ayant le premier esté investy à titre de Fief lige par l'Evesque de Langres, ainsi qu'il a esté dit cy-dessus.

Et comme Hugues I V. avoit possedé Montbar en qualité de Fief independant, distinct & separé du Duché de Bourgogne; aussi en dispose-il au profit de Hugues autrement Huguenin, qui ne devoit rien du tout avoir ny audit Duché, ny és dépendances d'iceluy : disposition qui eut son execution toute entiere; car Robert eut le Duché de Bourgogne & Fiefs en dependans : & Huguenin eut les Terres & Seigneuries particulieres, esquelles il avoit esté institué heritier par Hugues son pere, du nombre desquelles estoit Montbar.

Du Chesne. *Histoire de Bourgogne to. 2. chap 9. pag. 81 & 82.* ainte Marthe *tom. 2. livre 38. chap. 9. pag. 715 & 716.*

Huguenin épousa Marguerite de Châlon, fille de Iean de Châlon Comte de Bourgogne & de Laure de Commercy : Il ne laissa en mourant qu'une fille appellée Beatrix, qui recueillit tous ses biens & nommément la Terre de Montbar; mais cette fille estant decedée en 1291, sans avoir esté mariée, il y eut de tres-grands differends au sujet de sa succession. Robert II. Duc de Bourgogne son oncle paternel pretendoit l'avoir toute entiere, à l'exclusion d'Alix de Bourgogne sa sœur, femme de Hugues le Brun Comte de la Marque & d'Angoulesme, & de Marguerite de Bourgogne son autre sœur, femme de Iean de Châlon Seigneur d'Arlay, qui se trouvoient tantes paternelles de la defunte, & par consequent en pareil degré avec Robert; mais enfin par Transaction qui fut passée l'an 1299, de l'avis de Marguerite de Bourgogne Reine de Sicile & de Hierusalem, niepce desdits Robert, Alix & Marguerite de Bourgogne, le Duc Robert eut toute la succession, moyennant la recompense qu'il donna à ses coheritiers.

Ainsi Montbar revint par succession collaterale à l'aisné de la premiere Branche de Bourgogne, aprés avoir esté possedé pendant vingt-sept années tant par Huguenin qui estoit un puisné, que par Beatrix sa fille unique; c'est à dire depuis l'an 1272, auquel Hugues IV. deceda, jusques en l'an 1299, que les differends pour la succession de Beatrix furent terminez.

Par consequent il est vray de dire non-seulement que Montbar par sa nature & par sa qualité ne pouvoit estre reüny & aussi peu uny au Duché de Bourgogne, soit que ce Duché fust un simple Appennage, soit que ce fust un Domaine hereditaire & proprietaire aux Ducs de la premiere Branche : mais de plus, que jamais ces Ducs n'ont consideré, tenu & possedé Montbar que comme un Fief independant, distinct & separé de leur Duché.

La Partie adverse n'ayant aucuns moyens valables pour opposer à des Raisons si solides, s'est imaginé qu'il pourroit au moins faire quelque peine au sieur Aubery, sous pretexte de deux comptes rendus en 1354 & 1355, par les Chastelains de Montbar, commis par le Roy à la recepte du revenu de cette Terre; se persuadant que ces deux pieces prouvent suffisamment que Montbar estoit du Domaine de la Couronne, puisque le Roy commettoit à la recepte des revenus de cette Seigneurie, & que l'on luy en rendoit compte.

Comptes du revenu de Montbar és années 1354 & 1355. rendus au Roy Iean, comme tuteur de Philippes de Rouvre.

Mais un seul mot tiré de l'Histoire, découvre l'illusion de cette objection.

Aprés le decés de Philippes de Bourgogne fils d'Eudes IV. Duc de Bourgogne arrivé au Siege d'Aiguillon l'an 1346. Philippes de Rouvre son fils unique fut mis sous la tutelle d'Eudes son ayeul : mais Eudes estant mort en la ville de Sens l'an 1349, Iean lors Duc de Normandie,

Sainte Marthe. *Tom.* de B [...] *, liv. 38. chap. 16.* vre [...] estan [...]

qui depuis fut Roy de France, pretendit que couronne devoit luy estre deferée ; en effet par l'accord qui fut fait entre luy & Marguerite Comtesse de Flandres, grande tante maternelle de ce mineur, il eut la tutelle, & outre ce le Bail & gouvernement des deux Bourgognes.

De sorte, qu'il y eut necessité au Roy Iean, comme tuteur de Philippes de Rouvre, de commettre des Receveurs dans les Seigneuries de son pupille, & de s'en faire rendre compte.

C'est ainsi qu'il commit le Chastelain de Montbar à la recepte du revenu de cette Terre, non pas en qualité de Roy, ny comme à une Terre du Domaine de la Couronne ; mais comme tuteur & comme à une Terre de son pupille : Ce qui bien loin de rien prouver en faveur de la partie adverse, fait voir au contraire que Montbar estoit en 1354 & en 1355 du Domaine particulier de Philippes du Rouvre.

Pour donc resumer icy en peu de mots tout ce que le sieur Aubery a prouvé, justifié & establys au sujet de la premiere proposition dont il avoit entrepris de faire & de donner une demonstration ; l'on a vû

Recapitulation des preuves de la premiere proposition, et Conclusion de la premiere partie de ce Factum,

Que la Baronnie de Montbar a esté tenuë par les Ducs de Bourgogne en Fief lige de l'Evesché de Langres.

Qu'à considerer cette Terre comme simple Fief mouvant d'un Evesché, elle ne pouvoit estre domaniale, ny faire partie du patrimoine de la Couronne, delaissé à Robert de France & à ses hoirs à titre de Duché ; puisque le patrimoine de la Couronne est par sa nature ingenu, independant, affranchy de tous devoirs, prestations & servitudes.

Qu'à considerer cette mesme Terre, comme Fief lige d'un Evesché, elle pouvoit bien moins estre domaniale, vû que les conditions des Fiefs liges estoient beaucoup plus onereuses que celles des Fiefs simples.

Que cette qualité de *Lige* prouvoit outre cela, Que Montbar ne pouvoit estre venu aux Ducs de Bourgogne, que pres de cent quarante deux ans depuis que le Duché leur avoit esté delaissé : d'autant que les Fiefs Liges immediats n'avoient commencé d'avoir cours en France que peu apres l'an 1130, sur le declin du Regne de Louis le Gros : Que les Fiefs Liges mediats & subordinez n'avoient esté introduits parmy nous qu'en l'année 1172 : Qu'aucun Fief subordiné ne pouvoit estre Lige s'il n'estoit erigé & concedé en la mesme qualité par la premiere concession & investiture d'iceluy : Et qu'estant impossible de feindre une Investiture Lige subordinée auparavant l'année 1172, en laquelle ces sortes de Fiefs avoient esté introduits & receus, il s'ensuivoit que Montbar ne pouvoit estre venu aux Ducs de Bourgogne, plûtost ny auparavant ladite année 1172.

Mais qu'y ayant eû des Seigneurs particuliers de Montbar en 1116, 1150 & sous le Regne de Philippes Auguste, qui n'avoit commencé qu'en 1180. Et que d'ailleurs ne se trouvant point d'Actes de proprieté exercez à l'egard de cette Terre par les Ducs de Bourgogne, auparavant l'an 1189. Le plus que l'on pouvoit accorder à la partie adverse estoit, de convenir qu'environ cette mesme année les Ducs de Bourgogne avoient esté investis de Montbar.

Qu'ainsi cette Terre n'a jamais fait partie de l'Appennage des Ducs de Bourgogne de la premiere Branche pendant cent soixante & douze années continuës, qu'ils l'ont successivement possedee ; Et que comme non seulement ils n'ont pû la réunir à leur Duché, mais qu'outre cela ils l'ont effectivement tenuë en qualité de Fief indépendant, distinct & separé du mesme Duché, elle n'a par consequent jamais esté du Domaine de la Couronne.

Il faut donc, aprés toutes ces preuves demonstratives, poser icy pour conclusion indubitable ce que le sieur Aubery avoit avancé pour simple proposition : Sçavoir, *Que la Terre de Montbar n'a jamais esté de l'Appennage des Ducs de Bourgogne de la premiere Branche, ny du Domaine de la Couronne.*

PREUVES

PREVVES

DE LA SECONDE PROPOSITION.

Que la Terre & Baronnie de Montbar n'a point esté unie à la Couronne ny par le Roy Iean aprés la mort de Philippes de Rouvre, dernier Duc de Bourgoigne de la premiere Branche, ny par le Roy Louïs XI. aprés la mort de Charles Comte de Charolois, dernier Duc de Borgoigne de la seconde Branche.

CEUX qui ont traité du Domaine de la Couronne en ont reconnu de deux sortes, qu'ils ont distinguez par ces deux termes, *Ancien, & Nouveau* : Ils ont donné au premier un nom singulier & specifique, l'Appellant *Ancien*, parce qu'en effet il est aussi Ancien que la Monarchie: C'est pourquoy *a* Choppin le definit excellemment en ces deux mots *CORONÆ INNATVM* ; Mais quand ils ont declaré qu'il y en avoit encore un autre qu'ils ont qualifié *Nouveau*, ils ont donné à connoistre que le Patrimoine de la Couronne estoit susceptible d'accroissement, & que les biens & les droits tenus & possedez par les personnes privées & particulieres pouvoient devenir domaniaux.

Que le Domaine de la Couronne est de deux sortes : l'un ancien & l'autre nouveau.

Ils ont passé plus loing, ayant dit que ce Patrimoine Nouveau se faisoit par une incorporation, union & consolidation avec le Domaine Ancien, & afin que l'on pût aisement apprendre les premiers principes sur cette matiere, ils ont adjoûté que cette union estoit expresse, ou tacite ; *Expresse* quand elle estoit faite par des Actes precis & formels ; *Tacite*, quand par dix années continuës ce Nouveau Domaine avoit esté tenu & administré par les Receveurs & Officiers & estoit entré en ligne de compte.

En quelle maniere se fait le Domaine nouveau.

Ces Notions, quoyque generalles, estoient necessaires pour bien entendre ce qui doit estre traitté dans cette seconde partie du Factum du sieur Aubery, en laquelle il faut refuter & détruire ce que le sieur Buisson sa partie a fait assez pressentir qu'il vouloit luy objecter ; Car comme il seroit à present inutille audit sieur Buisson de soustenir que la Terre de Montbar a esté du Domaine Ancien de la Couronne aprés la demonstration qui vient d'estre faite du contraire : Il ne manquera pas d'ailleurs de dire que cette même Terre est devenuë un Domaine Nouveau, & que deux de nos Roys l'ont unie à leur Couronne, l'ayant recueillie & possedée au même titre qu'ils ont recueilly & possedé le Duché de Bourgoigne & ses dépendances.

Le sieur Buisson partie adverse, pretend que Montbar est un Domaine nouveau.

Or dans le fait il est certain qu'aprés le deceds de Philippes de Rouvre dernier Duc de la premiere Branche de Bourgoigne, le Roy Iean son plus proche heritier du costé & ligne d'où le Duché de Bourgoigne luy estoit écheu, succeda au même Duché, aux dependances d'iceluy, & encore en tous les biens situez en la même Province acquis par les Ducs predecesseurs du defunt, quoy qu'ils ne fussent point des portions soit integrantes soit dependantes de ce Duché: Il est encore tres-certain qu'aprés que Charles dernier Duc de la seconde Branche de Bourgoigne eut esté tué au Siege de Nancy l'an 1476. Louys XI. en qualité de Roy de France, & par la clause de retour apposée aux Lettres de l'appennage de Philippes de France, surnommé le

Que la Terre de Montbar a esté recueillie à mesme titre que le Duché de Bourgoigne à divers temps par le Roy Iean, & par le Roy Louÿs XI. & neantmoins n'a esté unie par aucun d'eux au Domaine de la Couronne.

M

a Lib. 1. de Doman. tit. 2. num. 7.

Hardy Duc de Bourgoigne, se saisit & s'empara du même Duché & des mêmes biens ; Enfin il est certain qu'entre ces biens, non dependans du Duché de Bourgoigne, mais situez dans l'estenduë d'iceluy & acquis par les anciens Ducs, s'est trouve la Terre de Montbar, mais aussi il est certain dans le fait & le sieur Aubery en va fournir des preuves invincibles, que ny l'un ny l'autre de ces Monarques n'a point uny cette Terre à leur Couronne, soit expressement, soit tacitement.

Pour y reüssir avec ordre & netteté, il faut voir separement ce qui a esté fait, & ce qui s'est passé sous ces deux Roys chacun en son temps.

Quatre veritez, tres-constantes dans le faict concernant le Roy Iean.

Quant au Roy Iean, il y a quatre veritez qui renferment tout ce qu'il y a de decisif sur la matiere dont il s'agit.

La premiere, *Que ce Roy, aprés la mort de Charles de Rouvre sans aucuns hoirs, recueillit au seul titre d'heredité non seulement le Duché de Bourgoigne, mais encore les autres biens acquis par les Predecesseurs du defunct, & situez dans l'estenduë dudit Duché, quoy qu'ils n'en dependissent point, du nombre desquels estoit la Terre & Seigneurie de Montbar.*

La seconde, *que par Lettres Patentes du mois de Novembre 1361. Il unit expressement à la Couronne le Duché de Bourgoigne, biens & droicts en dependans seulement, & non pas, la Terre de Montbar ny les autres biens faisant le surplus de la succession qu'il avoit recueillie, quoy qu'ils fussent situez dans l'estenduë dudit Duché, d'autant qu'ils n'en dependoient point.*

La troisiéme, *que par Lettres Patentes du mois de Septembre 1363. il donna à Philippes le Hardy son quatriéme fils, & à ses descendans, non seulement le Duché de Bourgoigne, & ses dependances à titre d'Appennage, mais encore le surplus de la succession qu'il avoit recueillie, pour tenir ce surplus (fors le retour) en la mesme qualité que les Ducs de Bourgoigne l'avoient auparavant tenu.*

La quatriéme, *que Philippes le Hardy & ses descendans tinrent déslors la Seigneurie de Montbar, comme un fief Lige de l'Evesché de Langres, pour raison de laquelle ils firent & presterent la foy & hommage aux Evesques de Langres, ainsi & en la mesme forme que les Ducs de Bourgoigne de la premiere branche l'avoient toùjours fait & porté.*

La premiere. Que le Roy Iean recueillit le Duché de Bourgogne au seul titre d'heredité, & non pas Iure Coronæ.

Or la premiere de ces veritez est si constante & si clairement establie, qu'il y a dequoy s'estonner, que *a* du Tillet ait paru l'avoir ignorée, ayant écrit, *Que le Duché de Bourgoigne écheut au Roy Iean par retour à la Couronne defaillant les Masles, non par proximité de Lignage;* car un homme autant consommé qu'il l'estoit dans l'Histoire de la Maison de France, pouvoit il n'avoir pas veu les Chartres, les Lettres Patentes, les memoires & instructions, dans lesquelles le Roy Iean, & aprés luy Charles V. surnommé le Sage son fils & successeur au Royaume avoient expressement declaré le contraire?

a Au Chap. de la premiere Branche de Bourgoigne, sur la fin.

Declarations expresses qu'il en a faites.

Philippes de Rouvre, comme il a esté dit, estant decedé sans enfans un peu aprés Pasques de l'année 1361. le Roy Jean dés le mois *b* de Novembre ensuivant, vnit & incorpora le Duché de Bourgoigne à la Couronne : les Lettres patentes de cette union declarent expressement à quel titre ce Duché luy estoit écheu: *Cum nuper,* portent-elles, *per mortem carissimi filij c nostri Philippi Ducis Burgundiæ, Ducatus Burgundiæ, cam iuribus & pertinentiis vniversis nobis in solidum iure proximitatis non ratione Coronæ debitus, ad nos fuerit devolutus, & in nos iure successorio translatus, ac à nobis tanquam noster acceptatus:* peut-on souhaitter rien de plus precis & de plus formel, & quelle raison y a-il, aprés cela, de nier que le Roy Jean ait recueilly ce Duché au seul titre d'heredité & de succession?

Environ deux ans aprés, le même Roy Jean donna à Philippes de France, son quatriéme fils surnommé le Hardy, le Duché de Bour-

b Ces Lettres Patentes sont rapportées en leur entier par Catel, *liv. 2. de l'Histoire de Tolose, chap. dernier, pag.* 398 *& suivantes.* Du Chesne en a mis un extrait parmi les preuves de son Histoire de Bourgoigne, *tom.* 2. *pag.* 128.

c Le Roy Iean avoit épousé la veufve de Philippes de Bourgoigne, mere du Duc Philippes de Rouvre;

goigne en appennage; les a Lettres Patentes qui en furent dressées à Germigny sur Marne le six Septembre 1363, portent la mesme chose que celle de l'union. *Ducatus Burgundiæ* (c'en sont les termes) *qui ex successione bonæ memoriæ Philippi ultimi Ducis eiusdem, in nos, ut propinquiorem in genere, noviter est delatus.*

D'ailleurs le fondement de cette declaration estoit veritable, car il n'y avoit de pretendans au Duché de Bourgoigne à titre de succession que Iean Roy de France, Charles II. Roy de Navarre dit le *Mauvais*, & Robert II. Duc de Bar: Iean avoit le Germain au dessus du defunct, & par consequent estoit plus proche d'un degré que Charles & Robert qui se trouvoient au degré d'Issu ou de Remué de Germain.

C'estpourquoy dans l'instruction b envoyée de la part du Roy Charles V. au Duc d'Anjou pour representer au Pape & aux Cardinaux les torts & entreprises faites contre ledit Roy, par Charles Roy de Navarre, il y a un article portant, *Que le Duché de Bourgoigne n'appartient point audit Roy de Navarre, ains est écheu au Roy Iean cousin germain du pere de Philippes Duc de Bourgoigne, & plus prochain du costé & ligne dont vient ledit Duché:*

Et par consequent voilà la premiere verité parfaitement, & mêmes l'on peut dire incontestablement & invinciblement prouvée & establie:

Mais comme és choses les plus certaines dans le fait, il ne laisse pas de se former assez souvent des difficultez quant au droict, aussi s'est-il trouvé des Autheurs qui ne pouvant & n'osant pas nier que le Roy Iean n'eut declaré le Duché de Bourgoigne luy estre écheu, & avoir esté par luy recueilly *Iure sanguinis, non Coronæ*, ont soustenu que cette declaration ne devoit pas estre consideree; par ce qu'y ayant en la personne du Roy Iean deux droicts concourans; l'un *du Lignage*, comme plus proche parent du defunct, l'autre *de Retour* comme Roy; il n'avoit pas pû exercer le premier au prejudice de l'autre: Et que l'interest de l'Estat l'emportant sur celuy des particuliers, le Duché de Bourgoigne ne devoit pas moins estre censé retourné à la Couronne, à defaut d'hoirs masles par la loy des Appennages, & dés l'instant de la mort du defunt, avoir esté reüny de plein droict au patrimoine Royal, nonobstant la declaration faite au contraire par le Roy Iean.

C'est sur cette presupposition du droict *de Retour & d'Appennage* que l'un de c ces Autheurs n'a pas feint de dire, *Que le Conseil du Roy Iean, Autheur & directeur de cette declaration, se declara peu instruit des principaux droicts de la Couronne, bien que les Lettres soient couchées en aussi beaux termes qu'en aucuns autres du temps; mais a mal exploitter bien écrire:* & un autre a laissé par d écrit, *Que les Officiers du Roy Iean monstrerent leur ignorance grossiere pour la defence qu'ils firent des droicts de leur Maistre: Car ils pouvoient, dit-il, en vertu de la Loy de la reversion des Appennages à la Couronne, au cas de deceds sans masles, faire gagner la cause au Roy sans entrer en plus grande contestation, qui faisoit un tort important à l'Estat, & qui obligea le Roy à des recompenses à des collateraux, desquelles par la loy des Appennages, il estoit du tout delivré:* Il poursuit e en un autre endroit disant, *Que si ce Roy eut esté bien servy par ses Officiers, sa defence contre ses coheritiers eut esté fondée sur le droict public de France: car elle consistoit,* ajoûte-il, *à representer que ledit Duché estoit un Appennage de la Couronne toûjours possedé par les Masles, & qu'à defaut de Masles, il devoit retourner par droict de reversion à la Couronne: Que c'estoit un droict estably de long-temps en France, & que ces Officiers persistans en leur ignorance des Droicts du Roy, avoient eu soing de faire exprimer dans quelques actes leur erreur, & la*

c'est-pourquoy il l'appelle *son fils*.

a Ces Lettres sont rapportées en leur entier par Golut, en ses Memoires des Bourguignons, *Livre 8. chap. 27.*

b Du Chesne, *és preuves de l'Histoire de Bourgoigne, pag. 176.*

c De la Guesle, *Remonstrance 4. pag. 154.*

d Traittez de du Puy; *Duché de Bourgoigne, chap. 1.*

e Ibidem, *chap. 3.*

Autres declarations & reconnoissances du Roy Charles V. dit le Sage.

Opinion de quelques Autheurs qui ont tenu que le Roy Iean n'avoit pû ny dû recueillir le Duché de Bourgoigne à titre d'heritier, au prejudice du droict de reversion. lequel au contraire il devoit seul exercer en qualité de Roy Iure Coronæ.

Ainsi dans la pensée de ces Autheurs, il ne faut pas s'arrester à ce qui s'est fait, mais à ce qui se devoit faire ; c'est à dire qu'il faut supposer fait, ce qui ne l'a pas esté, parce qu'il le devoit estre ; & au contraire supposer non fait, ce qui l'a esté, parce qu'il ne devoit pas l'estre :

A cela le sieur Aubery pourroit aisement répondre, que ce n'est point une difficulté qui puisse ny qui doive luy estre faite ou proposée ; car quand on presupposeroit que les Appennages, tels qu'ils sont à present establis, auroient eu cours dés le temps de Hugue Capet & du Roy Robert son fils ; & quand on adjoûteroit, que le Duché de Bourgoigne auroit esté donné à Robert de France à titre de simple Appennage reversible à la Couronne en defaut d'hoirs masles ; toûjours seroit il certain, qu'il n'y auroit eu Retour à la même Couronne que du seul patrimoine qui en auroit esté eclipsé & démembré avec ses appartenances ; & comme la terre de Montbar n'estoit ny portion ny appartenance, ny dependance de ce patrimoine démembré, ainsi qu'il a esté prouvé dans la premiere partie de ce Factum, il seroit encore tres-constant & tres certain que le Roy Iean n'auroit pû recueillir cette terre *Iure Coronæ*, & que si pour en estre saisi il n'avoit fait valoir le droict singulier resident en sa personne, d'heritier plus prochain *ab intestat* du defunct ; cette terre eut passé au Roy de Navarre ou au Duc de Bar qui se fussent trouvez l'un & l'autre les plus proches parens du defunct du costé & ligne dont ladite Terre luy estoit écheuë.

Que Montbar ne pouvoit stre recueilly par le Roy Iean qu'au seul titre d'heredité, quand bien il auroit repris le Duché de Bourgoigne Iure Coronæ.

Ainsi pour concilier les choses au poinct où elles seroient conciliables, il faudroit toûjours necessairement que *le seul droit d'heredité* eut deferé au Roy Iean la Terre & Seigneurie de Montbar, quand bien selon la pensée de ces Autheurs, *Le seul droict d'Appennage, & de Retour* auroit deferé au même Roy le Duché de Bourgoigne avec toutes ses dependances : Et il faudroit en outre que cette Terre eut esté unissable à la Couronne, & que de fait elle y eut esté unie ou expressement ou tacitement pour la rendre domaniale, quand bien selon les mêmes Autheurs le Duché & ses dépendances y auroient esté reünis de plein droit.

Qu'il y eut necessité au Roy Iean pour le bien et l'avertage de l'Estat de recueillir le Duché de Bourgogne au seul titre d'heritier plus prochain ab intestat de Philippes de Rouvre du costé & ligne d'où ledit Duché luy estoit écheu : ce qui se prouve par quatre raisons invincibles.

Mais il n'est pas besoin de diviser les choses ny de feindre que le Roy Iean ait recueilly à differens titres le Duché de Bourgoigne & la Terre de Montbar pour sauver le prejudice qui reviendroit, dit-on, à la Couronne, si l'on advoüoit qu'il n'eut recueilly le Duché qu'à titre de succession ; Ce prejudice n'a jamais esté reel, & n'a esté allegué que par les personnes qui n'ont pas sçeu penetrer les justes raisons qui avoient mis le Roy Iean dans une espece de necessité indispensable d'en user ainsi : Le bien de son Estat le vouloit absolument, & son Conseil estoit trop éclairé pour luy faire tenir cette voie si elle n'eut esté tres-utile & tres-salutaire à son Royaume.

Or ces raisons se peuvent reduire à quatre.

La premiere, *qu'il estoit impossible non seulement de prouver, mais mesmes de presupposer & de feindre que le Duché de Bourgoigne eut esté delaissé à Robert de France fils du Roy Robert sous le titre de simple Appennage, reversible à la Couronne à defaut d'hoirs masles.*

La seconde, *qu'il estoit dangereux d'en avancer la simple proposition, parce que du temps du Roy Iean, il y avoit encore plusieurs Masles vivans, descendus en ligne directe de Robert de France, qui par consequent auroient exclus ce Monarque du Duché de Bourgoigne.*

La

La troisiéme, *que le droict d'heredité ab intestat estoit non seulement veritable, legitime, asseuré & certain au Roy Iean, mais qu'outre cela, il luy estoit plus advantageux que celuy de reversion ne luy eut esté, parce qu'il estoit beaucoup plus ample & plus estendu.*

La quatriéme, *qu'au moyen de ce droict d'heredité & de succession, le Roy Iean estoit asseuré de parvenir tres-justement & tres-aisement à la seule fin qu'il s'estoit proposée, qui estoit d'unir, d'incorporer & de consolider le Duché de Bourgoigne au Patrimoine Royal, & au Domaine de la Couronne:*

Quant à la premiere de ces raisons, elle avoit des fondemens si solides, & si certains que l'on les peut qualifier demonstratifs & invincibles; & pour les penetrer aisement il n'y a qu'à distinguer les temps ausquels les enfans de France ont esté ou partagez ou appennagez: Et encore appennagez ou pour eux, & leurs hoirs indefiniment Masles & femelles; ou pour leurs hoirs Masles seulement: Distinction si necessaire à faire, à sçavoir, & à tenir, qu'à moins que de s'y assujettir, on ne trouve que confusion dans la pluspart de ceux qui ont traitté la matiere des Appennages, veu les contradictions, qui sans cela se rencontreroient entre quantité d'Arrests qui ont admis les femmes à y succeder, & quelques autres qui les en ont excluses.

a Defuncto igitur Chlodovco Rege, quatuor filij ejus, i. e. Theodoricus, Chlodomeris, Childebertus atque Chlotarius, Regnum ejus accipiunt & inter se æquà lance dividunt. *Grego. Turon. lib. 3. cap. I. Aimoin. lib. 2. cap. I. b* Et sic inter se hi quatuor i. e. Charibertus, Gunchranus Chilpericus atque Sigebertus divisionem legitimam faciunt: deditque suos Chariberto Regnum Childeberti, sedemque habere Parisios. *Idem Gregor. Turon. lib. 4. cap. 22. c Histoire de France.*

Il est donc certain que sous la premiere Race de nos Roys les puisnez prenoient leur partage en proprieté dans le Patrimoine de la Couronne: tous nos Historiens en conviennent: Ainsi aprés la mort du Grand Clovis, les quatre fils qu'il avoit laissez partagerent le Royaume égallement entr'eux sans aucune prerogative d'ainesse au témoignage *a* de Gregoire de Tours; Et chacun d'eux prit le titre de Roy des Provinces qui luy estoient écheuës, Childebert de Paris, Clodomire d'Orleans, Clotaire de Soissons & Thiery de Mets; Ainsi aprés la mort de Chlotaire qui avoit recueilly & reüny les portions de ses trois freres, les quatre fils qui luy survesquirent firent *b* quatre lots égaux, & les ayant jettez au sort, Paris & la Normandie écheurent à Charibert autrement Aribert: Soissons & la Picardie à Chilperie: Orleans & l'Aquitaine à Gontrand: Mets & l'Austrasie à Sigebert, dont ils joüirent tous avec le titre de Roys: Ainsi, enfin, aprés la mort de Clotaire II. surnommé le *Grand*, Dagobert son fils aisné eut le Royaume de France, & Childebert son puisné celuy d'Aquitaine.

Les filles de France eurent aussi sous cette premiere lignée en pleine proprieté les Domaines qui leur furent donnez ou pour leur dot ou pour leur partage, avec pouvoir d'en disposer au profit de qui elles voudroient: Cela se prouve clairement par l'accord solemnel fait entre Gontran Roy d'Orleans, Childebert fils de Sigebert Roy d'Austrasie, & Brunehaud mere du mesme Childebert: Il est rapporté tout entier par Gregoire de Tours au Livre 9. de son Histoire chap. 20. Il porte, que les Villes Terres & Seigneuries, tant du Domaine de la Couronne qu'autres que Chlotide fille de Gontran & Chlodesuinde fille de Childebert & de Brunehault, se trouveront posseder au jour du deceds de l'un & de l'autre de ces Roys, leur appartiendront en propre, en sorte que *si quid pro arbitrij sui voluntate facere aut cuiquam conferre voluerint, fixâ stabilitate conservetur, nec à quibuscumque voluntas illarum ullo tempore convellatur:*

Et la seule difference qu'il y avoit entre les fils & les filles quant à ces sortes de partages, consistoit en ce que les Roys retenoient l'Hommage, le Ressort & la Souveraineté sur les Domaines delaissez aux filles, qui d'ailleurs ne leur estoient pas donnez par aucune quote part eu égard à la masse du Patrimoine de la Couronne: Mais quant aux fils, ils partageoient cette mesme masse entr'eux par quotes portions, & chacun d'eux tenoit à titre de Royaume, celle qui luy estoit écheuë sans la relever de l'aisné.   N

Domaines de la Couronne donnez aux Reynes pour leur dot en pleine proprieté, & non en souveraineté, sous la mesme Race.

Il y avoit encore sous la mesme premiere Race une autre sorte de démembrement & d'affoiblissement du Domaine de la Couronne; C'estoit la dot que les Roys constituoient en fonds, & en Domaines aux femmes qu'ils épousoient : car ces fonds appartenoient aux Reynes en toute proprieté, & en defaut d'enfans passoient à leurs heritiers collateraux : Ainsi par Iugement du Roy Gontran & des Seigneurs de France, Brunehaud succeda seule en toutes les Villes, Terres, & Seigneuries qui avoient esté données en dot à Gailsuinde sa sœur par le Roy Chilperic qui l'avoit épousée; la même Brunehault veufve de Sigebert & Fayleube femme de Childebert eurent pareillement plusieurs Villes & Seigneuries en proprieté pour leur dot : Tout cela se justifie par le mesme traité que Gregoire de Tours rapporte.

La seconde Race ne changea point la forme du partage en proprieté & en souveraineté entre les enfans de Rois.

La seconde Race de nos Roys ne changea point cette forme de partages entre les fils de France ; car aprés la mort de Pepin dit *le Bref*, chef de cette seconde lignée, Charlemaigne & Carloman ses deux fils par l'avis des Estats Generaux de France partagerent entr'eux également le Royaume : C'est ainsi que le rapporte *a* Eginhard dans la vie du mesme Charlemaigne, qui ajoûte que la France Occidentale ou Austrasienne, telle qu'elle avoit esté possedée par Pepin, écheut à Charlemaigne. L'Allemaigne, la Bourgoigne, & la Provence à Carloman son frere, dont Carloman leur oncle commun, qui s'estoit fait Religieux, avoit esté Roy.

Charlemaigne suivant cet exemple partagea de son vivant l'Empire, son Royaume & ses Estats entre ses trois fils, ainsi qu'Adelme Moyne de S. Benoist nous l'a laissé par écrit; ce partage en forme de Testament se trouve au troisiéme Tome des Historiens François recueillis par du Chesne, & les Chroniques qui y sont citées en marge, le mettent sous l'année 806. par cette disposition, faite en pleine assemblée d'Estats, la France fut donnée à Louys dit depuis le Debonnaire, l'Italie à Pepin, l'Allemagne à Charles; Pepin estant mort quelque temps aprés, Bernard son fils luy succeda du consentement de Charlemaigne son ayeul, ce qu'Eginhard dans la vie *b* de cet Empereur releve comme un témoignage singulier de son insigne pieté.

Enfin Louys le Debonnaire se conformant à ce qui avoit esté pratiqué par son pere partagea aussi de son vivant l'Empire & ses Estats à ses quatre fils, ayant donné l'Empire & l'Italie à Lothaire son aisné; Le Royaume d'Aquitaine à Pepin : le Royaume d'Allemaigne à Louys; celuy de France à Charles depuis surnommé le Chauve, & qui peu auparavant sa mort fut couronné Empereur.

Provinces considerables données en proprieté & non en souveraineté aux filles de France pour leur dot sous la seconde Race de nos Rois, sçavoir La Flandre.

Quant aux filles de France elles furent sous cette mesme seconde Race, selon les occurrences, dotées en pleine proprieté de Provinces considerables. Il y en a un exemple formel en la personne de Iudith fille de Charles le Chauve : Elle avoit esté mariée à Ethelred ou Etelulphe Roy d'Angleterre ; Mais un de nos *c* Historiens a écrit qu'elle estoit en un âge si peu avancé qu'Etelulphe estoit decedé sans luy toucher; revenuë qu'elle fut en France, elle se retira à Senlis, où Baudouin *d* surnommé *Bras de fer*, à cause qu'il marchoit toûjours armé, la vint prendre de son consentement, & de concert avec Louys le Beigue son frere, fils aisné de Charles le Chauve, & depuis son successeur au Royaume & à l'Empire : Baudouin retiré en Flandres, dont il estoit Forestier, y épousa Iudith; Charles offensé extrémement du rapt de sa fille (ainsi qualifioit-il cette action) fit faire le procés à Baudouin qui par coutumace fut condamné à mort par Iugement des Seigneurs de France; & passant plus loing, le fit excommunier aussi bien que sa fille dans une assemblée des Evesques de son Royaume; Baudouin & Iudith

a Pipinus autem apud Parisios, morbo aquæ intercutis diem obijt, superstitibus liberis Karolo & Karolomanno, ad quos successio Regni divino nutu pervenerat : Franci siquidem facto solemniter generali Conventu, ambos sibi Reges constituunt, eâ conditione præmissâ, ut totum Regni corpus ex æquo partirentur. Et Karolus eam partem quam pater eorum Pipinus tenuerat, Karolomannus verò eam cui patruus eorum Karolomannus præerat, regendi gratia susciperet. Suscriptæ sunt utrinquè conditiones, & pars Regni divisi juxta modum sibi propositum ab utroque recepta est. *Eginhardus in vita Karoli magni.*
b Rex pietatis suæ documentum ostendit, cùm filio defuncto, nepotem patri succedere fecisset. *Idem. ibidem.*
c *Nicolas Gilles.*
d *Du Tillet, chap. de la II. Branche de Bourgogne.* Fauchet *liv. 9. chap.* 17. Sainte Marthe, *tom.* 2. *liv.* 8. *chap.* 1. *sur la fin.* Nicolaus Papa I. *Episto.* 20. 21. 32. *tom.* 3. *Concil. Sirmun. pag.* 193. 194. Flodoard. *Histo. Rhemen. lib.* 3. *cap.* 12.

se retirerent d'abord vers Lothaire Roy de Lorraine neveu de Charles, & en suite passerent à Rome vers Nicolas I. qu'ils supplierent de revoquer l'interdit prononcé contr'eux, & d'interceder pour eux auprés de Charles le Chauve : Le Pape ne voulut pas lever l'interdit ; mais par ses Legats il se rendit intercesseur pour Iudith, & pour Baudouin envers Charles, qui enfin flechy consentit à ce que le Pape luy demandoit, à condition que Baudouin épouseroit solemnellement Iudith ; C'est ce qui se recueille de l'Epistre qu'Hincmare Archevesque de Reims en écrivit au Pape, qui ajoûte que les nopces avoient esté celebrées ; que Charles n'y avoit pas voulu assister en personne : Qu'il y avoit neantmoins envoyé les principaux de ses Ministres ; *& honores* ; ce sont les termes d'Hincmare, *Balduino pro vestra solummodo petitione donavit.*

Sous le terme *Honores*, qui estoit fort usité en ce temps sont compris les Charges dont Baudouin jouïssoit. Il estoit Gouverneur & Gardien du Pays situé entre l'Escaut, la Somme & la Mer, qui depuis a esté appellé *Flandres* ; le titre qu'il prenoit estoit celuy de *Forestier*, dont tous ses Predecesseurs avoient esté qualifiez : C'estoit un Office muable à la volonté des Roys de France, ainsi que du Tillet l'a remarqué : Mais Charles le Chauve le donna en dot à sa fille sous la reserve de l'hommage, du ressort, de la Souveraineté : Baudouin en fit l'hommage & en fut le premier Comte ou Marquis hereditaire ; cela arriva l'an 863 selon la supputation de Sainte Marthe, depuis lequel temps le Comté de Flandres a perpetuellement passé de femelles en masles, & de masles en femelles jusques à ce jour.

Fauchet, *liv.* 11. *chap.* 7. Du Tillet, *chap. De Charles le Simple,* Chronicon Anonymi, sub anno 901. *Dans les Historiens François de du Chesne,* to. 3. *pag.* 359.

Un autre exemple se trouve dans l'Histoire sous le Reigne de Charles le Simple, qui mariant sa fille *a Gisle* ou *Gisele* ou *Gislon* avec *Rollon*, vulgairement *Raoul* Duc de Normandie, luy donna en dot la mesme Province, sous la reserve toutesfois de l'Hommage, ressort & Souveraineté ; Et quoy que de ce mariage il n'y eut aucuns enfans, le Duché ne laissa pas de demeurer à Raoul, & de passer aprés son deceds aux enfans qu'il eut de *Pope* sa seconde femme fille de Guy Comte de Senlis, d'où sont descendus les Roys d'Angleterre, sur l'un desquels appellé *Iean-sans-Terre*, Philippes Auguste conquit la Normandie en consequence de l'Arrest de mort & de confiscation rendu par les Pairs de France l'an 1202. dont il a esté parlé en la premiere partie du present Factum.

Et la Normandie.

Et pour ce qui est de la coustume de doter les femmes par les maris, qui avoit eu cours sous la premiere Race, elle eut lieu pareillement sous la seconde ; Car nous lisons que Charles le Chauve aprés la mort d'Hermintrude sa premiere femme, s'estant amouraché de Richilde, sœur de Boson Roy de Provence, il la tint quelque temps en qualité d'Amie ; mais comme elle avoit un grand pouvoir sur son esprit, elle obtint de luy qu'il l'épouseroit publiquement ; ce qu'il fit & la dota selon l'usage de ce temps : *In die festivitatis Septuagesimæ*, dit le continuateur d'Aimoinius *prædictam concubinam suam Richildem, desponsatam, atque dotatam in conjugem sumpsit.*

Dot constituée par Charles le Chauve à Richilde lors qu'il l'épousa.

Ce mariage selon la supputation de sainte Marthe fut fait en 870. mais Richilde souhaitta pour plus grande seureté, que sa constitution dotale fut approuvée & confirmée par Louys le Beigue fils aisné de Charles le Chauve, ce qui fut fait, ainsi qu'il resulte des Capitulaires du mesme Charles faits à Quiersi sur Oyse (*apud Carisiacum*) l'an 877. le Chapitre cinquiéme desquels est conceu en ces termes : *Vt ea quæ per largititatis nostræ precepta dilectæ conjugi nostræ in proprium habere concessimus, filius noster ante nos confirmet.*

b Hadrian. Vales. Notitia. Gallia. *In Verbo.* carisiacum.

La constitution dotale faite à la Reyne Frederine par Charles le

Corbini et Pontigny, maisons Royales. don-

nées en toute proprieté
par Charles le Simple
à la Reine Frederine
son épouse à titre de
constitution dotale.

Simple prouve encore cet usage: Elle est la huitiéme en ordre entre les anciennes Chartres *a* que Baluz a ajoûtées à ses Notes sur les Ouvrages de Loup Abbé de Ferrieres, dattée à Attigny l'an 15. de ce Roy qui estoit l'an 908. *b* selon la supputation de Sainte Marthe. Charles declare dans cette Chartre, que suivant les Loix & les Statuts de ses Predecesseurs, estant obligé de doter Frederine, il luy constituë en dot deux Terres de la Couronne, l'une appellée Corbini (*Corbiniacum*) dans la Comté de Laon, l'autre appellée Pontigny (*Pontigonem*) située au Perche: C'estoit deux Maisons Royales sous les deux premieres lignées de nos Roys, ainsi qu'Hadrien de Valois le prouve en *c* son Livre intitulé *Notitia Galliarum.* Dans la premiere *d* desquelles Charlemaigne aprés la mort de Carloman son frere fut reconnu seul Monarque de la France. Dans la seconde Pepin dit le *e* Bref pere de Charlemaigne receut honnorablement le Pape Estienne I I. l'an 754. venu en France pour demander secours contre Aistulphe Roy des Lombards : Et sous l'an 876. il y fut tenu un Concile regnant lors Charles le Chauve.

Or quelques considerables que fussent ces Maisons, Terres & Domaines en dependans, elles furent neantmoins données à la Reyne Frederine *en toute proprieté,* conformement à ce qui s'estoit pratiqué sous les Roys predecesseurs de Charles le Simple, de sorte que non seulement elle en put dés lors disposer entre-vifs & à cause de mort; mais encore en cas de deceds sans enfans, elles devoient retourner à ses heritiers collateraux, ainsi qu'il a esté dit cy-dessus, que Brunehault succeda seule aux Villes, Citez & Seigneuries qui avoient esté données en *dot* par Chilperic à sa sœur Gailsuinde.

Il a esté aucunement necessaire d'expliquer un peu à fonds ces trois sortes de demembremens du Domaine de la Couronne qui estoient en usage sous les deux premieres Races de nos Roys, afin que l'on connoisse mieux le changement qui y fut apporté par les Roys de la troisiéme Race, & que l'on n'attribuë qu'à une prudence toute singuliere, de ce que ce ne fut pas d'abord & tout d'un coup, mais seulement peu à peu, & mesme dans l'intervalle de quelques siecles quils reduisirent cette forme abusive de *partager,* & de *doter* les Fils, les Filles & les Reynes de France aux *Appennages* & aux *constitutions dotales* qui se pratiquent aujourd'huy.

Les Rois de la troisiéme Race n'ont point doté les Reines leurs Espouses des Domaines de la Couronne en proprieté, quoy que la coustume de doter les femmes par les maris ait duré long temps en France sous cette mesme troisiéme Race.

Les dots des Reynes en proprieté des Domaines de la Couronne sont les premieres qui se trouvent avoir esté d'abord entierement abolies par nos Roys de la troisiéme Race.

Cette coustume de doter les femmes par les marys a esté pendant plusieurs siecles universellement receuë en France; c'estoit un droict commun que les François originaires d'Allemaigne avoient apporté avec eux, lors qu'ils avoient conquis *f* les Gaules; *L'ancienne façon des François,* dit du Tillet, *estoit d'achepter leurs femmes tant veufves que filles, & le prix alloit aux parens d'elle declarez au XLVI. Chapitre de la Loy Salique: eux defaillans, appartenoit au Roy:* Il ajoûte peu aprés, que *le temps auquel la coustume de doter les femmes par les marys fut changée n'est connu, bien est certain,* poursuit-il, *qu'elle n'eut lieu sous la troisiéme lignée regnante:* Il s'est neantmoins trompé en cela, car ce mesme usage eut encore cours en France pendant prés de deux siecles *g* depuis Hugues Capet: Monsieur Bignon *h* en ses Notes sur Marculphe en rapporte un titre de l'an 1040. Et nous en trouvons un autre dans *i* l'Histoire d'Alençon, & du Perche de l'an 1178. Ce dernier est un Contract de mariage entre Regnauld fils de Bernard Seigneur de Saint Valery, & Edele fille du Comte de Ponthieu : par une premiere clause, il est dit que *Renaldus uxori suæ dedit in dotem, Audum & quadraginta libratas terræ*

a Pag. 521.
b Tom. 1. *pag.* 324.
c In verbo. Corbonacum & Pontico.
d Annales Bertiniani, *anno* 771. Dans les Historiens François de du Chesne. *tom.* 3. *pag.* 153. & 280. ubi idem locus *Corbonacum* & *Corbiniacum* appellatur.
e Tom. 2. Concilio. Gall. *pag.* 12. *col.* 1. tom. 3. *pag.* 434. & *seq.* Sainte Marthe, *to.* 1. *pag.* 225.

f Chap. 1. *du Recueil des Rois de France.*

g Hugues Capet fut élevé à la Couronne en May 987.
h Lib. 2. *cap.* 15. *pag.* 318.
i Livre 2. *chap.* 1. *pag.* 120.

terræ

terra in Anglia in sterlingis; Et par une clause subsequente, il est dit que
si le Comté de Pontieu a cy-aprés un fils de son mariage, & que Bernard de Vallery ait aussi une fille du sien, ils en feront un second mariage pour une plus estroite alliance, *Et filius Comitis prædictus, filiæ Bernardi dabit in dotem Castellum quoddam quod vocatur* Nigella *& omnia ad illud pertinentia, tali conditione, quod si redditus* Nigellæ *ducentas libras Pontivensis Monetæ non compleverint; filius Comitis vxori suæ eas supplere debet.*

Mais quoy que cette coustume fut si long-temps & si exactement observée en France entre les particuliers depuis que Hugues Capet fut élevé à la Couronne : Neantmoins elle ne fut point pratiquee par les Roys ses descendans, du moins n'avons nous point d'exemple qu'aucun Roy de la troisiéme Race ait donné à sa femme en *Dot* des Domaines de la Couronne *en pleine proprieté*, comme ceux des deux Races precedentes avoient fait: Ce qui prouve suffisamment que cette maniere de *Dot* fut par eux entierement retranchée, rejettée & abolie comme prejudiciable à l'Estat, le patrimoine duquel elle ne tendoit qu'à démembrer & à dissiper.

Et ne sert de dire, que ce qui estoit lors appellé *Dot*, n'estoit peut-estre que ce que nous appellons aujourd'huy *Doüaire*; car sans entrer en cette discussion qui n'est nullement de la matiere dont il s'agit, il suffit que le Domaine assigné soit pour *Dot*, soit pour *Doüaire*, estoit donné *en proprieté*, aliené *à perpetuité*, passoit aux heritiers collateraux des Reynes, *tant masles que femelles* indistinctement, & ne pouvoit jamais revenir à la Couronne que dans les seuls cas, & par les seules voyes, que les Domaines des autres Sujets du Royaume pouvoient y retourner : de sorte que ce fut un trait singulier de prudence aux Roys de la troisiéme Race d'avoir d'abord retranché & aboly ce démembrement abusif du patrimoine de leur Couronne.

A l'égard des filles de France, elles ne furent pas d'abord excluses d'avoir *en proprieté* quelques Terres de la Couronne à titre de *Dot*, au contraire nous trouvons que depuis Hugues Capet jusqu'à la mort de Philippes Auguste, c'est à dire pendant l'espace de 236. années, la pluspart des filles de France ont eu en mariage des Terres & des Domaines de la Couronne *en pleine proprieté*, qui par leur deceds ont indistinctement passé *de masles en femelles, & de femelles en masles*; Que depuis Philippes Auguste cela n'a plus esté en usage, les filles de France ayant esté reduites à une *Dot* en deniers actuellement payez, ou à une joüissance de Domaines par forme d'engagement jusques à ce que les deniers promis leur eussent esté delivrez. De sorte que cette seconde espece d'alienation & de demembrement du Domaine n'a esté retranchée sous la troisiéme Race que petit à petit, & aprés une longue suite d'années.

Mais jusques à Philippes Auguste plusieurs terres de la Couronne ont esté données en dot aux filles de France en toute proprieté, transmissibles à tous hoirs masles & femelles indistinctement, sçavoir,

Plusieurs exemples de ces constitutions dotales nous fournissent des preuves invincibles de cette verité.

Le premier est en la personne de *Gisle* de France, une des filles de Hugues Capet; elle fut mariée par son pere à Hugues *a* de Ponthieu, auquel elle porta en *Dot* la Seigneurie d'*Abbeville* & ses dependances: De ce mariage nâquit Enguerrand I. du nom Comte d'Abbeville, qui eut pour fils, Guy Comte de Ponthieu: Celuy-cy ne laissa qu'une fille appellée Agnes, laquelle recueillit à titre de succession la Seigneurie d'*Abbeville*, & la porta en mariage avec ses autres biens à Robert II. Comte d'Alençon & du Perche, qui de par elle fut Comte de Ponthieu & d'*Abbeville*: Guillaume Comte de Ponthieu arriere-petit fils dudit Robert II. épousa en 1218. Alix *b* de France sœur de Philippes Auguste, & ne laissa qu'une fille appellée Marie, qui épousa Si-

La Seigneurie d'Abbeville à Gisle de France fille de Hugues Capet.

a Sainte Marthe. *tom.* I. *Livre* I2. *chap.* I. *pag.* 44I. Du Puy. *In Verbo* Abbeville *&* Ponthieu, *pag.* 683. *&* 929.

b Bry dans l'Histoire du Perche & d'Alençon, *liv.* 2. *chap.* I9. *pag.* I22.

mon Comte de Dampmartin : Elle succéda encore à la Seigneurie d'*Abbeville*, & il y a Chartre *a* dattée à Chinon au mois de Iuin 1225: par lesquelles Louys VIII. reçoit ladite Marie à *femme Lige*, & luy quitte le rachapt qu'elle devoit pour raison de la Terre d'*Abbeville* à elle écheuë, par le deceds dudit Guillaume de Ponthieu son pere.

Desdits Simon de Dampmartin, & Marie de Ponthieu, nâquit Ieanne de Dampmartin Comtesse de Ponthieu & d'*Abbeville* qui de son premier mariage avec Ferdinand III. Roy de Castille eut Eleonór: Celle-cy mariée avec Edouard I. Roy d'Angleterre luy porta en mariage lesdites Comtez de Ponthieu & d'*Abbeville*, sur le petit fils desquels Edouard III. Roy d'Angleterre, ils furent confisquez par Philippes de Valois en l'année 1333.

Ainsi voila *Abbeville* donnée en *Dot proprietaire & hereditaire* à Gisle de France fille de Hugues Capet, recueillie *à titre d'heredité* en differens temps par quatre filles descendantes en ligne directe de Gisle, sçavoir *Agnes* de Ponthieu, *Marie* de Ponthieu, *Ieanne* de Dampmartin, *Eleonor* de Castille; portée par elles és Maisons d'*Alençon*, de *Dampmartin*, de *Castille*, & d'*Angleterre*, tenuë à la verité de nos Roys en foy & hommage, sous leur ressort & leur Souveraineté, & neantmoins qui ne revient à la Couronne qu'à titre singulier de confiscation environ 340. ans aprés qu'elle en avoit esté demembrée.

Le second exemple est en la personne d'*Aldeleïde* ou *Alix* de France qui estoit une autre fille de Hugue Capet: Le Roy Robert son *b* frere la maria avec *Renauld* Comte de Nevers, & luy donna en *Dot* la Ville & le Comté d'*Auxere*; de ce mariage nâquit Guillaume I. Comte de Nevers & d'*Auxere* decedé l'an 1100. A Guillaume I. succeda Regnaud Comte de Tonnere, l'un des arriere petit fils duquel appellé Guy ne laissa qu'une fille nommée Agnes: Celle-cy épousa *c* Pierre de Courtenay II. du nom, éleu depuis Empereur de Constantinople, auquel elle porta en mariage entr'autres biens le Comté d'*Auxere*. Il ne nâquit de ce mariage qu'une fille appellée Mahaud de Courtenay mariée à Herve de Douzy, qui de par elle fut Comte d'*Auxere*. Du mariage d'Hervé de Douzy & Mahaud de Courtenay, il n'y eut qu'une fille nommée Agnes de Douzy, mariée avec Guy de *d* Chastillon. De Guy de Chastillon & de Agnes de Douzy nâquirent Gaucher de Chastillon (tué en Egypte à la Bataille de la Massoure l'an 1250. sans avoir laissé aucuns enfans:) Yoland de Chastillon, qui succeda audit Gaucher son frere, & par le deceds de Mahaud de Courtenay son ayeulle decedée seulement en 1252. recueillit le Comté d'*Auxere*. Yoland porta ce mesme Comté en la Famille de Bourbon au moyen du mariage qu'elle contracta avec Archambaud le Ieune IX. du nom: Mahaud de Bourbon fille aisnée de ce mariage fut mariée en 1237. avec Eudes *e* de Bourgoigne fils aisné de Hugues IV. Duc de Bourgoigne. Cet Eudes mourut avant Hugues son pere ne laissant que des filles, la troisiéme desquelles appellée Alix, eut en partage le Comté d'*Auxere* qu'elle porta en mariage à Jean de Chalon de l'arriere petit fils, desquels Iean de Chalon II. du nom, le Roy Charles V. acquit en 1370. le Comté d'*Auxere* moyennant trente mil francs d'or, & l'année suivante *f* l'unit à la Couronne.

Voilà donc le Comté d'*Auxere* donné en mariage à *Alix* de France; possedé par elle & par ses descendans *en pleine proprieté* sans charge aucune de retour à la Couronne; transmis par succession *de femelles en masles, de masles en femelles*, & encore *de femelles en masles*; portée par les femelles en divers temps és Maisons de *Courtenay*, de *Douzy*, de *Chastillon*, de *Bourbon*, de *Chalon*, & qui ne revient à la

a Idem, *livre 4. chap.* 1. *pag.* 234. 235.

Le Comté d'Auxerre à Alix de France, autre fille de Hugues Capet.

b Sainte Marthe, *tom.* 1. *livre* 12. *chap.* 1. *pag.* 441. Du Chesne. Histoire de Bourgogne, *tom.* 2. *chap.* 1. *pag.* 7. Du Puy, Comté d'Auxerre, *pag.* 503. 504. 505.
c Histoire de Courtenay. *Livre* 1. *chap.* 3. *pag.* 29 & 43. Coquille, *Histoire de Nevers pag.* 409.
d Du Chesne Histoire de Chastillon, *livre* 2 *chap.* 2. 3. 4.

e Duchesne Histoire de Bourgogne, *tom.* 2. *chap.* 10. *pag.* 86.

f Dupuy, *pag.* 505.

Couronne qu'à titre particulier d'achapt & de vente environ 370. années aprés qu'il en avoit esté démembré.

Le troisiéme exemple se trouve dans l'Histoire & dans la Famille de Louys VII. dit le Ieune. Ce Roy ayant repudié Alienor de Guyenne sa premiere femme épousa en seconde nopces, Constance fille d'Alphonse VIII. Roy de Castille, de laquelle il eut une fille nommée *Marguerite*, qui fut mariée à Henry fils aisné *a* d'Henry II. dit *au Court Mantel* Roy d'Angleterre: Louys VII. en faveur de ce mariage donna en *Dot* à sa fille tout le Vexin le Normand: *Cui Rex Ludovicus pater suus,* dit l'Histoire de ce *b* Monarque, *Concessit in matrimonium totum Vilcassinum Normanicum, quem Rex Angliæ pater suus sibi contulerat, liberè possidendum*: en quoy l'on tient qu'il manqua grandement de politique; car il y avoit dans cette contrée plus de douze tant Villes que Forteresses, qui eu égard à la maniere en laquelle la guerre se faisoit lors, estoient fort considerables: Henry estant mort sans enfans en 1183. Philippes Auguste pretendit que la *Dot* de sa sœur luy devoit revenir, mais Henry *au Court Mantel* qui trouvoit que le Vexin le Normand estoit entierement à sa bien-seance, fit tout ses efforts pour le retenir: En effet il le conserva jusques *c* à sa mort qui arriva l'an 1188. & le transmit à Richard son fils qui luy succeda au Royaume d'Angleterre, sur lequel Auguste l'ayant conquis en 1193. aprés son retour de la Terre Sainte, il luy demeura enfin par le Traitté qui fut conclud en 1195.

L'année suivante 1196. Auguste maria *Alix* de France sa sœur germaine à Guillaume Comte de Ponthieu *d* & c'est le quatriéme exemple des Domaines de la Couronne donnez sous la troisiéme Race de nos Roys aux filles de France pour leur *Dot* en *toute proprieté*; car ce Monarque donna à sa sœur en mariage ce qu'il avoit à *Viliers, Ruë, S. Valery,* & à *S. Riquier*: Il est vray qu'il y apposa la clause *de Retour*, le Traitté portant *à condition de rendre le tout au Roy ladite Alix mourant sans enfans*, & peut-estre que la perfidie qu'il avoit éprouvée de la part d'Henry II. & de Richard son fils Roys d'Angleterre au sujet du Vexin le Normand dont il vient d'estre parlé, le porta à user de cette precaution: quoy que ce soit, c'est le premier titre que nous ayons *du retour stipulé à la Couronne à deffaut d'hoirs.*

Or la condition ayant manqué, aussi la reversion n'eut elle pas de lieu, car de ce mariage nâquit une fille appellée *Marie* de Ponthieu qui succeda esdits Domaines, comme estant comprise sous le mot d'*Hoirs* indefiniment inseré dans la clause: C'est la mesme *Marie* de Ponthieu de laquelle il a déja cy-dessus esté parlé dans le premier Exemple concernant la Seigneurie d'*Abbeville*, qui descendoit en ligne directe de *Gisle* de France fille de Hugues Capet, & qui se trouva posseder conjoinctement les Domaines autresfois donnez en *Dot* à ladite Gisle de France & ceux nouvellement donnez au mesme titre par Philippes Auguste à Alix de France sa mere. Elle en fit l'hommage Lige à Louys VIII. qui luy quitta le rachapt qu'elle luy en devoit par le décès de Guillaume de Ponthieu son pere dont la Chartre est rapportée dans l'Histoire des Comte d'Alençon & du Perche, ainsi qu'il a esté dit cy-dessus: De sorte que lesdites Villes de *S. Vallery, S. Riquier, Ruë, Villiers* & leurs dependances furent ainsi qu'*Abbeville*, portées par les femmes és maisons de *Dampmartin*, de *Castille* & d'*Angleterre*, & ne revinrent à la Couronne qu'en 1333. sous Philippes de Valois qui les fit confisquer sur Edoüard III. Roy d'Angleterre.

Voilà donc des preuves formelles & invincibles, des *Domaines de la Couronne donnez en toute proprieté* aux filles de France pour leur *Dot* par les Roys de la troisiéme Race, pendant le cours entier de 236 années qui se sont écoulées depuis l'an 987. que Hugues Capet fut élevé à la Couronne jusques au deceds de Philippes Auguste arrivé l'an 1223. s'estant en cela lesdits Roys conformez absolument à ce qui s'estoit pratiqué sous la premiere & seconde Race, à la seule exception de Philippes Auguste, qui par une sage precaution avoit apposé à la *Dot* de sa sœur *Alix* la clause *de Retour en cas de deceds sans enfans.*

Que depuis Philippes Auguste les filles de France n'ont point esté dotées des Domaines de la Couronne en proprieté.

MAIS, comme il a esté dit cy-dessus, cet vsage qui estoit un vray abus, fut aboly aprés la mort de Philippes Auguste, & la *Dot* des filles de France ne fut plus déslors constituée qu'en deniers payez actuellement, ou qu'en jouïssance de Domaines pour seureté du payement des sommes promises, & jusques à ce qu'elles eussent esté payées, ce qui ne constituoit qu'un simple engagement.

Ainsi Louys VIII. par son Testament *a* du mois de Iuin 1225. aprés avoir partagé & Appennagé ses trois puisnez en Terres & Domaines, ne legua à Isabelle de France sa fille unique qu'une somme de vingt mil livres.

a Ce Testament en son entier se trouve dans le tome 5. des Histo. riens François de du Chesne, pag. 324 & 325. *Item donamus et legamus Elizabeth Charissima filia nostra viginti millia librarum.*

S. Louys son fils donna cent mil livres *b* en *Dot* à Blanche de France sa seconde fille la mariant en 1269. avec Ferdinand Prince de Castille fils aisné d'Alphonse X. surnommé le Sage & l'Astrologue; Mais Marguerite de France *c* sa troisiéme fille mariée en la mesme année avec Jean Duc de Lorraine & de Brabant, n'eut que quinze mil liv. en *Dot*, & quant à Agnes de France sa quatriéme fille, il la reduisit à un Legs de dix mil livres par son Testament du mois de Fevrier au mesme an 1269. Elle fut en 1271. mariée à Robert qui fut Duc de Bourgoigne II. du nom.

b Sainte Marthe, tom. I. livre 13. chap. 1. pag. 536.

c Idem ibidem, pag. 537.

Excepté Isabelle de France fille du Roy Iean.

Il seroit inutile de rapporter toutes les *Dotes* en deniers constituées depuis ce temps aux filles de France: Il suffit que depuis Philippes Auguste jusques à present il n'y a eu qu'Isabelle de France fille du Roy Iean qui n'ait pas esté ainsi dotée. En *d* l'année 1360 Charles son frere Regent en France pendant la prison du Roy leur pere, la mariant avec Iean Galeas Vicomte, fils de Galeas Seigneur de Milan, luy avoit donné en *Dot* le Chasteau & Ville de Sommieres en la Seneschaussée de Beaucaire, pour & jusques à 3000. liv. de rente avec la clause de retour à la Couronne à defaut d'*Hoirs*; mais l'année suivante 1361. le Roy Iean estant revenu en France, en consequence du traitté conclu à Bertigny, changea cet assignat, au lieu duquel il donna à sa fille le Comté de *Vertus*; Isabelle estant decedée sans enfans, Iean Galeas contracta un second mariage, duquel il ne luy resta qu'une fille appellée Valentine de Milan (tous ses autres enfans estans morts) qui depuis fut mariée à Louys Duc d'Orleans second fils de Charles V. assasiné dans Paris en 1407. par les menées de Iean Duc de Bourgoigne son cousin.

d Du Puy. *In verbo*, Comté de Vertus, pag. 965.

Voilà donc de quelle maniere & en quel temps les *Dots* des filles de France sous la troisiéme Race de nos Roys furent reduites seulement en deniers, aprés leur avoir esté d'abord, pendant plus de deux siecles, constituées en Domaines proprietaires & hereditaires.

Qu'il y a trois temps differents à observer sous la troisiéme Race de nos Rois, dans lesquels les Fils de France ont esté differemment partagez, & appannez.

Mais à l'égard des fils de France, il fallut bien plus de temps & de mesures pour les reduire aux simples Appennages tels que sont ceux que l'on leur assigne aujourd'huy : car comme ils avoient esté traittez presque de pair avec leurs aisnez sous les deux premieres Races, c'eut esté sans doute exposer l'Estat à des dangereuses divisions, si sous la troisiéme Race ils eussent esté d'abord & tout d'un coup reduits à une condition mesme plus desavantageuse que celle des filles de France.

Il faut donc sous la troisiéme Race distinguer trois temps, selon lesquels les fils de France ont esté partagez & appennagez sous des conditions

ditions si differentes, qu'il a fallu aussi dans les difficultez qui se sont formées au sujet de leurs partages & Appennages, establir des maximes & des Regles toutes particulieres ; en sorte que chaque temps a eu sa Iurisprudence specifique & singuliere qui n'a jamais esté restreinte par les changemens survenus dans les autres temps, & à laquelle on n'a point donné d'effet retroactif.

Le premier de ces temps a commencé à Hugues Capet, & a duré jusques à la mort de Philippes Auguste, pendant lequel *les fils de France ont eu en toute proprieté* les Domaines qui leur ont esté delaissez pour leurs portions hereditaires.

Le second a commencé sous Louys VIII. fils de Philippes Auguste, & a duré jusques à Philippes le Bel, pendant lequel les Domaines delaissez au fils de France pour leur provision ou Appennage, *ont esté chargez de Retour à la Couronne à defaut d'Hoirs* ; mais sous le mot, d'*Hoirs*, indefini, ont esté compris tous leurs descendans aussi bien *femelles que masles.*

La troisiéme a commencé par les dernieres dispositions de Philippes le Bel, & s'est continué jusques à present ; pendant lequel les Domaines donnez & assignez aux fils de France, *ont esté chargez de Retour à la Couronne à defaut d'Hoirs*, avec clause expresse, *qu'aprés le deceds du dernier Appennagé, il seroit pourveu aux filles qu'il laisseroit*, & ce mot d'*Hoirs a esté restreint, & limité aux seuls masles*, avec une *perpetuelle exclusion des femelles :*

La distinction de ces trois temps, & de ces trois sortes de Iurisprudence développe tout ce qu'il y a d'obscur dans les Autheurs qui ont traitté des Appennages, & fait connoistre que les Iugemens souverains intervenus sur cette matiere en divers siecles, ne sont ny contraires ny antinomiques.

Dans le premier donc de ces temps, qui comme il a déja esté dit cy-dessus comprend 236. années, les puisnez de nos Roys ont eu des Domaines de la Couronne pour leur legitime ou portion hereditaire *en toute proprieté*, & quoy que cette alienation, qui leur estoit ainsi faite, & qui estoit un démembrement du patrimoine Royal, nous paroisse aujourd'huy fort extraordinaire, par ce que dés il y a plusieurs siecles, nous avons corrigé & reformé cet abus : Neantmoins il n'en faut pas juger par le prejudice que l'Estat en recevoit, mais par l'avantage qui luy en revenoit lors, eu égard au peu qu'avoient les fils de France, à proportion de ce qu'ils avoient eu sous les deux Races precedentes.

Que dans le premier temps qui a duré depuis Hugues Capet jusques à Louys VIII. & qui a estably une premiere Iurisprudence, les Fils de France n'ont point eu leur partage par quotité ny en Souveraineté, mais toutesfois en pleine proprieté.

Sous les deux premiers Races, ils avoient partagé *égallement* avec leurs aisnez le Domaine de la Couronne par quart, s'ils avoient esté quatre compris l'aisné ; par tiers s'ils ne s'estoient trouvez que trois ; par moitié s'ils n'avoient esté que deux : au lieu dequoy on ne leur donnoit plus qu'un Domaine particulier qui ne se regloit point par *quote part ou portion*, eu égard au total de la masse du patrimoine Royal, mais qui estoit jugé suffisant pour les faire subsister avec honneur, comme puisnez d'un Roy de France.

Sous les deux premieres Races, ils avoient tenu leurs quotes portions en *Souveraineté*, à titre de Royaume, independemment de leurs aisnez : Au lieu dequoy les aisnez qui seuls estoient Roys, retenoient sur les Domaines dés puisnez *la Foy, l'Hommage, le Ressort & la Souveraineté.*

En un mot par ce démembrement du Domaine donné & delaissé aux puisnez, ils estoient reduits à la seule condition sous laquelle les filles avoient esté mises sous les deux premieres Races, & où elles se trouvoient maintenuës sous le commencement de la troisiéme, qui

P

estoit d'avoir en *Dot* ou en *partage* quelques Domaines en *toute proprieté.*

Ainsi donc il ne se faut pas tant formaliser de la proprieté abandonnée aux puisnez, qu'il faut au contraire se loüer de la prudence singuliere des premiers Roys de la troisiéme Race, d'avoir tant retranché à leurs puisnez en leur laissant ce simple droict de proprieté, lequel eust esté comme impossible de ne pas accorder aux masles, puis qu'il estoit bien donné & accordé aux filles.

Mais ce seroit peu d'exposer simplement cette premiere maniere d'*appanner* ou de *partager* les puisnez, si l'on n'en donnoit les preuves.

Que des quatre Branches qui ont paru dans ce premier temps, sçavoir Bourgogne, Vermandois, Dreux & Courtenay; celles de Vermandois & de Courtenay n'ont eu en partage aucun Domaine de la Couronne.

Dans ce long intervalle de 236. années qui se sont écoulées depuis l'an 987. que Hugues Capet fut élevé sur le Trône jusques à la mort de Philippes Auguste arrivée l'an 1223. Il n'y a eu que quatre branches, dont quatre fils de France ayent esté les chefs, sçavoir *Bourgoigne*, *Vermandois*, *Dreux*, *Courtenay*; encore n'y en a-il que deux qui ayent tiré leurs noms des Domaines ecclypsez de la Couronne, qui sont *Bourgoigne*, & *Dreux*, car quant aux deux autres, les fils de France qui en ont esté les Chefs n'ayant eu pour partage & pour Appennage, que la splendeur de leur naissance, ont pris leurs noms des riches patrimoines dont les femmes qu'ils avoient épousées, se trouvoient uniques heritieres & proprietaires, ainsi que l'Histoire nous l'aprend.

Herbert dernier *a* du nom Comte de *Vermandois*, n'avoit eu que deux fils & une fille de son mariage avec Alix fille de Raoul II. Comte de Valois: L'aisné des fils, appellé Eudes, estant de petit entendement fut desherité par son pere de l'avis de tous les Barons de Vermandois; Le second, appellé Simon, se fit Religieux: Ainsi la fille appellée Alix, se trouvant seule heritiere des Comtez de Vermandois & de Valois, ensemble des Villes de Bar-sur-Aube & de Mante, fut en 1069. par le Conseil dés mesmes Barons mariée à *Hugues* de France fils puisné du Roy Henry I. qui par consequent du chef de sa femme fut Comte de Vermandois, & en prit le nom.

a Sainte Marthe, *tom. 2. livre 37. chap. 1.* pag. 666. Du Puy, *in verbo* Vermandois, *pag. 962. 963.*

A l'égard de la Branche de *Courtenay*, elle commença en la personne de *Pierre* de France cinquiéme fils de Louys le Gros, qui ayant épousé *Elisabeth*, fille aisnée de Regnaud de *Courtenay*, prit le surnom & les Armes de sa femme : Le *b* Continuateur d'Aimoinius en parle ainsi ; *Petrus duxit vxorem filiam Rainaldi de Cortiniaco, & terram ipsius habuit cum ea* ; mais la Chronique de Baudouin d'Avesnes semble insinuer que ce riche mariage tint lieu de partage à Pierre de France, duquel elle parle en ces termes: *Quintus vero ejusdem Ludovici filius nomine Petrus, pro terræ portione terram habuit de Courtenay.*

b Lib. 5. cap. 51. Preuves de l'Histoire de Courtenay, *pag. 4.*

Ainsi ce droit de *proprieté* donné aux puisnez dans les Domaines de la Couronne, transmissible aux femelles & aux masles indistinctement ne se peut bien découvrir & prouver que dans les deux autres Branches, c'est à dire, dans le Duché de *Bourgoigne*, & dans le Comté de *Dreux.*

Mais que le Duché de Bourgogne a esté donné hereditairement & proprietairement à Robert de France, fils du Roy Robert, Chef de la premiere Branche de Bourgogne.

Or quant au Duché de *Bourgoigne* les preuves en seront cy-aprés fournies par plusieurs Testamens, Contracts de mariage, Sentences arbitrales, & transactions: Et cependant il est bon de remarquer, qu'un de nos Autheurs qui a le plus severement *c* blasmé le Conseil du Roy Jean, de n'avoir pas fait valoir le droict de reversion du Duché de *Bourgoigne* à la Couronne, comme d'un Appennage qui y retournoit à defaut d'Hoirs masles, a esté obligé d'avoüer en un autre endroit, Que cette Province avoit été donnée *hereditairement* à Robert de France; aveu qui destruit formellement la presupposition d'un Appennage reversible à defaut d'hoirs masles, puisque ce qui est donné here-

c Du Puy. *Traité du Duché de Bourgogne chap. 3. pag. 484.*

ditairement & proprietairement à quelqu'un, passe à ses descendans indistinctement masles & femelles.

C'est encore ce qui s'est observé à l'egard du Comté de Dreux: La perte des titres du Tresor Royal arrivée sous Philippes Auguste, ainsi qu'il a esté observé *a* cy-dessus est cause que nous n'avons point de connoissance des Chartres, par lesquelles le Duché de Bourgoigne fut delaissé à Robert de France, fils du Roy Robert, & le Comté de *Dreux* à Robert de France quatriéme fils du Roy Louys le Gros; une Chronique *b* de Normandie fait mention seulement sous l'année 1151. que Louys II. dit le Ieune, avoit donné le Comté ou Chasteau de *Dreux* à Robert son frere; du Chesne en son Histoire de la Maison de *Dreux*, parle de ce don comme d'un Appennage : Neantmoins Robert ayant peu aprés épousé en troisiéme nopces Agnes de Braine, veufve de Milon Comte de Bar sur-Seine, il luy constitua en *Dot*, suivant l'usage de ce temps, la Ville & Chastellenie de *Dreux*, avec toutes ses appartenances, & la moitié de tout ce qu'il pourroit de là en avant acquerir en quelque lieu que les acquisitions fussent faites, laquelle constitution dotale, Louys le Ieune son frere approuva par Lettres patentes données à Paris l'an 1153.

Ce Comté de *Dreux* fut transmis par Robert de France à ses descendans; Les aisnez, suivant la Coustume de la France, y succederent à l'exclusion des femelles, comme il se pratiquoit és successions de Terres feodales; mais les masles de la branche de l'aisné ayant manqué, les filles du dernier masle de cette branche y succederent, & le transmirent par droict d'Hoirie aux femelles qui leur estoient les plus proches en colateralle, sans y avoir esté troublées, ny par nos Roys, ny par les masles de la branche dés puisnez; Et enfin ces femelles ont esté reconnuës si absolument proprietaires de ce Comté, qu'elles en ont disposé au profit du Roy Charles V. dit *le Sage*, tant par achapt que par échange, sans qu'aucune condition ait esté apposée, soit aux deniers à elle payez, soit aux Terres à elles données en contr'échange: Y peut il avoir de plus puissantes preuves d'un droict absolu *de proprieté*? mais il les faut voir en détail.

Robert V. du nom *c* Comte de *Dreux* fils de Iean II. estant decedé sans enfans environ l'an 1330. Pierre son frere luy succeda, qui mourut le 6. Novembre 1345. ne laissant qu'une fille appellée Ieanne, du mariage qu'il avoit contracté avec Isabeau de Melun, fille de Iean Vicomte de Melun Grand Chambellan de France. Si l'on eut voulu regler le Comté de *Dreux*, comme on fait aujourd'huy les Appennages, cette fille en eut esté excluse, ou par Philippes de Valois qui reignoit lors sous pretexte du droict de Retour, ou du moins par Iean V. Duc de Bretaigne dit le Vaillant & le Conquerant, qui par la mort de Jean de Montfort son pere arrivée au mois de Septembre de la mesme année 1345. se trouvoit lors l'aisné des masles de la seconde branche de *Dreux*, dont Pierre de *Dreux* dit Mauclerc petit fils de Robert de France premier Comte de *Dreux* avoir esté le Chef.

Mais on defera au titre originaire sous lequel Louys VII. avoit donné le Comté de *Dreux* à Robert de France : On sçavoit que le don luy en avoit esté fait en pleine *proprieté*; Que tel estoit lors l'usage: Que les clauses de *Retour*, soit à defaut d'Hoirs *indefiniment*, soit à defaut d'hoirs masles, *limitativement* n'avoient esté introduites que dans les siecles suivans : On ne voulut pas mesmes donner un effet retroactif à ces modifications, & l'on peut dire, Que la Religion sincere que l'on eut pour conserver le veritable & legitime droict acquis aux descendans de Robert de France, l'emporta sur tout ce que l'on eut pû colorer & pretexter du droict de *commodité* & de *bienseance* en faveur de la Couronne.

Marginal notes:

a pag. 30.

b Du Chesne. Histo. Normanno. pag. 987. Histoire de Dreux, pag. 14. 230. 234. Sainte Marthe, tom. 2. liv. 33. chap. 5. pag. 481.

c Du Chesne, Histoire de Dreux, liv. 1. chap. 8. 9. 10. 11. Sainte Marthe, tom. 2. liv. 33. chap. 9. 10. 11.

Et le Comté de Dreux à Robert de France Fils de Louys le Gros, Chef de la Branche de Dreux.

Dans la posterité duquel le mesme Comté a passé de masles en femelles, & de femelles en masles, comme un domaine absolument libre.

. Ainsi donc Jeanne de Dreux, âgée seulement de quatre mois, succeda seule au Comté de *Dreux*, qui par ce moyen passa en femelles: & par son deceds arrivé le 22 Aoust de l'année suivante 1346. ce mesme Comté passa pour une seconde fois en femelles, ayant esté recueilly par Jeanne de *Dreux* sa tante, mariée lors à Louys Vicomte de Touars : Celle-cy estant decedée peu aprés, Simon de Touars son fils succeda seul au Comté ; mais il deceda sans enfans l'an 1365. laissant pour heritieres *Peronnelle*, *Isabeau & Marguerite* de Touars ses sœurs.

Par ce moyen le Comté de *Dreux* passa pour une troisiéme fois en femelles dans l'espace de vingt années. Charles V. en Ianvier *a* 1377. achepta de Marguerite de Touars, & de Guy Turpin Seigneur de Crissé son mary, le tiers qu'elle avoit recueilly au Comté de *Dreux*, moyennant la somme de 7000. livres tournois, le franc d'or compté pour vingt sols, argent franc aux vendeurs, & sous les autres charges mentionnées au Contract; Et l'année suivante 1378. par autre Contract du 19 Septembre le mesme Roy acquit les deux autres tiers du mesme Comté, sous les charges y mentionnées, de ladite Peronnelle de Touars, & de Clement Rouhault *b* dit *Tristan* Vicomte de Touars son mary, ayant donné en échange les Chastellenies de *Benaon*, & de *Fontenay l'Abbatu* en Saintonge : L'acte porte que *Benaon est erigé en nom, noblesse & dignité de Comté, & sera tenu du Roy par une Foy Lige aussi noblement comme estoit ladite Comté de Dreux* : La Maison de la Trimoüille jouït encore à present de cette Terre, en laquelle elle est tombée par femmes, ainsi que le sieur du Puy l'a laissé par écrit dans ses Memoires.

Voilà donc dans la suite des descendans de la premiere branche de la Maison de *Dreux*, des preuves invincibles que le Comté de *Dreux* avoit esté donné à Robert de France en pleine *proprieté* pour luy, ses hoirs tant *femelles* que *masles*, & ayans cause, sans aucunes clauses ny conditions *de Retour* en quelque cas que ce put estre; Cependant il n'avoit esté donné à Robert de France fils de Louys le Gros, qu'en 1151. c'est à dire 121. ans aprés le Duché de *Bourgoigne* delaissé à Robert de France, fils du Roy Robert : Que si sous Louys le Ieune, les Domaines de la Couronne estoient donnez *librement & proprietairement* aux fils de France pour leur *partage* ou *appennage*, peut-on douter que le Duché de *Bourgoigne* plus de six-vingts ans auparavant, n'eust été donné, c'estoit à Robert de France avec une pareille liberté comme il a esté dit, l'usage du temps, & ce fut la premiere Iurisprudence establie & suivie en cette matiere.

Or elle commença à changer sous Louys VIII. qui le premier introduisit & apposa *la clause de Retour à defaut d'Hoirs és Appennages de son frere & de ses enfans*, en quoy il retrancha notablement le droict *de pleine & incommutable proprieté*, que les fils de France avoient eu depuis Hugues Capet jusques alors és Domaines qui leur avoient esté donnez pour leurs parts hereditaires.

L'Autheur des annotations sur du Tillet, Chapitre *de Messeigneurs fils de France leurs Appennages & bien-faits*, a écrit *Qu'en Fevrier* 1223. *Louys VIII. fit Appennage à Philippes de France Comte de Bouloigne son frere, à la charge de Retour à la Couronne à defaut d'Hoirs*; mais cela est écrit avec tant d'obscurité pour estre trop general, qu'il est necessaire de l'expliquer.

Philippes Auguste, après avoir fait declarer nul le mariage qu'il avoit contracté avec Gebberge ou Iugerburge de Dannemarc, avoit épousé Agnes de Meranie, de laquelle il avoit eu deux enfans, Philippes & Marie; Et quoy que, quelques années aprés, la Sentence qu'il avoit fait rendre sur la nullité de son mariage avec Gelbergue eut esté

cassée,

cassée, neantmoins Philippes & Marie furent declarez legitimes à cause de la bonne Foy d'Agnes de Meranie leur mere, & Philippes du vivant d'Auguste son pere épousa en 1216. Mahaud de Dampmartin fille unique de Regnaud Comte de Dampmartin, & d'Ide sa femme Comtesse de Bouloigne, qui partant luy apporta en mariage le riche patrimoine des Maisons de Dampmartin & de Bouloigne.

Le deceds de Philippes Auguste estant arrivé le 14. Iuillet 1223. Louys son fils aisné qui succeda à la Couronne & qui fut le VIII. du nom, au mois de Fevrier de la mesme année (car en ces temps l'année commençoit à Pasques) donna *Clermont en Beauvoisis* à Philippes de Erance son frere à titre d'Appennage avec clause *de Retour à la Couronne faute d'Hoirs.*

a Ce Testament en entier se trouve au *V. Tome des* Historiens François de du Chefne, *pag. 324 & 325.*

Ce mesme Roy par son Testament a du mois de Iuin 1225. fit une espece de partage à ses enfans, voulant que les uns & les autres se contentassent de ce qu'il leur assignoit, qui fut le Comté d'*Artois* à Robert son second fils avec la clause de *Retour à la Couronne à defaut d'Hoirs,* les Comtez d'*Anjou* & du *Maine* à Iean son troisiéme fils; les Comtez de *Poitou* & d'*Auvergne* à Alphonse son quatriéme fils: Puis se ressouvenant de Philippes son frere, il adjoûta qu'il vouloit que l'Appennage qu'il luy avoit fait, retournât pareillement à la Couronne à defaut d'Hoirs: *Item præcipimus & volumus quòd terra, quam Charissimus frater & fidelis noster Philippus Comes tenet ex donatione nostra, revertatur ad successorem nostrum Regem Franciæ, si idem Philippus Comes Boloniæ decesserit sine hærede.*

Or soit que Louys VIII. eut de son propre mouvement ajoûté cette clause de *Retour,* soit qu'il y eut esté porté par une semblable clause que Philippes Auguste son pere avoit deja fait inserer au Contract de mariage d'Alix de France sa sœur germaine, avec Guillaume Comte de Ponthieu, dont on a parlé cy-dessus: Il est neantmoins constamment le premier qui l'ait fait apposer aux Appennages des fils de France; Et comme elle fut trouvée tres-judicieuse & tres-utile au bien de l'Estat, aussi fut-elle tres-soigneusement apposée, & mesmes estendue és Appennages qui furent depuis assignez, tant par S. Louys son fils dans son Testament du mois de Fevrier 1269. que par Philippes le Hardy donnant en 1284. le Comté de Valois à Charles son troisiéme fils, & en 1298. le Comté d'Eureux à Louys son cinquiéme fils, & encore par Philippes le Bel lors qu'en 1314. il Appennagea Charles de France son troisiéme fils du Comté de la Marche.

L'Appennage des fils de France ainsi modifié, ne laissa pas de faire naistre plusieurs grandes difficultez, pour lesquelles terminer il fallut diverses fois assembler les Pairs & Barons de France; Mais ce qui nous en reste de certain, est qu'il y eut des *Maximes* establies au moyen desquelles nous pouvons sçavoir qu'elle fut la Iurisprudence de ces sortes d'Appennages.

La premiere *Maxime* fut, Que le mot d'*Hoirs* indefiniment apposé en la clause, comprenoit les *femelles* aussi bien que les *masles.*

Premiere maxime de cette seconde Iurisprudence: Le mot *d'hoirs indefini comprenoit les femelles aussi bien que les masles.*

b Sainte Marthe, tom. 1. livre 12. chap. 9. Du Puy. In verbo. Clermont en Beauvoisis, *pag. 781.* Du Chesne, *Histoire de Chastillon, liv. 3. chap. 3. pag. 78. & és preuves, pag. 45 & 46.*

Le Comté de *Clermont* b en Beauvoisis nous en fournit un bel exemple. Il avoit esté donné, comme on vient de dire, à Philippes de France par Louys VIII. son frere: La clause *de Retour à defaut d'Hoirs,* avoit esté apposée aux Lettres de l'Appennage de l'an 1223. & avoit esté repetée dans le Testament de Louys VIII. de l'an 1225. és propres termes qui ont esté cy-dessus rapportez: Philippes ayant en 1216. épousé *Mahaud* heritiere des Comtez de *Dampmartin* & de *Bouloigne,* deceda en 1233. laissant une fille unique appellée *Ieanne.* Or S. Louys qui reignoit lors, quoy que tres-zelé conservateur du Patrimoine &

Premier exemple de l'Appennage feminin aussi bien que masculin dans le Comté de Clermont en Beauvoisis.

Q

des droicts de la Couronne, interpreta neantmoins luy-mesme le
mot d'*Hoirs* comme un terme general & indefini qui comprenoit
également toutes sortes d'Hoirs tant *femelles que masles*: Ainsi *Ieanne
de Bouloigne* recueillit le Comté de *Clermont* qui avoit esté l'Appennage de Philippes de France son pere, & en joüit paisiblement pendant
18 années entieres : Elle épousa en 1236, Gaucher de Chastillon (fils
unique de Guy de Chastillon I. du nom, Comte de S. Paul) qui fut
tué en Egipte à la journée de la Massoure, si funeste à la France par la
prison du Roy S. Louys : Ieanne sa veuve mourut l'an suivant 1251.
sans laisser aucuns enfans : & quelques années aprés S. Louys estant
revenu en France, il y eut procés entre ce Monarque & ses freres,
pour la succession au Comté de Clermont, qui ne fut terminé que par
l'Arrest de 1258. dont il sera parlé incontinent.

*II. exemple dans le
Comté d'Artois.*   Ce n'estoit donc pas une question à proposer, *Si les femelles estoient
comprises sous le mot d'Hoirs*: Et neantmoins Robert III. petit fils de
Robert II. Comte d'Artois, la voulut former pour son malheur. Et
c'est le second exemple que l'Histoire nous a laissé de nostre premiere maxime.

Pour en sçavoir toutes les circonstances, & toucher palpablement,
s'il faut ainsi dire, le nœud de la difficulté que ce Prince affecta de
faire naistre, il faut observer, que Robert de France second fils de
Louys VIII. Appennagé, comme il a esté dit, du Comté d'*Artois* fut
tué à la Bataille de la Massoure en Egypte l'an 1250. Robert II. du
nom son fils unique luy succeda, qui de son mariage avec Amicie de
Courtenay eut un fils appellé *Philippes*, & une fille nommée *Mahault*;
Philippes mourut en 1298. auparavant Robert II. son pere laissant de
son mariage avec Blanche de Bretaigne plusieurs enfans, dont *Robert
d'Artois*, qui depuis fut Comte de Beaumont le Roger, estoit l'aisné;
Robert II. ayant esté tué en 1302. à la *a* Bataille donnée aux Flamans
proche de Courtray, Robert son petit fils pretendit que le Comté
d'*Artois* luy appartenoit par representation de Philippes son pere, &
comme fils aisné; *Mahaud* au contraire fille du mesme Robert II.
mariée lors à Othon Comte de Bourgoigne soustint que *Robert* estant
exclus par la Coustume generalle de l'*Artois*, qui n'admettoit aucune
representation pas mesme en ligne directe, elle seule estoit appellée à
la succession totale du Comté d'*Artois*, de sorte que pour parer à cette
exclusion tyrée du defaut de representation, *Robert* s'avisa de dire que
le Comté d'*Artois* ayant esté l'Appennage d'un fils de France, *Mahaud* qui estoit fille ne pouvoit pas y succeder.

Or aprés l'exemple de Ieanne de Bouloigne, qui, quoy que fille,
avoit neantmoins succedé au Comté de Clermont donné en Appennage à Philippes de France son pere, *Robert d'Artois*, décheu d'un degré par le defaut de representation, & par consequent exclus de la
succession des biens regis par la Coustume d'*Artois*, pouvoit il raisonnablement objecter à *Mahaud* sa tante (plus proche d'un degré
que luy, & par consequent seule appellée par la Coustume à cette
mesme succession) qu'elle estoit incapable par la seule raison de son
sexe de recueillir le Comté d'*Artois*? Car le Retour à la Couronne à
defaut d'Hoirs, n'avoit pas esté apposé en plus forts termes par le
Testament de Louys VIII. au Comté d'*Artois* qu'au Comté de Clermont, veu qu'à l'égard de *Robert* Comte d'*Artois*, il estoit simplement dit, *Si sine hærede decederet*, & que quant à *Philippes* Comte de
Clermont, le mesme Testament portoit aussi seulement, *Si decesserit sine
hærede*, de sorte que le mot *Hæres*, que nous appellons en François
Hoirs, ayant esté entendu des femelles aussi bien que des masles en
faveur de Ieanne de Bouloigne, qui en consequence avoit succedé au

*a Continuatio Nangij,
anno 1302. tom. 11. Spi-
cileg. pag. 606.*

Comté de Clermont, quoy qu'il fut l'Appennage de Philippes de France son pere, y avoit il quelque disparité à feindre à l'égard de Mahaud pour l'exclure, par la seule raison de son sexe, du Comté d'Artois donné en Appennage à Robert de France son ayeul?

Aussi Orhon ou Orhelin Comte de Bourgoigne fut-il investi du Comté d'Artois du chef de Mahaud sa femme, incontinent après la mort de Robert II. il est vray que ce fut sans prejudice des droicts de Robert III. & de ses freres, mais l'affaire ayant esté remise par toutes les parties au Iugement de Philippes le Bel, & pleinement discutée, Mahaud gaigna sa cause entierement, & quoy que cette Sentence arbitrale fut tres-juste, & conforme à la Iurisprudence des Appennages nouvellement restraints & modifiez par la clause de Retour à defaut d'Hoirs. Neantmoins un de nos *b* Historiens s'est échappé jusques à écrire, *Que c'estoit un Iugement remply d'ignorance de fait & de droict: que les moyens de Robert estoient pertinens; Que ce Prince ou par contrainte, ou par mauvais conseils avoit remis la decision de ce different au jugement de Philippes le Bel, le second fils auquel avoit épousé Ieanne de Bourgoigne fille de Mahaud: Que Philippes trop ardent & actif après les biens, avoit eu moins d'égard au droit legitime de Robert d'Artois, mesme aux droits du Royaume, qu'aux commoditez qui pouvoient revenir à sa Bru, &* par consequent à son fils. Enfin faute de distinguer les temps, & de penetrer dans la Iurisprudence de chaque siecle, on fait, après plus de trois cens ans, le procés à la memoire d'un Monarque autant juste & autant éclairé qu'a esté Philippes le Bel.

Mahaud maintenuë par ce Iugement en possession de l'*Artois* en eut non seulement les Domaines, mais encore les honneurs avec le titre & la dignité de Pairie: De sorte qu'en qualité de Pair de France, elle eut seance au Parlement, & opina en son rang avec les autres Pairs au Iugement capital, qui fut rendu le 18 Iuin 1315. en plein Parlement, le Roy Louys Hutin y seant, contre Robert, dit *de Bethune*, Comte de Flandres, ainsi que Choppin *c* a remarqué.

Mais Robert bien loin d'acquiescer à la Sentence arbitrale de Philippes le Bel se pourveut au Parlement, soit qu'il en eut interjetté appel, soit qu'il eut trouvé à propos que le Parlement, seul Iuge des Pairs & des Pairies, connut de ce different auquel il s'agissoit du Comté d'*Artois*, l'une des *d* Pairies de France: Et certes les dernieres dispositions de Philippes le Bel (qui par une troisiéme reduction avoit restraint les Appennages aux seuls masles comme il sera incontinent expliqué) sembloient favoriser extrémement la pretention de Robert, qui aussi vray-semblablement ne manqua pas d'en tirer ses avantages, & de faire valoir une disposition autant judicieuse qu'estoit celle-là, pour tâcher de luy faire donner un effet retroactif; mais on s'attacha uniquement au droict qui estoit acquis aux descendans de Robert de France par les termes de son Appennage, de sorte que par Arrest de l'an 1318. rendu au Parlement, Philippes le Long y seant, le Iugement de Philippes le Bel fut confirmé.

Le mesme Autheur *e* dont il vient d'estre parlé, continuë à censurer cet Arrest aussi bien qu'il avoit fait la Sentence arbitrale de Philippes le Bel, *l'honneur, dit-il, que Philippes le Long devoit à la memoire de son pere, pour ne condamner son Iugement d'injustice, servit de pretexte spetieux à ce nouveau Roy, afin de juger encore au profit de sa belle-mere, ou plustost de sa femme & de luy-mesme;* mais on voit bien à present que cette continuation d'invectives n'a pour fondement que l'ignorance, tant du droict acquis à Mahaud, que de la Iurisprudence selon les reigles de laquelle ce different devoit estre terminé.

Robert debouté par deux Iugemens si celebres, eut recours à des

---

a Othelinus Burgundiæ Comes, qui etiam de dominio Comitatus *Atrebati* ratione *Mathildis* conjugis suæ, filiæ *Roberti* Comitis antea defuncti nuper à Rege fuerat investitus, salvo tamen jure quod filij *Philippi*, ejusdem *Mathildis* fratris olim defuncti, in dicto Comitatu habere poterant & petebant. *Continuat. Nangij anno 1302. Spicileg. tom. 11. pag. 608. 609.*
b Sainte Marthe, *tom. 2. liv. 29. chap. 4. pag. 349. & 350.*

c Hine pariter *Mathildis Atrebatum Comes,* sedit supremo capitali judicio in Robertum Flandriæ Comitem atque ordine rogata sententiam dixit, sedentibus Comparibus, Præside Rege Iunio mense an. 1315. *Choppin. de doma. lib. 3. tit. 7. num. 6.*
d Atrebates enim Patriatus insignibus exornavit Philippus Pulcher in Roberti II. Comitis gratiam & successorum 12. Kalen. Mart. 1292. *Choppin, ibidem.* Du Puy. *Traitté des Droicts du Roy sur la Flandre.* Genealogie, *nomb. 16. & 22.*
e Sainte Marthe, *tom. 2. liv. 29. chap. 4.*

Declaré appennage feminin aussi bien que masculin par Sentence arbitrale de Philippes le Bel.

Par un Arrest rendu en l'assemblée des Pairs, Philippes le Long y seant.

Et par un autre Arrest rendu sous Philippes de Valois.

voyes illicites , qu'il s'imagina pouvoir faire reüssir, au moyen de la
grande faveur en laquelle il se trouva sous Philippes de Valois, duquel il estoit beau-frere ayant espousé Ieanne de Valois sa sœur : Il
fit donc fabriquer un faux Contract de mariage de so pere & mere, &
dans iceluy, inserer une donation du Comté d'*Artois* au fils aisné qui
naistroit de leur mariage, & s'ils le predecedoit, au fils aisné qui naistroit
dudit aisné, & qui les survivroit : Ce fut à la faveur de cette piece qu'il
renouvella ses poursuites *a* publiant qu'il l'avoit miraculeusement
recouvrée, mais la fausseté en ayant esté découverte, il fut par un autre Arrest de 1331. debouté de ses pretentions. La punition qui fut
faite ensuite des faussaires dont il s'estoit servy, l'ayant obligé de se
retirer de la Cour, au lieu de s'humilier & d'implorer la clemence du
Roy, il s'échappa au contraire en paroles insolentes contre luy , &
commença à projetter quelque revolte. Pour raison de quoy ayant
esté plusieurs fois cité, & n'ayant point comparu, il fut par Arrest de
1332. banny du Royaume, & ses biens confisquez; Alors il se jetta dans
le party d'Edouard III. Roy d'Angleterre, qu'il incita à quereller la
Couronne de France, la contester à Philippes de Valois, & la demander du chef d'Isabelle de France sa mere, fille aisnée de Philippes le
Bel, & sœur des trois Roys decedez sans enfans masles, sçavoir Louys
Hutin, Philippes le Long, & Charles le Bel.

L'Artois nous fournit donc un second exemple, Que les Appennages accordez aux fils de France depuis Louys VIII. jusques à Philippes le Bel sous la simple clause de *Retour à defaut d'Hoirs*, passoient
aux femelles y ayant eu jusques à trois Iugemens celebres en leur
faveur, les deux premiers rendus au profit de Mahaud d'Artois, & le
troisiéme en faveur de Ieanne de France sa petite fille mariée à Eudes IV. Duc de Bourgoigne, de sorte qu'à compter depuis la concession de cet Appennage jusques en l'année presente 1677. que le reste
de l'Artois, consistant en la seule Ville de S. Omer, a esté conquis par
le Roy, nous trouvons que ce Comté a passé en femelles jusques à six
differentes fois.

Mahaud d'*Artois*, comme on a veu, fut la premiere qui le recueillit
par la mort de Robert II. son pere arrivée en 1302. De son mariage
avec Othon ou Othelin IV. Comte de Bourgoigne, elle eut entr'autres enfans, Ieanne de Bourgoigne. Ieanne espousa Philippes second
fils de Philippes le Bel, qui estoit Comte de Poitiers, & qui aprés la
mort de Louys Hutin fut Roy de France, surnommé Philippes le
Long. Le Continuateur de *b* Guillaume de Nangis sous l'an 1316. rapporte que lors du Sacre de ce Monarque, Mahaud sa belle-mere en
qualité de Pair de France, à cause du Comté d'Artois, avoit avec les
autres Pairs sousténu la Couronne Royalle, pendant les prieres que
l'Archevesque de Rheims faisoit sur la personne du Roy, dont quelques-uns avoient murmuré.

Le mesme Autheur *c* ajoûte qu'estant ladite Mahaud decedée l'an
1329. la Reyne Ieanne sa fille aisnée luy succeda au Comté d'*Artois*,
mais cette Reyne estant morte l'année suivante 1330. l'*Artois* passa à
Ieanne de France (fille aisnée du mariage qu'elle avoit contracté avec
Philippes le Long) qui lors estoit mariée à Eudes IV. Duc de
Bourgoigne, lequel de par elle s'intitula, Comte d'*Artois*.

Voilà donc le Comté d'*Artois* passé trois fois en *femelles* en moins de
30 années , sçavoir à *Mahaud d'Artois* Comtesse de Bourgoigne, à
Ieanne de Bourgoigne Reyne de France, & à *Ieanne de France* Duchesse
de Bourgoigne.

Eudes IV. Duc de Bourgoigne eut un fils aisné appellé Philippes,
qui le predeceda laissant un fils aussi appellé Philippes & surnommé

de

*En consequence de
quoy le Comté d'Artois
a passé plusieurs fois de
masles en femelles, et de
femelles en masles.*

a Tout cela a esté re-
marqué par le Conti-
nuateur de Guillaume
de Naugis sous les an-
nées 1329. 1331. &
1332. qui se trouve
dans le 11 tome du Spi-
cilegium du Pere Da-
chery, *pages 743. 751.
752. et suivantes jus-
ques à la 756.*

b Mathildis etiam
Comitissa Atrebaten-
sis , mater Reginæ,
tamquam Par regni
coronam Regis cum
cæteris Paribus dici-
tur sustentasse, de quo
aliqui indignati fue-
rant. *Spicileg. tom. 11.
pag. 670.*
c Idem pag. 743.

de Rouvre, comme il a déja esté dit ; Celuy-cy aprés la mort d'Eudes
IV. son ayeul recueillit le Comté d'*Artois*, mais estant decedé en
1361. sans avoir enfans ; l'*Artois* retourna à Marguerite de France
grande tante d'iceluy, seconde fille de Philippes le Long, & lors
veufve de Louys Comte de Flandres tué dés l'an 1349. à la Bataille
de Crecy.

Marguerite de France par son deceds arrivé l'an 1382 transmit ce Comté à Louys de Flandres dit de *Male* son fils ; mais Louys estant mort
l'année suivante, Marguerite de Flandres sa fille unique recueillit ce
mesme Comté : Elle avoit épousé en premieres nopces le susdit Philippes de Rouvre, & lors estoit mariée en secondes nopces avec Philippes le Hardy fils du Roy Iean, & Chef de la seconde branche des
Ducs de Bourgoigne.

Par ce moyen le Comté d'*Artois* fut tenu successivement par les qua-
tres Ducs de Bourgoigne de cette seconde branche, qui furent *Philippes le Hardy, Iean sans Peur, Philippes le Bon*, & *Charles le Guerrier*,
fort connu en nos Histoires sous le nom du *Comte de Charolois* : Celuy-
cy ayant esté tué à la Bataille de Nancy au mois de Ianvier 1476.
suivant l'ancien calcul, Marie de Bourgoigne sa fille unique recueillit
le Comté d'*Artois*, qu'elle porta en mariage à Maximilian d'Austriche avec quantité d'autres Terres & Seigneuries.

Voilà donc encore ce Comté passé trois fois en *femelles* dans l'espace
de 115. années, sçavoir à *Marguerite* de France, à *Marguerite* de Flandres, & à *Marie* de Bourgoigne.

Un troisiéme exemple qui fait voir, que la clause à defaut d'Hoirs
apposée à ces sortes d'Appennages, s'entendoit aussi bien des *femelles* que des *masles*, se tire une seconde fois du Comté de Clermont en
Beauvoisis.

Il a esté dit cy-dessus qu'aprés que S. Louys fut revenu de la Terre
Sainte, le Comté de Clermont luy fut adjugé par Arrest de l'an
1258. contre ses freres qui y pretendoient avoir part, sous pretexte
qu'ils estoient parens en aussi proche degré que luy de Ieanne de Bouloigne fille unique de Philippes de France, decedée sans enfans : Or
S. Louys donna depuis ce mesme Comté à Robert de France son cinquiéme fils, & par son Testament *b* du mois de Fevrier 1269. declarant son intention, tant sur cet Appennage que sur les autres qu'il
avoit faits à Iean & Pierre ses autres fils, *Donamus autem*, dit-il, *& as-
signamus filiis nostris Ioanni, Petro, & Roberto, certas terrarum portiones
secundum quod in literis nostris patentibus super ijs confectis plenius continetur, quibus portionibus volumus & præcipimus ipsos fore contentos ; & si forte
contingeret ipsorum aliquem, vel hæredem ejus, sine hærede de corpore suo
decedere, portio terræ sibi assignata ad hæredem seu successorem nostrum, quicumque pro tempore regnum tenuerit, revertatur.*

Mais ce mot *Hæres*, indefini, fut si veritablement reconnu, comprendre également les *femelles* & les *masles*, que les successeurs de
Robert de France n'en douteroient nullement : C'est *c* pourquoy
Louys II. du nom Duc de Bourbon, & Comte de *Clermont*, petit fils
de Robert de France voulant empescher que ce Comté ne tombat en
femelle, comme il eut fait par la simple clause de l'Appennage, ordonna par Lettres Patentes du mois de May 1400. *Qu'au cas qu'il n'eut
enfans masles lors de son deceds, ou ses hoirs masles autres hoirs masles, que
son Duché de Bourbonnois, & Comté de Clermont en Beauvoisis appartiendroient au Roy & à la Couronne de France* ; disposition qui auroit esté
inutile à l'égard de *Clermont*, si par les Lettres & la clause de l'Appennage, il eut esté *limitativement masculin*.

La mesme disposition fut non seulement repetée dans le Con-

R

tract a de mariage de Iean fils dudit Louys II. avec Marie de Berry passé au mesme an 1400. mais encore confirmée par Lettres Patentes de Charles de Bourbon I. du nom fils dudit Iean du 13. Aoust 1475. & enfin nouvellée dans le Contract de mariage de Pierre II. sieur de Beaujeu troisiéme fils dudit Charles I. avec Anne de France fille de Louys XI. assez connuë en l'Histoire de Charles VIII. sous le nom de la Dame de *Beaujeu.* Et cependant, plus il y eut de precautions apportées par tant d'actes particuliers, pour empescher que ce Comté ne tombast en quenoüille, plus il y eut de preuves & d'argumens, que les *femelles* n'en avoient point esté excluses par la concession d'iceluy en Appennage.

Le sieur & la Dame de Beaujeu furent les premiers à se repentir de cette disposition, & à chercher les moyens valables de la faire retracter : car le seul enfant masle qu'ils avoient eu de leur mariage estant mort en jeunesse, & ne leur restant qu'une fille unique appellée *Suzanne,* ils reconnurent que les moyens qu'eux & leurs ancestres avoient envisagez pour perpetuer le nom de leur famille par les masles, degeneroient en une veritable exheredation du seul enfant qui leur restoit : Ils obtinrent *b* donc des Lettres Patentes du Roy Louys XII. au mois de May 1498. portant, *que sans avoir égard à la Declaration inserée en leur Contract de mariage, & autres actes exclusifs des filles, Ladite Suzane & autres filles qu'ils pourroient avoir, hoirs & descendans d'elles, & de leurs hoirs & successeurs masles & femelles à perpetuité, pourroient succeder esdits Cômté de Clermont, Duché de Bourbon, & autres Terres & Seigneuries.*

Ces Lettres Patentes ayant esté verifiées en la Chambre des Comptes, nonobstant l'empeschement de Monsieur le Procureur General, & l'opposition des Seigneurs de Montpensier faisant la seconde branche de l'aisné de la Maison de Bourbon, avoient remis l'Appennage de *Clermont* dans les mesmes termes où *le Retour à defaut d'Hoirs* originairement y apposé l'avoit mis d'abord, pour estre deferé, ainsi que l'on a veu, tant aux *femelles* qu'aux *masles* : Neantmoins aprés la mort du Sire de Beaujeu Charles Comte de Montpensier, qui depuis fut Duc de Bourbon & Connestable de France, pretendit qu'estant l'aisné des masles descendu du puisné de la premiere branche de Bourbon, il devoit avoir les Terres & Seigneuries qui avoient esté affectées aux *masles* à l'exclusion des *femelles* par les Contracts de mariages, Lettres Patentes & autres actes cy-dessus cottez.

Ce fut un differend que Louys XII. voulut estouffer dans sa naissance, & pour cela le mariage du Comte de Montpensier avec Suzanne de Bourbon fut conclu : Ils estoient cousins issus de germains, mais Suzanne estant decedée en 1521. sans avoir laissé aucuns enfans, Louyse de Savoye mere de François I. qui estoit cousine germaine de Suzanne, & par consequent plus proche d'un degré que le Connestable de Bourbon, pretendit recueillir toutes les grandes Terres & Seigneuries dont elle disoit que Suzanne avoit esté pleine proprietaire, comme fille unique & seule heritiere de Pierre de Bourbon Sire de Beaujeu son pere.

Nos Histoires *c* ne sont remplies que des causes secretes de ce procés qui fut porté au Parlement, & des suites tres-fascheuses qu'il eut ; Louyse de Savoye obtint au mois d'Aoust 1523. Arrest de Sequestre, en consequence duquel elle adjoûta à ses autres qualitez, celle de *Comtesse de Clermont en Beauvaisis* ; Il paroist par les memoires de ce qu'elle fit plaider au Parlement, Que la clause de *Retour à la Couronne à defaut d'hoirs indefiniment* contenuë au Testament du Roy Saint Louys n'y fut nullement oubliée : Qu'elle fit observer que cette clause

---

a Antoine de Laval, dans son Recueil intitulé, *Desseins de professions Nobles,* &c. folio 292. verso, rapporte cette clause en ces termes : *Et s'il avenoit que Nous, nostredit Fils, & nos autres enfans mâles nez & à naistre en loyal mariage allassent de vie à trépas* sans hoir ou hoirs mâles d'eux procreez par loyal mariage ; *par ainsi que la droite ligne* de hoir ou hoirs mâles *de nous & de nosdits enfans* mâles *cessat & defaillit, nosdits Duché de Bourbonnois & Comté de Clermont soient & demeurent* le propre heritage de Monsieur le Roy & de ses successeurs Rois.

b Du Puy. *In verbo.* Clermont en Beauvoisis, *pag.* 781.

c Antoine de Laval cy-dessus allegué, a inseré dans ses œuvres fol. 226 & suivans, l'*Histoire de Bourbon* écrite par *Marillac* Secretaire du Connestable de Bourbon, ensuite de laquelle est une maniere d'extrait des choses remarquables és plaidoyers de *Monsieur de Bourbon* & de *Madame Louyse de Savoye.* Voyez Sainte Marthe, *tom.* 2. *livre* 23. *chap* 12. *pag.* 70. & *livre* 24. *chap.* 4. *pag.* 100.

comprenoit les filles aussi bien que les masses, Et qu'elle estoit capable d'y succeder, pourueu qu'elle estoit en ligne directe de Robert de France, que le premier avoit esté Appennagé du Comté de Clermont. Il y eut le 27 Juillet 1527. Arrest rendu au Parlement, le même jour, qui declara le Connestable de Bourbon, criminel de leze-Majesté, & ses biens confisquez. Ensuite duquel, transaction se passa entre le Roy & Louyse de Savoye sa mere sur les pretentions qu'elle avoit és Terres & Seigneuries de la Maison de Bourbon.

Ce troisiéme exemple fait assez voir, Qu'en consequence de ce qui s'estoit pratiqué en la succession de Philippes de France fils de Philippes Auguste, la fille unique duquel, Ieanne de Bouloigne avoit receüilly le Comté de *Clermont* qui luy avoit esté donné en Appennage; & encore en consequence de ce qui s'estoit jugé & pratiqué en faveur des femmes à l'égard du Comté d'*Artois*, quoyque donné en Appennage à Robert de France fils de Louys VIII. l'on n'avoit jamais douté en la Maison de Bourbon, Que les *femelles* aussi bien que les *masses* ne fussent capables de succeder au Comté de *Clermont*, quoy qu'il donné en Appennage à Robert de France fils de S. Louys; Que pour les en exclure, on avoit eu recours à des substitution domestiques, graduelles & perpetuelles en faveur des *masses* comme à des precautions extraordinaires; nonobstant lesquelles on n'avoit pas laissé de soustenir que Suzanne de Bourbon, & aprés elle Louyse de Savoye estoient habiles & capables à y succeder: Et c'est la premiere maxime que la Iurisprudence de ce second temps avoit establie sur la nature des Appennages.

La seconde maxime de cette Iurisprudence fut, Que la clause de *Retour à la Couronne, en cas que l'Appennagé decedat sans hoirs*, se devoit entendre aussi des *Hoirs* de ses *Hoirs*, c'est à dire, en cas que les *Hoirs* qu'il auroit laissez vinssent à deceder sans aucuns *Hoirs*, de sorte que ce n'estoit pas une simple condition qui se purgeat & s'evanoüit par la survivance des *Hoirs* du premier Appennage; mais une charge qui suivoit tous les descendans, & qui leur estoit imposée graduellement & perpetuellement.

II. *Maxime de cette seconde Iurisprudence, qui est, Que le mot d'Hoirs n'a pas esté borné aux seuls hoirs des appennagez, mais a esté estendu aux hoirs de leurs hoirs indefiniment.*

Du Tillet, chap. de la Branche de Clermont, Choppin. De Doma. lib. 2. tit. 11. num. 5.

C'est ce qui fut jugé en faveur de S. Louys touchant le Comté de Clermont par l'Arrest du mois de Septembre 1258.

Il a esté déja veu cy-dessus, Qu'en 1223 Louys VIII. Appennagea Philippes de France son frere du Comté de *Clermont en Beauvoisis*, à la charge du Retour du mesme Comté à la Couronne, en cas que Philippes decedat sans hoirs: Que cette mesme charge de *Retour* fut repetée & reiterée dans le Testament de Louys VIII. du mois de Iuin 1225. Que Philippes mourut en 1233. laissant Ieanne de Bouloigne sa fille unique: Que Ieanne succeda au Comté de *Clermont*, dont elle joüit pendant 18 années: Qu'elle mourut en 1251. sans laisser aucuns enfans.

Arrest conforme à cette maxime rendu par les Pairs de France en faveur de S. Louys.

Aprés son deceds S. Louys voulut recueillir le Comté de *Clermont*, pretendant qu'à defaut d'hoirs de Ieanne de Bouloigne fille unique de l'Appennage, il estoit retourné à la Couronne; Mais Charles Comte d'Anjou, depuis Roy de Sicile, & Alphonse Comte de Poitiers freres du mesme Roy s'y opposerent soustenant, Que la condition sous laquelle seule le *Retour* avoit esté imposé & ordonné, avoit failly & s'estoit evanoüye, puisque Philippes bien loing d'estre decedé sans *Hoirs*, avoit laissé une fille qui luy avoit succedé; Qu'il ne s'agissoit pas de la succession de l'Appennage, qui seul avoit esté chargé, mais de la succession de l'heritiere d'iceluy, jusques à laquelle la charge n'avoit pas esté estenduë, ny la condition imposée; Qu'ainsi le Comté de *Clermont* estant libre dans la succession de Ieanne de Bouloigne, il devoit appartenir aux heritiers qu'elle avoit laissé *ab intestat* du costé & ligne d'où ledit Comté luy estoit escheu. Que constamment c'estoit un propre paternel. Que S. Louys & eux estoient les seuls heritiers de ce costé: Et qu'estant tous cousins paternels de la defuncte, & par consequent en égalité de degré, ils devoient y avoir les portions que la Coustume de la France leur donnoit.

A la verité, les termes du Testament de Louys VIII. sembloient favoriser Charles & Alphonse. Car comme c'estoit le premier Roy qui avoit apposé la clause de *Retour* à l'Appennage des fils de France aussi estoit elle fort succinte & fort concise : *Item præcipimus & volumus*, portoit ce Testament, *quòd terra quam Charissimus frater, & fidelis noster Comes Boloniæ tenet ex donatione nostra, revertatur ad successorem nostrum Regem Franciæ, si idem Philippus Comes Boloniæ decesserit sine hærede* : De sorte que l'argument *à contrario*, que ces Princes en tiroient, paroissoit n'estre pas tout-à-fait hors de raison.

Mais la prevoyance du Testateur fut facilement suppléée & mesme estenduë par le moyen de la personne au profit de laquelle le *Retour* avoit esté apposé, qui estoit nommement designée, non pas par la qualité ou le degré *du sang* ; mais par la seule eminente dignité de Roy & de *successeur à la Couronne* : De sorte que comme tel qu'eut esté ce Roy successeur, soit presomptif heritier ou non de Philippes premier Appennagé, il n'eut pas laissé neantmoins, en la seule qualité *de Roy*, de reprendre ce Comté: Aussi jugea-t-on que tel que put estre le successeur de Phillippe, soit fils, soit petit fils, decedé sans *Hoirs*, le seul defaut de descendans du premier Appennagé faisoit avenir la condition. Et que S. Louys reprenant ce Comté, non comme parent & cousin de la defunte, mais comme *Roy successeur à la Couronne* du Testateur, titre & qualité qui n'estoient nullement communicables à Charles & Alphonse ses freres, il devoit avoir seul le total dudit Comté. C'est donc ce qui fut jugé par les Pairs de France, entre lesquels il est remarqué que Marguerite *a* Comtesse de Flandres prit seance, & opina en son rang ; & il eut esté à souhaiter que ceux qui ont allegué & cité cet Arrest se fussent donné la peine d'en expliquer le motif & les raisons.

a Choppin. *De Dom.*
lib. 3. tit. 7. num. 6.

Cette difficulté neantmoins, qui fut faite à S. Louys, servit depuis beaucoup à ce Monarque, en ce qu'elle fut cause qu'il estendit avec plus de precaution, cette mesme clause de *Retour* dans l'article de son Testament, qui concernoit les Appennages de ses enfans, ayant compris en icelle les *Hoirs* de leurs *Hoirs*, & designé le *Retour* au profit de quiconque se trouveroit son successeur à la Couronne lors que les *Hoirs* de ses *Hoirs* decederoient sans *Hoirs* de leurs corps; *Et si forte contingeret*, porte la clause, *Ipsorum aliquem vel hæredem ejus sine hærede de corpore suo decedere, portio terræ sibi assignata ad hæredem seu successorem nostrum, quicumque pro tempore Regnum tenuerit revertatur.*

III. Maxime de cette seconde jurisprudence, qui est, Que la Diction, Item, a esté tenuë pour repetitive de la clause de Retour.

Une troisiéme maxime establie par cette Iurisprudence des Appennages, qui peut tres-raisonnablement estre appellée la seconde ou la moyenne, se tire de la decision de l'Arrest rendu en faveur du Roy Philippes III. contre Charles d'Anjou Roy de Sicile touchant les Comtez de *Poictou* & d'*Auvergne*, aprés la mort d'Alphonse de France leur frere qui en avoit esté Appennagé, & qui n'avoit point laissé d'enfans; Le Parlement ayant compris le petit Fils sous le nom de Fils, & mesme estendu à l'Appennage d'Alphonse de France, la clause de *Retour* à defaut d'hoirs, quoy qu'elle n'eust esté nommement apposée qu'à celuy de Robert son frere; D'autant que l'un & l'autre Appennage estant compris dans un mesme Testament, la charge apposée

nom-

nommément au premier, devoit estre sous-entenduë avoir esté pareillement apposée aux suivans par la diction repetitive: *Item, quasi plus co-
gitatum minus scriptum.*

Pour bien comprendre cette decision, il faut reprendre ce qui a
esté rapporté cy-dessus, Que Louys VIII. par son Testament du mois
de Iuin 1225. ordonna qu'en cas que Robert de France decedat sans
hoirs, le Comté d'*Artois*, dont il l'avoit appennagé, retournat au Roy
son heritier & successeur de sa Couronne: *Ad filium nostrum Regni nostri successorem liberè & integrè redeat*; mais parlant des Comtez d'*Anjou*
& de *Poictou*, dont il avoit Appennagé Charles & Alphonse ses autres fils, il avoit dit seulement, *Item volumus & ordinamus quod tertius
filius noster habeat totum Comitatum Andegaviæ*, &c. sans y apposer la
clause *de Retour*, laquelle neantmoins il avoit ajoûtée à l'article immediatement suivant qui concernoit le Domaine dont il avoit Appennagé Philippes de France son frere.

Alphonse Comte de *Poictou* & d'*Auvergne* estant donc decedé sans
enfans au mois d'Aoust 1271. Philippes le Hardy, qui aprés S. Louys
son pere avoit succedé à la Couronne, reprit lesdits Comtez, comme
retournez à la masse du patrimoine Royal; mais Charles d'Anjou
Roy de Sicile, seul survivant des enfans de Louys VIII. & par consequent seul frere du defunt, pretendit qu'il y devoit seul succeder &
en forma l'Instance par son Procureur General contre Philippes le
Hardy, qui n'estoit que nepueu du defunt.

Le fondement de sa demande consistoit en ce qu'il estoit le plus
proche du defunt, & par consequent son seul heritier; car par la Coustume generalle de France, qui lors avoit cours, il n'y avoit point de
representation en ligne collateralle, *Cùm dictus Karolus*, porte *a* l'Arrest, *frater dicti Alphonsi Comitis quondam, esset proximior quàm Dominus
Philippus, qui Alphonsi tantum nepos erat, ex generali consuetudine regni &
speciali locorum ubi bona consistebant prædicta.*

Ces moyens, comme il paroist, s'expliquoient aisement & en peu
de mots; mais ceux qui furent proposez de la part de Philippes, &
qui se trouvent inserez dans le Veu de l'Arrest, sont au contraire fort
diffus & se reduisoient presque tous en faits, sçavoir, *Que par une Coustume generalle de la France jusques alors depuis plusieurs generations observée
& vsitée, quand quelque Domaine que ce fut avoit esté donné par un Roy à
quelqu'un de ses freres, & que le donataire decedoit sans hoirs de son corps,
le Domaine donné retournoit de plein droit au Roy donateur ou à
celuy qui luy avoit succedé au Royaume: Et qu'en ce cas, supposé que
ce successeur ne fut que nepueu du Donataire, il excluoit neantmoins
son oncle, quoy que plus proche, tant par le droit particulier resident en sa
personne, & resultant de la dignité Royalle, que par une Coustume generalle
qui l'admettoit à representer vniversellement la personne de son pere qui avoit
esté le donateur*; Estoit ajoûté, *Qu'en France aprés la mort d'un Roy laissant
son fils aisné successeur à la Couronne, les puisnez ne pouvoient demander certaine
legitime leur estre deuë, par aucune quote portion, soit de tiers, soit de quart
ou autre; mais que l'aisné leur délivroit ce qu'il luy plaisoit, & quand bon
luy sembloit:* Enfin estoit dit, *Que par les Coustumes des lieux où les biens
appennagez estoient situez, arrivant la mort des Donataires sans hoirs de
leurs corps, les freres du defunt, quoy que plus proches, n'y prenoient rien; mais
le seul fils du Donateur les recueilloit pour le tout par vn droit de reversion.*

L'on eut asseurement bien plûtost fait de reduire cette contestation dans les poincts de Droit, & de dire, *Que le retour apposé en faveur du fils successeur à la Couronne, s'entendoit encore du petit fils*, par la
reigle vulgaire, *b* que *appellatione filij, nepos comprehenditur*, & que cette

S

a Présque tout le VEU
de cet Arrest se trouve
dans Choppin *lib. 2.
de Doma. tit. 2. num. 7.*

b L. 201. ff. de reg. jur.

*Arrest conforme à
cette troisiéme maxime
rendu par les Pairs de
France en faveur de
Philippes I I I. dit le
Hardy.*

*charge expressement imposée à l'Appennage de Robert, avoit esté suffisamment
repetée aux Appennages subsequens de Charles & d'Alphonse par la diction
Item, qui en ce cas* a *n'estoit pas simplement continuative; mais necessairement*   a Molin. ad conss. paris.
repetitive, per idemtitatem rationis; Qu'aussi le Testateur avoit-il parlé   §. 37. glos. 1. num. 3.
*de ces Appennages tout d'une suite, & qu'à cause que celuy de Philippes son
frere devoit estre marqué nommement comme-estant une personne moins proche
que celle de ses propres fils, aussi le Testateur ne s'estoit pas contenté de la simple
diction, Item, qui eut pû ne pas estre prise pour repetitive: mais avoit imposé nommement, & expressement, le retour à iceluy.*

Mais ce n'estoit pas la Iurisprudence de ce siecle, de traitter ainsi
les affaires & de les reduire en pure questions de Droict: Aussi y eut-il
Enquestes & auditions de témoins faites de part & d'autre sur les faits
& Coustumes respectivement mises en avant & alleguées; lesquelles
veuës & le Testament de Louys VIII. il fut enfin jugé par les Pairs
& Seigneurs de France tenant le Parlement de la Pentecoste l'an 1283.
que Roy de Sicile n'avoit aucun droict és Comtez de *Poictou* &
d'Auvergne, de la demande duquel Philippes fut renvoyé quitte &
absous.

La Quatriéme & derniere Maxime de cette Iurisprudence moyenne
touchant les Appennages, fut, que si-tost Que l'Appennage parvenoit
à la Couronne, la reünion de son Appennage se faisoit de plein droict
au patrimoine Royal, sans plus avoir d'égard à la clause de *Retour*, qui
dés lors estoit aneantie, de sorte que les *Hoirs* qu'il laissoit, masles ou
femelles ne pouvoient plus y rien pretendre.

Cela se pratiqua ainsi pour la premiere fois en la personne de Philippes le Hardy, qui quoy que l'aisné des fils de S. Louys, & par consequent presomptif heritier de la Couronne, avoit neantmoins esté
Appennagé des Terres & Seigneuries de *Lorris, Montargis* & autres, par
Lettres Patentes du mois de Mars 1268. *A la charge de retour à la Couronne, luy defaillant, sans hoirs*: Car ayant succedé au Royaume après le deceds de son pere; le cas du retour fut censé & reputé si absolument
prevenu, Qu'encore que par la qualité de cette clause l'*Appennage* fut
alors aussi bien *feminin* que *masculin*, jamais pourtant aucun des enfans
qu'il laissa n'y pretendit rien après son deceds, les *masles* s'estant contentez des Comtez de Valois & d'Eureux, dont il les avoit appennagez, & les *filles* des dots qui leur furent constituées par Philippes le
Bel leur aisné.

L'Auteur des *b* Annotations sur du Tillet remarque Que *cette clause*   b L'Autheur des ob-
apposée à l'Appennage de Lorris & de Montargis n'operoit en ce don,   servations sur du Til-
si ce n'est au seul cas, ajoûte-il, *que ledit Philippes precedast; car son pere mou-*   let. *Chap. de Messei-*
rant le premier il devenoit Roy, & à cette cause, sans vigueur d'icelle clause,   *gneurs Fils de France.*
le retour se trouvoit fait: Mais une fois c'estoit un droict à declarer & à   In Verbo. *Retour à la*
establir; il le fut tres heureusement, en ce que sans aucune contradi-   *Couronne.*
ction, la reünion fut reconnuë avoir esté pleinement & entierement
faite.

Et c'est ce qui servit comme de loy aprés le deceds de Charles *c* le Bel   c Voy du Tillet. *Chap.*
arrivé en Fevrier 1328. Charles avoit esté Appennagé par Philippes le   *de Messeigneurs Fils de*
Bel son pere dés l'année 1314. du Comté de la *Marche*, avec la simple   *France*, &c.
clause de *Retour à defaut d'hoirs*, laquelle, comme on a veu, n'excluoit
pas les *femelles*, mais au contraire les comprenoit; Charles mourant
laissa une fille appellée Marie de France qu'il avoit euë de son troisiéme mariage avec Ieanne d'Eureux, & laissa encore ladite Ieanne d'E-
vreux enceinte d'un posthume qui se trouva estre une autre fille nommée Blanche de France: il est vray que Marie deceda quatre ans aprés,
mais aussi est-il tres-certain qu'elle auroit succedé au Comté *de la
Marche* ainsi que Ieanne de Boloigne avoit fait au Comté de Cler-

mont, & Mahaud au Comté d'Artois, & que par son deceds elle auroit transmis le mesme Comté *de la Marche* à Blanche sa sœur unique
s'il n'y eut eu que la clause *de Retour à defaut d'hoirs*, qu'il eut fallu
executer ; cependant Blanche de France, qui depuis fut mariée à
Philippes de France Duc d'Orleans fils puisné de Philippes de Valois,
n'osa jamais y rien pretendre, ne pouvant douter qu'au moyen de ce
que Charles le Bel son pere avoit succedé à la Couronne, son Appennage y avoit esté reüni de plein droict.

Un troisiéme exemple se trouve encore en la personne de Philippes
de Valois. Charles de France son pere, qui estoit le troisiéme fils de
Philippes le Hardy, avoit esté dés l'an 1284. Appennagé du Comté de
Valois avec la clause ordinaire de *Retour* à la Couronne *à defaut d'hoirs*,
& par son deceds arrivé l'an 1325. avoit transmis son Appennage à
Philippes l'aisné de ses enfans. Charles le Bel reignoit lors, qui estant
decedé l'an 1328. sans aucuns enfans masles, la Couronne, selon la loy
fondamentalle de l'Estat, fut deferée à Philippes VI. du nom & surnommé de *Valois* : Or dés lors la reünion du Comté de *Valois* fut
censée avoir esté pleinement & valablement faite à la Couronne, sans
plus considerer ny attendre le retour conditionnel , & *à defaut d'hoirs*,
qui y avoit esté apposé dans la concession de l'Appennage.

III. Exemple, pour le
Comté de Valois en la
personne de Philippes
VI. dit de Valois.

Voila quelle fut la Iurisprudence de ce second temps , qui quoy
qu'elle n'eut commencé qu'en 1225. par le Testament de Louys VIII.
& quoy qu'elle eut esté changée par les dernieres dispositions de Philippes le Bel, dont il va estre parlé ; Fut neantmoins inviolablement
& perpetuellement suivie à l'égard des Appennages qui avoient esté
faits dans cet entre-temps : La nouvelle Iurisprudence que nous pouvons appeller la troisiéme, n'ayant point eu d'effet retroactif sur la
seconde, non plus que celle-cy n'en avoit point eu sur la premiere ainsi
qu'il a déja esté observé cy-dessus.

Troisiéme & derniere
Iurisprudence sur le fait
des Appennages qui
n'eut point d'effet retro-
actif.

Sur le Chap. de Mes-
seigneurs Fils de Fran-
ce. In Verbo. *Retour à*
la Couronne.

L'Auteur des Annotations *a* sur du Tillet a observé, Que dés l'an
1311. Philippes le Bel avoit appennagé Philippes de France son second
fils (qui reigna depuis sous le nom de Philippes le Long) du Comté de *Poictou*, avec promesse de luy parfournir jusques à dix mil livres
de Terre : & sauf de pouvoir pretendre par luy sa part en la succession de la Reyne sa mere, *Et parce que*, dit ce mesme Autheur , *la clause*
de Retour y avoit esté obmise, par son Ordonnance en nombre 1314. voulut
que ledit Comte de Poictou *en defaut d'hoirs masles d'icelluy Appenné fit Re-*
tour à la Couronne : il poursuit disant ; mais il pourveut neantmoins aux
filles dudit Appenné, au cas que ledit Retour eut lieu, en ce qu'il ordonna, que
le Roy qui lors seroit reignant fut tenu de marier lesdites filles au dire de
certains personnages y nommez, & qu'à elles fussent les autres biens de la suc-
cession de leurdit pere.

Introduite en l'année
1314, par les dernieres
volontez & dispositions
de Philippes IV. dit le
Bel.

b In verbo. Comté de
Poictou, *pag. 928.*

Le sieur du Puy *b* en ses Traittez touchant le droict du Roy , rapporte la chose un peu autrement : *En l'année* , dit. il , *1314. le 27. No-*
vembre, le Roy Philippes le Bel faisant partage entre ses enfans ordonna, que
son fils Philippes Comte de Poictiers *seroit assis pour son partage de sa suc-*
cession jusques à 12000. livres de terre au Comté de Poictiers: *Deux jours*
après ledit Roy publia ses Lettres, par lesquelles il dit, Qu'ayant donné pour
partage à son fils Philippes le Comte de Poictiers, *il craignoit que ledit Phi-*
lippes ou aucuns de ses hoirs Comtes de Poictiers, *vinssent à mourir sans hoirs*
masles, & que son intention n'est pas que ledit Comté vienne en main de femel-
les ; Il ordonne que si ledit Philippes ou aucuns de ses hoirs mouroient sans
masles, ledit Comté retourne au Roy & soit reüny à la Couronne : Charge le
Roy qui sera lors de marier en deniers comptans, les filles que pourra avoir
sondit fils ou ses successeurs.

c Chap. de Messeigneurs
Fils de France.

Enfin du Tillet parlant de cet *c* Appennage: *Le Roy Philippes le Bel, dit-il, fut le premier qui ordonna par son Codicile, que le Comté du Poictou par luy baillé en Appennage avec autres Terres à son fils puisné Monsieur Philippes de France, depuis Roy Philippes le Long, retourneroit à la Couronne defaillans ses hoirs masles, à la charge que le Roy, qui lors seroit, seroit tenu marier les filles au dire des dénommez, & qu'elles auroient outre, les autres choses de la succession de leur pere.*

Il est donc certain que Philippes le Bel a esté le premier de nos Roys qui ait modifié & restraint aux seuls *Hoirs masles*, les Appennages des fils de France, & qu'il a esté l'Autheur de la troisiéme Iurisprudence que nous avons euë sur cette matiere, Mais auparavant que d'en expliquer les Maximes, il est important de connoistre avec combien de prudence elle a esté introduite, & quelle en a esté l'equité, l'utilité, & s'il faut mesmes, dire la necessité.

Equité & utilité de cette troisiesme Iurisprudence, qui declare les appennages limitativement Masculins, & qui chargea le Roy auquel l'appennage revenoit de pourvoir les filles du dernier Appennage.

La clause de *Retour* à defaut d'*Hoirs* indistinctement n'avoit estably qu'un Appennage tres-imparfait, veû que les portions ecclipsées du Domaine Royal, perdoient en la personne des puisnez, le privilege singulier que la masse retenoit par excellence en la personne des Aisnez qui estoit, de ne jamais tomber en quenoüille. Car les Appennages, comme on a veu, passoient aux *femelles*; Cependant il y avoit eu également & de l'humanité, & de la necessité d'en user ainsi; Car si les filles des fils de France eussent esté excluses absolument de recueillir l'Appennage de leurs peres, elles se fussent trouvées desheritées par la qualité de leur sexe, dénuées de bien paternel, & reduites de ce costé au seul advantage de leur naissance: Il falloit donc ou souffrir qu'elles succedassent és biens Appennagez, ou pourvoir honnestement à leur establissement si l'on vouloit les assujettir, aussi bien que les filles des Roys, à la rigoureuse observation de la loy Laïque.

Philippes le Bel prit ce dernier party; Il ne voulut pas que les *femelles*, qui descendroient de Philippes le Long son second fils, succedassent jamais au Comté de *Poictiers* qu'il luy avoit donné en Appennage; Mais aussi il pourveut à ce qu'elles fussent honnestement establies par le Roy mesme qui a defaut d'*hoirs masles*, reprendroit & recueilleroit l'Appennage. Il voulut outre ce, Que cet establissement fut fait *au dire des dénommez*: Que les filles succedassent és biens que leur pere auroit delaissez autres que ceux de l'Appennage, Et qu'elles eussent entierement les biens de leurs meres.

Or par un reiglement si juste & si équitable, l'abus qui jusques alors avoit reigné se trouva enfin totallement & tres-sagement aboly. Le patrimoine Royal fut remis en l'Estat ou naturellement il avoit dû estre, d'*indivisible* & d'*impartable*, & l'on pût dés lors veritablement le comparer à la *Tunique inconsutile*, puis qu'il n'estoit plus démembré par les Appennages, ny en proprieté pour les masles, ny mesme en vsufruit pour les femelles: De sorte que les portions qui en estoient ecclipsées pour en Appenner les fils de France conservoient le mesme caractere, les mesmes qualitez, & les mesmes Privileges en leurs personnes, & en celles de leurs *hoirs masles*, que la masse du Domaine d'où elles estoient tirées, retenoit en la personne des Roys, ne pouvant estre ny alienées, ny engagées, ny jamais tomber en quenoüille.

Les fils de France & leurs descendans *masles* n'avoient pas sujet de s'en plaindre; car quoy qu'ils n'eussent plus à proprement parler, que l'usage des domaines dont ils estoient Appennez, ils voyoient que les Roys mesmes ne possedoient pas le Domaine de la Couronne avec plus de liberté, n'en ayant que l'usage, la jouïssance & l'administration.

Et les filles du dernier Appennagé se trouvoient autant favorablement traitées à proportion, que l'estoient les filles de France; excluses

ſes à la verité, comme elles ; d'avoir jamais rien en proprieté dans la moindre portion du patrimoine Royal ; mais d'ailleurs pourveuës, à proportion comme elles, par le Roy qui reprenoit l'Appennage.

Cette diſpoſition de Philippes le Bel eſt diverſement qualifiée par les Auteurs cy-deſſus cottez ; Du Tillet l'appelle un *Codicille* : Le ſieur du Puy dit, que ce furent *Lettres Patentes* : Et l'Auteur des annotations luy donne le titre d'*Ordonnance.* Il n'eſt pas inconvenient que ce Roy, qui dés le 17 May 1311. avoit fait ſon Teſtament à Maubuiſſon prés Pontoiſe, eut par un *Codicille* fait à Fontainebleau le 27 May 1314. modifié & reſtreint aux ſeuls *maſles* l'Appennage qu'il avoit donné dés 1311 à Philippes le Long ſon ſecond fils, & qu'il eut authoriſé cette diſpoſition par des *Lettres Patentes* ; Sainte Marthe *a* tombe aſſez dans cette penſée ; car nonobſtant que ſous Charles le Bel il donne à connoiſtre que le Teſtament ou Codicille de Philippes le Bel, contenoit une eſpece de partage entre ſes enfans, dans lequel il avoit meſme compris les biens de Ieanne de Navarre leur mere ; neantmoins ſous Philippes le Long, il dit en termes exprés que l'Appennage particulier de ce Prince fut reſtreint aux *ſeuls maſles* par Lettres Patentes de 1314.

Mais pour ce qui eſt du titre d'*Ordonnance*, il a eſté donné gratuitement par nos Auteurs à cette diſpoſition, quoy que particuliere, en conſideration tant de la Iuſtice & de l'equité dont elle eſtoit remplie, que de l'utilité ſinguliere qui en revenoit à tout l'Eſtat : C'eſt pourquoy depuis ce temps elle a eſté tirée en force de Loy, & a eſtably une Troiſieme Iuriſprudence, de laquelle il ne nous reſte plus qu'à rapporter & expliquer les Maximes.

La premiere eſt, Que depuis ce temps le mot d'*Hoirs*, inſeré és Appennages, a toûjours eſté pris & entendu limitativement pour les ſeuls *maſles*, & excluſivement pour les *femelles*, par une eſpece de contrepied à ce qui s'eſtoit obſervé & jugé à l'égard des Appennages du moyen temps, & cela par un principe directement oppoſé qui eſtoit neantmoins entierement équitable ; Car comme és Appennages du moyen temps, il avoit eſté juſte de comprendre les *femelles* ſous le mot d'*Hoirs* indefini, d'autant que nos Roys n'avoient pas eſtendu leur prevoyance juſques à la ſubſiſtance & proviſion des *femelles* ſeparement & independement des Appennages ; Auſſi y ayant eu dans le Troiſiéme & dernier temps un expedient trouvé & approuvé de faire ſubſiſter les meſmes *femelles* independemment des Appennages, en ce que le Roy lors reighant eſtoit chargé d'y pourvoir, il eſtoit juſte de les exclurre des meſmes Appennages, & de conſerver les portions du patrimoine Royal dans le meſme privilege, dont la maſſe avoit toûjours joüy, meſmes ſous les premiere & ſeconde Races de nos Roys, qui eſtoit *de ne tomber jamais en quenoüille.*

Il eſt vray pourtant, Que cette maxime a plûtoſt eſté de theorie que de pratique, d'autant que l'occaſion de la faire valoir ne s'eſt jamais preſentée, n'y ayant eu, depuis Philippes le Bel, aucun Appennage qui n'ayt eſté reſtreint & limité aux ſeuls *hoirs maſles*, ou en termes precis & formels, ou en termes équivalens.

La clauſe eſtoit ſi preciſe & ſi formelle dans le Teſtament, Codicille, & Lettres Patentes de Philippes le Bel de l'année 1314. touchant le Comté de *PoiEtIers* dont il avoit appennagé Philippes le Long ſon ſecond fils, que le Parlement, aprés avoir debouté Ieanne de France fille unique dudit Roy, & Eudes IV. Duc de Bourgoigne ſon mary, de la complainte qu'ils avoient formée pour raiſon dudit Comté, contre *b* le Roy Charles le Bel, ne fit point de difficulté de leur reſerver leur demande au petitoire, eſtant tres ſeur qu'ils s'y trouveroient trop

T

---

a Sainte Marthe, *Tom.* 1. *livre* 13. *chap.* 4. *pag.* 554.

b Choppin. *De Doman. lib.* 3. *tit.* 1. *num.* 10.

D'où vient que l'on a donné le titre a Ordonnance aux dernieres volontez, & diſpoſitions de Philippes le Bel ſur le fait des Appennages.

*Premiere Maxime de cette troiſieſme Iuriſprudence, qui eſt Que le mot d'*Hoirs *a eſté reſtreint & limité aux ſeuls Hoirs Maſles.*

Arreſt touchant le Comté de Poictiers rendu par les Pairs de France en faveur de Charles le Bel contre Ieanne de France fille de Philippes le Long.

mal fondez pour jamais oser l'intenter: L'Arrest fut rendu le 22. Fevrier 1322. & le pressentiment de la Cour se trouva si judicieusement fondé, que ny Eudes, ny sa femme, ny leur descendans n'oserent depuis en former la demande ny en intenter l'action.

Que le Duché de Bourgoigne a esté donné en Appennage à Philippes de France Fils du Roy Iean, pour luy & ses Hoirs Masles seulement, a l'exclusion des femelles : dont la preuve se tire des termes inserez és Lettres Patentes dudit Appennage.

Les Lettres Patentes *a* de l'Appennage du Duché de Bourgoigne & de ses dependances, accordées par le Roy Iean à Philippes le Hardy son quatriéme fils, en datte du 6 Septembre 1363. estoient en faveur de Philippes & de ses hoirs: *In eum transferimus, per eum & hæredes suos in legitimo matrimonio ex proprio corpore procreandos, perpetuò, hæreditariè, pacificè & quietè:* Mais toutes les clauses suivantes restreignoient le mot d'*Hoirs*, & le limitoient aux seuls *Hoirs* qui se trouveroient capables de recueillir l'Appennage & d'y succeder.

a Ces Lettres Patentes sont rapportées tout du long par Golut dans ses Memoires des Bourguignons. *liv. 8. chap. 27.*

La premiere, qui reigloit la jouïssance de Philippes & ses hoirs és Domaines de l'Appennage, est conceuë en ces termes : *Volentes & concedentes eidem, ut ipse suique hæredes ex proprio corpore in legitimo, ut prædicitur, matrimonio procreati, qui ei succedent in Ducatu prædicto, utantur, fruantur,* &c.

La seconde, qui establissoit le droit de retour, contenoit la mesme restriction : *Saluo insuper & retento, quòd si dictus filius noster vel sua posteritas, ut prædicitur, procreanda decesserint (quod absit) absque hærede ex proprio corpore, succedente in dicto Ducatu, præmissa universa & singula sic donata, pleno jure integraliter revertantur ad Nos, & successores nostros Reges, qui pro tempore fuerint, nostræ Coronæ Domanio applicanda.*

La troisiéme, qui contient le mandement adressé à tous les Vassaux du Duché de Bourgoigne, à ce que de la en avant ils ayent à rendre les devoirs Feodaux à Philippes & à ses *Hoirs*, restreint encore ce terme par relation aux deux clauses precedentes, *quatenus homagia & deveria, honores, servitia & obedientiæ, in quibus nobis tenebantur ante donationem præsentem, ratione Ducatus & aliorum donatorum prædictorum, præstent & faciant indilatè, & de cætero, dicto filio nostro, suisque hæredibus antedictis de legitimo matrimonio procreandis.*

La quatriéme & derniere, qui contient le mandement fait au Parlement de Paris, comme estant la Cour des Pairs, de reconnoistre & recevoir Philippes & ses hoirs pour Ducs de Bourgoigne, & pour les premiers Pairs de France, limite pareillement le mot, d'*Hoirs*, par une relation restrictive à ceux seulement qui seroient capables de *succeder* audit Duché, *Quatenus dictum filium nostrum & hæredes suos prædictos Duces Burgundiæ & Pares Franciæ, in omnibus casibus atque locis, in judicio & extrà, ut Duces & primos Pares Franciæ recipiant & admittant.*

L'Appennage n'estant donc pas indefiniment, pour les *Hoirs* de Philippes le Hardy procréez de son corps en loyal mariage, mais seulement pour ses *Hoirs* ainsi procréez, qui luy *succederoient* au Duché de Bourgoigne, il est evident que l'on faisoit une notable difference entre *les hoirs legitimes* & *les hoirs succedans* : Les premiers comprenoient indistinctement, & les *masles* & les *femelles* ; mais les seconds se trouvant limitez par *l'habilité & la capacité de succeder à l'Appennage d'un fils de France*, faisoient connoistre que cet Appennage ne passoit pas indefiniment & indistinctement à toutes sortes d'*hoirs masles & femelles* ; & qu'entre ces *Hoirs*, l'habilité à succeder constituant une difference singuliere & specifique, elle estoit limitative à l'égard des vns, exclusive à l'égard des autres : Or cette exclusion ne pouvoit pas tomber sur les *masles* : Restoit donc qu'elle tombat sur les *femelles*, comme elle y tomboit necessairement, au moyen dequoy ce terme, *Hoirs*, estoit limitatif quant aux *masles*, & exclusif quant aux *femelles*.

Moyens illusoires des partisans de la Mai-

Les Partisans de la Maison d'Austriche ne s'attacherent dans le siecle dernier, & ne s'attachent encore aujourd'huy qu'au terme, *Hoirs,*

indefiniment appofé au commencement des Lettres Patentes, pour en
induire, Que le Duché de Bourgoigne eftoit également *feminin* & *mafculin* : Que Marie de Bourgoigne, fille unique de Charles dernier Duc
de Bourgoigne, l'avoit recueilly de plein droit après la mort de fon pere tué à Naucy, par la maxime univerfelle de noftre France, *le mort
faifit le vif* ; Que Louys XI. l'avoit ufurpé contre toute Iuftice par la
feule force des armes, Et que nos Roys l'ont depuis ce temps retenu par
la mefme voye de force, d'authorité & de puiffance abfoluë.

Il eftoit facile, comme il vient d'eftre expliqué, de refuter cette induction par les quatre claufes fubfequentes, qui toutes limitoient
& reftreignoient le mot d'*Hoirs* aux feuls *Mafles* ; mais on ne peut
fans quelque forte d'étonnement, voir le peu de reflexion qui y fut
fait par toutes les perfonnes qui entreprirent de defendre les interefts
de la Couronne contre les pretentions de la Maifon d'Autriche ; fur
tout quand on confidere, que l'on euft recours à des authoritez tirées
des Livres de *Vfibus feudorum*, & à des Maximes, dont noftre propre
Hiftoire faifoit voir la fauffeté.

Car comment pouvoit-on fouftenir Qu'en fait d'Appennage le terme d'*Hoirs*, avoit efté toûjours pris & entendu pour les feuls *Mafles* ?
Ce qui s'eftoit jugé & pratiqué à l'égard des Comtez de *Dreux*, de
Clermont & d'*Artois* ne prouvoit-il pas du contraire ? Pourquoy vouloir
faire paffer pour generalle & pour univerfelle une Maxime, qui n'a-
voit pris naiffance qu'en 1314 ? Ne fuffifoit il pas que l'Appennage de
Bourgoigne fut pofterieur, & que par confequent il y fuft affujety ? Il
n'y avoit donc qu'à diftinguer les temps comme on a fait cy-deffus :
Mais faute d'en faire le difcernement, on avançoit pour principes des
maximes defectueufes, & l'on donnoit occafion aux Partifans de la
Maifon d'Auftriche, de publier que nous n'avions point de droict,
puis que les raifons dont nous l'appuyons, eftoient fi peu veritables.

Dailleurs à quel fujet recourir aux Feudiftes ultramontains ? Leurs
compilations avoient paru dés la fin du douziéme fiecle, ainfi que
l'on a veu dans la premiere partie de ce *Factum* : Et cependant, non
feulement en ce temps, mais encore dans le cours entier du treiziéme
fiecle nos Appennages avoient efté également *mafculins* & *feminins*, &
mefmes declarez tels par trois notables Iugemens rendus au commencement du quatorziéme fiecle : Que faifoit-on donc, en alleguant
les Livres de *Vfibus feudorum*, finon donner prife aux Partifans de la
Maifon d'Auftriche contre nous, & leur fournir un moyen inévita-
ble de nous convaincre d'alleguer pour noftre defence, un droict
étranger, que nous n'avions point receu, & que nous avions au contraire improuvé & rejetté ? La France a eu de tout temps une Iuref-
prudence particuliere pour les Fiefs & pour les Appennages, dont
elle n'a tiré les principes d'aucune autre Nation : Elle en a elle même
fait les Loix, les Conftitutions & les Couftumes ; Les autres peuples
en ont pris & emprunté ce qu'ils ont voulu ; mais s'ils fe font fait des
Maximes contraires aux noftres, c'eft manquer à nous de capacité &
de prudence, que de nous y vouloir foûmettre, & mefme de les alleguer
pour nous, fans prendre garde qu'elles font contre nous ; Cependant
l'on ne tombe que trop fouvent dans ce fâcheux inconvenient par la
paffion que l'on a, és matieres feodales, de nous traveftir à la *Lombar-
de*, & par la negligence où l'on croupit depuis trop de temps, d'eftu-
dier noftre veritable Iurifprudence des Fiefs, affez clairement expliquée dans nos Autheurs, & dans les Chartres qui nous font reftées.

Il eft bon cependant, d'obferver combien exactement, après la
mort de Charles dernier Duc de la feconde branche de Bourgoi-

Bourgoigne & les Comtez de Flandres & d'Artois aprés la mort de Charles dernier Duc de Bourgoigne de la seconde Branche.

ne , nos Roys & leur Conseil sçeurent discerner les Appennages qu'il avoit laissez, pour en revendiquer les uns comme *Reversibles*, & laisser les autres comme *Hereditaires*; s'estant en cela reiglez par la difference des temps, sous lesquels ces Domaines avoient esté donnez ou en *pleine proprieté* : ou pour les *Hoirs* indefiniment, *masles* & *femelles* : ou pour les seuls hoirs *masles* à l'exclusion des *femelles*.

L'on ne pretendit point que la Flandre deust retourner à la Couronne : Elle avoit esté donnée par Charles le Chauve à Iudith sa fille que Baudouin Forestier de Flandres avoit épousée : & l'on a veu cydessus que cette Dot estant *proprietaire*, *hereditaire* & *transmissible* à *masles* & *femelles*, elle avoit passé à titre de succession à Marie de Bourgoigne & à ses descendans.

L'Artois fut quelque temps retenu par Louys XI. mais il reconnut que c'estoit un Appennage égallement *masculin* & *feminin* : Aussi ne pouvoit-on pas en douter, aprés les Iugemens donnez en faveur de Mahaud d'Artois par les Roys Philippes le Bel, Philippes le Long, & Philippes de Valois : C'est pourquoy par le traitté de paix qu'il fit l'an 1482. avec Maximilian d'Austriche , le mariage de Charles VIII. son fils unique ayant esté conclu avec Marguerite d'Austriche l'une des filles que Philippes avoit eu de Marie de Bourgoigne , il fut arresté, Que ladite Marguerite auroit en Dot le Comté d'*Artois*, & le Comté de Bourgoigne.

Mais Charles VIII. ayant en 1491. épousé Anne de Bretaigne & repudié Marguerite d'Austriche, il promit par le Traitté de 1493. de rendre dans quatre ans la Franche Comté , & ce qu'il possedoit encore de l'*Artois* consistant seulement és Villes de Hesdin, de Bethune & d'Aire; Ce qui fut executé par Louys XII. son successeur en consequence du Traitté de 1499. conclu avec Philippes d'Austriche, lequel au mois de Iuillet de la mesme année fit la Foy & l'Hommage Lige entre les mains de Guy de Rochefort Chancelier de France, pour raison des Comtez de *Flandres, d'Artois & de Charolois*.

Il ne restoit donc que le Duché de Bourgoigne qui, comme Appennage purement *masculin* , fut toûjours consideré par Louys XI. & par Charles VIII. comme retourné & reüny de plein droit à la Couronne par defaut d'hoirs *masles* ; Louys XII. ne se relacha pas non plus de ce droict : seulement voulut-il bien convenir, par le Traitté de 1499. que la pretention de Maximilian sur ce Duché seroit jugée au Parlement de Paris ; Et certes si Marie de Bourgoigne eut eu quelque pretention raisonnable à proposer, c'eust esté seulement, Que Louïs XI. reprenant le Duché de Bourgoigne comme un Appennage *masculin*, eut esté au moins tenu de la pourvoir : Mais encore se fut-on fort aisement desbarassé de cette demande, puisqu'elle avoit refusé le mariage de Charles VIII. fils unique de Louys XI. auquel elle avoit preferé Maximilien.

Voilà donc sous cette Troisiéme & derniere Iurisprudence des Appennages, quelle a esté l'interpretation du mot, d'*Hoirs*, ayant esté toûjours entendu pour les seuls *hoirs masles* limitativement, avec une exclusion perpetuelle des *femelles*, & c'est la Premiere Maxime qui a esté establie & receuë dans le Troisiéme & dernier temps dont il s'agit.

Que sous cette Troisiéme Iurisprudence des Appennages on a quelquefois tenté de les faire passer aux Masles qui naistroient des Femelles.

Ce n'est pas, neantmoins, que l'on ne l'ait quelquefois moderée par Letres Patentes en faveur des *masles* issus des *femelles* ; dont nous avons un exemple singulier dans l'Appennage du Duché d'*Auvergne*.

Au mois de Decembre 1360. le Roy Iean ayant repassé d'Angleterre en France, en consequence du Traitté de Bretigny , retira de Iean de France, son troisiéme fils, le Comté de Poictou pour en investir

stir le Roy d'Angleterre, ainsi qu'il s'y estoit obligé, au lieu duquel il Appennage ledit Iean de France des Duchez de *Berry* & d'*Auvergne*, *Pro se & suis hæredibus* Masculis, *de matrimonio legitimo procreatis, & descendentibus ab eodem*, portoient les Lettres Patentes.

a Golut rapporte l'Extrait de ces Lettres Patentes, en ses Memoires des Bourguignons livre 2. chap. 27

Ce Prince fut marié en premiere nopces avec Ieanne d'Armaignac, de laquelle il eut deux fils & deux filles; Les fils le predecederent. Bonne de Berry, l'aisnée des filles, épousa Amé VII. du nom Comte de Savoye; La puisnée, appellée Marie, fut mariée trois fois; la premiere avec Louys de Chastillon Comte de Dunois, la seconde avec Philippes d'Artois Comte d'Eu, & la troisiéme avec Iean de Bourbon Comte de Clermont fils aisné de Louys de Bourbon II. du nom.

Ce dernier mariage fut contracté au mois de Ianvier 1400. Louys de Bourbon par Lettres Patentes du mois de May au mesme an (car l'année commençoit lors à Pasques) avoit ordonné, que s'il mouroit sans hoirs masles, ou ses hoirs masles sans autres hoirs masles, son Duché de Bourbon, & le Comté de Clermont en Beauvoisis retournassent à la Couronne; disposition qui fut repetée & inferée au Contract dudit mariage, ainsi que l'on a dit cy-dessus: Mais le Duc de *Berry*, par une prevoyance toute contraire, avoit dès le 27 May au mesme an 1400. obtenu du Roy Charles VI. son nepueu des Lettres Patentes, par lesquelles il luy estoit permis de donner le Duché d'*Auvergne* à *Marie de Berry* sa fille, &*aux enfans masles qu'elle auroit du mariage qui dès lors se proposoit avec ledit Iean de Bourbon*; donation *b* qui fut faite sous ces mesmes clauses par ledit Contract de mariage; Ainsi l'on voit dans un seul & mesme Contract l'esprit & les maximes des deux dernieres Iurisprudences touchant les Appennages: Car comme le Comté de Clermont estoit également masculin & feminin, il fallut des dispositions particulieres des descendans du premier Appennagé, pour en exclure les femelles & leurs descendans; Et au contraire parce que le Duché d'*Auvergne* estoit absolument masculin, il fallut des Lettres Patentes pour le pouvoir faire passer à *une fille*, & aux masles qui descendroient d'elle.

b Sainte Marthe. tom. 1. livre 18. chap. 1.

Les Lettres Patentes eurent leur effet; car ce Duché d'*Auvergne* passa sans contredit à Charles I. Duc de Bourbon fils aisné dudit Iean de Bourbon, & de ladite Marie de Berry, & ensuite à leurs hoirs masles; Il est vray que Charles de Bourbon Connestable de France le pretendit, aißsi que les autres biens de la Maison de Bourbon, contre Suzanne sa cousine issuë de germaine fille unique de Pierre Sire de Beaujeu: Mais ce differend ayant esté estouffé dans son origine par le mariage du Connestable, & de Suzanne, il fut renouvellé contre le mesme Connestable par Louyse de Savoye mere de François I. & cousine germaine de Suzanne, pretendant qu'au moyen des Lettres Patentes que Louys XII. avoit accordées au Sire de Beaujeu au mois de May 1498. dont la teneur a esté cy-dessus rapportée, les femelles estoient capables de succeder aux Duchez de Bourbon & d'Auvergne, aux Comtez de Montpensier & de Clermont, & aux autres Terres & Seigneuries possedées par les aisnez de la premiere branche de Bourbon.

La Seconde Maxime est, Que les hoirs masles de l'Appennagé succedent les uns aux autres és Domaines de l'Appennage à defaut d'hoirs masles du dernier decedé, en gardant toutesfois l'ordre de primogeniture & le degré de proximité; n'estant requis autre chose sinon, qu'ils tirent leur origine en ligne directe du tronc commun, C'est à dire du premier Appennagé, auquel & aux masles descendans d'iceluy *in infinitum*, la donation ou concession est reputée avoir esté faite.

II. *Maxime de la derniere Iurisprudence des* Appennages; *les* Masles descendans de l'Appennagé *y succedent en collaterale, en quelque degré que ce soit.*

V

Cette Maxime est attestée par Choppin *a* qui remarque qu'elle fut exactement observée & pratiquée en la Maison de Bourbon, Pierre Sire de Beaujeu ayant recueilly les Duchez d'Auvergne & de Bourbon, les Comtez de Clermont & de Montpensier, & autres Terres & Seigneuries (reversibles à la Couronne,) aprés le deceds de Iean de Bourbon son frere aisné decedé sans aucuns enfans.

III. Maxime: Quand l'Appennagé ou l'aisné descendu d'iceluy parvient à la Couronne, l'Appennage ne passe point aux collateraux d'iceluy, mais se réünit de plein droict au patrimoine Royal.

La Troisiéme Maxime est, Que quand celuy des masles qui se trouve revestu des Domaines Appennagez parvient à la Couronne, l'Appennage dés ce moment, se réünit de plein droict au patrimoine Royal, & ne passe point ny à ses freres, ny à ses autres Collateraux, ausquels, en cas de mort sans hoirs masles, il appartiendroit, seroit transmis & devolu.

C'est ce que du Tillet *b* a eu soing d'observer: Le Royaume, dit-il, advint par succession collateralle à Louys XII. aprés la mort de Charles VIII. decedé sans enfans l'an 1498 Louys descendoit de l'Aisné de la branche d'Orleans, dont Louys de France, frere de Charles VI. avoit esté le Chef; & possedoit le Duché d'Orleans, qui avoit esté l'Appennage de cette branche; François Comte d'Angoulesme, qui fut Roy de France I. du nom, estoit descendu d'un puisné de la mesme branche, de sorte qu'il fut douté, si par la promotion de Louys, qui avoit le germain au dessus de luy, le Duché d'Orleans ne devoit pas écheoir à François avec le Chef & pleines Armes de la branche, attendu que le retour des Terres de l'Appennage au Domaine de la Couronne, n'estoit apposé qu'à defaut d'hoirs masles, lequel cas n'estoit pas arrivé, puisque François descendoit en ligne directe du premier Appennagé; *Mais poursuit du Tillet, fut observée la réünion & retour desdites Terres à la Couronne, parce que par l'adoption d'icelle, ledit Roy ne les avoit perduës; mais estoient rentrées en elle, rejointes au lieu dont elles estoient parties, & la jouïssance consolidée avec la proprieté.*

IV. Maxime: Les Hoirs ny les Collateraux de l'appennagé en cas de forfaicture ne succedent point à l'appennage comme ils feroient en cas de mort naturelle.

Enfin la Quatriéme & derniere Maxime est, Que quand l'aisné de la branche, & qui en represente le Chef, vient à forfaire & à confisquer ses biens; la mort civile qu'il encourt ne passe point pour une mort naturelle à l'effet que l'Appennage écheoit à celuy de la branche qui luy auroit succedé; mais demeure l'Appennage aquis à la Couronne sans qu'aucun des hoirs masles descendus du premier Appennagé y puissent jamais rien pretendre.

C'est la remarque que du Tillet a faite au mesme endroit qui vient d'estre cité: adjoustant, Qu'ainsi se pratiqua aprés la condemnation de mort renduë contre Iean II. Duc d'Alençon: Bien est il *c* certain qu'en execution de l'Arrest rendu en 1527. contre le Connestable de Bourbon, François I. en Ianvier 1531. réünit à la Couronne tous les biens que la branche de l'aisné de la Maison de Bourbon avoit possedez, nonobstant ce qui en avoit esté arresté par le Traitté de Cambray; Et que ce *d* ne fut que par une pure grace qu'au mois d'Aoust 1538. le mesme Roy donna à Louys de Bourbon, Prince de la Roche sur-Yon, les Seigneuries de Montpensier, du Dauphiné, & d'Auvergne faisant partie de celles qui avoient esté confisquées sur le Connestable son oncle maternel.

Que la discussion de ces trois diverses Iurisprudences touchant les Appennages estoit necessaire pour penetrer la premiere raison que le Roy Iean avoit euë de ne recueillir le Duché de Bourgogne qu'à titre de succession.

Voilà quelles ont esté les regles que l'on a suivies depuis Hugues Capet, touchant les biens delaissez aux fils de France; L'on ne peut nier qu'elles n'ayent esté tres differentes selon la diversité des temps, des siecles & des âges qui y ont apporté du changement; Et il a esté d'autant plus necessaire de les establir, que jusques à present elles ont esté tres-mal & tres-confusement rapportées par tous ceux qui ont entrepris de traitter des Appennages; joint qu'à moins que d'en avoir une parfaite connoissance, il seroit comme impossible de penetrer

a De Doma. *lib.* 2. *tit.* 19. *num.* 10.

b Chap. de Messeigneurs Fils de France, &c.

c Du Puy, *in Verbo,* Montpensier, *pag.* 900.

d Sainte Marthe, *tom.* 2. livre 28. chap. 2. pag. 305.

les motifs que le Roy Iean avoit eus de ne recueillir le Duché de Bourgoigne qu'à titre de succession, & non pas par aucun droict de Retour à la Couronne.

Car enfin, confiderant à prefent attentivement les chofes dans l'état où elles eftoient, fous l'année 1361. qui fut celle du deceds de Philippes de Rouvre ; Ne faut il pas demeurer d'accord, qu'il eftoit impoffible au Roy Iean, non feulement de prefuppofer, mais mefmes de feindre, *Que le Duché de Bourgoigne fut un Appennage purement mafculin, reverfible à la Couronne par le defaut d'hoirs mafles defcendus en ligne directe de Robert de France fils du Roy Robert ?*

N'a-on pas veu, Que ny l'Arreft du Parlement de Touffaints 1283. rendu en faveur de Philippes le Hardy, contre Charles d'Anjou Roy de Sicile, touchant les Comtez de *Poictou* & d'*Auvergne* ; ny celuy de 1258. intervenu au profit de S. Louys touchant le Comté de *Clermont*, qui eft le premier & le plus ancien que nous ayons touchant les Appennages, n'avoient point eu pour fondement la *mafculinité* des Appennages, à laquelle on n'avoit pas encore lors commencé de penfer ny de pourvoir ; mais qu'ils avoient feulement jugé qu'en confequence de la claufe de Retour à defaut d'hoirs, les Collateraux de l'Appennagé, decedé fans enfans, quoy qu'en pareil ou en plus proche degré que le Roy lors reignant, ne pouvoient ny l'exclurre ny concourir avec luy en la fucceffion des Domaines delaiffez en Appennages ?

N'a-on pas veu, Que les Arrefts & Iugemens rendus au profit de Mahaud d'Artois par Philippes le Bel en 1309. par Philippes le Long en 1318. par Philippes de Valois en 1322. avoient condamné la pretention de Robert d'Artois, qui fouftenoit que le Comté d'*Artois* ayant efté l'Appennage de Robert de France frere de S. Louys, fous la claufe de Retour à la Couronne à defaut d'hoirs, ne pouvoit écheoir aux *femelles*, & ne devoit paffer qu'aux mafles ?

N'a-on pas veu enfin, & nos Hiftoriens n'en demeurent ils pas d'accord, Que Philippes le Bel a efté le premier de nos Roys, qui par fon Teftament, fon Codicille ou Lettres Patentes du 27 Novembre 1514. Ordonna que le Comté de *Poictou*, dont il avoit Appennagé Philippes de France fon fecond fils, retournat à la Couronne *à defaut d'hoirs mafles*, fous la charge expreffe, que s'il laiffoit des filles elles feroient pourveuës par les Roys lors reignans ; & qu'une difpofition fi jufte avoit efté depuis ce temps fi univerfellement approuvée, & fi exactement obfervée, Que l'on n'avoit point feint d'écrire, que ce Monarque avoit eté l'autheur *a* de l'Ordonnance, & de la Loy des Appennages ?

Or le Roy Iean ayant fuccedé à la Couronne en 1350. âgé lors d'environ 40. ans, ainfi que remarquent *b* nos Hiftoriens eftoit né par confequent environ l'an 1310. Il avoit donc veu naiftre, s'il faut ainfi parler, la loy des *Appennages mafculins* qui n'avoit commencé qu'en 1314. Et il ne pouvoit outre cela ignorer les Arrefts de 1318. & de 1322. qui avoient declaré le Comté d'*Artois* un Appennage également *mafculin & feminin* ; Que fi le Comté d'*Artois*, qui n'avoit efté donné en Appennage qu'en 1225. fous la claufe de Retour à defaut d'hoirs, avoit efté declaré auffi bien *feminin* que *Mafculin*, comment ce Roy eut-il pû prefuppofer ou feindre, que le Duché de *Bourgoigne* delaiffé à Robert de France dés l'an 1030. eut efté purement *Mafculin*, d'autant plus que la claufe de Retour à defaut d'hoirs indiftinctement, n'avoit efté introduite que 195. ans aprés, & que celle de Retour à defaut d'hoirs mafles n'avoit efté appofée pour la premiere fois que 284. ans aprés le Duché de Bourgoigne donné à Robert de France ?

Qu'en 1361. lors du deceds de Philippes de Rouvre, on ne pouvoit nier que le Duché de Bourgogne ne fut un fief égallement Feminin & Mafculin ; dont la pleine propriété avoit appartenu à Robert de France & à fis defcendans fans aucune charge de Retour.

a Sainte Marthe, *tom. liv. 38. chap. 16. pag. 735. 736.*

b Idem, *tom. 1. liv. 14. chap. 3. pag. 599.*

Que la Loy des Appennages purement Mafculins n'avoit eftè introduite que prés de quatre ans aprés la naiffance du Roy Iean.

Et n'avoit point d'effet retroactif.

De dire qu'il falloit donner à cette derniere clause un effet retroactif, ce seroit absolument faillir contre le bon sens ; Car comment &
sous quel pretexte eust-on pû y assujettir un Domaine ecclypsé de la
Couronne dès l'an 1030. sans aucune clause de Retour, quand les
Arrests recens de 1318. & 1322. n'avoient pas voulu y assujettir le Comté d'*Artois* qui n'avoit neantmoins esté donné en Appennage qu'en
1225. & encore sous la clause expresse de Retour à defaut d'hoirs?

Il y avoit encore plus : Car le Duché de *Bourgoigne* , & le Comté
de *Dreux* estant les seuls Appennages (si pourtant ce nom pouvoit
leur estre donné, puis qu'ils n'en avoient point les qualitez) du premier temps de la troisiéme Race de nos Roys ; il n'y avoit aucun pretexte d'assujettir le Duché de *Bourgoigne* à une plus dure loy, que le
Comté de *Dreux*, dautant plus que ce Duché avoit esté ecclipsé de
la Couronne dès l'année 1030. & que ce Comté ne l'avoit esté qu'environ l'an 1137. *a* qui estoit plus de cent ans aprés.

Or sans entrer dans la question, si la proprieté de ces Domaines
avoit esté acquise aux Appennagez & à leurs descendans, il est certain que le Comté de *Dreux* avoit esté reconnu pour un Appennage
egalement *feminin* & *masculin* : & que le Roy Iean n'en pouvoit nullement douter : Car aprés la mort de Pierre de Dreux fils de Iean II.
arrivée en 1345. sous le Regne de Philippes de Valois sans avoir laissé
aucuns hoirs masles, Ieanne de *Dreux* premiere du nom sa fille unique avoit succedé au Comté de Dreux, & par son deceds arrivé l'année suivante 1346. le mesme Comté à titre de succession avoit passé à
Ieanne de *Dreux* seconde du nom sa tante, Vicomtesse de Toüars ;
Cela, comme il vient d'estre dit, n'estoit point inconnu au Roy Iean ;
au contraire il en estoit si bien informé, qu'en 1361. aprés la mort de
Ieanne I I. il declara Simon de Toüars son fils, estre en âge, à l'effet
de gouverner les Terres de Louys Vicomte de Toüars son pere qui
estoit foible & malade de corps?

*Que le Duché de Bour-
goigne avoit toûjours été
consideré comme un fief
également Feminin &
Masculin.*

Mais enfin sous quel pretexte ce Roy eut il pû soustenir, Que le
Duché de *Bourgoigne* estoit un Appennage *masculin* , veu que non
seulement il n'y avoit pas eu de loy publique pour le declarer tel, mais
qu'outre ce , toutes les dispositions particulieres qui s'estoient faites
par les Ducs de *Bourgoigne* de la premiere branche, avoient eu pour
un fondement particulier, que le Duché estoit également *feminin* &
masculin, soit que l'on le considerat comme venu par succession collateralle à Henry I. soit que l'on le regardat comme une portion du
Domaine de la Couronne delaissé pour la provision de Robert de
France, & de tous ses descendans?

C'est ce detail qui servira de conclusion à la Premiere Raison qui
meût le Roy Iean à recueillir le Duché de *Bourgoigne* au seul titre de
succession *ab intestat* , & qui mettra de plus en plus au jour & en evi-
dence l'impossibilité qu'il y eut eu de presupposer, & de feindre que
ce Duché, comme un Appennage absolument masculin, deût aprés le
deceds de Philippes de Rouvre sans aucuns hoirs , retourner à la
Couronne, & y estre reüny de plein droit à l'execlusion des autres
hoirs de Robert de France qui vivoient lors , & qui estoient descendus par femelles.

*Tant par les anciens
Ducs de Bourgogne au-
paravant que le Roy
Robert l'eut recueilly à
titre de succession.*

La Contrée de Bourgoigne, qui depuis a porté le titre de Duché,
faisoit partie des *b* grandes Terres & Seigneuries que possedoit Bernard Marquis de Languedoc, du temps de Louys le Debonnaire , &
de Charles le Chauve, au seul titre d'infeodation ; Bernard ayant diverses fois manqué de fidelité à Charles, fut tué par son ordre l'an
844. Quelques-uns ont écrit qu'il fut jugé à mort par les Barons de
France, & ses biens confisquez : Mais il est certain qu'en 878. Louys
le

a Du Chesne, *Histoire
de Dreux, liv. 1. chap.
1. pag. 14. chap. 10.* 11
*pag. 121. & suivantes
jusqu'à la 128.*

b Voyez cela dans le
Factum de Madame la
Duchesse de Noirmon-
tier, imprimé dans le
*5 tome du Iournal du
Palais.* Proposition II.
Duché de Bourgogne.

le Beigue nouvellement parvenu à la Couronne par le deceds de Charles le Chauve son pere, distribua à plusieurs Seigneurs, les Provinces que Bernard avoit tenuës; entr'autres le Duché de *Bourgoigne* à *Thierry* son Chambellan, & le Comté d'Auvergne à Bernard : Le Continuateur d'Aimonius *a* dit que cela se fit par l'avis de Boson Roy de Provence & de sa femme, la fille desquels Louys fit espouser à Carloman son second fils.

a Lib. 5. cap. 37 fine.

Thierry, selon *b* quelques Autheurs, ne fut pas long-temps possesseur de ce Duché, Boson l'ayant retiré de ses mains, & en ayant investi *Beuve* ou *Buvin* surnommé d'*Ardenne* son frere, qui le transmit à *Richard* son fils.

b Du Chesne. Histoire de Bourgogne, tom 1. pag. 207 & suivantes.

Richard fut marié à Adelhëis fille du Comte Gerard, & sœur de Rodolphe I. Roy de la Bourgoigne Transfiurane, de laquelle il eut deux fils & une fille; *Raoul* l'aisné des fils luy succeda au Duché de *Bourgoigne*; mais estant mort sans enfans, *Hugues* son frere surnommé *Capet* & *le Noir* recueillit le Duché; Et n'ayant point d'enfans non plus que son frere aisné, *Gislebert* qui avoit espousé leur sœur, succeda au Duché du Chef de sa femme.

Ce Gislebert n'eut que deux filles, l'une appellée Werre, & l'autre *Leuthgarde*: La premiere espousa Robert Comte de Champaigne; La seconde fut mariée à *Othon* l'un des fils de Hugues le Grand, auquel elle apporta le Duché de *Bourgoigne* en mariage.

Hugues le Grand avoit quatre fils; Hugues surnommé *Capet, Othon, Eudes, & Henry: Othon* estant mort sans enfans, *Eudes* son frere eut après luy le Duché de *Bourgoigne* : Mais il n'en joüit pas long-temps, car incontinent après il deceda pareillement sans enfans, & par son deceds, *Henry* son frere recueillit le Duché: Celuy-cy avoit espousé *Gerberge* veufve d'Albert, Marquis d'Italie, duquel elle avoit eu un fils appellé vulgairement par nos Autheurs *Othe-Guillaume*, Henry ne se voyant point d'enfans non plus que ses freres predecedez, adopta *Othe-Guillaume*, qui en cette qualité de fils adoptif pretendit après la la mort de Henry avoir le Duché de *Bourgoigne*; Le Roy *Robert* fils de *Hugues Capet*, & par consequent nepueu & seul heritier de *Henry* soustint au contraire que ce Duché luy appartenoit à titre de succession : Ce fut le sujet d'une guerre, par l'evenement de laquelle *Robert* demeura seul maistre & possesseur de la *Bourgoigne*.

Ainsi auparavant que ce Duché vint au Roy Robert, il avoit esté également *masculin* & *feminin*, ayant passé deux fois en *femelles*: La premiere, à la femme de Gislebert, sœur de Raoul & de Hugues; la seconde à Leutgarde fille du mesme Gislebert.

c Du Chesne. Histoire de Bourgogne, tom. 2. pag. 9. & aux preuves, pag. 9.

Que par les descendans de Robert de France.

Le Roy Robert par son Testament, *c* ordonna que ce mesme Duché fut donné à Robert de France, son second fils, qui fut Chef de la Premiere branche des Ducs de Bourgoigne; & pendant 330. années que luy & ses descendans le possederent, ils le considererent comme estant autant *feminin* que *masculin*, dont il nous est resté plusieurs exemples notables.

I. Exemple dans les dispositions Testamentaires de Hugues IV. Duc de Bourgogne.

Le premier est dans les dispositions tant entre vifs qu'à cause de mort de Hugues IV. qui fut Duc de Bourgoigne depuis 1218. jusques en 1272.

Ce Duc avoit esté marié deux fois; La premiere avec *Yoland de Dreux*, fille de Robert III. Comte de Dreux : La seconde avec *Beatrix de Champaigne* ou de Navarre, fille de Thibaud IV. Comte de Champagne & de Brie, & Roy de Navarre. De son premier mariage il avoit eu cinq enfans, sçavoir trois fils & deux filles; Et de son second autres cinq, sçavoir un fils & quatre filles.

Eudes fils aisné de son premier lit, qui fut Comte de *Nevers*, avoit

X

époufé en 1237 *Mahaud de Bourbon* fille aifné d'*Archambaud le Ieune*,
Sire de *Bourbon*: Mais il eftoit mort à Acre l'an 1269. auparavant
Hugues fon pere, & n'avoit laiffé que des filles, dont *Yoland* l'aifnée
ayant époufé en premiere nopces *Iean de France* furnommé *Triftan*, fils
du Roy S Louys decedé au Sige de Thunis en Afrique l'an 1270. & n'en
ayant point eu d'enfans, eftoit paffée l'anée fuivante en fecondes nopces avec *Robert* III. Comte de *Flandre*. *Marguerite* la feconde qui fut
Comteffe de *Tonnerre*, avoit efté mariée à *Charles* de France Roy de
Sicile frere de S. Louys. *Alix* la troifiéme qui fut Comteffe d'*Auxerre* époufa depuis *Iean de Chalon*, Seigneur de Rochefort en Bourgoigne.

Iean de Bourgoigne fecond fils du premier mariage de Hugues
IV. avoit époufé en 1237. *Agnes de Bourbon*, fille puifnée du fufdit
Archambaud Sire de Bourbon; Mais il eftoit mort en 1218. auparavant le Duc Hugues fon pere, n'ayant laiffé qu'une fille appellée
Beatrix qui depuis fut mariée à *Robert de Frace*, Comte de Clermont
cinquiéme fils du Roy S. Louys tige de la branche Royalle des Bour-
bons.

Efquelles il reconnoift que les filles iffuës de fon aifné predecedé pouvoient fucceder au Duché de Bourgogne.

Ainfi Hugues IV. fe voyant en 1272. n'avoir que des filles de fes
deux Aifnez qui l'avoient predecedé, & ne voulant pas neantmoins,
que le Duché de Bourgoigne écheut a aucune d'elles, quoy que la
Couftume & la Loy le deferat à la fille aifnée de fon fils aifné, il cher-
cha tous les moyens imaginables pour le deferer & tranfmettre, foit à
Robert le troifiéme fils de fon premier lit, foit à *Hugues* autrement
Huguenin, le feul fils qu'il avoit eu de fon fecond mariage.

Dans cette veuë, il fit fon Teftament qui fe trouve *a* datté du Lundy avant la Fefte de S. Michel 1272. par lequel il inftitua *Robert*, le
feul fils qui luy reftoit de fon premier mariage, fon heritier au Duché de Bourgoigne & és dependances d'iceluy, & encore és Comtez
de Chalon, Chaftellenie de Brancion, & autres Terres & Domaines
y enoncez.

a Ce Teftament fe trouve dans du Chef-ne, *tom. 2. de l'Hiftoire de Bourgogne*, aux preuves, *p. 78 & fuivantes*.

Il inftitua auffi *Hugues* ou *Huguenin*, le feul fils qu'il avoit eu de
fon fecond mariage, fon heritier és Chafteaux & Chaftellenies d'Avalon, Chevannes, Montreal, & autres qui y font denommées.

Il fubftitua *Robert* & *Huguenin*, reciproquement l'un à l'autre, en
cas qu'ils decedaffent fans hoirs.

Et à l'égard des filles d'*Eudes* & de *Iean* fes deux Aifnez predecedez: Il inftitua les filles d'*Eudes* fes heritieres és Domaines & droicts
qu'il avoit en la Cité, Terroir & Finage d'Autun, enfemble és Seigneuries d'Arnay & de Poüilly; Et les filles de *Iean*, és Chaftellenies
de Charolles, du Sauvement, du Mont S. Vincent, de Dundain, d'Ar-
ches, & de Sevignes.

Les Legs qu'il fit aux filles, tant de fon premier que de fon fecond
mariage, ne font rien à la matiere, dont ils'agit: Mais bien les precautions qu'il prit pour affeurer autant qu'il pouvoit, l'inftitution & les
fubftitutions qu'il avoit faites de fon Duché de Bourgoigne, & qui
furent telles.

Il voulut donc, & ordonna Qu'en cas que les difpofitions qu'il avoit
faites de fon Duché fubfiftaffent en leur entier, & que les filles de defunt *Eudes* fon Aifné ne s'y oppofaffent point, *Robert* leur donnat, rendit ou reftituat les Terres de Buxy, Ayfery, Chauz, Corgoolain,
& Corblanchien, avec leurs appartenances, Fiefs & Domaines, outre les Domaines & Seigneuries efquelles elles avoient efté inftituées
heritieres: & qu'au mefme cas, *Robert* donnat, rendit ou reftituat aux
filles de *Iean* predecedé le Comté de Chalon avec fes droicts & Fiefs,
aux referves toutesfois y adjoûtées.

Mais dans le doute où il eſtoit, que le Duché de Bourgoigne ne fut évincé à *Robert* par les filles d'*Eudes* ou quelqu'une d'elles (quoy qu'il eſtime, dit-il, que cette eviction ne puiſſe arriver) il veut & ordonne, en ce cas d'eviction, que le meſme *Robert* ait à titre d'inſtitution le Comté, Terres & Seigneuries de Chalon, de Brancion, & autres qu'il cotte nommément dans ce Teſtament.

Les termes eſquels ce Teſtateur exprime ces diſpoſitions ſont ſi precis & ſi ſinguliers (pour marquer tout enſemble, & la creance qu'il avoit que le Duché de Bourgoigne appartenoit de droict aux filles de ſon fils aiſné predecedé, & la juſte crainte ou il eſtoit, que l'inſtitution qu'il avoit faite de *Robert* en iceluy ne fut conteſtée par elles & entierement renverſée) qu'il eſt de la derniere conſequence de les rapporter icy.

A l'égard donc des filles de *Eudes* ; *Volo*, dit-il, *& ordino, quòd ſi præſens diſpoſitio mea*, quantum ad ea quæ de Ducatu in perſona dicti filij mei Roberti ordinavi, *illæſa ſervetur, nec contrà dictæ filiæ ſe opponant, quòd tunc dictus* Robertus *det reddat ſeu reſtituat prædictis filiabus Buxiacum cum pertinentiis, Ayſeriacum, Braiſiacum, Chaux, Corgoolein, Corblanchien cum feodis, pertinentiis & dominiis.*

Quant à *Beatrix* fille unique de Iean, *Volo inſuper*, pourſuit-il, *Et ordino, quod ſi præſens diſpoſitio mea* quantum ad ea quæ de Ducatu in perſona Roberti filij mei ſuperius ordinavi, *illæſa ſervetur, quòd tunc dictus* Robertus *det, reddat ſeu reſtituat prædictæ* Beatrici *Baroniam Comitatus Cabilonenſis, cum juribus & feodis ad dictam Baroniam pertinentibus, exceptâ civitate, Nundinis, &c.*

Enfin au cas que l'inſtitution du Duché en la perſonne de *Robert* ne ſubſiſtat pas ; *Si verò*, dit-il, *filiæ prædicti* Odonis, *vel ipſarum aliqua honorem Ducatus à dicto Roberto evincerent* (quod non credo eſſe juris vel rationis, ſed dè contrario credo firmiter eſſe certus) *in illo caſu inſtituo hæredem meum dictum Robertum filium meum in rebus inferius nominatis & volo quòd ea habeat & retineat in perpetuum* pro portione ſibi competente in bonis meis hæreditariis aut à me acquiſitis, *videlicet, Baroniam Comitatus Cabilonenſis cum Feodis, juribus, &c.*

Or ſi en ce temps le Duché de Bourgoigne eut eſté abſolument *Maſculin*, ces precautions euſſent-elles eſté neceſſaires? Les filles de l'Aiſné precedé n'en euſſent elles pas été excluſes par la ſeule raiſon de leur ſexe ; Et *Robert* eut il eu autre droict à repreſenter, que celuy de la *Maſculinité* qui luy eut deferé le Duché à leur excluſion? Cela fait donc voir clairement, que ces deſcendans de *Robert* de France n'avoient jamais ſceu ce que que c'eſtoit d'Appennage tranſmiſible aux ſeuls *Maſles* à l'excluſion des *Femelles* : Mais il faut encore aller plus loing.

Quelque certitude que *Hugues* eut dit avoir de pouvoir ainſi diſpoſer du Duché de Bourgoigne, en faveur de *Robert* ſon puiſné à l'excluſion des filles d'*Eudes* ſon Aiſné, il ne mit guieres pourtant à faire voir qu'il en doutoit entierement ; Car deſirant aſſeurer cette diſpoſition par des actes qui euſſent plus de force & d'authorité qu'un Teſtament, il fit une Donation entre vifs du meſme Duché audit *Robert*, retenant neantmoins à ſoy l'uſufruit ſa vie durant : Les actes qui precederent, & qui ſuivirent cette donation, & cette donation meſme ſont a inſerez dans le Recueil des pieces curieuſes pour ſervir à l'Hiſtoire de Bourgoigne, dont on eſt redevable à Monſieur Perard Doyen de la Chambre des Comptes de Dijon qui les a fait imprimer & donner au public.

Le Teſtament de *Hugues*, ainſi qu'il a eſté dit, eſtoit du Lundy avant la Feſte de S. Michel de l'année 1272. Trois ſemaines *b* aprés

Et en exclutre ſes fils puiſnez nonobſtant les diſpoſitions teſtamentaires qu'il faiſoit dudit Duché en faveur d'iceux.

A recours à d'autres expediens, et fait une donation entre-vifs dudit Duché à Robert *ſon puiſné.*

a pag. 521 *&* 522.
b L'extraict du Contract de ce mariage ſe trouve dans du Cheſne, *Hiſtoire de Bourgogne, tom. 2.* ès preuves p. 95.

ou environ, sçavoir le Ieudy d'aprés la Feste de S. Luc, il conclud le mariage de son fils avec Agnés de France, cinquiéme & derniere fille de S. Louys, afin de l'appuyer de la protection de Philippes le Hardy qui Reignoit lors, duquel au moyen de ce mariage *Robert* devenoit beau-frere ; Le Samedy *a* ensuivant il emancipe son fils & le met hors de sa puissance, à l'effet qu'il puisse valablement agir, & contracter de luy-mesme sans avoir besoin d'estre authorisé de qui que ce soit ; Et le Lundy, qui precedoit la S. *b* Simon S. Iude, il luy fait donation entre-vifs & irrevocable du Duché de Bourgoigne ses appartenances, & dépendances, & generallement de tout ce qui pouvoit estre compris & contenu sous iceluy, s'en reservant neantmoins l'usufruict : Cette donation est aussi-tost suivie d'une Lettre qu'il écrit à Philippes *c* le Hardy, par laquelle il le supplie de recevoir *Robert* en Foy & Hommage du Duché de Bourgoigne, comme luy appartenant au moyen de ladite donation ; Lettre dattée du Dimanche avant la S. Simon S. Iude, dont la Feste en cette année tomboit par consequent au Lundy : Enfin il fait expedier un Mandement *d* à tous ses Vassaux du Duché de Bourgoigne, par lequel il leur commande de venir reconnoistre *Robert* son fils pour leur Seigneur, & entrer en Foy & Hommage envers luy en consequence du don qu'il luy avoit fait du mesme Duché : Ce Mandement est simplement datté de l'an *mil deux cens soixante dous* ; Mais parce que le mot de *Dous*, n'estoit pas ortographié comme aujourd'huy, l'Autheur du recueil a creu que le mot de *Dous* devoit signifier *Deux*, de sorte que le chiffre mis en marge est simplement de 1262, au lieu de 1272 ; Erreur qui s'est facilement glissée, & qui se doit necessairement corriger, comme la suite des actes le montre suffisamment.

Aprés tant de precautions, il sembloit que les volontez de *Hugues* ne dussent pas recevoir la moindre difficulté dans l'execution : Mais le contraire parut bien incontinent aprés son deceds : Car nonobstant ce Testament & cette donation ; Et nonobstant encore la protection que *Robert* devoit se promettre de Philippes le Hardy, duquel il avoit épousé la sœur, non seulement les filles des deux Aisnez predecedez qui estoient niepces de *Robert* ; mais aussi toutes ses sœurs, qui estoient filles tant du premier que du second mariage de *Hugues*, s'éleverent contre les dispositions qui avoient esté faites en sa faveur, chacunes neantmoins pour les interests qu'elles y avoient.

Robert I I I. Comte de Flandres, du chef d'*Yoland* sa femme qui estoit la fille Aisnée de *Eudes* pretendit le Duché de Bourgoigne, comme appartenant à sa femme par la representation de son pere, qui estoit le fils Aisné de *Hugues*, & souftint que le droict que la nature luy avoit aquis, n'avoit pû luy estre osté, ny par Testament, ny par donation.

Marguerite Reyne de Sicile, & *Alix* femme de Iean de Chalon, Sire de Rochefort, sœurs de ladite *Yoland*, & encore *Beatrix* Comtesse de Clermont fille unique de *Iean* de Bourgoigne second fils de *Hugues* se pleignirent de ce que les portions qui leurs avoient esté laissées par le Testament de leur Ayeul n'estoient pas suffisantes pour leurs droicts hereditaires & en demanderent le supplement.

Et quant aux filles, tant du premier que du second lict, elles se pleignirent de deux choses : L'une, du peu qui leur avoit esté laissé par Testament ; L'autre de ce qu'au moyen de la substitution reciproque de *Robert* & de *Huguenin*, elles se trouvoient excluses de succeder à celuy d'eux qui decederoit sans hoirs.

Tant de pretentions, qui estoient si grandes & si considerables, ne purent estre reglées & terminées que par un long-temps, pendant

lequel

Margin notes (left):

Lequel pour cet effet il émancipe, & le fait investir par le Roy, & reconnoistre par les Vassaux dudit Duché.

Et neantmoins aprés la mort de Hugues IV. le Duché de Bourgoigne fut pretendu par les filles de l'aisné precedé, comme à elles appartenant.

Les filles tant du premier que du second lict de Hugues IV. reclament contre les substitutions qu'il avoit faites de son Duché de Bourgogne à leur prejudice.

Margin notes (right):

a Cet acte d'*émancipation*, datté, *die Sabbati post festum B. Lucæ Evangelistæ, Anno Domini 1272*, se trouve dans Perard *pag. 521*.
b Cette donnation se trouve dans le mesme Perard, *pag. 522.* dattée *Anno Domini 1272 mense Octobris die Lunæ ante festum Apostolorum Simonis & Iudæ.*
c Ibidem *pag. 522.*
d Ibidem.

lequel chacune des parties tâschoit à conserver ses droicts, & à n'y
point deroger, il arrivoit qu'il y eut quelqu'acte à passer entr'elles:
C'est ce qui se remarque avoir esté soigneusement observé par les
susdits *Iean* de *Chalon* Sire de Rochefort, & *Alix* sa femme dans
l'obligation de 2000. liv. qu'il passerent en Octobre 1273. à *Robert*
Duc de Bourgoigne, Ils le reconnoissent & qualifient *Duc*, parce
que la seule *Yoland* leur sœur aisnée pretendoit le Duché ; Mais ils
obligent indefiniment les biens qui appartenoient à ladite *Alix*, &
qui luy estoient écheus par le deceds de *Hugues* son pere, soit par
Testament *soit par autre raison*, ne voulant s'assujettir entierement
au Testament pour ne se pas prejudicier.

Robert fut obligé à la fin de s'accommoder, tant avec ses niepces qu'avec ses sœurs, quelques-unes desquelles voulurent bien se
rapporter au Jugement de Philippes le Hardy, quoy que beau-frere
de Robert.

Hugues surnommé le *Brun* Comte de la Marche & d'Angoulesme,
& *Beatrix* de Bourgoigne sa femme, l'une des filles du second lict,
transigerent avec *a Robert*, par acte du Mercredy aprés les Octaves des
Apostres S. Pierre & S. Paul de l'an 1276.

Robert Comte de Flandres & *Yoland* de Nevers sa femme, qui
pretendoient le Duché de Bourgoigne, se soûmirent au Iugement
arbitral *b* que Philippes le Hardy rendit au mois de Fevrier 1277.
qui fut suivie d'une transaction *c* faite en presence du mesme Roy le
Ieudy avant la Feste de la Magdeleine 1280. Et d'un *d* Jugement rendu par Philippes le Bel le Dimanche devant la Feste de S. Vincent
l'an 1285.

Robert de France, Comte de Clermont, & *Beatrix* sa femme, fille
unique de *Iean de Bourgoigne*, passerent transaction *e* avec *Robert* Duc
de Bourgoigne au mois d'Avril 1277. par laquelle aprés avoir reglé
partie de leurs differens, ils se soûmirent pour le surplus au Roy
Philippes le Hardy, en presence duquel ils passerent une seconde
transaction *f* au mois d'Aoust 1279.

Les autres transactions que Robert passa avec ses autres sœurs,
& leurs marys où sont perduës, ou du moins n'ont pas encore esté
données au public ; Mais de celles cy-dessus dattées, il y a preuve évidente de deux choses absolument decisives.

La Premiere, Que la substitution *g* reciproque au Duché de Bourgoigne, de *Robert*, & d'*Hugonin*, fut de verité approuvée : Mais à

et Beatrix de Bourgoigne sa femme d'une-part, et Robert Duc de Bourgoigne, & Huguenin de Bourgoigne d'autre-part, du Mercredy aprés les Octaves de S. Pierre & S. Paul 1276, imprimée dans le Recueil de Perard pages 513 & 514.

Nos Hugues li Bruns Comte de la Marche & d'Angoulesme, Sire de Fougeres, & Beatrix fille de noble
Prince Hugon cai en arriers (*cy-devant*) Duc de Bourgoigne, femme doudit Comte de la Marche, faisons
savoir à tous celz qui cestes presentes Lettres verront &c. Et com nos devant dit Hugues li Bruns Comtes
de la Marche, & nos ladite Beatrix fame doudit Conte, voilliens garder & tenir les devant dites choses, &
le devant dit ordenement dou devant dit nostre pere Hugon cai en arriers Duc de Bourgogne *quant à
ladite substitution*, nos promettons per-nos & pet nos hoirs es devant dits Barons Robert Duc de Bourgoigne
& Hugon freres, jurons en SS. Evangiles nostre Seignor corporellement que nos ledit ordenement, *quant
à la chose dessus ditte* tenerons & garderons & en outre ne venrons per nos ne per autres, & volons
que si li uns de nos freres moroit sans hoirs de son cors, que l'escheoitte *vienne à l'autre & à ses hoirs* sans
contredit entierement *sauve à nos & à nos hoirs* leaul escheoitte s'il avenoit dont Des le gart (*Dieu les
garde*) que nosdit frere devant dit *merissient sans Hoirs de lor cors.*

condition qu'elle ne passeroit pas le premier degré, & que venant
l'un & l'autre à deceder sans Hoirs, leurs *Sœurs* & leurs *Niepces*, où
leurs *Hoirs* qui se trouveroient en degré pour succeder, recueilleroient
leur écheoite ; C'est à dire *tous les biens advenus h ausdits Robert, & Hu-*

gonin par le deceds de Hugues VI. leur pere : De sorte que non seule-
*1277. entre Robert II. Duc de Bourgoigne d'une-part, & Robert de France Comte de Clermont, et Beatrix de Bourbon sa femme, fille
unique de Iean de Bourgoigne Seigneur de Bourbon d'autre-part, imprimé dans le Recueil de Perard pag. 544 & 545.*

Nos *Roberts Duc de Bourgoigne* faisons sçavoir à ceaux qui verront cels presentes Lettres que nos baillons & délivrons à noble

Baron Monseignor *Robertz* *fil de Roy de France*, & à Damoiselle *Beatrix* nostre niece, fille ça en arriers de bonne memoire *Iean Seignor de Bourbon* nostre frere femme doudit Monseignor *Robertz* &c. & por les devant dites choses que nos délivrons & baillons, li devant diz Messire Róbertz & sa femme ont quitté & quitte à nos *tout le droit qu'il ont & puent avoir en tous les biens & tous les herietaiges & en toute la descendue doudit Hugue nostre pere,* en telle maniere qu'il ne puent dois ores en avant riens demander esdits biens & es devant dites herietaige, *sauve leal escheoite quant ale y atiendray dores en avant; à laquelle escheoite avenir il ne renuncient mie.*

ment à la veuë, & en presence de Philippes le Hardy ; Mais encore par *les* Iugemens qu'il avoit rendus, ou par les ◦ conventions dont il avoit esté le mediateur, le Duc Hé de Bourgoigne (bien loing d'estre consideré comme un Appennage *Masculin,* dont lors on n'avoit pas mesme les idées) estoit au contraire declaré, reconnu & traitté comme un fief de dignité également *Feminin* & *Masculin.*

de *France, & Beatrix sa femme, imprimée au mesme Recueil pages* 546 & 547.

a *Extraict d'autre transaction faite par l'avis du Roy Philippes le Hardy au mois d'Aoust* 1279 *entre lesdits Robert Duc de Bourgoigne. Robert*

Promittentes (*Robertus Comes Clarimonensis & Beatrix uxor ejus*) bona fide quod ratione successionis in residuo hæreditatis, conquestuum, rerum & successione prædicta dicti Hugonis quondam patris dicti Ducis, nihil juris de cætero reclamabunt; *salvo sibi & hæredibus suis recto laduco sive recta escheeta,* & alio jure futuro, *si in præmissis* contingeret evenire.

Mais il reconnut que la fille aisnée de son frere aisné predecedé avoit droict au Duché de Bourgogne, & luy donna recompense des portions qu'elle y avoit.

La Seconde est, Qu'*Yoland de Nevers fut reconnuë pour avoir eu un droict acquis dans le Duché comme representant feu son pere,* qui avoit esté le fils aisné du Duc Hugues, nonobstant le Testament du mesme Duc, & la donation entre vifs qu'il avoit faite à Robert ; Car tant s'en faut qu'elle fut declarée excluse de ce Duché, par la qualité de son sexe, qu'au contraire Philippes le Hardy, par son Iugement du mois de Fevrier 1277. luy adjugea en autres Terres la recompense de ses droicts, moyennant quoy elle & son mary les cederent & quiterent à Robert: *Partes autem prædicta,* porte cette Sentence, b *Omnia supradicta & in ordinatione nostra contenta, coram nobis laudaverunt & approbaverunt : Et prædicti Comes & Comitissa Nivernensis per dictam ordinationem nostram servatam & completam quittaverunt omne jus quod ipsi habebant aut habere poterant adversus eumdem Ducem in petitione quam ipsi faciebant contra eumdem Ducem, de Ducatu Burgundiæ supradicto, & de quibuslibet bonis quæ ad ipsum pervenerunt ex successione prædicti patris sui.*

Coustume ancienne de Bourgoigne, par laquelle les filles de l'aisné eussent deu avoir le Duché de Bourgoigne.

Et pour justifier pleinement, Que ladite Yoland de Nevers, nonobstant la qualité de son sexe, eut dû succeder, par la Coustume qui lors avoit cours, au total du Duché de Bourgoigne, par la representation de feu son pere, & en exclurre Robert son oncle, quoy que l'Aisné des Masles de Hugues IV. au jour de son deceds, il n'y a qu'à lire ce qui en est remarqué dans c le Livre intitulé *le Lignage de Coucy, de Dreux, de Bourbon, & de Courtenay* ; Car aprés avoir dit que du mariage d'Yoland de Dreux avec Hugues Duc de Bourgoigne, il estoit né trois fils & deux filles. Et aprés avoir parlé des deux premiers fils qui estoient decedez avant leur pere, & des filles qu'ils avoient laissées ; L'Autheur poursuit en ces termes, *Li tiers fils, le Duc Hugon de Bourgoigne, & la Duchesse Yoland Ot nom Robert, si comme dit avons : Cil Ot à femme la maisnée fille du Roy S. Louys qui mourut en Thanes, & fut Duc de Bourgoigne aprés son pere, contre la Coustume du païs; Ly enfans de son frere le dussent estre.*

b Elle est imprimée dans le mesme recueil de Perard *p.* 543 *et* 544.

c L'extrait de ce livre est inseré par *du Chesne* és preuves de la Genealogie des Ducs de Bourgoigne, *tom.* 2. *pag.* 96. 97. 98.

Ce n'est pas icy le témoignage d'un Autheur recent ou suspect, mais sincere, ingenu, contemporain, & qui écrivoit des choses telles qu'elles se passoient dans son siecle : Car par son propre adveu ce Lignage fut par luy redigé en Livre sous Philippes le Bel, & Ieanne Reyne de Navarre sa femme, l'année mesme de la funeste Bataille de Courtray : *La fille,* dit cet Autheur, *du Duc Henry de Luxembourg, & de la Duchesse Alix Ot nom Marie; Celle fut mariée au Roy Philippes de France* (c'est Philippes le Hardy) *qui avoit eu la fille du Roy d'Arragon, & en avoit eu deux fils, dont Ly aisnez Ot nom* Philippes *qui fut Roy de France aprés la mort de son pere, & Ot à femme* Ieanne *fille du Roy* Henry *de Navarre,* & Comtesse de Champaigne de son heritage: *Et reignoient en France ledit Roy Philippes, & ladite Ieanne, quant ce*

Livre fut fait, & peu aprés, *Philippes d'Artois, qui eut esté Quens d'Artois, s'il eut survescu son pere le Comte Robert, qui mourut en la Bataille de Courtray l'année que ce Livre fut fait.*

Or cette Bataille de Courtray fut donnée en 1302; De sorte que cet Autheur écrivant de ce qui s'estoit passé 20. & 25 ans auparavant, sçavoir en 1277. 1280. 1285. n'en parloit nullement à la legere ; mais comme de chose qu'il avoit veuë, & qui d'ailleurs estoit Notoire à toute la France.

Ainsi donc dans le detail de tout ce qui s'estoit fait passé peu auparavant, & encore peu aprés le deceds de Hugues IV. Duc de Bourgoigne, voila un premier exemple qui fait pleine foy, que l'Appennage *Masculin* n'avoit point esté connu dans le siecle de Hugues, & que le *Duché de Bourgoigne*, quoy que Fief dignité, estoit égallement *Feminin* & *Masculin*.

Le Second exemple nous est fourny par le mesme *Robert*, Qui en consequence du Testament, & de la donation de son pere, & encore des transactions faites avec ses sœurs, & ses niepces dont il vient d'estre parlé fut Duc de Bourgoigne, second du nom.

II. Exemple tiré les clauses que Robert II. Duc de Bourgoigne fit inserer au Contract de mariage de Iean son fils aisné.

L'extraict de ce Contract de mariage est inseré és additions aux preuves de la Genealogie des Ducs de Bourgoigne de du Chesne, tom. 2. pag. 177 & 178.

Ce Prince en l'année 1279. passa le Contract *a* de mariage, qu'il projettoit de faire, de *Iean de Bourgoigne* son fils Aisné, âgé lors d'environ six ans, avec *Alix de Bourgoigne* fille d'*Othon IV.* dit *Othenin*, Comte de Bourgoigne & de *Philippes de Bar* sa premiere femme ; Par cet Acte toutes les conventions furent reiglées, & la prevoyance des Peres s'estendit autant qu'elle le pouvoit estre en cas de predeceds de l'un ou de l'autre des futurs époux, ou sans enfans, ou avec enfans: Et entr'autres il est nommement convenu & accordé, Que s'il advenoit que Iean de Bourgoigne mourut avant le Duc Robert son pere laissant un fils, Robert fera tout son possible par le Conseil des personnes sages & advisées, à ce que le fils de son fils ait aprés luy, le Duché de Bourgoigne : *Et promet ly diz Dux audit Comte par luy ou par Aalix fille de Luy, que s'il havenoit que son fils Iahans morust einçois que luy, & il laissoit heir Masle de sum cors, & de ladite Aalix, il fera si grant fermeté, cum il porra par conseil de saiges hommes, en bonne foy (sauf ce qu'il ne perde le Ducheaume de Bourgoigne à sa vie) comment li diz Heirs Masles de sondit fils, se il le sorvist, soit Dux de Bourgoigne:* Ce sont les termes de ce Contract, rapporté par du Chesne, qui se trouve datté à *Beso, le Diemenge aprés Seint Mathiè l'Apostre en l'an de grace M. C. C. soixante dix & nuef.*

Il est vray que ce mariage n'eut pas d'effet, par le deceds qui survint peu aprés, tant de *Iean* que d'*Alix* de Bourgoigne : Mais cette clause prouve-t-elle moins, pour cela, quel estoit en ce temps l'ordre des successions au Duché de Bourgoigne ? Car, où la representation en directe auroit lors commencé à n'avoir plus lieu en Bourgoigne, ce qui n'est pas peu vray-semblable; où elle avoit encore lieu: En ce dernier cas, quelle difficulté eut il pû y avoir d'admetre au Duché de Bourgoigne, le fils du fils aisné. s'y c'eut esté dés lors un Appennage absolument *Masculin*, comme nos derniers Autheurs le veulent persuader, sans aucune authorité que celle de leur propre sens ? Et le Duc Robert eut il eu un grand besoin de conseil de sages hommes pour sçavoir ce qu'il eut eu à faire, puisqu'en ce cas il n'eut eu qu'à ne rien faire, c'est à dire, laisser simplement les choses dans l'ordre legitime & naturel, des successions? Au plus, c'est peut-estre que l'on vouloit l'obliger à ne point disposer de son Duché au prejudice de son petit fils ; Mais en ce sens ce seroit toûjours advoüer, Que celuy qui possedoit le Duché de Bourgoigne en pouvoit disposer au prejudice mesme du fils de son fils Aisné.

Que si la representation en directe commençoit lors de cesser d'avoir lieu en Bourgoigne, les *filles* de *Robert* eussent sans douté *ab intestat* exclus du Duché, les fils du fils Aisné predecedé, comme il fut Iugé, peu aprés la mort de *Robert*, en faveur de Mahaud touchant le Comté d'Artois; Mais en donnant ce sens à la clause, ce seroit encore advoüer que le Duché de Bourgoigne n'estoit point lors un Appennage *Masculin*, & que les *filles* y pouvoient succeder: Et c'eut esté lors veritablement, *Que Robert* eut eu besoin du conseil des hommes sages, & faire fermeté pour delaisser & transmettre son Duché à son petit fils.

Et de son Testament dans lequel il institua son fils aisné son heritier au Duché de Bourgoigne.

Le mesme *Robert* se souvenant, sans doute, des contradictions qu'il avoit souffertes, essuiées, & surmontées pour se rendre paisible possesseur du Duché, nonobstant les precautions que son pere avoit prisés pour le luy transmettre, institua par son *a* *Testament de l'an* 1297. *Hugues*, qui lors estoit son fils Aisné, *son heritier au Duché de Bourgoigne*: Disposition qui paroissoit assez inutile, puisque dans le cours ordinaire *Hugues* estant l'Aisné par le predeceds de son frere *Iean*, dont il vient d'estre parlé, ne pouvoit avoir aucun competiteur au Duché: Mais *Robert* vouloit, autant qu'il luy estoit possible, asseurer le Duché à son Aisné.

a L'extraict de ce Testament se trouve inseré és susdites preuves pag. 101 & suivantes.

III. Exemple tiré du Testament de Eudes IV. Duc de Bourgoigne.

Un Troisiéme exemple (qui s'estend jusques à transmettre le *Duché de Bourgoigne* aux *femelles*, & qui marque les cas esquels elles pouvoient lors y succeder sans avoir la moindre pensée du droict de *Retour à la Couronne* a defaut de *Masles*, que nos derniers Autheurs se sont imaginé avoir esté receu, & avoir deu estre pratiqué en ces temps) se tire du Testament d'*Eudes IV.* du nom, troisiéme fils dudit *Robert II.* lequel *Eudes* fut Duc de Bourgoigne aprés le deceds de *Hugues* son frere, institué, comme il vient d'estre dit, heritier au *Duché de Bourgoigne*, par le Testament de *Robert* son pere, & decedé sans enfans en l'année 1315.

Eudes IV. de son mariage avec *Ieanne de France* fille aisnée de *Philippes de Valois*, n'avoit eu que deux fils appellez l'un *Philippes* & l'autre *Iean*: Ce dernier estoit mort jeune: *Philippes* avoit esté marié avec *Ieanne* de Bourgoigne, fille & heritiere de Guillaume Comte de Bouloigne & d'Auvergne; mais il estoit mort en Septembre 1346. laissant de son mariage un fils appellé *Philippes* surnommé de *Rouvre*, & deux filles appellées l'une *Ieanne* & l'autre Marguerite, qui mourut peu aprés estre née.

Tel estoit l'estat de la famille de *Eudes IV.* au mois de Septembre 1346. qui ne se voyant pour tous Hoirs qu'un petit fils, & une petite fille, issus de son fils unique decedé, fit au mois d'Octobre ensuivant son Testament, *b* dont il est important de rapporter les dispositions és mesmes termes esquels elles sont couchées.

b L'extrait de ce testament est imprimé dans les preuves susdites, pag. 125 & suivantes.

Il commence en disant; *Et se il avenoit que de son propre corps, & de celli de la Duchesse sa compaigne, il n'eust enfans Masles ou femelles; Il institué & fait son hoir universal, Philippes de Bourgoigne fil de son tres cher fil Philippes cui Dieux absoille; Et se ledit Philippes son hoir, ou cas dessusdits, trespassoit sans hoir de son corps né de loyal mariage, en icell cas il institué & fait son hoir universal Iehanne de Bourgonne, fille de sondit fil Philippes; Et se il advenoit que lesdits Philippes & Iehanne trepassent sans enfans nez de leurs corps en loyal mariage, il institué son hoir universal sa chere Dame & suer, Madame Blanche Comtesse de Savoye, & ou defaut de li, il institué & fait son hoir universal sa tres chere Dame & suer, Madame Ieanne de Bourgoigne, Reyne de France.*

Rien ne peut se trouver de plus precis, & de plus formel pour prouver que dans l'ordre legitime des successions, tel qu'il avoit toûjours

jours esté gardé dans la premiere branche de *Bourgoigne* , jamais on n'avoit tenu que les *Femelles* fussent incapables de succeder au Duché.

Premierement, *Eudes I V.* n'instituë *Philippes* son petit fils son heritier universel, Qu'en cas que de son mariage il n'eut enfans *Masles* ou *Femelles*, d'où il paroist evidemment, Que soit que la representation en directe eut cessé lors d'avoir lieu, soit que cette institution conditionnée du petit fils se convertit en institution pure, simple & absoluë des enfans du Testateur; Philippes, quoy que fils de l'Aisné predecedé , auroit esté exclus par ses Tantes, filles du Testateur, & par consequent, que le Duché de Bourgoigne seroit tombé aux *Femelles.*

Par lequel il reconnoist que ses filles, sa petite fille & ses sœurs sont capables de succeder au Duché de Bourgoigne, & les y appelle.

Secondement *Ieanne* petite fille du Testateur est appellée à sa succession universelle , en cas que *Philippes* son frere unique vienne à deceder sans enfans ; Ainsi voila un second cas auquel le mesme Duché tomboit encore en *Quenoüille.*

Troisiémement, en cas que lesdits *Philippes* & *Ieanne* petits enfans du Testateur decedent sans enfans, *Blanche* de Bourgoigne sœur du Testateur mariée lors à *Edoüard* Comte de *Savoye* fils aisné d'Amé V. (la Savoye lors n'estoit pas encore Duché) est par luy appellée à sa succession universelle: Voila donc un Troisiéme cas, auquel le Duché de Bourgoigne seroit passé aux *Femelles.*

Quatriémement,en cas que ladite Comtesse de Savoye fut decedée ou ne voulut recueillir cette succession, le Testateur y appelle à titre d'institution , *Ieanne* de Bourgoigne son autre sœur, mariée à *Philippes de Valois* Roy de France & mere du Roy *Iean*; De sorte que voila un Quatriéme & dernier cas auquel le Duché de Bourgoigne auroit esté transmis aux *Femelles.*

Or on demanderoit volontiers quel témoignage plus authentique, il pourroit y avoir que le Duché de Bourgoigne , sous la premiere branche, estoit un fief également *Feminin* & *Masculin* ? Car ce Testament n'estoit-il pas un acte serieux & sincere ? Le Testateur y parloit il autrement qu'il ne pensoit? Et mesmes y a il la moindre apparence de croire que ces dispositions n'eussent esté bien concertées & bien digerées, avec des personnes de capacité & d'experience, informées pleinement du droict, de l'usage, de la Coustume , & de ce que l'on pouvoit, ou de ce que l'on ne pouvoit pas ordonner par Testament ? La Loy des Appennages purement *Masculins* , estoit déja lors introduite ; car elle l'avoit esté dés 1314. Et ce Testament ne se faisoit qu'en 1346. qui estoit 32 ans aprés : La contestation au sujet du Comté d'*Artois* avoit aussi déja esté formée, agitée, jugée par les Arrests de 1318. & de 1331. où les Pairs de France avoient esté appellez : Ce n'estoit donc pas une chose qui fut secrette, au contraire elle estoit notoire à toute la France : Que si cette Loy Masculine eut dû s'estendre au Duché de Bourgoigne , y eut il eu rien de plus ridicule & de plus illusoire, que les dispositions du Testament de *Eudes* , en faveur de ses *filles*, de sa *petite fille* , & de *ses sœurs* ? Cependant luy, qui n'ignoroit pas la nouvelle Loy des Appennages, mais aussi qui sçavoit tres-bien qu'elle n'avoit point eu d'effet retroactif à l'égard de l'*Artois*, dispose pleinement de son Duché de Bourgoigne en faveur de ses propres *filles*, s'il en avoit au jour de son deceds ; de sa *petite fille* , & de *ses sœurs* : Et en cela ne fait il pas connoistre que son Duché estoit aussi bien *Feminin* que *Masculin*; Et que c'eust esté lors une proposition déraisonnable de soûtenir qu'à defaut d'Hoirs *Masles*, ce Duché devoit retourner à la Couronne à l'exclusion des *Femelles* ?

Que ces dispositions n'estoient point ignorées du Roy Iean & de son Conseil, & Conclusion de la Premiere Raison qui obligea ce Monarque a recueillir le Duché de Bourgoigne au seul titre de succession; le droiſt de Retour ne pouvant pas estre exercé, ny mesmes presupposé.

Tout ce qui s'estoit passé dans les descendans de cette premiere branche de Bourgoigne n'estoit point inconnu au Roy Iean, ny aux principaux Officiers de son Conseil, non plus que les divers temps dans lesquels differentes Iurisprudences avoient esté establies, touchant les Domaines delaissez aux fils de France, & pour eux, pour leurs Hoirs. De sorte que quand on a serieusement examiné toutes ces choses, il est absolument necessaire que l'on conclue, Qu'il estoit impossible au Roy Iean, & aux Officiers de son Conseil, non seulement de prouver; mais mesmes de presupposer & de feindre, que le Duché de Bourgoigne eut esté delaissé au Chef de la premiere Branche de Bourgoigne, *pour luy & pour ses descendans Masles seulement, sous le titre d'Appennage reversible à la Couronne à defaut d'Hoirs Masles:* Qui est la premiere raison que l'on a marquée cy-dessus avoir determiné ce Monarque a recueillir le Duché de Bourgoigne, *Iure successionis,* & non pas *Iure Coronæ.*

II. Raison du Roy Iean pour Recueillir le Duché de Bourgoigne au seul titre de succession, tirée de ce que s'il l'eut pretendu par droiſt de Retour à la Couronne, il en auroit esté exclus

La Seconde raison que l'on a pareillement alleguée, & dont il faut à present donner les preuves est, Qu'il eut esté tres-dangereux au Roy *Iean,* de pretendre le Duché de Bourgoigne, par droit de *Retour* à la Couronne *à defaut d'Hoirs Masles,* parce que la simple proposition de ce droiſt n'auroit servy qu'à l'exclurre du même Duché, & comme parent du defunt, & comme Roy.

La demonstration en est aisée.

Le droiſt d'*Heredité,* & celuy de *Reversion* estoient incompatibles; L'un excluoit absolument l'autre : Et comme quiconque eut exercé le droiſt *Succesſif* eut renoncé à celuy de *Retour*; Auſſi en exerçant le droiſt de *Retour,* on s'excluoit du droiſt *Succesſif*; de sorte que dés que le Roy Iean auroit demandé le Duché de Bourgoigne *Iure Coronæ* à titre de Roy; Il se feroit exclus du droiſt *hereditaire,* & y auroit renoncé.

Cela posé, il faut convenir, ou que le droit de *Reversion* estoit lors valable, ou qu'il n'estoit pas legitime.

S'il estoit valable & valablement allegué, il ne pouvoit estre exercé par le Roy *Iean,* d'autant qu'il y avoit encore lors des *Masles* descendus en droite ligne de *Robert* de France, lesquels par la Loy de l'Appennage *Masculin* auroient emporté le Duché de Bourgoigne, & en auroient exclus le Roy *Iean,* par le mesme droiſt qu'il auroit luy-mesme estably.

Que si ce droiſt n'estoit pas valable, les proches parens du defunt descendus par *femelles* de *Robert* de France auroient emporté le Duché à l'exclusion du Roy *Iean,* quoy que plus proche qu'eux, lequel en exerçant & faisant valoir un droiſt de *Retour,* incompatible avec celuy d'*Heredité,* auroit renoncé à celuy-cy, & auroit par consequent si bien fait place aux autres parens éloignez, qu'ils se seroient trouvez seuls habiles à succeder au Duché de Bourgoigne.

Ainsi donc ce droiſt de *Retour* n'auroit pû estre allegué & exercé par le Roy *Iean,* sans s'exclurre luy-mesme de ce Duché.

Par les autres Heritiers maternels de Philippes de Rouvre

Mais pour rendre plus sensible ce qui vient d'estre dit, supposons que ce Monarque eut mis en avant ce droiſt de *Retour,* & qu'il l'eût voulu exercer; Il est certain que les premieres parties qu'il auroit eu à combatre auroient esté *Charles* Roy de Navarre surnommé *Le Mauvais; Edoüard & Robert* enfans de *Henry IV.* Comte de *Bar,* tous cousins issus de germain de Philippes de Rouvre, lesquels se seroient trouvez les seuls & plus proches heritiers du defunt, au moyen de ce que le Roy Iean, qui avoit le germain au dessus d'eux, se feroit luy-mesme exclus du rang & du degré d'heritier, & leur auroit fait place.

En ce cas, le Roy de Navarre & ses coheritiers n'auroient obmis, sans doute, aucuns des moyens qui ont esté cy-dessus expliquez
pour la preuve, & pour l'establissement de la premiere raison; Et il
leur auroit esté beaucoup plus facile qu'à nous (qui ne les suivons
que de trois cens tant d'années) de justifier, & de faire voir ce qui
s'estoit passé pendant les trois cens années precedentes, tant dans
l'Estat, à l'égard des partages ou Appennages des fils de France en
general; Que dans la suite des descendans de Robert de France, à
l'égard du Duché de Bourgoigne en particulier.

Qu'auroit-on pû dire de pertinent, & de valable en faveur du
Roy *Iean* pour faire admettre ce droict de *Retour* ? Si l'on eut voulu
faire valoir la Loy de Philippes le Bel de 1314. les Arrests de 1318. &
de 1331. rendus posterieurement par les Pairs & Barons de France en
faveur de Mahaud d'*Artois* n'avoient ils pas jugé, que cette nouvelle
Loy n'avoit lieu que pour l'avenir, & non pas pour le passé ? Que
faire donc ? Le Roy *Iean*, retourné nouvellement de sa prison d'Angleterre, estoit il en estat d'user de puissance absoluë, pour avoir par
pure authorité ce que le droict ne luy donnoit pas, ou plûtost ce que
le droict, l'usage, la Coustume, la Iustice luy refusoient ouvertement?
Mais quand il se seroit trouvé en estat de pouvoir tout faire, tout
prendre, tout s'atribuer d'authorité absoluë, & de pleine puissance,
pretextées du droict de bienseance, de commodité, d'utilité, qu'auroit
il fait, sinon de prouver luy-mesme, qu'il n'avoit aucun titre valable
pour rendre legitime ce droict de *Retour*, puisqu'il l'auroit fait valoir
par la seule force?

Il faut encore aller plus loin ; Car supposé que legitimement,
& pour des considerations d'Estat, il eut pû donner un effet retroactif à la nouvelle Loy de l'Appennage *Masculin*, Qu'eut il fait autre
chose, que de s'exclurre soy-mesme du Duché de Bourgoigne, donnant moyen aux descendans, par les *Masles*, de Robert de France,
de reclamer ce Duché & de le luy oster, tant comme heritier plus prochain, puis qu'il n'estoit descendu que par femelles, que comme Roy,
puis que les Hoirs *Masles* descendus des *Masles*, auroient fait cesser le
droict de *Retour*? Ou par les Masles des-
cendus par Masles de
Robert de France Duc
de Bourgoigne, qui es-
toient

En effet, il auroit fallu se soûmettre à la nouvelle Loy de l'Appennage *Masculin*, la prendre dans toute son estenduë ; en embras-
ser toutes les maximes, suivant lesquelles comme le mot d'*Hoirs*
indefiny ne s'entendoit plus que des *Masles*, aussi tous les *Masles* indefiniment, descendus par *Masles* du premier Appennagé estoient appellez au Domaine de l'Appennage en quelque degré qu'ils se trouvassent; Lequel Domaine passoit de la personne de celuy qui se
trouvoit l'Aisné de la branche, en la personne de tous ses Collateraux, hors deux cas seulement, l'un de promotion à la Couronne,
l'autre de confiscation : Car c'est la Iurisprudence de l'Appennage
absolument Masculin, dont toutes les Maximes ont esté cy-dessus expliquées & establies.

Or en 1361. qui fut l'année du deceds de Philippes de Rouvre, il y
avoit quantité de *Masles*, descendus par *Masles* de Robert de France, Chef, tige & tronc de la premiere branche de Bourgoigne.

On demeure d'accord que la branche Masculine des Dauphins de
Viennois descendus d'*André* de Bourgoigne, troisiéme fils de *Hugues*
III. Duc de Bourgoigne, estoit finie *a* dés l'an 1282. en la personne de
Iean I. du nom decedé sans hoirs, le Dauphiné ayant esté dés lors
transmis par son deceds à *Anne* Dauphine, mariée à *Humbert* de la
Tour I. du nom.

On convient *b* pareillement que la branche Masculine de *Guillau-*

a Du Chesne. Histoire des Dauphins de Viennois, *chap* 8. *pag.* 29. Sainte Marthe, *tom.* 2.
liv. 40. *chap.* 3. *pag.* 777.
b Du Chesne, Histoire des Seigneurs de Montagu, *chap.* 22. *pag.* 150. 151. Sainte Marthe, *tom.* 2. *livre* 39. *chap.* 6. *pag.* 750.

me II. Seigneur de *Montagu*, descendu d'*Alexandre* de Bourgoigne
second fils du susdit *Hugues* III. estoit finie dés l'an 1347. en
la personne de *Henry* Seigneur de *Montagu*, qui ne laissa qu'une
fille.

*Les Seigneurs de Som-
bernon & de Couches
descendus d'Alexandre
de Bourgoigne, second
fils d'Hugues III. Duc
de Bourgoigne*

Mais aussi ne peut-on pas nier que la branche masculine d'*Estienne*
I. Seigneur de *Montagu* fils d'*Alexandre*, qui estoit frere puisné du
susdit *Guillaume* II. ne subsistat encore en ladite année 1361. tant en la
personne *a* de *Iean* Seigneur de Sombernon qui descendoit d'*Estienne*
II. fils Aisné dudit *Estienne* I. qu'en la personne de *Hugues* de Montagu Seigneur de *Couches* fils de *Philippes* I. qui estoit fils puisné du
mesme *Estienne* I.

a Du Chesne. *Ibi*. chap.
27. *pag*. 162 & *suivan-
tes jusqu'à la* 166. Sainte Marthe. *Ibi. chap.*
11. 12. 13. 14. 15 *et* 16.
pag. 757 & *suivantes
jusques à la* 764.

En effet *Iean* Seigneur de *Sombernon* ne mourut qu'en 1390. ne
laissant que filles : Et *Hugues* Seigneur de *Couches* decedé en 1381. laissa
Philbert qui continua sa posterité par Masles jusques en 1469. que
par la mort de Claude de Montagu, son petit fils, la lignée Masculine des premiers Ducs de Bourgoigne, sortie de Robert de France
second fils du Roy Robert, fut entierement finie, ainsi que les sieurs
du Chesne, & de Sainte Marthe, ont aussi doctement remarqué, qué
solidement & clairement justifié.

*Et les Rois de Portu-
gal descendus de Henry
de Bourgoigne fils de
Henry Duc de Bour-
goigne.*

Davantage, *Pierre* Roy *b* de Portugal surnommé le *Iusticier*, vivoit lors
qui de *Masle* en *Masle* estoit descendu de *Henry* de Bourgoigne tige
des Roys de Portugal, frere de *Eudes I*. Duc de Bourgoigne, l'un &
l'autre petits fils de *Robert* de France.

b Sainte Marthe, *Tom.*
2. *liv*. 42. *chap*. 2.
pag. 822 & 823.

Or les choses se trouvant en cet estat, le Roy Iean eut il pû soustenir que la succession au Duché de Bourgoigne se devoit regler
par la nouvelle Loy des *Appennages Masculins*, pour en induire & en
inferer, qu'il devoit retourner à la Couronne, sans au mesme temps
faire connoistre à *Iean* Seigneur de *Sombernon*; à *Hugues* Seigneur de
Couches; à *Pierre* le *Iusticier* Roy de Portugal, qu'estant hoirs Masles
descendus par Masles en ligne directe de *Robert* de France, ils avoient
un droict incontestable au Duché de *Bourgoigne*, & sans les exciter,
par consequent, à conserver ce droict, pour l'exercer par eux & par
leurs hoirs *Masles*, chacun en son temps & selon son degré ?

Charles Roy de Navarre, autant factieux & remuant qu'il estoit,
auroit il demandé autre chose, que de trouver une ouverture si fa-
vorable de traverser le Roy Iean, par lequel il se voyoit exclus du
Duché de Bourgoigne comme heritier maternel plus prochain ? Et
supposé, que *Iean* de Montagu, Seigneur de *Sombernon*, qui, suivant
la Loy nouvelle de l'*Appennage Masculin*, eut esté seul appellé au
Duché de Bourgoigne, eut eu assez de retenuë, pour refuser d'entrer
en contestation avec le Roy Iean ; Supposé pareillement, Que *Hugues* Seigneur de *Couches*, eut gardé les mesmes mesures ; Supposé
enfin que l'un & l'autre eussent eu assez de fidelité, pour ne se pas
laisser aller aux factions du Roy de Navarre; est il à croire que le
Roy de Portugal eut gardé le silence & negligé un droict si considerable qu'estoit celuy de recueillir par luy & par ses hoirs *Masles* le
Duché de Bourgoigne ?

Connoist-on donc bien à present, combien il eut esté dangereux,
que le Roy *Iean* eut pretendu le mesme Duché par droict de *Retour*
à la Couronne, puis qu'il ne pouvoit faire valoir ce droict, qu'en
demeurant d'accord du droict hereditaire acquis & devolu aux hoirs
Masles de Robert de France, & qu'en les excitant de s'en prevaloir
contre luy-mesme? C'est pourquoy le Conseil de ce Monarque, bien
loing de remuer cette pierre, le porta à ne recueillir le Duché de
Bourgoigne qu'à titre de *succession*, se trouvant sans difficulté aucune
le plus proche heritier presomptif du defunt, du costé & ligne d'où
ledit Duché luy estoit écheu.   C'est

C'eſt la Troiſiéme raiſon que l'on a dit cy-deſſus, avoir ſervy de motif au Roy Iean, & aux Officiers de ſon Conſeil, pour le porter à faire valoir uniquement ſon droict *hereditaire* ; La juſtice & l'infailli-bilité duquel reſultoit de la ſeule demonſtration des differens degrez de proximité, auſquels & luy & ſes competiteurs en la ſucceſſion du Duché de Bourgoigne ſe trouvoient avoir eſté avec le de-funt.

III. Raiſon pour la-quelle le Roy Iean re-cueillit le Duché de Bourgoigne au ſeul Ti-tre de Succeſſion, tirée de ce que le droit d'he-redité eſtoit infaillible

Il a eſté dit cy-deſſus, que trois perſonnes pretendoient concou-rir avec le Roy *Iean* en cette ſucceſſion ; *Charles* II. dit le *Mauvais*, Roy de Navarre : *Edoüard* & *Robert* ſon frere enfans de *Henry* IV. Comte de *Bar*, chacun d'eux, auſſi bien que le Roy *Iean* eſtant deſ-cendus par filles de *Robert* Duc de Bourgoigne Biſ-ayeul de *Philippes* de Rouvre, des biens duquel il s'agiſſoit.

Charles eſtoit fils de *Philippes* Comte d'Eureux, & de Ieanne de France ; *Ieanne* de France eſtoit iſſuë du mariage du Roy *Loüys Hu-tin*, avec *Marguerite* de Bourgoigne, laquelle *Marguerite* eſtoit fille aiſnée de *Robert* II. Ainſi *Charles* avoit eu pour Biſ-ayeul ledit *Ro-bert*, auſſi bien que *Philippes de Rouvre*, & par conſequent *Philip-pes* & *Charles* s'eſtoient trouvez couſins iſſus de germain l'un de l'au-tre.

Edoüard & *Robert* avoit eu pour Pere *Henry* IV. Comte de *Bar*, decedé dés l'année 1344. Henry eſtoit fils d'*Edoüard* I. Comte de Bar, & de *Marie* de Bourgoigne, laquelle eſtoit une des filles puiſ-nées de *Robert* II. Duc de Bourgoigne ; De ſorte que leſdits *Edoüard* & *Robert* de *Bar* comptoient le meſme *Robert* pour leur biſ-ayeul, & avoient atteint feu *Philippes de Rouvre* au troiſiéme degré de conſan-guinité, auſſi bien que Charles Roy de Navarre, ayant tous eſté les uns aux autres couſins iſſus de germain.

Le Roy *Iean* eſtoit fils de *Philippes de Valois*, & de *Ieanne* de Bour-goigne ſa premiere femme, laquelle ayant eſté une des filles puiſnées de *Robert* II. Il ſe trouvoit que le Roy *Iean* comptoit ce meſme *Ro-bert* pour ſon ayeul maternel, & que par conſequent ayant eu le de-gré de germain ſur defunt *Philippes de Rouvre* ; Il s'eſtoit trouvé lors de ſon deceds, plus proche d'un degré que *Charles* Roy de Navarre, & que *Edoüard* & *Robert* de Bar.

Et comme ils tiroient tous leur parenté avec le defunt, de la ſouche & tige commune dudit *Robert* II. Le Roy *Iean* eſtoit par conſe-quent le plus proche dudit defunt du coſté & ligne d'où le Duché de Bourgoigne luy eſtoit écheu, & ſeul appellé par l'ordre des ſuccef-ſions à recueillir ce meſme Duché.

Une demonſtration ſi claire & ſi facile, determina aiſement le Conſeil du Roy Jean, ſur le Titre auquel ſeul il devoit recueillir le Duché de Bourgoigne, ſçavoir celuy d'*heredité* & de *ſucceſſion* : Car la ſubſtitution portée par le Teſtament de *Robert* II. dont il a eſté parlé cy-deſſus, en faveur de *Ieanne* de Bourgoigne mere du Roy *Iean*, eſtoit devenuë caducque, ladite *Ieanne* eſtant morte dés 1348. bien auparavant *Philippes de Rouvre*, decedé ſeulement en 1361. Au-tant donc qu'il y eat eu d'injuſtice & de peril de vouloir faire valoir le droict de Retour, ainſi qu'il a cy-deſſus eſté prouvé, autant y avoit il au contraire de Iuſtice, de facilité & de ſeureté à faire valoir le Titre & le droict de ſeul & unique *heritier*.

Edoüard & *Robert* de Bar n'eurent pas plûtoſt connoiſſance du droict du Roy *Iean*, qu'ils ſe deſiſterent de leurs pretentions : Mais le Roy de Navarre qui ne demandoit qu'un foible pretexte pour appuyer les factions qu'il tramoit dans l'Eſtat, ne voulut point ſe ren-dre à la raiſon, au contraire il mit en avant, *Qu'il repreſentoit Mar-*

guerite de Bourgoigne son ayeulle fille Aisnée de Robert II. du Chef de la-
quelle il devoit exclurre le Roy Iean, qui, disoit-il, ne pouvoit venir à la
succession du Duché, que du Chef de Ieanne de Bourgoigne sa mere, fille
puisnée du mesme Robert.

Mais comme ce discours estoit absolument illusoire, n'y ayant
point de representation en la succession d'un cousin, à laquelle au contraire tous les heritiers presomptifs viennent chacun de leur chef,
Aussi le Roy *Iean* se mit il en possession du Duché de Bourgoigne, nonobstant les vaines pretentions du Navarrois, qui cottinua de sa
part à les faire valoir le mieux, & le plus long-temps qu'il put sur le
papier, & mesmes sous le Roy *Charles* V. C'est ce qui se justifie par le
memoire d'instruction que ce Roy donna au Duc d'Anjou, pour representer en son nom au Pape & aux Cardinaux, les torts & les entreprises que le Roy de Navarre faisoit injustement sur le Royaume
de France : Car entre les articles de cette instruction a il y en a un a *Du Chesne, ès addi-*
qui porte, *Que le Duché de Bourgoigne n'appartient point audit Roy de* *tions aux preuves de*
Navarre, ains est écheu au Roy Iean, cousin germain du Pere de Philippes *l'Histoire de Bourgoigne*
Duc de Bourgoigne & plus prochain du costé & ligne d'où vient ledit *pag. 176.*
Duché, auquel Duché representation n'a point de lieu entre les fils des
freres.

L'evenement fit voir, que les pretentions du Navarrois sur ce Duché estoient imaginaires & chymeriques; Aussi ny luy de son vivant,
ny aprés son deceds *Charles* III. son fils Aisné qui luy succeda, n'eurent aucune récompense ou indemnité de leurs droicts sur la Bourgoigne, qui furent toûjours comptez pour rien : C'est pourquoy dans
l'échange, qui fut fait en forme b de Traitté à Paris le 19 Iuin 1404. b *L'extraict de ce Trai-*
entre *Charles* VI. Roy de France, & ledit *Charles* III. Roy de Na- *té se trouve dans du*
varre, pour tous les droicts que ledit Roy de Navarre disoit luy ap- *Puy in Verbo. Evreux*
partenir du chef & de la succession de son pere & de sa mere, il n'y *pag. 828.*
eut pas un seul mot, concernant le Duché de Bourgoigne, ce qui
fait voir que le droict du Roy *Iean* fut enfin reconnu infaillible & incontestable par les descendans mesmes, & par les Partisans de Charles le *Mauvais.*

Et beaucoup plus Mais outre la Iustice & l'infaillibilité de ce *droict hereditaire &*
'estendu que n'eût esté le *successif,* les Officiers du Roy y trouvoient encore un avantage, en ce
droict de Retour. qu'il estoit incomparablement plus estendu que n'eut esté le droict de
Retour & de *Reversion.*

Il ne faut pas beaucoup de penetration, pour estre convaincu de
cette verité.

L'on n'eut jamais pû se servir du droict de *Retour,* qu'en presupposant, que le Duché de Bourgoigne eut esté un *Appennage* absolument *Masculin,* en la personne de Robert de France fils du Roy Robert, & qu'en presupposant par mesme moyen, que non seulement
ledit Robert; mais encore ses descendans qui avoient succedé audit
Duché, n'en auroient esté que simples Appennagers, sans jamais avoir
rien eu en la proprieté d'iceluy.

Sur ce fondement, toutes les Terres, Seigneuries, Villes, Citez,
Fiefs, droicts & Domaines écheus & advenus à Robert de France,
& à ses successeurs, depuis l'an 1030. n'eussent point fait partie du
Duché de Bourgoigne, & jamais n'eussent pû passer pour dependances & appartenances d'iceluy, comme il a esté prouvé dans la pre-
miere partie c du present Factum. c *Cy-dessus pag. 40 &*
41.
Ainsi le droict de *Reversion* n'auroit donné à la Couronne, que le
Duché de Bourgoigne avec ses dependances, au seul & mesme estat
que le tout consistoit & s'estoit trouvé l'an 1030. lors de l'Appennage donné : Et quant aux Citez, Villes, Chasteaux, Fiefs & autres

Domaines écheus depuis ce temps à Robert de France, & à ses successeurs par acquisitions, constitutionr dotales, successions, donations, & autres Titres particuliers, ils auroient appartenu de plein droict aux heritiers *ab intestat* de Philippes de Rouvre dernier decedé.

Or le droict de *Retour* estoit incompatible avec celuy de *succession*, comme on a déja veu cy-dessus; Ainsi de deux choses l'une: Car où il auroit fallu que le Roy Iean se fut contenté, en vertu de ce droict, du seul Duché en l'estat qu'il estoit l'an 1030. & qu'il eut laissé le surplus, qui valoit peut-estre davantage, au Roy de Navarre & aux enfans du Duc de Bar, qui se seroient trouvez les plus proches heritiers; Où il auroit esté reduit à tenter de faire valoir un double droict, en sa personne par rapport à la difference des biens; Sçavoir le droict de *Retour* à l'égard du seul Duché, & le droict *successif* à l'égard du surplus; Mais quand il auroit pû exercer & faire valoir ce double droict contre le Roy de Navarre, & les enfans du Duc de Bar; Auroit-il pû exercer celuy de *Reversion*, au prejudice des Masles descendus par Masles de Robert de France, qui vivoient en 1361? Il est certain que non.

Et quand on dit, Que le surplus des biens sis en Bourgoigne, valoit peut-estre plus que l'Appennage entier: Il n'y a point d'exageration; Sur tout quand on entre dans la discussion des dispositions contenuës au Testament *b* de Hugues IV. de l'an 1272. Ce Prince fait distinction du Duché de Bourgoigne, & de ses dependances, tant anciennes, que nouvellement par luy acquises, d'avec ses autres biens, qu'il designe par des termes specifiques & singuliers, les appellans ses biens propres, hereditaires & acquests, *Tam in rebus meis hæreditariis, quàm à me acquisitis*: C'est ce qui a déja esté observé sur la fin de la premiere partie.

Or le detail de ces *propres hereditaires & acquests*, fait connoistre qu'ils estoient si grands & si considerables, que l'on auroit peine à le croire, si luy-mesme ne les avoit nommement articulez & specifiez.

De ce nombre estoient les Villes, Comtez, Fiefs & Domaines cy-aprés declarez compris nommement dans le legs pariculier fait à *Robert* II. son fils, sçavoir *Brancion, la Peurere, Beaumont, Buxi*, la Ville, Domaine & Comté de *Chalon, Maimont*, le Chasteau & la Chastellenie de *Moncenis, Beaune*, le Chasteau & la Chastellenie de *Vergy, Nuiz, Argilly, Mont-uendi, Baignoux, Rouvre, Dijon*, le Chasteau & la Chastellenie de *Talant, Auffone, la Perriere, Saint Seine, Foucherans, Chastillon sur Seine, Aisy, Villery, Nou*, le Chasteau & la Chastellenie de *Semur en Auxois*, & *la Garde* de l'Abbaye de Flavigny.

Dans le legs que le mesme *Hugues* IV. fait aux filles d'*Eudes* son fils Aisné predecedé, lesquelles il exclud du *Duché*, se trouvent la Ville & Domaine d'*Autun, Arnay*, & *Poüilly*, avec leurs Fiefs, appartenances & dependances.

Dans le legs fait aux Filles d'*Eudes* son fils Aisné pareillement predecedé, se trouvent les Chasteaux & Chastellenies de *Charolles*, du *Sauvement*, du *Mont S. Vincent*, de *Dondain, Darches* & d'*Vxelles*.

Enfin dans le legs fait à *Hugues* ou *Huguenin*, le seul fils qu'il avoit eu de son second mariage, sont nommement les Chasteaux & Chastellenies d'*Avalon, Chevannes, Mont-real, Chasteau-Girard, Montbar*, dont il s'agit au present procés, *Grignion, Vit?aux, Villes, Broies, Villaines en Duesmois, Aynay, Lantenay*, les Villes de *Pasques*, d'*Estalante*, de *Saluie*, de *Darcy, Volenay, Pomarque* prés Beaune, *Illes* & la *Procure* de Fleury.

Cette declaration ne peut pas estre suspecte, estant faite par un Duc de Bourgoigne & dans son Testament ; Mais estant faite par un Duc de Bourgoigne, qui vouloit que son *Duché* passat tout entier, & mesme avec quantité d'augmentations en la personne de *Robert* son fils, lequel il instituoit son heritier au mesme *Duché*.

Qu'il estoit de la derniere importance à l'Estat que tous ces Domaines fussent recueillis par le Roy Iean.

Or n'estoit-il pas de la derniere importance, d'empescher ou que le *Duché* ne passat aux Masles comme un Appennage absolument Masculin; ou que toutes ces Villes, Citez, Chasteaux, Chastellenies, Comtez, Fiefs & autres Domaines qui n'estoient ny du Duché, ny de ses dependances ne fussent deferez aux heritiers presomptifs du defunt? Et n'estoit il pas aussi de la derniere consequence, pour le bien de l'Estat & pour l'avantage de la Couronne, de faire ensorte que le Roy *Iean*, sans faire injustice ny violence à personne, recueillit seul & sans aucune distinction le *Duché* avec toutes ses dependances, & tous les autres biens qui n'estoient point du *Duché*; mais qui se trouvoient *hereditaires propres*, & *acquests* à defunt *Philippes* de Rouvres dernier Duc de cette premiere branche de Bourgoigne?

Ce qu'il ne pouvoit faire qu'au seul titre de succession.

Cependant il n'y avoit que le seul Titre d'*Heredité*, qui pût luy donner indistinctement tous ces biens; Car en vertu de ce droict, il avoit seul le *Duché*, comme un Fief également *Feminin* & *Masculin* à l'exclusion des *Masles*, qui se trouvoient tres-éloignez; En vertu de ce mesme droict, il avoit seul tous les autres biens, Citez & Domaines qui n'étoient ny du *Duché*, ny de ses dependances, à l'exclusion des autres parens du defunt, qui se trouvoient plus éloignez en degré que luy: Et enfin ce droict estoit juste, legitime, solide, infaillible & incontestable, dans l'exercice duquel il ne faisoit ny tort, ny violence à personne.

Ce fut donc un coup d'Estat, & tout ensemble un trait de singuliere prudence aux principaux Ministres & Officiers du Conseil du Roy *Iean*, de determiner ce Monarque à recueillir le *Duché* de Bourgoigne, non pas comme *Roy*, mais comme plus *proche parent* du defunt dernier Duc, & de faire valoir uniquement son droict *hereditaire* & *successif*, non seulement audit *Duché* & aux dependances d'iceluy; mais aussi aux autres *biens* particuliers *propres*, *hereditaires* & *acquests* dudit defunt, situez dans l'estenduë dudit Duché, des dependances, duquel ils n'estoient pas neantmoins; Afin que les *Masles* descendus par *Masles*, & les *Masles*, descendus par *Femelles* de *Robert* de France, en fussent indistinctement exclus, puis qu'ils se trouvoient tous indistinctement plus éloignez en degré du defunt que ne l'estoit le Roy Iean.

Soit particulier que le Roy Iean & Charles V. son fils ont eu d'inculquer que le Duché de Bourgogne n'avoit esté recueilly qu'au seul titre de succession.

Et c'est aussi la raison particuliere, pour laquelle tant és Lettres d'Vnion, qu'és Lettres du Nouvel Appennage en faveur de *Philippes* le *Hardy*, dont il sera incontinent parlé, le droict *successif* est uniquement declaré avoir esté le seul titre du Roy Jean, & le droict de *Retour* y est au contraire singulierement rejetté, & s'il faut dire, tres-formellement improuvé; Tant le Conseil de ce Monarque avoit eu soin non seulement d'inculquer & de faire connaistre la Iustice, l'infaillibilité & l'universalité du droict *successif*; Mais encore d'écarter tout ce qui auroit pû donner de prise aux *Masles* descendus par *Masles* à l'Occasion de la nouvelle Loy de l'Appennage absolument *Masculin*.

Ainsi donc és Lettres *a* Patentes d'Vnion du Duché de Bourgoigne à la Couronne, données à Paris au mois de Decembre 1361. Le Roy Jean declare, *Cùm nuper, per mortem carissimi filij nostri Philippi Ducis Burgundiæ, Ducatus Burgundiæ, cum juribus & pertinentijs universis, Nobis in solidum jurè proximitatis, non ratione Coronæ nostræ, debitus, ad*

Nos

a Ces Lettres sont rapportées par Catel en son Histoire de Tolose. Livre 2. chap. dernier pag. 399.

Nos fuerit devolutas, & in Nos jurè successorio translatus ac à Nobis acceptatus.

a Ces Lettres Patentes sont rapportées par Golut en ses Memoires des Bourguignons. *Livre 8. chap. 27. pag.* 137.

Ainsi és Lettres a Patentes de l'Appennage du Duché de Bourgoigne accordé à Philippes le Hardy quatriéme fils du Roy Iean dattées à Germigny sur Marne le 6 Septembre 1363, Le mesme Roy parle en ces termes, *Ducatus Burgundiæ, qui ex successionè bonæ memoriæ Philippi ultimi Ducis ejusdem, in nos, ut propinquiorem generè, noviter est delatus.*

b Dans du Chesne, Histoire de Bourgoigne. *Tom. 2. additions aux Preuves pag. 176.*

Ainsi enfin dans l'instruction, b que le Roy Charles V. surnommé *le Sage*, fils du mesme Roy Iean fit donner au Duc d'Anjou, pour representer au Pape, & aux Cardinaux, les entreprises injustes de Charles Roy de Navarre sur le Royaume de France, il est porté nommement, *Que ce Duché de Bourgoigne estoit écheu au Roy Iean, comme cousin germain du Pere de Philippes Duc de Bourgoigne, & plus prochain du costé & ligne, dont venoit ledit Duché.*

Mais aprés toutes ces veritez si clairement justifiées, qui pourra souffrir, sans indignation, Que quelques uns de nos derniers Autheurs, ayent taxé d'ignorance grossiere les Officiers du Roy Iean; Qu'ils ayent censuré leur conduite, & qu'ils ayent fait le procés à leur memoire, & cela seulement à cause qu'ils avoient porté ce Monarque à exercer uniquement le *Droict successif*, & non pas celuy de *Reversion?* C'est bien à present qu'il faut au contraire censurer asprement ces censeurs si peu circonspects, convaincus qu'ils sont d'avoir ignoré les veritables reigles des Appennages, qu'ils ont voulu persuader avoir sçeuës & penetrées mieux qu'aucun autre.

La Quatriéme & derniere raison qui determina le Roy Jean à reüeillir le Duché de Bourgoigne au seul titre d'*heritier* plus prochain, se tire de la certitude qu'il avoit, qu'en exerçant le droict d'*Heredité* qui luy estoit devolu, il parviendroit sans injustice, & avec beaucoup de facilité à la seule fin qu'il s'estoit proposée, qui estoit d'unir & d'incorporer le Duché de Bourgoigne au Domaine de la Couronne de France.

IV. Raison du Roy Iean pour Recueillir le Duché de Bourgoigne au seul Titre d'heredité, tirée de la facilité qu'il y avoit par cette voye d'unir ce Duché à la Couronne.

Les affaires du Royaume estoient si deplorées par les pertes que la prison de ce Monarque y avoit causées; Qu'il regarda d'abord la succession de Philippes de Rouvre, comme une espece de bonne fortune, entant qu'elle luy donnoit moyen de remplacer en quelque maniere, les alienations de tant de Provinces, Villes & Domaines qu'il avoit esté necessité de consentir & de faire par le Traitté conclu à Bretigny le 8 May 1360. C'est pourquoy le premier dessein qu'il eut, fut de consolider & d'incorporer le Duché de Bourgoigne au Patrimoine Royal.

Or il n'y a point de doute, Que s'il eut recueilly ce Duché *Iure Coronæ*, en qualité de Roy, & par le droict de *Reversion* à la Couronne à defaut d'hoirs; la reversion en eut esté faite de plein droict: Mais y ayant de l'impossibilité d'exercer ce droict, pour les raisons qui viennent d'estre expliquées, & n'y ayant point d'autre party à prendre, que celuy de recueillir le mesme Duché *Iure sanguinis*, à titre de succession, il est certain qu'il n'échéoit au Roy Iean que comme à un parent du defunt, & qu'en sa personne ce n'estoit qu'un Domaine de famille, particulier & privé qui ne s'incorporoit point *ipso facto*, au Domaine de la Couronne; Mais qui pour en faire une partie integrante, y devoit estre uny expressement par celuy auquel il avenoit; car l'union tacite n'estoit pas lors encore receuë, ny connuë, n'ayant esté introduite que par l'Ordonnance du Domaine, faite à Moulins en 1566. ainsi qu'il sera cy-aprés demonstrativement prouvé.

B b

L'Expedient donc pour suppléer au titre d'*Heredité*, ce qui se seroit trouvé naturellement dans l'exercice du droict de *Retour*, estoit entierement en la disposition du Roy Iean, Car il n'avoit qu'à vnir par Lettres Patentes le Duché de Bourgoigne à la Couronne, ce qui ne luy coustoit qu'à vouloir & à ordonner: De sorte que le droict *successif* estant le seul qu'il put exercer, estant d'ailleurs plus ample & plus estendu que celuy de *Reversion*, & pouvant par des simples Lettres d'union estre contourné, & porté au mesme effet que le simple droict de *Retour* eut naturellement produit de soy, l'on voit bien qu'il estoit de la derniere prudence, d'exercer uniquement ce droict *successif*, & de rejetter celuy de *Reversion*, puis qu'on évitoit tous les dangers, les perils & les inconveniens insurmontables, qui se rencontroient dans l'exercice du Droict de *Retour*: Et que sans aucun embarras on parvenoit avec Iustice, facilité, & avec de tres grands avantages, à la mesme fin où le droict de *Retour* auroit naturellement porté les choses.

Que si le Duché de Bourgoigne ne fut, ne pût, ny ne dût estre recueilly par le Roy Iean qu'à titre de *succession*; Et si ce titre singulier personnel conservoit ce Duché en la personne de ce Monarque sans aucune confusion d'iceluy avec le Patrimoine de la Couronne, quoy qu'autre-fois il en eut esté une partie integrante, eclipsée & demembrée; A plus forte raison la Terre & Seigneurie de Montbar qui n'estoit ny du Duché, ny de ses dépendances ne fut, ne pût, ny ne dût elle estre recueillie par ce mesme Roy qu'au seul titre d'heritier plus proche du defunt, & fut par luy tenuë & possedée sans aucune confusion avec le Domaine de la Couronne, duquel elle n'avoit jamais esté partie integrante.

Et c'est par cette conclusion, ou plûtost par cette demonstration si claire, si palpable & si sensible, Que le sieur Aubery finit tout ce qu'il avoit à dire au sujet de la premiere verité, par luy cy-dessus avancée, sçavoir, *Que non seulement* dans la certitude du fait; mais aussi dans la necessité absoluë du droict, *le Roy Iean n'avoit recueilly qu'à titre* d'heredité, *& non de* Retour, *la Terre & Seigneurie de Montbar*, aussi bien que le Duché de Bourgoigne, & encore tous les autres biens & Domaines situez dans l'estenduë dudit Duché, duquel neantmoins ils n'estoient ny des appartenances, ny des dépendances.

La Seconde verité cy-dessus mise en avant, est pareillement de certitude, de fait & de necessité de droict; Sçavoir *Que le Roy Iean par les Lettres Patentes du mois de Novembre* 1361. *unit de verité à la Couronne le Duché de Bourgoigne, ses appartenances & dependances; Mais qu'il n'y unit pas la Terre & Seigneurie de Montbar, quoy qu'elle fut située dans l'estenduë du mesme Duché.*

Pour ce qui est du fait, il n'y a qu'à lire les Lettres Patentes d'union: Car quoy qu'entre les effets hereditaires, que le Roy Iean avoit recueillis comme heritier de Philippes de Rouvre; Il y eut bien d'autres Domaines, Chastellenies, Citez, droicts & Fiefs, Que ceux dont le Duché de Bourgoigne estoit composé; ainsi qu'il a esté veu cy-dessus; Neantmoins ce Roy unit, & incorpora simplement à la Couronne le seul *Duché, ses dependances & appartenances*, sans faire la moindre mention des autres biens qui luy estoient écheus par la mesme succession que le Duché.

Ipsum eumdem Ducatum Burgundiæ, (portent lesdites Lettres) *ac Comitatum Campaniæ, nec non Comitatum Tolosæ ad nos pleno jure spectantes, cum ipsorum singulorum Iuribus, & pertinentijs Vniversis nostræ Francorum Coronæ, de nostra certa scientia & autoritate Regia donamus, unimus, & inseparabiliter conjungimus; Et solidamus juribus nostræ Coronæ, dictos*

Ducatum Burgundiæ, Comitatus Campaniæ & Tolosæ ex nunc applicantes, appropriantes, & nostra eâ Iura Innovantes : Et sic solidatos in perpetuum dictæ Coronæ per presentes volumus ac decernimus, & universos quoscumque alios successores in eisdem Ducatu & Comitatibus, inter futuros Reges Francorum, in perpetuum excludentes : En quoy l'on voit clairement, que l'union, la consolation & l'incorporation n'est faite que du seul Duché de Bourgoigne, droicts & dependances d'iceluy.

De sorte, que la Terre & Seigneurie de Montbar, n'ayant jamais esté ny dudit Duché, ny de ses dependances ; Il y a une certitude toute entiere dans le fait, qu'elle ne fut point par lesdites Lettres unie ny incorporée au Domaine de la Couronne.

Mais quant au droict il y avoit necessité de borner cette union au seul Duché, parce qu'il y avoit une impossibilité toute entiere de l'estendre à la Terre de Montbar, & aux autres semblables Domaines, qui de leur nature n'estoient point unissables au Patrimoine Royal.

Impossibilité, quant au droict d'v unir la terre de Montbar.

Pour bien comprendre cette necessité resultante de l'impossibilité qu'il y avoit d'en user autrement, il faut avoir recours aux principes que la Iurisprudence du Domaine a establis touchant les differens cas esquels tantost la *Reünion* se fait de plein droict, & tantost l'*Vnion* expresse, ou au moins tacite est absolument & necessairement requise.

Le Premier de ces principes est, Que quand un Domaine de la Couronne, est donné & delaissé, soit en Appennage, soit à quelqu'autre titre sous la clause de *Retour* ; Aussi-tost que le cas de la *Reversion* est arrivé, la *Reünion* de ce Domaine démembré, se fait de plein droict à la masse du Patrimoine Royal, sans qu'il soit besoin de Declaration ny de Lettres Patentes du Prince : La raison que l'on en donne ordinairement, est qu'au moyen du *Retour* stipulé, le Domaine auquel la charge est imposée, retient sa nature primitive, sans aucune alteration du moins qui soit essentielle ; & la condition arrivant, il revient non pas à la personne du Roy, mais à la masse, de laquelle il avoit esté distrait & separé, *ad tempus solummodo, non in perpetuum,* ce que du *a* Molin explique en ces termes : *Proprietas spectat ad Majestatem & Coronam Regiam, non ad personam principis organicam.*

Les Terres données sous la clause de Retour se reunissent de plein droict à la Couronne, quand le cas du retour arrive.

a In consuetud. Pariss. §. 30. num. 170.

b Ibidem, num. 185.

Or cet Autheur a soigneusement observé cette Maxime, *Terræ, b dit-il, Appennagij sunt pars Domanij Regis concessi per modum provisionis filijs Masculis Regum, & Masculis descendentibus ex eis ; Vnde,* poursuit il, *finità lineà Masculinà, ipso jure finitur, & resoluitur Appennagium, & dictæ Terræ ipso facto consolidantur & reüniuntur Domanio absque alia incorporatione :* La raison qu'il en rend est, *Quia verè numquam exierunt à Domanio ;* A quoy l'on peut ajoûter ce qu'il dit ailleurs ; *c Quia non fuerunt translatæ nisi limitatim usque ad certum tempus.*

c Ibidem, num. 173.

Le Second principe est, *Que les obventions reelles,* telles que sont les Terres confisquées, les Fiefs tombez en commise, les heritages vacans, & ce qui peut écheoir au Roy à titre de desherence, d'aubeine & semblables, *ne se reünissent point de plein droict au Domaine de la Couronne,* quoy que ce soient des fruicts, s'il faut ainsi parler, emanez & produits de la seule nature & qualité d'iceluy, & devolus au Roy, en la seule qualité de Roy ; De sorte que pour leur communiquer la nature & les qualitez du Domaine, il faut que ces biens y soient *unis, incorporez, & consolidez,* ou *expressement* ou *tacitement.*

Les Domaines qui échéent aux Rois par confiscations, commises & autres obventions ne s'unissent pas de plein droict à la Couronne.

d Ibidem, num. 184.

Cette mesme Maxime est attestée par du *d* Molin au mesme endroit qui vient d'estre cité : *Hujusmodi accessiones & obventiones,* dit-il, *illæ dependeant, & moveantur à Domanio Regio, & per confiscationem vel commissum factæ sint principis, & sint in ejus Dominio, tamen non sunt de Domanio antequam Domanio incorporentur:* Il ajoûte, Que c'est la raison pour laquelle les Roys peuvent les aliener à perpetuité : *Ideo possunt per Principem alienari.* Et passant plus loin, il remarque, que ces sortes d'alienations ne sont point sujettes aux formalitez requises és alienations du Domaine; De maniere qu'il n'est pas necessaire de les faire approuver ny verifier au Parlement, mais seulement de les faire registrer és Chambres du Tresor & des Comptes *Feuda*, ce sont les termes de cet Autheur, *Subfeuda & alia quæcumque immobilia ab eodem Domanio dependentia quæ ad Regem Iure confiscationis vel commissi deferuntur, possunt liberé per eum alienari, & in perpetuum concedi, nec requiritur homologatio supremi Senatus Parisiorum, sed sufficit homologatio præfectorum Ærario & Ratiociniis Principis.*

Non plus que ce qui leur échet par un Droict personnel d'heredité & de succession.

Le Troisiéme principe est, *Que tout ce qui échet à nos Roys, non pas en qualité de Roys, ny à cause de leur Couronne, mais en vertu d'un droict personnel,* resident en eux tel que celuy d'heritier, & de plus proche parent d'un defunt, *est absolument à eux, & ne se confond point avec le Domaine de la Couronne jusques à ce qu'ils l'ayent uny & incorporé au mesme Domaine, expressement ou tacitement.*

La raison sur laquelle cette Maxime a esté establie, seroit inutillement recherchée & expliquée aprés ce second principe, qui vient d'estre rapporté: Car si les obventions, quoy que fruicts aucunement naturels du Patrimoine de la Couronne, n'y sont point incorporez de plein droict; bien moins le seront les biens & les Domaines qui échéent aux Roys independemment de leur Couronne, & par des titres & des droicts tellement personnels, qu'ils ne laisseroient pas de les exercer quand ils ne seroient pas Roys; Mais cela se prouvera cy-aprés demonstrativement par les Arrests qui l'ont ainsi jugé, autant de fois contre Monsieur le Procureur General, qu'il en a voulu faire naistre la question.

Or ces principes ainsi establis, il est aisé de prouver ce que le sieur Aubery a cy-dessus mis en fait.

Application de ces Maximes au fait particulier dont il s'agit.

Le Duché de *Bourgoigne* & ses dependances, la Terre de Montbar, & les autres Domaines qui n'estoient ny du Duché, ny des dependances d'iceluy, n'avoient point esté recueillis par le Roy Iean, ny par droict de *Retour*, comme on a veu, ny comme des *obventions & échoites* du Domaine de la Couronne; Mais par le seul titre & droict d'*Heredité*, qui luy estoit uniquement personnel, entant qu'il s'estoit trouvé le plus proche à succeder à Philippes de Rouvre du costé & ligne d'où lesdits Duché, Terres & Domaines avoient appartenu au defunt.

L'on ne pouvoit donc pas presupposer, ny mesme feindre une *Reünion* de plein droict, soit du Duché, soit des autres Terres, au Domaine de la Couronne: Il falloit au contraire proceder à une *Vnion* precise & formelle, & pour cela, il falloit que les Domaines se trouvassent *Vnissables*, ou pour parler plus intelligiblement qu'ils fussent *susceptibles* de cette *Vnion*.

Le Duché de Bourgoigne & ses dependances en 'estoient susceptibles; Et comme il ne restoit plus qu'à produire la forme dans une matiere apte & disposée à la recevoir, aussi l'Union s'en fit elle; Les Lettres Patentes y sont formelles, *Donamus, unimus, coniungimus, solidamus*; Ce n'est pas une simple *Reünion*, mais une *Vnion* specifique; Le Roy Iean donne, unit, joint, incorpore au Patrimoine de la Couronne, un Domaine qui luy estoit *propre & particulier*, l'ayant eu par droict de *succession*, comme une personne privée, independemment de la Couronne & de la qualité de Roy.

Mais

Mais quant à la Terre de *Montbar*, qui estoit un *Fief Lige* de l'E-vesché de *Langres*, & qui par consequent ne pouvoit devenir Domai-ne de la Couronne, aussi n'est elle point comprise dans les Lettres d'Union, lesquelles, comme il a esté veu, sont restreinctes & limitées au seul *Duché* de *Bourgoigne*, & à ses *dependances*, du nombre des-quelles *Montbar* n'avoit jamais esté ny pû estre.

Ainsi donc, pleine certitude dans le fait, que *Montbar* n'a point esté uny au Domaine de la Couronne par le Roy Iean : Mais im-possibilité dans le droict d'en faire l'*Union* ; De sorte que le sieur Aubery a eu raison de mettre en fait pour une seconde verité tres-constante, *Que ce Monarque par ses Lettres Patentes du mois de Novembre 1361. n'unit à la Couronne que le Duché de Bourgoigne & ses dependances* ; Mais non pas la Terre de *Montbar*, qui n'estoit ny dudit Duché, ny des dependances d'iceluy.

La Troisieme verité est, *Que le Roy Iean par ses Lettres Paten-tes du mois de Septembre 1363. donna à Philippes le Hardy son fils &* à ses descendans, non seulement le Duché de Bourgoigne & ses de-pendances, mais encore generallement tous les autres biens & Do-maines qu'il avoit recueillis, comme heritier de Philippes de Rou-vre, quoy qu'ils ne fussent ny du Duché, ny des dependances d'ice-luy ; *Pour le tout avoir & tenir ainsi, & en la mesme qualité* (fors le Re-tour) *Que ledit Philippes l'avoit eu, possedé & tenu* ; De sorte que par cette transmission Philippes le Hardy tint comme Domaine, ce qui estoit Domaine, & comme bien non Domanial, ce qui du temps de Philippes de Rouvre n'estoit point Domanial ; sans que la nature, qualité, & mouvance desdits biens & Domaines fussent changées ny alterées.

Auparavant que de venir à la demonstration de cette verité dans le fait, il faut sçavoir qu'aussi tost que le Roy Iean se fut saisy du Du-ché de Bourgoigne, & des autres Terres que le droict d'*heredité* luy deferoit comme plus proche parent de Philippes de Rouvre, les Seigneurs dans la mouvance desquels une partie de ces Terres se trouvoient, connurent le prejudice notable qui leur en reviendroit à moins que le Roy *Iean* n'en vuidast ses mains, ne pouvant pas avoir leur Souverain pour Vassal, & d'ailleurs n'estant pas juste qu'ils ne fussent plus servis de leurs Fiefs.

Ce fut le sujet de la plainte qu'ils formerent : Plainte qui ne pou-voit estre que tres-legitime, ayant pour fondement une des plus an-ciennes Coustumes Feodales que nous ayons establies en France.

Cette Coustume portoit, *Que le Roy n'acquereroit rien dans les Fiefs de ses Vassaux sans leur consentement,* Que si par confiscation, succession ou autrement, il luy échéoit quelque Terre mouvante de leurs Fiefs, il seroit tenu de la mettre hors de ses mains, si-tost qu'il en seroit re-quis, & de s'en defaire au profit d'une personne qui put faire & porter au Seigneur, les devoirs & services Feodaux, dont cette Terre estoit chargée.

Deux raisons se donnent ordinairement de cette disposition.

La Premiere se tire de l'eminente dignité, & de la souveraine Ma-jesté, qui reside en la personne de nos Roys, lesquels il seroit indecent de se faire, & de devenir Vassaux de leurs propres Vassaux & Sujets, Guillaume Durand connu particulierement sous le Titre de *Specula-tor*, qui compila son ouvrage sur la fin du treizieme siecle, ainsi que du a Morin l'a remarqué, le dit en ces termes : b *Non decet Principem hu-jusmodi tributaria bona & quæ alteri servitium debent tenere ; Imo,* pour-suit-il secundum Iohem Caroli, *Vassallus alterius non potest fieri Princeps, quia ex consequenti oporteret eum servitij onus subire.*

a In Conf. Parif. §. 51. glof. 2. num. 6.
b Tit. de Feudis. quæ-stio. 40.

La Seconde raison se tire de l'interest des Vassaux, qui par ce moyen auroient perdu leur mouvance en ce qu'elle leur seroit devenuë inutille, si les Roys eussent retenu leurs Fiefs sans en porter les charges, & sans en acquitter les services : *Non expedit*, ajoûte le mesme Durand, *Domino Feudi habere Principem, & Dominum suum in Vassalum :* Du Molin *a* sur l'ancienne Coustume de Paris fait la mesme observation. *Si quocumque modo*, dit-il, *ad Regem Franciæ perveniat Subfeudum dependens à Vassallo Regis, non debet uniri Dominio Regis sed extra manum eius poni, & transferri in privatum, idoneum clientelari conditioni subeundæ :* Il ajoûte, *& ita pridem cautum est constitutione Regia Regis Ioannis quæ habetur in Regestis sacrorum Scriniorum, & Ratiociniorum Regis. Et hæc constitutio habet locum nedum in prædiis Subfeudalibus, sed etiam in censualibus moventibus à subditis :* En suite dequoy parlant du motif de cette constitution : *Et est ratio, quia Rex non debet subditis suis præiudicare, sed magis eorum Iura conservare.*

a In Consuet. Paris. §. 13. No. 4. num. 13.

Il est vray que ce mesme Auteur en un autre *b* endroit dit, que la premiere Ordonnance sur ce sujet ne fut pas du Roy Iean, mais de *Philippes le Bel*, confirmée par *Charles le Bel* son fils, de laquelle confirmation Guillaume Durand a entendu parler dans le texte cy-dessus rapporté; mais si cette Coustume n'avoit commencé que sous *Philippes le Bel*, elle ne seroit pas des anciennes.

b Idem. §. 51. glo. 2. num. 5.

Il faut donc convenir, que plus de cent ans auparavant Philippes le Bel, cette Coustume estoit déja tres-exactement observée par nos Roys, & que l'on la comptoit dés lors parmy celles qui faisoient partie de nostre primitive Iurisprudence Feodale, il y en a un témoignage tres-authentique dans *c* l'Histoire des Evesques de *Cahors* mise au jour en 1626, par Guillaume de la Croix Avocat au Siege de Cahors. *Guillaume* IV. du nom, de la Maison *Cardaillac*, s'estoit mis en possession du Comté, & de la Ville de *Cahors*, aprés que par les Armes du Comte de Monfort, l'un & l'autre eut esté retiré des mains de Raymond Comte de Tholose Chef du party des Albigeois. Or cet Autheur rapporte l'Acte de l'Hommage Lige que cet Evesque en rendit à Philippes Auguste datté à Paris au mois d'Octobre de l'an 1211, dont la conclusion est conceuë en ces termes, *Adhuc & eidem concessimus, ut si de ijs (de quibus ius suum reclamabat, quod Comes Tholosanus & alij ipsi disforciabant) aliquid per se vel per amicos posset recuperari, bene nobis placeret : Si quid vero ad manum nostram deveniret, vel alius acquireret super quem posse haberemus, si prædictus Episcopus exinde requireret, Ius eidem & Vsus, & Consuetudines Franciæ super hoc faceremus.*

c Pag. 16.

Ancienneté de cette Coustume, attestée par Philippes Auguste dans une Chartre de l'an M. CC XI.

Cette maniere de parler, *Ius eidem & Vsus, & Consuetudines Franciæ super hoc faceremus*, prouve bien clairement, que ces Coustumes n'estoient pas nouvellement introduites au Royaume, receuës ny empruntées d'ailleurs; mais qu'au contraire elles estoient singulieres, & s'il faut ainsi dire nées avec la Monarchie de la France, par les Maximes fondamentales de laquelle nos Roys ne peuvent devenir Vassaux de personne pour raison des biens situez dans l'estenduë de leur domination : De sorte que si ces biens sont mouvans de leurs Vassaux, ou ils racheptent l'Hommage, par le moyen de l'indemnité qu'ils en donnent; ou ils en vuident leurs mains; ou ils donnent une personne idonie, & suffisante pour acquitter en leur place les devoirs & services Feodaux.

Philippes Auguste, plus qu'aucun autre, estoit tres-bien informé de ces Coustumes anciennes, puis qu'il s'y estoit déja soûmis, tant à l'égard de l'Evesché d'*Amiens*, pour raison du Comté d'*Amiens*, que à l'égard de l'Evesché de *Noyon* à cause du Comté de *Vermandois*.

Tres-religieusement observée par ce Monarque envers l'Evesché d'Amiens.

Du Puy, In verbo Amiens, pag. 694.

LE Comté d'*Amiens* jufques en 1185. avoit eu des Seigneurs particuliers qui l'avoient originairement receu & qui le rendoient encore à Foy & Hommage de l'Evefché d'*Amiens* : Philippes Augufte la tint de *Philippes d'Alface* Comte de Flandres, comme un Domaine tres important à l'Eftat. Il eut fallu, fuivant les Couftumes feodales de France, qu'il euſt vuidé fes mains, ou indemniſé l'Eglife, ou donné homme en fa place ; mais l'Eglife d'*Amiens* le prevint par une benignité fi finguliere, qu'il femble que ce Monarque n'ait pas des termes affez forts pour la relever : Car elle luy accorda de tenir ce fief fans luy en faire Hommage : Philippes qui ne vouloit pas eftre furmonté en aucune forte de vertus par fes Sujets, quitta par maniere d'indemnité à cette Eglife, le droict *Choppin, lib. 3. de dha. tit. 20. numb. 2.* de b *Procure*, autrement de *Gifte* qu'elle luy devoit, & declara que tant que le Comté d'*Amiens* feroit poffedé par fes Succeffeurs Roys de France, Ils ne pourroient rien demander à la mefme Eglife pour raifon de ce droict : Que fi neantmoins le Comté d'*Amiens* venoit à tomber és mains de quelqu'un qui en puſt porter les Foy & Hommage, celuy-cy en rendroit les devoirs à l'Eglife d'*Amiens*, qui de-là en avant continueroit auffi le droict de *Procure* & de *Gifte* à Philippes & à fes Succeffeurs Roys de France. C'eſt ce qui fe lit és Lettres Patentes de ce Monarque de 1185, rapportés *De Sacra Pol. lib. 1. c. 6. num. 6.* par c Chopin.

Et l'Evefché de Noyon. Quant à l'Evefché de *Noyon*, il luy donna les Terres de *Sacenac* *'Du Puy. In verbo. Vermandois pag. 963.* & de *Cuy* pour l'indemnifer de l'Hommage du Comté de *Vermandois*, lequel Comté il avoit retiré en partie du fufdit Philippes d'*Alface*, par le Traitté de l'an 1184. & acquis en partie d'*Alienor d'Alface* fœur dudit Philippes à titre d'échange paffé en 1191 & confirmé en 1194. Ce Comté relevoit en plein Fief de l'Evefché de *Noyon*, & Philippes Augufte, pour fe décharger de cette feudalité, donna au mefme Evefché les deux Seigneuries fufdites par une maniere d'échange paffé en l'année 1213.

Par Philippes le Bel envers l'Evefché de Langres. Ces mefmes Couftumes n'eftoient pas non plus inconnuës à *Philippes le Bel*, puis qu'auparavant qu'il fut parvenu à la Couronne, (ce qui ne fut qu'en Septembre 1285. après la mort de Philippes le Hardy fon pere) il s'y eftoit nommement foûmis envers *Guy* Evefque de Langres, par l'Acte de Foy & Hommage qu'il luy avoit rendu en 1284. pour raiſon des Fiefs fis en Champagne appartenans à Ieanne Reyne de Navarre fon époufe.

Sainte Marthe, tom. liv. 13. chap. 4. Pour l'intelligence de cecy, Il faut fçavoir que le 16 Aouft 1284. *Philippes*, depuis furnommé *le Bel*, eftant devenu le fils Aifné de Philippes le Hardy, par le predeceds de Louys de France fon frere Aifné, époufa *Ieanne* Reyne de *Navarre*, fille & heritiere de Henry I. Roy de Navarre, & de Blanche d'Artois ; Cette Reyne, outre le Royaume de Navarre, avoit encore les Comtez de *Champaigne & de Brie*, dans l'eftenduë defquels fe trouvoient f *Bar-fur-Aube*, *Voyez cy-deffus, pag. 38.* *Chaumont*, & plufieurs autres Villes & Seigneuries qui eftoient mouvantes & tenuës en plein Fief de l'Evefché de Langres. Philippes le Bel, en confequence de fon mariage, entra donc en Foy & Hommage de L'Evefque de Langres pour raifon defdites Villes & Seigneuries : Mais ce fut fous deux precautions.

La Premiere, Que s'il devenoit Roy de France, l'Hommage qu'il rendoit, feroit dès lors aneanty & demeureroit fans aucun effet, à condition toutesfois qu'il fourniroit en ce cas un Vaffal idoine & fuffifant à l'Evefque de Langres, ou qu'ils s'accorderoient enfemble de l'indemnité deuë à l'Evefché.

La Seconde, Que l'on ne tireroit nullement à confequence

contre l'Evesque de Langres & ses Successeurs Evesques, de ce que l'Hommage estoit rendu par *Philippes* en la Ville de Paris, & non pas *In loco debito & ubi fieri consuevit;* Ce sont les precautions prises par cet Acte daté du Mardy avant la Chaire S. Pierre 1284. qui se trouve dans le Chartulaire *a* de l'Evesché de Langres.

a Fol. 3. verso.

Ieanne Reyne de Navarre mourut au mois d'Aoust 1304. auparavant *Philippes le Bel* son mary, & par son deceds le Royaume de Navarre, & les Comtez de Champagne, & de Brie, passerent à *Louys* de France son fils Aisné qui depuis fut Roy surnommé *Hutin;* Louys entra en la Foy & Hommage de l'Evesque de Langres, pour raison des mesmes Villes de *Chaumont*, *Bar-sur-Seine*, & autres mouvantes en Fief de l'Evesché de Langres; L'Acte en est transcrit tout entier dans le Chartulaire *b* du mesme Evesché; Il est datté du Mardy avant la Feste de Noël de l'année 1309. Il contient les mesmes clauses & precautions que celles qui avoient esté inserées en l'Hommage de *Philippes* le Bel, d'autant que *Louys* avoit esté receu à le faire dans le Monastere du Lys.

b Folio 4. recto.

Quand donc quelques uns de nos Autheurs ont écrit, que la premiere Ordonnance sur le sujet dont il s'agit a esté faite par *Philippes le Bel*, qui ne commença à régner qu'en 1285. Il ne faut pas s'imaginer que cette Ordonnance ait esté introductive de cette Iurisprudence Feodale, puis que dès *Philippes Auguste*, plus de cent ans auparavant, c'estoit une Coustume reconnuë pour estre ancienne & primitive dans ce Royaume; Mais *Philippes* le Bel voulut bien de simple Coustume qu'elle avoit esté jusques alors, luy donner le titre d'Ordonnance, le caractere, la force, & l'authorité de Loy, dont voicy le sujet.

Plusieurs desordres s'estoient glissez dans l'administration de la Iustice, & quantité d'abus se commettoient journellement sous pretexte, tant du pouvoir que les Officiers Royaux s'attribuoient que des Privileges qui estoient accordez aux Bourgeois de Roy. Philippes le Bel voulant y remedier, fit une Ordonnance qu'il intitula luy-mesme, *Pro reformatione Regni nostri*, contenant jusques à 60. articles, Donnée à Paris le Lundy aprés la my-Caresme 1302. Pithou a eu soin de la faire imprimer toute entiere ensuite de son Commentaire sur la Coustume de Troyes; Et c'est de la plus-part des articles de cette Ordonnance qu'ont esté composez divers titres particuliers des Ordonnances distribuez par matieres, en la troisiéme partie de l'ancien Stile du Parlement.

Or en l'art. 4. de cette Ordonnance *Philippes* declare qu'il n'acquierera rien dans les Fiefs de ses Vassaux sans leur consentement, Et qu'en cas que par forfaiture quelques Domaines luy échéent dans leur mouvance, il en vuidera ses mains dans l'an & jour, ou leur donnera des indemnitez suffisantes: *Item*, dit. il, *pro eorum Feodis & Retrofeodis nihil de cætero acquiremus nisi de eorum procedat assensu, vel in casu procedente ad Ius nostrum Regium* : Il poursuit, & se depart de toutes les *Aduoüeries* des Eglises & des Barons Lays, que luy & ses Predecesseurs Roys pouvoient avoir acceptées, à moins qu'ils en eussent jouy par un temps suffisant pour en acquérir la prescription; *Nec recipiemus*, ce sont les termes *Advocationes Vassalorum seu hominum Ecclesiasticorum, nec non & nostris Baronibus subiectorum; Et eas quas recepimus revocamus, nisi eas tenuerimus pacificè tanto tempore, quòd de consuetudine patriæ nobis fuerint acquisitæ;* Enfin il conclud cet article par ces mots; *Si verò contingat quod in terris ipsorum aut aliorum subditorum nostrorum aliquæ fore-facturæ nobis eveniant Iure nostro Regio; infra annum & diem extrà manum nostram ponemus.*

mus. Et ponemus in manu hominis sufficientis ad deserviendum Feodo, vel Dominis Feodorum: aut recompensationes sufficientes & rationabiles faciemus.

Mais il semble que les Nobles de Champaigne receurent quelque difficulté de la part des Officiers Royaux en l'observation de cette Ordonnance, & il n'est pas hors de vray-semblance qu'aprés la mort de Ieanne Reyne de Navarre, les Officiers de Philippes le Bel eussent commencé à avoir moins de consideration pour les Nobles de Champaigne, ne les regardant plus comme Vassaux du Roy, mais comme Vassaux de *Louys* son fils : C'est pourquoy si tost que *Louys* fut parvenu à la Couronne qui fut l'an 1314. les Nobles de Champaigne luy presenterent leurs cahiers de plaintes, qu'il répondit à Vincennes au mois de May 1315.

Qui fut confirmée par Louys Hutin son fils.

Pithou a fait imprimer ce Reglement qui merite plûtost le nom de *Declaration* que d'*Ordonnance* ; Le preambule porte nommement qu'elle avoit esté faite *sur les griefs & empeschemens qui ont esté faits aux Nobles & aux autres personnes de nostre Comté de Champaigne, si comme ils dient, ou temps passé, contre les enciens usaiges Coustumes & libertez dont ils se sont dolu & pleint à Nous :* Elle ne contient que 16 articles, dont le troisiéme est conceu en ces termes.

Item, sur ce que ils disoient, que nous ne poons riens acquerre, ne nous accroistre en lor Baronnies Terres, Fiés, arrierefiés ou Censiues né és alués seans en lor terres : Nous leur avons actordé & ottroyé, que nous n'acquerrons riens en lor Fiés sans leur consentement par maniere d'achapt ou autre Contract volontaire ; Mais ce que il nous venra par forfaiture, ou par autre escheoite, nous retendrons se il nous plaist, en baillant au Seigneur de qui fié il mouvera, homme souffisant pour le fié ou faisant souffisante recompensation de celi Fié.

Ces termes d'*homme souffisant pour le Fié,* ne satisfaisant pas en-entierement les Nobles de Champaigne, ils retournerent à *Louys Hutin,* & le supplierent de les expliquer si clairement, qu'il ne restat ny ambiguité, ny doute dans l'execution : C'est pourquoy au mois de Mars de la mesme année 1315. selon l'ancien calcul, ce Roy se trouvant lors à *Sens,* fit une seconde Declaration par maniere d'addition à la premiere, contenant pareillement 16 articles, au troisiéme desquels commençant par ces termes : *Item, la réponse faite au tiers article, contenant que nous ne poons riens acquerire,* &c. *Nous adioustons,* dit-il, *& declarons qu'és cas là où nous serons tenu de donner homme : Li Nobles, en defaut dudit homme, puissent assener à lor fié & luy instit. . . . . . . Et que l'homme que nous averoens donné soit tenus pour cause dudit Fié obeyr ausdits Nobles, ainsi comme lor propre Vassal, & à desservir ledit Fié.*

a Tit. de feudis quastio. 40.
b In consuet. Paris. §. 51. glos. 2. num. 6.
c Idem §. 13. glo. 4. num. 3.
d Art. 67. num. 10.

Durand *a* dans son ouvrage intitulé, *Speculum Iuris,* remarque, ainsi qu'il a esté dit cy-dessus, que *Charles* ordonna la mesme cho-se, *secundum legem Caroli, Vassalus alterius non potest fieri Princeps:* Ce que du Molin *b* attribuë, & rapporte à Charles le Bel ; & en un autre *c* endroit, cy-dessus aussi allegué, il dit que le Roy Iean fut Autheur d'une pareille Ordonnance: ce que *d* Brodeau sur la Coustume de Paris confirme.

Et par les Rois Charles le Bel & Iean II.

Aux termes donc de cette Coustume ancienne, à laquelle tant de Roys, & nommement le Roy Iean avoient donné dans leur Royaume la force & l'authorité de Loy ; Les Nobles de Bourgoigne prirent la liberté de porter leurs plaintes & remonstrances au mesme Roy Iean, Des l'année 1361. il s'estoit mis en possession du Duché de Bourgoigne, & des autres biens y situez estant de

Instances faites par les Nobles du Duché de Bourgoigne au Roy Iean, à ce qu'il eut à vuider ses mains des Fiefs mouvans d'eux qu'il avoit recueillis dans la succession de Philippes de Rouvre.

la succession de Philippes de Rouvre ; Entre ces biens se trouvoient plusieurs Terres dans la mouvance de divers Seigneurs: Car
par l'adveu mesmes de Hugues IV. lors qu'il se fit Vassal d'Alphonse X. Roy de Castille, il avoit pour Seigneurs *a* Feodaux
les Evesques d'*Autun*, de *Langres*, & de *Chalon*; Le Roy Iean
estoit donc obligé dans l'an & jour de vuider ses mains desdits Fiefs
& Terres,& de les mettre és mains d'une personne qui en put rendre les devoirs & services , ou composer avec les Seigneurs pour
leur indemnité : Cependant l'année entiere 1362, s'estoit passée
sans qu'il eut fait ny l'un ny l'autre.

a Voyez cy dessus *pag.* 4 *et* 5.

Ce Roy d'autre part , vouloit Appennager Philippes son quatriéme fils ; qu'il aimoit tendrement , & luy destinant le Duché de
Bourgoigne, il crut que le plus seur expedient, qu'il pouvoit prendre estoit de luy donner outre le Duché, tous les autres biens qu'il
avoit recueillis de la succession de Philippes de Rouvre , quoy faisant, les Nobles de Bourgoigne se trouveroient desinteressez , puis
qu'en la personne de son fils Philippes, ils auroient un Vassal capable d'entrer en Foy & Hommage envers eux,& suffisant pour porter
& acquitter les devoirs & services Feodaux qui leur estoient deus.

Dans cet esprit,les Lettres *b* de l'Appennage furent dressées &
dattées à Germigny sur Marne le 6 Septembre 1363 dans lesquelles il y a plusieurs choses absolument decisives à remarquer.

Eu égard ausquelles le Roy Iean donne à Philippes le Hardy son fils le Duché de Bour-goigne , & tous les au-tres biens & Fiefs à luy écheus par le decés de Philippes de Rouvre.

b Ces Letrres sont rap-portées par Golut en ses Memoires des Bourguignons *livre* 8 *chap.* 27.

La Premiere concerne le motif, qui porta le Roy Iean à faire
cet Appennage à Philippes le Hardy son fils, dans lequel non seulement les merites personnels de Philippes , mais encore les Instances, Prieres & Supplications des Nobles de Bourgoigne entre-
rent en consideration ; *His & alijs iustis considerationibus excitati, &
ad humilem supplicationem subditorum nostrorum dicti Ducatus :* Ce sont
les propres termes des Lettres Patentes.

La Seconde concerne les choses que le Roy Iean donne à
Philippes ; qui ne sont pas bornées au seul *Duché de Bourgoigne,* & à
ses dependances , mais qui comprennent generallement tous les
autres biens situez dans l'estenduë du mesme Duché, que le Roy
Iean avoit recueillis de la succession de Philippes de Rouvre ; *prædictum Ducatum Burgundiæ in Pariatu,* portent les mesmes Lettres,
*Et quidquid Iuris, possessionis, proprietatis habemus & habere possumus,&
debemus, & in eodem Ducatu, nec non & in Comitatu Burgundiæ, & in
quacumque parte ipsius ex successione prædicta.*

En quoy l'on voit que le *Duché* n'est point confondu avec les autres biens , ny les autres biens avec le *Duché :* Au contraire ils sont
nommement separez, & distinguez : Le *Duché* seul estant donné en
Pairie , & les autres biens estant donnez separement, pour estre
tenus au mesme titre qu'ils l'estoient auparavant, & qu'ils le devoient estre de là en avant par leur nature & qualité.

Que si l'on confere ces dernieres Lettres Patentes avec celles de
l'an 1361. par lesquelles l'union avoit esté faite , l'on trouvera que
les Premieres n'avoient uni nommement à la Couronne que le *Duché*
& ses dependances ; Et que ces dernieres transferent à Philippes
non seulement le *Duché* qui avoit esté uni : Mais encore tout ce qui
estoit écheu au Roy Iean, par la succession de Philippes de Rouvre, quoy qu'il ne fut point du *Duché,* & qu'il n'eut point esté uni
à la Couronne.

Sur lesquels il retient le Ressort & la Souve-raineté.

La Troisiéme concerne l'Hommage, tant du *Duché* que des autres biens, dans la prestation duquel l'on connoist clairement que
les biens ne changerent point de mouvance, de nature ny de qualité ; Mais qu'au contraire ils retinrent & conserverent le mesme
estat qu'ils avoient eu par le passé.

Le Roy Jean se reserve donc, & à ses Successeurs Roys de France le *Ressort* & la *Souveraineté*, sur tous les biens qu'il donnoit à son fils : *saluis insuper*, portent les mesmes Lettres, *Et retentis nobis & Successoribus nostris Franciæ Regibus, superioritate & ressorto dictorum donatorum*, parce que tous ces biens indistinctement, tant le *Duché*, & les dependances d'iceluy, que les Villes, Terres & Seigneuries qui n'estoient ny dudit *Duché* ny de ses dependances, estoient neantmoins indistinctement du *Ressort* & de la *Souveraineté* de la Couronne ; Mais quant à la Foy, Hommage, mouvance & feudalité, elle n'est retenuë que sur le *Duché*, & sur les biens qui du temps des defuncts Ducs de Bourgoigne estoient tenus, & mouvans de la Couronne, ne pouvant pas estre retenuë sur les Fiefs & Terres qui mouvoient & relevoient d'autres Seigneurs.

Mais quant à la mouvance il la laisse telle qu'elle avoit esté par le passé sans aucunement la changer ny l'alterer.

C'est ce que ces Lettres Patentes portent nommement & distinctement : *Fide etiam*, disent elles, *ac Homagio Ducis præstandis nobis & Successoribus nostris prædictis, modo debito & consueto fieri & præstari per Duces Burgundiæ temporibus anteactis.*

Ainsi la reigle du passé sert de regle pour l'avenir ; Et comme on a veu que les Ducs de Bourgoigne de la premiere branche avoient tenu le *Duché* de Bourgoigne, & la Terre de *Montbar*, comme des Domaines separez & mouvans, sçavoir le *Duché* de la Couronne, *Montbar* de l'Evesché de *Langres* ; Aussi le Roy Iean ne pretent-il pas que l'Hommage du *Duché* qui sera rendu à l'avenir, tant à luy qu'à ses Successeurs Roys de France, soit autre ou s'estende à d'autres biens, que celuy qui avoit esté rendu, tant à luy qu'à ses Predecesseurs Roys de France par Philippes de Rouvre, & ses Predecesseurs Ducs de Bourgoigne.

Et c'est ce qui nous conduit insensiblement à la quatrième & derniere verité, qui est, Que dés lors Philippes le Hardy, & ses Successeurs Ducs de Bourgoigne tinrent la Seigneurie de *Montbar*, comme un *Fief Lige* de l'Evesché de *Langres*, & qu'ils en rendirent les Foy & Hommage aux Evesques de Langres ainsi & en la mesme forme que les Ducs de Bourgoigne de la premiere branche l'avoient fait & porté ; sçachant bien que cette Terre n'avoit jamais fait partie du Duché de Bourgoigne, & qu'elle n'avoit esté ny pû estre unie, incorporée & consolidée au Patrimoine Royal.

IV. Verité.
Que Philippes le Hardy Chef de la seconde Branche de Bourgoigne & ses descendans ont possedé la terre de Montbar en consequence de la donation portée par les Lettres Patentes du Roy Iean de l'année 1363.

Or auparavant que de fournir les preuves de cette verité, il en faut establir une autre, qui est, Qu'en consequence du don du Roy Iean, Philippes le Hardy, & ses Successeurs Ducs de Bourgoigne possederent nommement la Terre & Seigneurie de Montbar.

a Perard *pag. 422.*

Dans le Recueil *a* des pieces pour l'Histoire de Bourgoigne, se trouvent les Lettres Patentes dudit Philippes le Hardy, dattées à Beaune le 12 Aoust 1376, par lesquelles il confirme les Privileges que la Ville de Montbar avoit obtenus des Ducs de Bourgoigne de la premiere branche, & leur en accorde des nouveaux.

Iean Duc de Bourgoigne, fils dudit Philippes, confirma lesdits Privileges par autres Lettres Patentes données à Montbar le 13 Ianvier 1404, dont l'extraict est audit recueil, ensuite de celles de Philippes le Hardy.

b pag. 18 et 19.

Dans l'Histoire *b* d'Arthus III. Duc de Bretaigne, fort connu dans nos Histoires sous le nom du Connestable de Richemont, donnée au public en 1622, par Theodore Godefroy, il est dit, Qu'en l'année 1422. ce Connestable épousa Marguerite de Bourgoigne fille du Duc Iean (appellée lors Mad. de Guyenne, à cause qu'elle estoit veufve de Louys de France, Duc de Guyenne, & Dauphin de Viennois fils du Roy Charles VI.) & qu'aprés les espousailles ils demeurerent certain temps à Dijon avec Madame de Bourgoigne mere de ladite Marguerite, *Puis*, poursuit cette Histoire, *Ils s'en allerent demeurer à Montbar, & y furent un peu de temps : Puis s'en partit Monseigneur de Bourgoigne* (c'estoit Philippes le Bon fils du Duc Iean tué à Montereau) *Et s'en vint en Flandres, & Monseigneur de Richemont quant & luy, & Madame de Guyenne demeura à Montbar.*

L'Autheur ne rend pas la raison de ce sejour, & de cette demeure dans le Chasteau de Montbar, qui est que Montbar faisoit partie des Terres qui avoient esté données en mariage à Marguerite de Bourgoigne, par Philippes le Bon son frere, & que ce Chasteau luy appartenoit lors en toute proprieté. Ainsi Montbar ne faisoit point partie du Duché de Bourgoigne ; C'estoit une Terre hors l'Appennage, & un propre de famille: Marguerite la posseda jusques à son deceds, *a* arrivé à Paris le 11 Fevrier 1441. Elle ne laissa point d'enfans : De sorte que cette Terre revint par droict de succession à Philippes le Bon. Peu de mois après il la donna à Isabel de Portugal, qu'il avoit épousée en troisiéme nopces: Cela se prouve par ~~la provision~~ de l'Office de Sergent forestier de Montbar, que cette Princesse donna au nommé Iean Branchet. Elles sont dattées du 24 Iuin 1442. c'estoit cinq mois après la mort de Marguerite de Bourgoigne; car l'année commençoit lors à Pasques : *Laquelle Terre*, portent lesdites provisions, *Nous a depuis naguiere esté donnée par Monsieur, avec les autres Terres que tenoit à son vivant feuë nostre tres-chere & tres-amée sœur la Duchesse de Guyenne Comtesse de Richemont cui Dieu pardonne*, elles sont saines & entieres, d'écriture & de signature, le seau y est pendant, l'Acte d'installation est au dos: Le sieur Aubery les rapporte.

a Sainte Marthe, To. 1. livre 19. chap. 2. pag. 182.

Enfin la partie adverse a fourny coppie des Lettres Patentes de Philippes II. Duc de Bourgoigne surnommé le Bon, dattées du 16 Decembre 1457. par lesquelles il a confirmé aux Habitans d'Estaye le droict d'usage dans le bois du Iailly dependant de Montbar, qui leur avoit esté accordé dés le mois de Fevrier 1317. par Lettres Patentes de Eudes IV. Duc de Bourgoigne.

Cela estant ainsi posé, il n'y a plus qu'à voir les differens Hommages rendus par Philippes le Hardy, & ses Successeurs Ducs de Bourgoigne; Sçavoir du Duché de Bourgoigne aux Roys de France: Et de la Terre & Seigneurie de Montbar aux Evesques de Langres, comme estant Fiefs divis, separez, & qui n'avoient rien de commun.

Il a esté veu cy-dessus, Que par les Lettres Patentes du mois de Septembre 1363. le Roy Iean tant pour luy que pour ses Successeurs Roys de France retint la Foy & Hommage du Duché de Bourgoigne: Aussi les mesmes Lettres font elle Foy, que Philippes le Hardy en fit à l'instant l'Hommage, & qu'à cet effet le Roy son pere l'emancipa & le mit hors de sa puissance paternelle ; *Ad quod homagium admisimus eumdem, quem per hoc emancipamus, & extra potestatem paternam posuimus & ponimus per præsentes.*

Or il est certain que si la Terre de *Montbar* eut esté unie au Domaine de la Couronne comme une portion integrante du *Duché* de Bourgoigne ; cet Hommage eut suffy aussi bien pour *Montbar* que pour le *Duché* ; Mais Philippes qui n'avoit receu cette Seigneurie du Roy son pere que pour l'avoir, la tenir & la posseder aux mesmes conditions que ses Predecesseurs Ducs de Bourgoigne l'avoient tenuë & possedée, ne manqua pas d'en faire *la Foy & Hommage Lige* à l'Evesque de Langres, ainsi qu'ils avoient toûjours fait.

Car

Car aprés la mort du Roy Iean fon pere arrivée à Londres le 10 Avril 1364. l'Appennage de Bourgoigne luy ayant efté confirmé, & en ayant efté invefti par Lettres Patentes du Roy Charles V. fon frere dattées du 6 Iuin 1364. *Il fe partit de Paris à Grant. Gens,* dit *a* Froiffard, *& alla prendre la faifine & Hommage des Barons, Chevaliers, Citez, Chafteaux & bonnes Villes de ladite Duché de Bourgoigne.* Ce fut donc en ce voyage qu'ayant paffé à Chaftillon fur Seine, il y fit *l'Hommage Lige à Guillaume de Poiftiers,* lors Evefque de *Langres,* pour raifon de toutes les Terres qu'il tenoit de la mouvance & Feudalité de l'Evefché de *Langres,* du nombre defquelles eftoit celle de *Montbar,* ainfi qu'il vient d'eftre prouvé.

L'Afte de cet Hommage eft du 17 Ianvier 1364. pofterieur, par confequent aux Lettres du Roy Charles, à compter les mois felon l'ordre qu'ils tenoient lors dans le calcul ancien. Philippes qui y parle en premiere perfonne, *Nous avons,* dit-il, *repris de noftre Amé & Feal Coufin & Confeiller l'Evefque de Langres, & aprés Monfieur le Roy fommes devenus fes hommes, de ce qu'en la Ville de Chaftillon, & ailleurs nous devons tenir de fon Evefché*; Et non content de dire *qu'il devenoit homme de l'Evefque de Langres aprés le Roy,* ce qui faifoit affez connoiftre que *l'Hommage* eftoit *Lige,* il adjoufte, *en la maniere que nos Predeceffeurs Dux de Bourgoigne, & fpeciaument le Duc Philippes darenier trépaffé, l'ont fait ou temps paffé* : Enfin l'on y apporte tant de circomfpeftion, qu'à caufe que cet Hommage n'eftoit pas rendu au lieu de tout temps accouftumé, appellé le *Perron de mau-Confeil,* Philippes declare qu'il n'entend pas que cela puiffe faire prejudice à l'Evefque de Langres.

Guillaume de Poiftiers eftant decedé le 6 Septembre 1374. eut pour fucceffeur en l'Evefché de Langres Bernard de la Tour, auparavant Abbé de Tournus : Et comme la Foy & Hommage eftoient deus à ce nouvel Evefque, entant qu'il eftoit nouveau Segneur Feodal à l'égard du Duc de Bourgoigne; Auffi Philippes luy fit-il Hommage, *pour tout ce qu'il devoit tenir de luy à caufe de fon Evefché*; L'Afte eft datté du 28 Aouft 1376. contenant la mefme declaration que le precedent, à caufe que l'Hommage eftoit fait en la Ville d'Avignon.

Aprés la mort de Philippes le Hardy arrivée en 1404. Iean de Bourgoigne fon fils furnommé *Sans Peur,* luy fucceda. *Louys* Cardinal de *Bar* eftoit lors Evefque de Langres auquel le Duc Iean fit les Foy & Hommage à Paris le 17 May 1407, *pour tout ce que nous devons tenir de luy en fié à caufe de fondit Evefché*, porte l'Afte qui contient la mefme declaration que les precedens au fujet du lieu où ledit Hommage de toute ancienneté devoit eftre fait & rendu; Mais parce que pendant la vie du mefme Duc il y eut changement d'Evefque à Langres, au moyen de la permutation qui fut faite par le *Cardinal de Bar,* de *b* fon Evefché avec celuy de Chaalons en Champagne, duquel *Charles de Poiftiers* eftoit pourveu. Le Duc Iean eftant à Beaune fit une feconde fois l'Hommage à *Charles de Poiftiers* le 27 Novembre 1414. aux mefmes termes, & avec pareille declaration que celuy qu'il avoit rendu dix ans auparavant au Cardinal de Bar.

Iean de Bourgoigne ayant efté tué à Montereau Faut-Yonne le 2 Septembre 1419. laiffa pour Succeffeur Philippes III. fon fils furnommé *le Bon.* Celuy-cy dés l'année fuivante fit les Foy & Hommage au mefme *Charles de Poiftiers* Evefque de Langres, l'Afte eft datté à Chaftillon fur Seine le 29 May 1420. aux mefmes termes, & avec la mefme declaration que les precedens.

Ee

Margin notes:

a *Volume 1. chap. 223. pag. 277.*

Pour laquelle l'hommage Lige a efté rendu aux Evefques de Langres par ledit Philippes le Hardy.

b Robert *Gallia Chriftiana. Lingon. num. 80. 81.* Sainte Marthe *Gallia Chriftia. Lingon. num. 78. 79.*

Par Iean Duc de Bourgoigne furnommé Sans Peur.

Et par Philippes Duc de Bourgoigne fon fils furnommé le Bon.

Voila donc dans l'espace de 56 ans; C'est à dire depuis 1364, jusques en 1420, cinq Actes de Foy & Hommage rendus par trois differens Ducs de Bourgoigne à quatre divers Evesques de Langres, *pour toutes les Terres qu'ils tenoient & devoient tenir en Fief de l'Evesché de Langres*, du nombre desquelles estoit la Baronnie de Montbar.

Or constamment les mesmes Ducs ne pouvoient tenir & relever leur Duché de Bourgoigne que de la seule Couronne de France, de laquelle ils estoient Vassaux immediats avec le titre de Doyens des Pairs: Aussi est il bien certain qu'ils en avoient toûjours fait & rendu l'Hommage à nos Roys.

De sorte que les Ducs de la Seconde Branche de Bourgoigne ont tenu Montbar comme un fief divis & indépendant de leur Duché, ainsi qu'avoient fait les Ducs de la 1. Branche.

Et par consequent il est tres vray de dire, que les Ducs de la seconde branche de Bourgoigne, non plus que ceux de la premiere branche, n'ont point confondu *Montbar* avec leur Duché: Que le second Appennage n'a rien alteré ny innové en la nature, qualité & mouvance de ces Seigneuries; Qu'au contraire ces derniers Ducs les ont toûjours tenuës, & possedées comme Fiefs divis, distincts & separez, ainsi que les premiers Ducs avoient fait; Et que c'est une pure illusion de croire que la Terre de *Montbar* ait esté faite Domaniale, parce que les Ducs de la seconde branche en ont esté les Seigneurs.

Qu'il n'estoit pas necessaire que Montbar fut nommé dans ces actes de foy & hommage.

La partie averse ne manquera pas sans doute d'objecter, Que pas un des Actes de Foy & Hommage rapportez & produits par le sieur Aubery ne parle nommement de la Terre de *Montbar*: Et par consequent, que ces Actes sont absolument inutiles.

Mais au contraire, le sieur Aubery pretend & soustient que cette observation est entierement inutile à la partie adverse, & que l'objection fondée sur icelle est absolument illusoire.

Car premierement il est certain que la Terre de *Montbar* a esté possedée par les Ducs de Bourgoigne de la seconde branche: Que cette Terre ne leur est venuë que par le don qui fut fait à Philippes le Hardy le premier d'iceux par le Roy Iean son père: Que cette mesme Terre estoit originairement un *Fief Lige* de l'Evesche de *Langres*: Et que la mouvance n'en a esté ny alterée ny innovée par le Roy Iean, l'ayant au contraire transmise à Philippes le Hardy son fils en la mesme qualité qu'il l'avoit trouvée & recueillie dans la succession de Philippes de Rouvre.

Il n'a donc pas esté necessaire de l'inserer nommement dans les Actes de Foy & Hommage qui viennent d'estre rapportez, y ayant esté suffisamment exprimée par ces termes generaux, *Tout ce que nous devons tenir en Fief de l'Evesché de Langres*, puis qu'elle estoit effectivement possedée par les Ducs de Bourgoigne, & qu'elle relevoit feodalement de l'Evesché de Langres.

Les hommages anciens pour la pluspart ne specifioient pas tous les Fiefs en détail.

Ce qui est d'autant plus vray, que dans ces temps les Hommages, pour la pluspart, ne specifioient, ny ne detailloient pas les Fiefs, quand il y en avoit plusieurs pour raison desquels la Foy estoit portée & renduë par un seul & mesme Acte, aux Seigneurs Feodaux; Comme avoient fait les susdits Ducs de Bourgoigne qui tenoient quantité de Fiefs distincts & separez mouvans de l'Evesché de *Langres*; Sçavoir *Chastillon sur Seine*, *Montbar*, *Grisolles*, *Larrey* & la *Garde* de l'Abbaye de *Pontieres*.

Ainsi dans la Chartre de l'Hommage *Lige* rendu par Thibaut *a* Comte de Champaigne à Philippes Auguste l'an 1190. aucun Fief n'est nommé ny designé, mais Thibault fait l'Hommage en termes generaux, *de tota terra quam Henricus pater eius tenuit à genitore Philippi Regis.*

a Cy-dessus pag. 18 à la marge.

a Cette Chartre est dans les preuves du Traité des Fiefs de Chantereau le Febvre, *pag. 14.*
b Ibi. pag. 18 & 19.

e Ces actes se trouvent dans le Cartulaire de l'Evesché de Langres, *fol. 3. verso 4. recto.*

d Cy-dessus pag. 38. à la marge. f.

e Tit. de emphytensi, quæstio. 58. 59. 60.
f Pithou les a fait imprimer à la fin des Coustumes de Troyes.

g Mornac. ad 1. constitutio. de novo codire faciendo.

h Pithou rapporte cetteChartre sur la Coust. de Troyes, *art. 31.* In Verbo, *excepté les Fiefs.*
i Somme Rurale, *chap. 91.*
k Tit. de feudis, num. 2.

Dans une autre Chartre *a* de l'an 1200. Eudes III. Duc de Bourgoigne reçoit le mesme Thibaut Comte de Champaigne, à Foy & Hommage, *de tota terra quam Comes Henricus pater ejus tenuit de patre nostro, Hugone Duce Burgundiæ*, sans la nommer ny specifier.

Dans une autre *b* Chartre dattée du mois de Iuillet 1200. Simon de Rochefort fait l'Hommage Lige à Blanche Comtesse de Troyes, *de portione quæ me contigit de eschéeta Comitis Barri super Sequanam*, sans pareillement nommer ny specifier aucun Fief.

Et dans les Actes d'Hommage cy-dessus alleguez, rendus par Philippes le Bel, & par Louys Hutin auparavant qu'ils fussent Roys de France, aux Evesques de Langres és années 1284. & 1309, ils entrent l'un & l'autre en Foy & Hommage, *de rebus quas ratione Comitatus Campaniæ tenere debemus in Feodum ab Episcopo Lingonensi*, sans que ny *Chaumont*, ny *Bar sur-Aube* y soient nommez, ny aucuns des autres Fiefs, qui avoient esté nommement compris dans l'Hommage *d* rendu au mois de Iuillet 1239, par Thibault Roy de Navarre Comte de Champaigne & de Brie à Robert de Torote lors Evesque de Langres.

Et il n'est pas hors de vray-semblance que cette maniere un peu trop simple d'admettre les Vassaux en Foy & Hommage, sans y specifier ny y denommer les Fiefs, ayant esté dans la suite du temps reconnuë ne pouvoir estre qu'une veritable cause de confusion, & mesmes de fraude, ait aussi servy d'occasion & de motif d'introduire les *denombremens*, dont la pratique n'a esté guere connuë que dans le quatorziéme siecle; Car quelque peine que l'on se donne pour en trouver quelque vestige dans le *Specule* de Guillaume Durand *e* qui a écrit sur la fin du douziéme siecle, & sur le commencement du treiziéme l'on n'en sçauroit pas découvrir la moindre apparence; Les anciennes Coustumes de Champaigne *f* composées, tant des Iugemens rendus pendant le cours du treiziéme siecle, que des usages qui s'observoient lors ne disent pas un seul mot du *denombrement*, & mesmes le Stile du Parlement composé par *g Guillaume du Breuil*, environ l'an 1330. n'en donne pas la moindre idée, quoy que sous le Chapitre 28 il ait traitté *des Fiefs & des saisies Feodales* selon l'usage de son temps.

La plus ancienne *h* Chartre qui en fasse mention, est une Ordonnance provisoire de la Chambre des Comptes du 27 Ianvier 1394. regnant lors Charles VI. dans laquelle les denombremens sont appellez *Denominationes*; Boutillier qui compila sa *Somme Ruale* sous le mesme Roy, les appelle *Rapports & denombremens*; & Masuer *k* qui a composé sa Pratique en Langue Latine, én a latinisé le terme assez grossierement; *Primum est*, dit-il, *quod pro feudo non facto vel denombramento non tradito Dominus per modum assecuramenti & per salvam Guardiam potest impedimentum apponere, vel apponi facere in re Feudali.*

De sorte que la maniere en laquelle les cinq Actes d'Hommages rapportez cy-dessus par le sieur Aubery, & dattez des années 1364, 1376, 1407, 1414, & 1420, se trouvent conceus; C'est à dire en termes generaux, *pour tout ce que nous devons tenir en Fié de l'Evesché de Langres*, se doit rapporter ou à la simplicité avec laquelle les anciens Actes d'Hommages estoient rendus, quand par un seul Acte un Vassal entroit en Foy & Hommage de son Seigneur, pour plusieurs & differens Fiefs: Ou à la precaution que dés lors on avoit commencé de prendre, sçavoir de detailler tous les Fiefs & leurs dependances dans un *denombrement* separé, qui se fournissoit par le Vassal posterieurement à son admission en Foy.

Ce qui dans la suite des temps introduisit les dénombremens.

Mais toûjours ces Actes ne laissent-ils pas de faire pleine Foy quant à la mouvance de Montbar, puis qu'elle n'avoit esté ny alterée ny innovée par le Roy Iean, & que d'ailleurs les Ducs de Bourgoigne de la seconde branche possedoient effectivement cette Terre au temps de la datte desdits cinq Actes d'Hommages: Et c'est la premiere réponce, qui estoit à faire à l'objection du Fermier du Domaine partie adverse.

Mais la seconde n'est pas moins decisive.

Louys XI. ayant succedé à la Couroune, par le decés du Roy Charles VII. son pere, arrivé le 22 Iuillet 1461. voulut que tous ses Vassaux, tant Ecclesiastiques que Seculiers fournissent leurs Declarations, adveux & denombremens; Il y en eut Lettres Patentes expediées & dattées à Paris le 20 Iuillet 1463. en vertu desquelles commandement fut fait à *Guy Bernard* lors Evesque & Duc de Langres, de fournir le denombrement de tous les biens & Fiefs de son Eglise.

Guy fut tres ponctuel à y satisfaire; car le 28 Novembre 1464. il en fournit & presenta à la Chambre des Comptes la Declaration qui s'appelle encore aujourd'huy dans le Chapitre de Langres, *le denombrement de Guy Bernard*, au neufiéme feüillet *recto* de laquelle se trouve un article conçeu en ces termes.

,, *Le Duc de Bourgoigne tient de nous en Fief Lige, le Chastel, & tout ce
,, qu'il a & peut avoir à Chastillon-sur-Seine:* La Ville & Chasteau de
,, Montbar, excepté une maison derriere le Chasteau; *Aussi tient Saulx-
,, Duc, Bar-sur-Seine, la Garde de Poutieres, ensemble les Chasteaux, Cha-
,, stellenies, Fiefs, Finages & appartenances de toutes lesdites Chastellenies
,, cy-devant declarées.*

,, Et au feüillet 10. recto, la closture de cette declaration est ainsi
,, conceuë.

,, *Toutes lesquelles choses cy dessus declarées, tant en Domaines qu'en Fiefs
,, nous tenons du Roy nostre souverain Seigneur, & en Pairie, ainsi que cy-
,, dessus est intitulé; Si supplions au Roy nostre souverain Seigneur, & à Mes-
,, sieurs du Conseil, & des Comptes, que cette presente Declaration que nous
,, baillons sous les protestations devant dittes, il leur plaise avoir agreable
,, laquelle en signe de verité avons signée de nostre main, &c.*

La datte de cette Declaration est remarquable, sçavoir du 28. Novembre 1464. Car en ce temps *Philippes le Bon* estoit encore Duc de Bourgoigne, qui avoit rendu l'Hommage de l'an 1420. cy-dessus rapporté, à *Charles de Poictiers* lors Evesque de Langres: Et le Duché de Bourgoigne, douze ans seulement après, revint à la Couronne par la mort de *Charles le Vaillant*, dernier Duc de la seconde branche de Bourgoigne tué au Siege de Nancy, sans avoir laissé ancuns hoirs masles; D'ailleurs cette Declaration est fournie à Louys XI. sous lequel, la reversion du Duché de Bourgoigne fut faite à la Couronne de France, lequel Louys XI. avoit interest en qualité de Roy, que la Terre de *Montbar* possedée par les Ducs de Bourgoigne, luy fut rapportée en arriere Fief, par les Evesques de Langres, la feudalité de cette Terre, faisant partie du Duché & Pairie de Langres tenu en plein Fief de la Couronne.

Or aprés cette Declaration qui detailloit les Fiefs tenus par les Ducs de Bourgoigne dans la mouvance de l'Evesché de Langres, & qui y comprenoit nommemenr la Terre de *Montbar*, peut il rester le moindre doute qu'és Actes d'Hommages de 1364, 1376, 1407, 1414, & 1420. cette Terre ne fut suffisamment designée par ces termes generaux, *Tout ce que nous devons tenir en Fié de l'Evesché de Langres* ? Et l'objection de la partie adverse fondée seulement

ment sur ces termes indefinis ne devient-elle pas absolument illusoire?

C'est icy que finit la preuve de la Quatriéme & derniere verité, Sçavoir, *Que les Ducs de Bourgoigne de la seconde branche, ont tenu la Terre de Montbar comme un Fief divis & separé de leur Duché*; Verité qui est à present incontestable; Car non seulement ces Ducs ont rendu l'Hommage de leur Duché à nos Roys, & l'Hommage de *Montbar* aux Evesques de *Langres*; Mais aussi nos Roys ont receu l'Hommage du *Duché* de Bourgoigne, comme d'un plein Fief; Et l'Hommage de *Montbar* comme d'un arriere Fief du *Duché & Pairie de Langres*, en quoy ils ont les uns & les autres expressement fait connoistre, *Que le Duché de Bourgoigne & la Terre de Montbar estoient des Fiefs divis; separez & distincts*, tenus sans confusion aucune.

Au reste il est assez à propos de remarquer, Que la Feudalité de *Montbar* estoit tenuë par les derniers Evesques de *Langres* à titre de *Duché & Pairie*, & qu'elle est en cette qualité portée en plein Fief dans le denombrement de *Guy Bernard*: Car cela fait connoistre, Que comme cette mesme Feudalité appartenoit à l'Evesché de *Langres* dés l'an 1116, lors que *Montbar* avoit des Seigneurs particuliers, on reünit depuis tant cette mouvance active, que celle des Fiefs de *Chastillon-sur-Seine, Saux-le-Duc, Bar-sur-Seine*, & autres avec le Domaine du *Comté de Langres*, pour estre le tout tenu à une seule & mesme Foy & Hommage de la Couronne, lors que le Domaine de l'Eglise de *Langres*, fut erigé en Duché & Pairie Ecclesiastique.

Ainsi resumant les quatre veritez cy-dessus avancées, puis que les preuves demonstratives en ont esté fournies par le sieur Aubery, il est tres-certain, Que le Roy *Iean* n'a jamais uny la Terre de *Montbar* au Domaine de la Couronne; l'ayant recueillie aprés le decés de Philippes de Rouvre au seul titre de succession, *Iure successorio*, comme il le dit luy-mesme, *non Iure Coronæ*: & l'ayant donnée à Philippes le Hardy, pour la tenir par luy & par ses Successeurs, en la mesme qualité qu'elle l'avoit esté auparavant; C'est à dire, comme un *Fief Lige* mouvant & relevant de l'Evesché de *Langres*; ce qu'ils ont tres sincerement observé & pratiqué.

Il ne reste donc que de voir si Louys XI. a fait quelque chose de plus, & si l'on trouvera qu'il ait uny, ou expressement ou tacitement la Terre de *Montbar* au Domaine de la Couronne.

Pour peu que l'on ait leu nostre Histoire, on sçait, que *Charles de Bourgoigne* fils de *Philippes le Bon* surnommé le *Vaillant*, & fort connu sous le nom de *Comte de Charolois*, fut tué à la Bataille de Nancy le 5 Ianvier 1476. à commencer l'année à Pasques, suivant qu'il se pratiquoit lors: Il ne laissa qu'une fille qui n'estoit pas un Hoir capable de recueillir le Duché de Bourgoigne, accordé en Appennage à *Philippes le Hardy* son tris-ayeul; Car quelque peine que se soient donné les Partisans de la Maison d'Austriche, pour tascher de faire voir que cet Appennage estoit également *Feminin & Masculin*, & qu'il devoit passer aux *Hoirs* de *Philippes*, tant *Masles* que *Femelles* indistinctement, ils ont échoüé, & se sont trouvez courts dans les preuves qu'ils promettoient en fournir: Cela a déja esté prouvé cy-dessus. Mais comme c'est le fondement singulier du droict legitime qu'eut Louys XI. de s'emparer du Duché de Bourgoigne, aprés la mort du Comte de Charolois, l'on ne peut trop faire remarquer, que les Lettres de l'Appennage de Philippes le Hardy estoient directement contre les Partisans d'Espaigne, le retour n'ayant pas esté reservé par icelles simplement & indefiniment, au

F f

Conclusion de la IV. Verité & de la Proposition cy-dessus avancée, Que le Roy Iean n'a point uny la terre de Montbar au Domaine de la Couronne.

Si Louys XI a uni ladite terre au Domaine de la Couronne ou expressement ou tacitement?

Qu'aprés la mort de Charles dernier Duc de la Seconde Branche de Bourgoigne, le Duché de Bourgoigne revint à la Couronne comme un Appennage purement masculin.

cas que Philippes & ses Successeurs decedassent, *sine hærede de proprio corpore procreato*, comme la fiction d'Espagne le publioit, afin d'avoir pretexte de dire que toutes sortes d'*Hoirs* estoirnt appellez à la succession du Duché, Mais le terme d'*Hoirs* ayant esté au contraire restraint par la *Capacité* de succeder au mesme Duché, *Suique hæredes ex proprio corpore, in legitimo, ut prædicitur Matrimonio procreati qui ei succedent in dicto Ducatu* & peu aprés, *Salud ...... & retento, quòd si dictus filius noster, vel sua posteritas, ut prædicitur, procreanda decesserint (quod absit) absque hærede ex proprio corpore succedente in dicto Ducatu.*

Car comme il n'y a point de termes inutiles dans ces sortes de concessions, l'on ne pouvoit pas dire que cette *Capacité* de succeder au Duché, requise si précisement és *Hoirs* de Philippes le Hardy, & de ses descendans eut esté inutillement apposée : Et cependant il est tres certain qu'elle auroit esté tres inutile, & tres inutilement requise, puis que par la disposition du Droict commun, tout *Hoir* procreé en loyal mariage, est appellé à la succession de ceux qui l'ont engendré.

Pour luy donner donc un effet, il falloit bien entrer dans la distinction que le Roy Iean avoit faite luy-mesme entre les *Hoirs capables*, & les *Hoirs incapables* de succeder au Duché de Bourgoigne, & en inferer, que du moment qu'il avoit voulu que ce Duché ne passat qu'aux *Hoirs capables* de le recueillir, il avoit preveu & declaré qu'il y en auroit qui seroient *Incapables* d'y succeder, lesquels aussi il en avoit nommement exclus.

Or pour discerner les *Incapables* d'avec les *Capables*, il n'y avoit qu'à recourir à la derniere Iurisprudence des Appennages establie dés l'an 1314. par les dernieres dispositions de Philippes le Bel, laquelle Iurisprudence avoit introduit la difference du sexe, ayant admis les *Masles*, exclu & rejetté les *Femelles*. Et comme cette Iurisprudence estoit le Droict commun, qui avoit cours en 1363. lors que le Duché de Bourgoigne fut donné en Appennage à Philippes le Hardy, il est certain que la clause de *Retour* apposée aux Lettres Patentes, non plus que la distinction des Hoirs qui y estoit si precisement faite par le Roy Iean, n'avoit pas besoin d'aucune interpretation, puis que tout estoit renfermé dans les propres termes du Droict commun selon lequel les seuls *Masles* estoient *Capables* de succeder au Duché, & les *Femelles* au contraire en estoient *Incapables*, & excluses par la qualité de leur sexe.

Voila donc quel fut le droict legitime de Louys XI. contre *Marie* de Bourgoigne fille unique du defunt, laquelle n'avoit de sa part qu'un seul droict à exercer suivant la mesme derniere Iurisprudence des Appennages, qui estoit de demander que *Louys* eût à la pourvoir, mais son Conseil fut si peu éclairé, qu'il s'aheurta à demander ce qui ne luy estoit point deu, & ne voulut point demander ce qui luy estoit deu, parce qu'il connoissoit que Louys XI. estoit tout disposé à l'accorder.

Louïs XI. reprit la terre de Montbar en vertu de la clause particuliere de retour inserée és Lettres Patentes de l'Appennage de Philippes le Hardy I. Duc de Bourgoigne de la seconde Branche.

Mais, dira-on, si le Duché de Bourgoigne revint à Louys XI. par le Droict de *Reversion*, à quel titre legitime put-il reprendre Montbar & les autres Terres & Seigneuries qui n'estoient ny du Duché, ny des dependances d'iceluy ?

La réponse à cette demande est tres facile, puis qu'elle se tire des mesmes Lettres Patentes qui avoient reglé l'Appennage de Philippes le Hardy.

Ce fut, comme on a veu cy-dessus, un trait ...... de singuliere prudence au Conseil du Roy Iean, de luy faire exercer uniquement le droict successif, afin qu'il recueillit non seulement le Duché de Bourgoigne & ses dependances ; mais encore toutes les Terres qui n'estoient ny du Duché, ny des dependances d'iceluy telles que *Montbar, Vergy*, & autres à plein declarées dans le Testament de Hugues IV. de l'an 1272. Ensuite de cette adition d'heredité, le Roy Iean unit à la Couronne, ce qui y estoit unissable, c'est à dire le *Duché* & ses dependances : Les Lettres Patentes du mois de Novembre 1361. y sont formelles : Quant aux autres biens, ils conserverent leur mouvance, & qualitez particulieres ; C'est ce que l'on a veu pareillement. Enfin ce Monarque voulant Appennager *Philippes le Hardy*, il luy donna non seulement le Duché de Bourgoigne avec ses dependances ; Mais encore tous les autres biens particuliers qu'il avoit recueillis, outre le Duché, dans la succession de Philippes de Roüvre, pour les tenir ainsi que les Ducs de la premiere branche les avoient possedez & tenus.

Or comme il estoit de la nature du Duché de Bourgoigne de *retourner* à la Couronne à defaut d'Hoirs *Masles*, puis qu'il avoit esté uny au Domaine d'icelle, & qu'il n'estoit delaissé à *Philippes le Hardy* qu'à titre d'Appennage, Aussi estoit il de la nature des autres biens de passer indistinctement aux *Hoirs* de *Philippes*, tant *Masles* que *Femelles* : C'est pourquoy le Conseil du Roy Iean, qui prevoyoit combien il pourroit arriver de prejudice à l'Estat, s'il falloit que le *Duché* revint à la Couronne à defaut d'Hoirs *Masles*, & que les autres biens passassent par *Femelles* à des Familles Estrangeres, & peut estre Ennemies du Royaume, estendit la clause de *Retour* jusques à ces biens particuliers, afin que nos Roys en vertu de la seule stipulation reprissent ces mesmes biens, comme ils reprendroient le Duché en vertu de la Loy des Appennages, sauf à eux ou a unir ces biens au Patrimoine Royal, en cas qu'ils y fussent *vnissables*, ou s'ils ne l'estoient pas, à en disposer & à les mettre és mains de personnes, dont la fidelité ne leur feroit point suspecte.

Dans cet esprit il y eut une clause tres sagement concertée, & tres prudemment apposée aux Lettres Patentes de l'Appennage, portant qu'en cas que Philippes ou ses Hoirs decedassent sans Hoirs procreés de leur corps en loyal mariage, capables de succeder au Duché de Bourgoigne, en ce cas, non seulement le Duché, & les dépendances d'iceluy ; mais encore tous les autres biens provenus de la succession de Philippes de Rouvre, & donnez à Philippes par les mesmes Lettres, retourneroient au Roy Iean, & à ses Successeurs Roys de France, pour les appliquer à la Couronne, *Salvo insuper & retento,* portent lesdites Lettres, *Quòd si dictus filius noster vel sua posteritas, ut prædicitur, procreandâ decesserint (quod absit) absque hærede ex proprio corpore succedente in dicto Ducatu, præmissa vniversa & singula sic donata pleno jure integraliter revertantur ad nos, & successores nostros Reges qui pro tempore fuerint, nostræ Coronæ Domanio applicanda.*

Louys XI. eut donc un droict autant legitime pour reprendre les Terres de *Montbar*, de *Vergy* & autres, quoy qu'elles ne fussent ny du Duché de Bourgoigne, ny de ses dependances, qu'il en avoit pour reprendre le mesme Duché, & tous les droicts & Domaines qui en dependoient, comme en effet il s'empara égallement des uns & des autres ; Mais pour bien connoistre non seulement comment il en usa, mais encore comment il en pouvoit legitimement user, soit en les retenant, & les unissant à la Couronne, soit en les mettant hors de ses mains, & disposant d'iceux en faveur des personnes qui pouvoient les tenir ; Il faut sçavoir quelle estoit la Iurisprudence de son siecle touchant l'*Union* ou la *Reünion* au Domaine de la Couronne, soit *expresse* soit *tacite*.

Difference entre l'Union & la Reünion.

L'Union, ainsi que le terme le fait voir de soy-mesme, est fort differente de la *Reünion*; Celle-cy presuppose une desunion, un démembrement, un détachement qui se soit fait autrefois de la masse d'un seul & mesme Domaine, pour en distraire une portion, & la faire passer és mains d'une autre personne que celle pardevers laquelle le surplus de la masse restoit & demeuroit; mais l'Union presuppose au contraire, deux Domaines distincts & separez, ayant neantmoins l'aptitude pour estre consolidez l'un à l'autre, & pour estre tellement incorporez, que de là en avant ils ne constituent qu'une seule & mesme masse, & qu'ils participent également d'une mesme nature, dans l'estat civil, & aux qualitez qui en emanent.

Que les portions éclypsées du Domaine de la Couronne sous la clause de Retour, y ont esté toûjours reünies de plein droict aussi tost que le cas du Retour est arrivé.

Or pour ce qui est de la *Reünion* des portions eclypsées du Domaine de la Couronne sous la clause de Retour, l'on a toûjours tenu qu'elle se faisoit de plein droict à la masse du mesme Domaine dés que le cas preveu & stipulé estoit arrivé, dont la raison est, Que la masse & sa portion n'ayant eu originairement qu'un seul & mesme estre civil, & le demembrement de la portion n'ayant pas esté fait à perpetuité, ny pour toûjours; mais limitativement, & pour un certain temps, cet estre n'a esté ny destruit, ny aneanty par une separation momentanée & limitée, non plus que dans l'ordre de la nature la substance n'est jamais aneantie par de purs accidens. De sorte que le temps, qui seul causoit cette separation, estant finy & expiré, La masse & la portion se reünissent d'elles mesmes, sans qu'il soit besoin de leur imprimer aucunes qualitez unissantes & consolidantes; n'ayant jamais perdu leur nature & leur estre, Source primitive de ces mesmes qualitez.

Ainsi aprés que *S. Louys* par le decés de *Ieanne de Boullogne* eut repris le Comté de *Clermont*; Que *Philippes le Hardy*, par le decés d'*Alphonse* son oncle, eut repris les Comtez de *Poictiers* & d'*Auvergne*, Que le mesme *Philippes* Appennagé des Domaines de *Lorris* & *Montargis*, fut parvenu à la Couronne: Que *Philippes le Long* Appennagé du Comté de *Poictou*, *Charles le Bel*, du Comté *de la Marche*, *Philippes* VI. du Comté *de Valois*, *Louys* XII. du Duché d'*Orleans* furent pareillement parvenus à la Couronne, tous ces Domaines furent de plein droict reünis au Patrimoine Royal, sans qu'aucunes Lettres Patentes ayent jamais esté expediées, requises ny necessaires, comme on l'a déja observé cy-dessus.

Et c'est la raison pour laquelle nous ne trouvons point de Chartres de *Reünion* expresse de ces Domaines, ny d'autres semblables: La consolidation, ou si l'on veut, l'incorporation tacite ayant esté toûjours tenuë suffisante & valable, comme se faisant de plein droict.

L'Union tacite au Domaine de la Couronne inconnuë du temps de Louys XI. n'ayant esté introduite que par l'Ordonnance de Moulins faite en 1566.

Mais l'*Union* a eu des principes directement opposez; Car nonobstant que l'aptitude à l'incorporation se trouvât dans les Terres, Seigneuries & Domaines, dont nos Roys estoient proprietaires lors qu'ils parvenoient à la Couronne, ou qui leur eschéoient depuis qu'ils y avoient esté élevez, neantmoins l'on n'en presupposoit point l'*Union tacite*; Il en falloit une qui fut expresse, precise, & formelle; la tacite mesme, semble avoir esté peu connuë auparavant l'Ordonnance de Moulins du mois de Fevrier 1566, ou si elle a esté connuë, il n'y a eu aucun temps prefix & limité, dans lequel elle fut reputée accomplie.

Et delà vient que nous trouvons des Lettres Patentes d'*Union*, de quelques Domaines expediées par nos Roys, & verifiées dans les Cours souveraines aprés quatre-vingts dix & 150 ans de possession;
comme

omme si ce temps, quoy que long & mesme immemorial dans le droict, n'eut pas encore suffi pour operer cette *Vnion.*

Mais puis que c'estoit la Iurisprudence, qui avoit cours du temps de Louys XI. & qui a esté observée fort long temps encore aprés luy, Il est bien juste de l'establir, & d'en rapporter les preuves.

Dés l'an 1271. le Comté de *Thoulouse* avoit esté acquis à la Couronne par le deceds *a* sans enfans d'*Alphonse* de France Comte de Poictiers, & de *Ieanne* son espouse fille de Raymond, dernier Comte de Thoulouse: C'estoit en consequence du Contract de mariage dudit *Alphonse* frere de S. Louys passé en *b* Avril 1228. portant, *Que si luy & ladite Ieanne decedoient sans enfans, le Comté de Thoulouse appartiendroit à S. Louys Roy de France, & à ses heritiers;* Estant donc decedez l'un & l'autre sans enfans au retour du voyage de Thunis, les Officiers de Philippes le Hardy, lors parvenu à la Couronne, prirent possession de ce Comté, & quoy que depuis ce temps les Roys ses successeurs en eussent jouy: Neantmoins 90 ans aprés le Roy Iean l'unit expressement à la Couronne par ses Lettres Patentes du mois de Novembre 1361.

Dés l'an 1202. la *Normandie c* avoit esté conquise par Philippes Auguste en execution de l'Arrest de mort & de confiscation rendu par les Pairs de France contre *Iean sans Terre* Roy d'Angleterre; Et par le Traitté de 1259. fait entre S. Louys, *d* & Henry III. aussi Roy d'Angleterre; Celuy-cy & Edouard son fils Aisné avoient quitté tout le droict qu'ils avoient eu & pretendu au Duché de *Normandie:* Ce que le mesme Edouard depuis devenu Roy avoit confirmé par le Traitté *e* de Paix fait à Paris entre luy, & Philippes le Bel au mois d'Aoust 1286. Et neantmoins le Roy Iean aprés le Traitté de Bretigny du mois de May 1360. unit expressement par les susdites Lettres Patentes de Novembre 1361. le Duché de *Normandie* à la Couronne, 159. ans aprés la conqueste que Philippes Auguste en avoit faite, & 102 ans aprés le Traitté de Paix conclu avec S. Louys, Que si l'*Vnion tacite* par dix ou vingt ans eut lors esté connuë, eut-on eu besoin d'une *Vnion* expresse?

Mais cela se verifie bien mieux à l'égard des Fiefs mouvans de la Couronne, possedez comme Domaines particuliers par nos Roys, lors de leur élevation au Trosne Royal, Que, ce semble, auroient deu estre *Vnis* de plein droict au Domaine de la Couronne, & qui neantmoins ont esté conservez dans leur nature de *Patrimoine domestique particulier, & proprietaire,* faute d'*Vnion* expresse & precise.

L'on a veu cy-dessus *f* que Philippes le Bel au mois d'Aoust 1284 épousa Ieanne Reyne de Navarre Comtesse de *Champagne & de Brie:* Que cette Reyne mourut au mois d'Aoust 1304. Que Louys son fils aisné luy succeda, lequel aprés la mort de Philippes le Bel son pere arrivée en 1314. fut Roy de France dixiéme du nom, surnommé Hutin.

Si l'*Vnion tacite* eut eu lieu en France de plein droict (comme *g* quelques uns l'ont écrit tres affirmativement,) il est certain que les Comtez de *Champaigne & de Brie* (du moins pour les parts que Louys Hutin y avoit comme Aisné) eussent esté *Vnis* au Domaine de la Couronne, dés qu'il y fut parvenu; Mais bien loin de connoistre & d'admettre cette *Vnion tacite,* ces Comtez furent considerez comme *Domaines particuliers* qui n'avoient nullement esté incorporez & consolidez au Patrimoine Royal.

Louys Hutin *h* deceda le cinquiéme Iuin 1316. laissant une fille unique appellée Ieanne, issuë du premier mariage qu'il avoit contracté avec Marguerite de Bourgoigne fille du Duc Robert II. du

G g

Margin notes (left column):

a Sainte Marthe, tom. 1. livre 12. chap. 1a. pag. 509.

b Si autem frater noster, quod absit, moreretur sine filijs ex ipsa (Ioanna) Tolosa & Episcopatus Tolosanus revertentur ad nos & haredes nostros, & filia vel alij filij vel filia vel haredes ipsius Raymundi nihil Iuris in ipsis poterunt reclamare. Traité fait entre S. Louys & le Comte Raymond au mois d'Avril 1228. Dans l'Histoire de Tolose de Catel, livre 2. chap. 7. pag. 334.

c Du Tillet. Recueil des Traitez avec les Anglois sous Philippes Auguste.

d Idem sous S. Louys.

e Idem sous Philippes le Bel.

f pag. 103 & 104.

g De la Guesle. Remonstrance 4. pag. 94. Remonstrance 12. pag. 480. Du Puy in verbo. Blois. pag. 728 729. Aubery, Pretentions du Roy sur l'Empire, livre 1. chap. 2. pag 26 & 27.

h Sainte Marthe, tom. 1. livre 13. chap. 5. pag. 561.

Margin notes (right column):

Le Comté de Tolose uny expressement à la Couronne par Lettres Patentes, aprés avoir esté possedé successivement par nos Roys pendant 90 années continuës.

Le Duché de Normandie uny par Lettres Patentes à la Couronne aprés avoir esté conquis & possedé 159 années par nos Rois.

Les Comtez de Champaigne et de Brie qui appartenoient en propre à Louys Hutin, ne furent point unis au Domaine de l'Estat tacitement ny de plein droict par son avenement à la Couronne.

nom, & laissant la Reyne Constance de Hongrie sa seconde femme enceinte d'un Posthume.

Ce qui se justifie par les Transactions faites aprés son deceds de l'avis des Princes, Pairs & Barons de France entre Philippes le Long Regent du Royaume, & Eudes IV. Duc de Bourgoigne, oncle maternel de la fille de Louïs Hutin.

Philippes de France surnommé le Long frere puisné de Louys Hutin, fut par les Estats de France nommé Regent du Royaume au mois de Iuin 1316. Et dés le 17 de Iuillet ensuivant *a* Traité se passa au bois de Vincennes entre luy d'une part ; Eudes IV. Duc de Bourgoigne oncle maternel de ladite Ieanne de France fille unique du premier lict de Louys Hutin d'autre part, en presence de plusieurs Princes & Seigneurs, par lequel il fut accordé que si le posthume, dont la Reyne Clemence se trouvoit enceinte, estoit une fille : En ce cas Ieanne de France & ladite fille posthume auroient en heritage le Royau-

a Idem chap. 7. pag. 564.

,, me de *Navarre*, & les Comtez de *Champaigne & de Brie*, entierement,
,, *pour telle portion qu'à chacune d'elles pourroit appartenir :* Que Ieanne
,, seroit baillée à Agnés de France son ayeulle maternelle veufve de
,, Robert II. Duc de Bourgoigne fille du Roy S. Louys, pour estre
,, eslevée & nourrie par elle ; Qu'elle ne seroit neantmoins mariée,
,, que du gré de celuy qui gouverneroit la France : Que Philippes le
,, Long auroit les Gouvernemens du Royaume de *Navarre*, & des
,, Comtez de *Champaigne & de Brie*, jusques à ce que ladite Ieanne
,, & la fille posthume fussent venuës en âge.

Or peut-on rien souhaitter de plus formel que ce traitté, pour faire voir, que l'*Vnion tacite* n'estoit point alors ny usitée, ny mesme connuë, puis que voila les Comtez de *Champaigne & de Brie*, delaissez *en proprieté* & *en heritage*, comme on parloit lors, aux filles de Louys Hutin, lesquelles sont neantmoins excluses du Royaume, & de tout le Patrimoine de la Couronne ? Cependant ce delaissement leur est fait par Philippes le Long leur oncle : Appellé par la Loy de l'Estat à la Couronne de France ; En presence & par l'avis des Princes, & des Seigneurs de France. Qui de grace eut eu plus d'interest à faire valoir cette *Vnion tacite*, que Philippes le Long & les Princes du Sang, qui par leur naissance estoient appellez chacun en son rang à la succession du Royaume ? Mais est il à croire que ce delaissement eut ainsi esté fait aux filles de Louys Hutin, quand mesmes Philippes le Long l'eut bien voulu, si l'*Vnion tacite* eut eu l'effet que quelques Autheurs luy donnent encore aujourd'huy ? Les Princes du Sang, le Conseil de l'Estat, les Seigneurs & Barons de France l'eussent-ils souffert ? Et Philippes le Long, qui n'avoit lors que la simple qualité de Regent du Royaume eut il vray-semblablement pû ny osé oster à la Couronne un droict qui luy eut esté acquis, & qui se fut trouvé autant consierable, que celuy de la proprieté des Comtez de *Champaigne & de Brie* ?

Il faut donc conclurre, Qu'un Traité autant solemnel qu'estoit celuy là, fut dressé selon le droict qui lors avoit cours en France ; Qu'il fut trouvé juste ; Que l'on n'y remarqua rien qui fut contraire aux Loix de l'Estat, ny prejudiciable aux interests de la Couronne ; Et par consequent, que les Comtez de *Champaigne & de Brie*, dont Louys Hutin estoit proprietaire de son chef lors qu'il estoit devenu Roy de France, avoient esté par luy tenus & possedez depuis son elevation à la Couronne jusques à sa mort, sans estre *Vnis*, incorporez ny consolidez au Patrimoine Royal, duquel neantmoins ils relevoient en qualité de Fief Lige : Et cela, quoy qu'il n'eut point fait de declaration expresse de les vouloir conserver comme Domaines privez & particuliers : De sorte que l'on ne peut douter, que l'*Vnion tacite* n'estoit lors ny prattiquée ny connuë.

Mais il faut encore aller plus loin.

La prevoyance de ceux qui avoient conclu ce Traitté, (supposé

a Sainte Marthe, tom. 1. livre 13. chap. 6. pag. 562.

que le Posthume fut une fille) se trouva deceuë: Car la Reyne Clemence accoucha, non pas d'une fille, mais d'un fils, qui fut *a* appellé *Iean*, & qui par les Loix de l'Estat, fut Roy de France en venant
au monde; Cet enfant, suivant la Coustume generalle du Royaume, fut donc aussi saisi en naissant de tous les droicts que l'Ainesse
luy donnoit dans les Comtez de *Champaigne & de Brie*, qui estoient
Domaines *privez, particuliers, hereditaires, libres & Patrimoniaux* dans
la succession du feu Roy son pere; Il est vray qu'il ne vesquit que
huit jours; Mais comme les droicts acquis & deferez par la Loy
independamment du fait de l'Homme ont leur effet par eux-mê-
mes, il est certain que *l'Vnion tacite* eut aussi-bien esté consommée
au profit de la Couronne, si elle eut eu lieu; que la transmission des
droicts d'Ainesse & de succession l'avoit esté au profit du petit Roy
Iean, parce qu'elle estoit admise, & qu'elle avoit lieu.

Mais ce qui se passa aprés le deceds de ce petit Monarque, est
une Seconde preuve, que l'Vnion tacite n'estoit lors ny pratiquée
ny connuë.

Le Petit Roy Iean, fils & successeur de Louys Hutin, posseda le Royaume de France & les Comtez de Champaigne et de Brie, sans neantmoins union ny confusion.

b Idem, ibidem chap. 7. pag. 564. 565.

Philippes le Long de Regent *b* du Royaume devint Roy, par la
Loy fondamentale de l'Estat, & fut sacré à Reims le jour des Roys
1317. nonobstant l'opposition d'Agnés de France veufve de Robert
II. Duc de Bourgoigne, qui pretendoit que Ieanne de France sa
petite fille, devoit succeder à la Couronne, comme estant sœur du
petit Roy Iean nouvellement decedé & plus proche, par consequent que Philippes le Long qui n'estoit que son oncle; Eudes IV.
Duc de Bourgoigne fils d'Agnés, & oncle de Ieanne forma inutilement une pareille opposition : Car les Estats generaux du Royaume convoquez à Paris, confirmerent l'ancienne & inviolable Loy de
l'Estat, qui exclud les femmes & les filles de la Monarchie, & y
admet seulement les Masles.

Ce qui se prouve par le Contract de mariage de Ieanne de France sa sœur consanguine avec Philippes d'Evreux III. du nom.

Neantmoins Philippes le Long desirant faire connoistre qu'en
conservant ses droicts, il vouloit bien procurer à Ieanne sa niepce,
tous les avantages que sa naissance meritoit, ainsi mesmes qu'il y
estoit tenu en qualité de Roy, la maria avec Philippes d'Eureux III.
du nom surnommé le Bon & le Sage: Par le Contract de ce mariage *c* passé au mois de May 1317. Philippes donna à sa niepce 15000 l.
de rente, pour partie desquelles il luy assigna le Comté d'Angoulesf-
me, Bouteville, Cognac, Merpuis, & Aubeterre, & outre ce la somme de 5000 liv. pour estre employées en heritages qui seroient propres de ladite Ieanne & des siens; Moyennant quoy Eudes IV. Duc
de Bourgoigne oncle maternel de Ieanne, & au nom d'elle ceda à
Philippes le Long tous les droicts qu'elle avoit & pouvoit avoir, tant
au Royaume de Navarre qu'aux Comtez de *Champaigne* & de *Brie*:
à condition toutesfois, que *si Philippes decedoit sans enfans Masles,*
lesdits Comtez retourneroient & appartiendroient à ladite Ieanne
comme son propre.

c Du Chesne. Histoire de Bourg. tom. 2. Preuves, pag. 124. Sainte Marthe tom. 1. livre 22. chap. 2. pag. 914.

Voila le titre en vertu duquel Philippes le Long s'intitula Roy de
Navarre: Mais pour ne point quitter nostre matiere de l'*Vnion tacite*,
bien loin de luy avoir donné aucun effet par la possession que le
petit Roy Iean avoit eu de la Couronne de France, & des Comtez
de *Champaigne & de Brie*, l'on voit que par son deceds le Royaume
avec l'universalité de ses droicts passe à Philippes le Long, non pas
en qualité d'oncle du defunt, mais en qualité de Masle seul habile
à y succeder, & que les Comtez passent en leur entier, à Jeanne
sœur unique du mesme defunt, & seule appellée à la succession de
ses biens Patrimoniaux & libres : Que Philippes pour avoir ces mesmes Comtez est obligé de donner une recompense à sa niepce, à la-

quelle, outre ce, les mesmes Comtez doivent retourner & *appartenir en propre*, en cas que Philippes decede sans enfans Masles. Où trouvera-on donc le moindre vestige de l'*Vnion tacite*? Et au contraire n'a-on pas en tout cela une preuve tres evidente, qu'en ces temps elle n'estoit ny pratiquée ny connuë?

Ce n'est pas neantmoins encore tout.

Par l'accord fait en 1335 entre Philippes de Valois, & Charles II. Roy de Navarre dit le Mauvais.

Philippes le Long estant decedé sans Hoirs Masles. en Ianvier 1322. le cas du Retour au profit de Ieanne, tant du Royaume de Navarre, que des Comtez de *Champaigne & de Brie*, estoit arrivé: Aussi Charles le Bel (auquel par la mort de Philippes le Long son frere, la Couronne fut deferée) rendit-il à Philippes d'Eureux & à ladite Ieanne sa femme le Royaume *a* de Navarre: Mais nous ne trouvons point s'il y eut demande ou poursuites faites pour raison des Comtez de *Champaigne & de Brie*: Cependant Charles le Bel estant pareillement decedé sans enfans masles au mois de Fevrier 1328. Et Philippes VI. du nom, dit de *Valois*, luy ayant succedé au Royaume, il y eut transaction *b* passée à Avignon le 14 Mars 1335. par laquelle Philippes pour consommer l'assignat des 15000 liv. de rente, & le payement des 5000 liv. promises par la transaction de 1317. donna à Philippes d'Eureux, & à la susdite Ieanne de France sa femme, le Comté de Mortain *c* en Normandie, outre celuy d'Angoulesme & Terres en dependantes, dont ils jouïssoient déja envertu de ladite transaction de 1317. il leur assigna outre ce 3000 *l* de rente sur le Tresor à Paris; Et encore promit leur faire 3000. liv. de rente; qui depuis furent assignées & assises sur les Seigneuries de Benon en Aunis, de Frontenoy Labbatu en Saintonge, & sur le grand Fief d'Aunis, moyennant quoy Philippes d'Eureux & Ieanne sa femme, quitterent à Philippes de Valois tout le droict qu'il avoient aux Comtez de *Champaigne & de Brie*, soit par la succession de Louys Hutin pere, & du petit Roy Iean frere consanguin de ladite Ieanne, soit par l'accord fait en 1317. avec Philippes le Long.

Par l'union expresse qu'en fit le Roy Iean en 1361.

Depuis cet accord passé en 1335. Philippes de Valois posseda ces Comtez jusques à son deceds arrivé le 22 Aoust 1350. Iean son fils, qui luy succeda, les posseda pareillement, & neantmoins en 1361, le mesme Roy Iean par ses Lettres Patentes du mois de Novembre au mesme an, *unit* expressement ces Comtez à la Couronne, n'estimant pas que les 26 années de jouïssance que le Roy son pere & luy en avoient euë successivement, à compter depuis la transaction du mois de Mars 1335. fussent suffisantes pour introduire une *Vnion tacite* de ces mesmes Comtez avec le Domaine de la Couronne.

Et par les Traitez que le mesme Roy & son fils Charles V. firent avec le mesme Charles II. Roy de Navarre.

Mais lors que Charles le Mauvais Roy de Navarre, fils des susdits Philippes d'Eureux, & de Ieanne de France, renouvella les mesmes pretentions sur ces Comtez: Le Roy Iean, & aprés luy Charles le Sage son fils opposerent-ils à cet esprit remuant aucune *Vnion tacite*, qui eut esté faite des mesmes Comtez, soit sous Louys Hutin, soit sous le petit Roy Iean? Bien au contraire, le Roy Iean pour l'appaiser luy donna les Villes de *d* Mante & de Meulan: Et Charles par le Traitté du 19. Iuin 1414. luy quitta Beaufort, Soulaines, Nogent l'Arthault, & autres Villes y mentionnées, moyennant quoy le Roy de Navarre ceda les droicts qu'il disoit avoir encore sur *la Champaigne & la Brie*: Cependant si l'*Vnion tacite* eut esté lors receuë ou connuë, eut-on jamais manqué de s'en prevaloir contre ce Prince factieux, comme d'un droict auquel il ne luy eut pas esté possible de rien opposer?

Neantmoins nonobstant cette Iurisprudence si clairement justifiée,

nous

a Sainte Marthe, *tom. 1. livre 22. chap. 2. pag. 985.*

b Idem, ibidem.

c Du Puy. *In verbo.* Mortain, *pag. 901. 902.*

d Du Puy. *In verbo* Evreux, *pag. 828.* Sainte Marthe *tom. 1. liv. 22. chap. 7. pag. 993.*

noüs avons des Autheurs ſi ſinguliers en leurs opinions qu'ils n'ont point feint de produire une doctrine toute oppoſée , à laquelle ils ont taſché de donner le cours & la force d'une Loy auſſi ancienne que noſtre Monarchie.

L'un d'eux a écrit, *Que nos Roys n'ont jamais eu de Domaine a par-* *ticulier; Qu'on a tenu pour Maxime en France , que lors que nos Prin-* *ces deviennent Roys, les Fiefs qu'ils poſſedent à titre particulier , & qui* *relevent de la Couronne , demeurent joints & unis au Domaine public,* *en telle ſorte qu'ils n'ont plus qu'un Domaine, qui eſt celuy de la Cou-* *ronne ;* Mais ce qui a eſté veu juſques à preſent au ſujet des Com-tez de *Champaigne & de Brie,* combat déja aſſez puiſſamment l'o-pinion de cet Auteur : & ce qui ſera cy-aprés apporté d'exemples, & d'Arreſts contradictoires, rendus contre Monſieur le Procureur General, achevera de prouver, que la Doctrine par luy miſe en avant n'eſt point du tout veritable.

Vn autre fort *b* recent , & auquel le public a l'obligation de pluſieurs beaux ouvrages qu'il a mis au jour, ayant eu les meſmes ſentimens touchant l'*Vnion tacite*, s'eſt ſervy de l'Arreſt ſolemnel de 1322. rendu pour Charles le Bel, contre Eudes Comte de Bourgoigne, & contre la Comteſſe ſa femme fille du Roy Phi-lippes le Long, par lequel, adjouſte il, il eſt declaré en termes exprés, *Que ce qui appartient au Prince par ſucceſſion avant qu'il vienne* *à la Couronne, dès lors qu'il eſt fait Roy, eſt cenſé du propre Domaine de* *la Couronne.*

Mais il faut aſſurement que les memoires ſur leſquels il a travaillé, n'ayent pas eſté fideles ; Car cet Arreſt n'a rien moins jugé, que la propoſition qu'il dit en avoir eſté la deciſion : Il eſt dans nos Li-vres *e* les plus vulguaires,& les plus communs : Il a eſté allegué *d* cy-deſſus ; & n'eſt intervenu qu'au ſujet du Comté de Poictiers, ſi an-cien Domaine de la Couronne, *e* que Louys V I I I. dés l'an 1225. l'avoit donné en Appennage à Alphonſe ſon quatriéme fils , ſous la clauſe de retour à defaut d'Hoirs : Et le cas eſtant arrivé, il avoit eſté adjugé à Philippes le Hardy nepveu d'Alphonſe , contre Char-les Roy de Sicile, frere du defunct, par l'Arreſt ſolemnel de l'an 1283. qui a eſté cy-deſſus rapporté.

Depuis ce temps le Comté de Poictou avoit eſté poſſedé ſucceſ-ſivement par les Roys Philippes le Hardy, & Philippes le Bel ſon fils : Celuy-cy en 1314. l'avoit donné en Appennage à Philippes le Long ſon ſecond fils ; mais ſous la clauſe de Retour à la Couronne, en cas qu'il decedat ſans Hoirs Maſles : Ce fut, comme on a veu cy-deſſus , *f* la Loy introductive de l'Appennage purement maſculin : Philippes le Long devenu Roy aprés le deceds de Louys Hutin ſon frere, mourut en Ianvier 1322. ne laiſſant que des filles, l'aiſnée deſ-quelles appellée Ieanne, mariée à Eudes IV. Duc de Bourgoigne, pretendit à titre d'heredité le Comté de Poictou; pour raiſon duquel elle forma complainte contre le Roy Charles le Bel ſon oncle : Sur quoy les Pairs de France s'eſtant aſſemblez , elle fut par l'Arreſt de 1322. deboutée de ſa complainte , ſauf à elle à ſe pourvoir au Peti-toire.

Ainſi l'Arreſt jugea ſimplement le poſſeſſoire en faveur de Char-les le Bel : Mais Ieanne n'oſa agir au fonds, voyant bien que le Comté de Poictou qui eſtoit un ancien Domaine de la Couronne, & qui n'avoit eſté donné en Appennage à feu ſon pere, qu'à condi-tion du Retour à la Couronne, à defaut d'Hoirs Maſles, ne pou-voit jamais venir juſques à elle, ny luy appartenir par deux raiſons indubitables: L'une parce qu'elle eſtoit fille, L'autre parce que dés

H h

a Du Puy, *in verbo* Blois, *pag. 728. 729.*

b Aubery. *Pretentions du Roy ſur l'Empire,* livre 1. chap. 2. pag. 26. & 27.

c Choppin. *De Doman.* lib. 3. tit. 1. num. 10. *d pag. 73. 74.*
e Cy-deſſus *pages 68. 69. 70.*

f pag. 73. 74.

Opinion contraire de quelques Auteurs qui ont tenu que l'Vnion tacite avoit toûjeurs en lieu en France.

que son pere estant devenu Roy, l'Appennage avoit esté supprimé, esteint & finy par la reünion d'iceluy de plein droict à la masse du Patrimoine Royal.

Aprés quoy l'on voit clairement que cet Arrest n'a jamais eu ny pour fondement, ny pour decision, *l'Vnion taçite*, faite d'un Domaine domestique & privé au Patrimoine Royal, par l'avenement du Proprietaire à la Couronne.

Reste donc un troisiéme, & dernier *a* Auteur, lequel en plus d'un ,, endroit a mis en fait ; *Que l'Vnion de droict est le saint & politique* ,, *mariage entre nos Roys & le Royaume, par lequel les Fiefs mouvans de* ,, *la Couronne, appartenans par titre special à leurs Majestez, sont censez* ,, *& reputez par mesme moyen appartenir au Royaume.*

a De la Guesle, *Re-monstrance* 4. *pag.* 94. *Remonstrance* 14. *pag.* 480.

Et parce que ce qui s'estoit passé à l'égard des Comtez de Champaigne & de Brie, aprés le decés de Louys Hutin, combattoit ouvertement la Doctrine que ces Autheurs vouloient faire passer pour l'une des Maximes fondamentales de l'Estat, ce dernier à recours ,, à un texte de Choppin, auquel il donne cet éloge, *à la grande le-* ,, *cture, & excellente memoire duquel s'il ne restoit rien à desirer, on le pour-* ,, *roit nombrer entre les premiers hommes.*

L'un desquels s'appuye sur un texte de Choppin.

Le texte de Choppin *b* que ce mesme Autheur rapporte tout entier, est conceu en ces termes : *Paulò post, Hutini diem functi filia unica petit à Philippo Longo Rege patruo, Campanum agrum titulo pro hærede aviæ Ianæ Campanæ, uti fæmineum, liberumque feudum, & indiscriminatim ad cujusvis sexus hæredes transitorium. Cogitur hoc nomine Aulicum sanctius Concilium, Principe cum Regni optimatibus cognoscente: Regià demùm sententià pronunciatur, Campaniam Beneficium esse Francorum Regum, cum sceptris rerum mixturà confusum.*

b De Doma. *lib.* 1. *tit.* 6. *num.* 5.

Mais parce qu'il n'y a pas un mot de verité, ny dans ce que Choppin fait dire à la fille de Louys Hutin, ny dans ce qu'il fait ordonner, prononcer & juger par le Roy Philippes le Long, assisté, comme il l'assure, des Princes, Seigneurs & Barons de France, l'Autheur qui le cite, est tout *c* le premier en peine de sçavoir où cela peut avoir esté leu & trouvé ; Puis prevoyant que la Doctrine qu'il vouloit establir auroit assez de peine à se soustenir, si l'authorité de Choppin devenoit & demeuroit suspecte : Il commence par luy donner luy-mesme un credit suffisant pour la faire recevoir : *tant y a,* ,, ce sont ses propres mots, *Qu'il ne faut douter qu'il ne l'ait leu en* ,, *quelqu'ancien Autheur:* & peu aprés, *la grande memoire,* poursuit-il, ,, *& la grande lecture combattent quelques fois ensemble : En sorte que* ,, *celle-cy prosterne souvent l'autre : de là les fautes que les Grecs appel-* ,, *lent ἁμαρτήματα μνημονικὰ, Et neantmoins quelques lourdes qu'elles soient, le* ,, *peu d'apparence qu'il y a d'ignorance les rend excusables, comme en celle-* ,, *cy, en laquelle plusieurs autres passages delivrent l'Autheur de ce soupçon,* ,, *& témoignent qu'il a vrayment sceu ce qui en estoit.*

Duquel texte il ne se trouve ny garands ny auteurs.

c De la Guesle. *Remonstrance* 4. *pag.* 145. 146.

Neantmoins cette grande creance qu'il veut que l'on ait à Choppin sur la verité de cette Histoire se diminuë & s'affoiblit notablement quand on observe qu'il est le premier à l'arguer d'erreur & à le corriger, disant qu'il faut lire *Philippes de Valois,* au lieu de ,, *Philippes le Long* ; *Il faut donc,* ce sont ses mots, *corriger ce lieu* ,, *que nous venons de reciter comme faute de l'impression, plûtost que de la* ,, *memoire, d'ailleurs excellente en ce personnage : effacer le nom de Philip-* ,, *pes le Long, & en son lieu remettre celuy de Valois :* Il poursuit & tasche de confirmer sa pensée par l'authorité de *Garibáy* au commen-,, *cement du* 27 *Livre de l'Abbregé Historial des Chroniques de tous les* ,, *Royaumes d'Espagne,* qui remarque, dit-il, *Qu'en* 1328, *aprés la mort* ,, *de Charles le Bel, Ieanne de France femme de Philippes d'Eureux*

Perplexité en laquelle est ce dernier auteur pour donner quelque credit au texte de Choppin.

,, *succeda au seul Royaume de Navarre*, il infere qu'elle ne succeda pas
aux Comtez de *Champaigne & de Brie* : d'autant plus, que Philippes est intitulé, non seulement Comte d'*Evreux*; mais encore Comte d'*Angoulesme*, & de *Mortain, qui estoient*, conclud-il enfin, *les deux
Comtez que le Roy Charles le Bel avoit donnez pour recompense des droicts
de Champaigne à la Reine Ieanne sa niepce.*

*Erreurs de cet Auteur
et de Choppin dans toutes
les circonstances & dans
la verité du faict.*

Le sieur Aubery avoüe que ces Autheurs ont fait profession particuliere d'estudier les droicts de la Couronne, & d'en defendre les
interests : Et mesmes la grande reputation du dernier, qui dans des
temps tres-difficiles a fait paroistre une singuliere fidelité, pourroit
faire passer ses sentimens pour autant d'Oracles sur la matiere dont
il s'agit ; Mais le sieur Aubery croit que sans blesser la memoire de
ce grand homme, la verité peut estre restablie, & que l'interest notable qu'il a que cette mesme verité soit connuë, luy servira d'ex-
cuse, s'il convainc un Magistrat si illustre de s'estre égaré dans le
fait, & d'avoir ensuite erré dans le droict.

C'est donc une necessité pardonnable au sieur Aubery de le refuter aussi-bien que Choppin, & de monstrer qu'ils ont erré l'un &
l'autre, en toutes les circonstances du fait, à l'égard du temps, des
personnes & des choses.

Premierement ce que Choppin a fait dire à *Ieanne* fille de Louys
Hutin pour fondement de ses pretentions sur les Comtez de *Champaigne & de Brie*, n'est point du tout veritable : Elle agissoit, dit-il,
Titulo pro hærede, Aviæ Ianæ Campanæ. Il eut donc fallu que Louys
Hutin eut precedé Ieanne Reine de Navarre sa mere, & que *Ieanne* de
France fille du mesme Louys Hutin eut par representation d'iceluy
demandé lesdits Comtez dans la succession de la Reyne Ieanne
son ayeulle; Cependant rien de cela n'est vray dans le fait. Car Ieanne Reyne de Navarre, comme *a* on a veu cy-dessus mourut au mois
d'Aoust 1304. Louys Hutin son fils aisné luy succeda & recueillit
les portions qui luy appartenoient comme Aisné és Comtez dont il
s'agit, lesquelles portions au moyen de son deceds arrivé en Iuin
1316, furent transmises à *Ieanne* fille unique de son premier mariage,
& au Postume dont la Reyne Constance de Hongrie sa seconde
femme demeura enceinte : Il est vray que le petit Roy Iean, dont
Constance accoucha, n'ayant vescu que huit jours, tous ses droicts
furent recueillis par *Ieanne* de France sa sœur unique.

*Premiere erreur de
Choppin & de l'Auteur
qui veut luy donner
cours.*

Ainsi il n'est pas vray que ladite *Ieanne* de France ait pretendu les
Comtez de Champaigne & de Brie, comme heritiere de la Reyne
Ieanne son ayeulle; (aussi en ce cas n'y auroit il eu ny pû avoir non
seulement d'*Vnion tacite* ; mais non pas mesme de pretexte d'icelle.)
Mais au contraire, elle venoit ausdits Comtez, tant de son chef, comme heritiere en partie de Louys Hutin son pere, que du chef & comme seule heritiere du petit feu Roy Iean son frere consanguin.

Secondement ce que Choppin a ajoûté, *Que ce differend fut porté en
Iugement devant les Pairs & Seigneurs de France,* n'est pas non plus veritable; Au contraire, tout se traita à l'amiable. Il y eut pour cela deux
Transactions, l'une *b* du 17 Iuillet 1316. pendant la grossesse de la
Reyne Constance : L'autre du *c* mois de May 1317. après la naissance & le deceds du petit Roy Iean ; Et les clauses, conventions &
conditions de ces deux actes furent concertées avec les principaux
Seigneurs de France, & les premiers Officiers du Conseil, ainsi que
l'on vient de voir.

Seconde erreur.

Troisiémement le Iugement que Choppin dit avoir esté rendu
par Philippes le Long, & les Pairs & Seigneurs de France, contre
Ieanne fille de Louys Hutin n'est point veritable, non plus que le

Troisiesme erreur.

a pag. 104.

b Sainte Marthe, tom.
1. liv. 13. chap. 7. pag.
564.
*c Idem, ibidem, livre
21. chap. 2. pag. 984.*

fondement qu'il en rapporte, sçavoir l'*Vnion tacite* des Comtez de *Champagne & de Brie*, avec le Domaine de la Couronne consommée de plein droict du moment que Louys Hutin proprietaire d'iceux estoit devenu Roy de France : *Regià demùm sententià pronunciatur Campaniam beneficium esse Francorum Regum, cum sceptris rerum mixturà confusum.*

Car outre qu'il n'y eut point de Iugement rendu, mais seulement deux transactions faites & passées: Encore est il certain que l'on convient dans le fait que les Comtez de *Champaigne & de Brie* n'avoient point esté *tacitement unis* au Pattimoine Royal, & ce fut sur ce seul fondement, que ces Traittez furent conclus.

Par le premier du *a* mois de Iuillet 1316. Philippes le Long, en cas que la Reyne Constance accouchat d'une fille convient que cette fille posthune, & Ieanne fille du premier lict *auront en heritage*, le Royaume de Navarre & les Comtez de *Champaigne & de Brie*, *entierement pour telle portion qu'à chacune d'elles pourra appartenir.* *a Idem pag. 564.*

Et par le *b* second *Philippes* donne à *Ieanne* sa niepce 15000. livres de rente d'une part, pour partie desquelles il luy assigna le Comté d'Angoulesme & Terres en dependantes qui y sont specifiées, & 5000 l. d'autre part pour estre employées en heritages, qui seront propres de ladite *Ieanne* & des siens, moyennant quoy elle cede à *Philippes le Long*, tous les droicts qu'elle pouvoit avoir au Royaume de Navarre, & aux Comtez de *Champaigne & de Brie*, mais neantmoins à condition expresse, que *si Philippes decede sans Hoirs Masles, lesdits Comtez retourneront à ladite Ieanne, & luy appartiendront en propre.* *b Idem pag. 924.*

Que l'on fasse, aprés cela une serieuse reflexion sur ce que Choppin a dit si positivement de l'*Vnion tacite*, de la consolidation de droict; & pour user du mesme terme dont il se sert, de la *confusion* qu'il declare avoir esté faite & consommée de ces Comtez avec le Domaine de la Couronne, ne sera-on pas contraint & forcé d'avoüer, que ce qu'il en a écrit n'est point du tout vray ? Mais ne sera-on pas à mesme temps contraint de reconnoistre & forcé d'avoüer, que si une transaction équipolle à un Iugement contradictoire, il a esté tout au contraire jugé qu'il n'y avoit point eu d'*Vnion tacite* ny d'*incorporation*, ny de *confusion* des mesmes Comtez avec le Patrimoine Royal ?

En effet par la premiere de ces transactions, *Ieanne* qui estoit la fille du premier lict de Louys Hutin, & le Posthume dont la Reyne Constance estoit enceinte, en cas que ce fut une fille, devoient avoir *entierement pour le tout ces Comtez, comme le Patrimoine du feu Roy leur pere, & comme un heritage domestique, qui jamais n'avoit esté confus avec le Domaine de la Couronne:* L'on reserve mesme à ces deux filles les droicts que chacune d'elles y pourroit avoir, pour ne point faire de prejudice à *Ieanne*, qui estoit l'aisnée: Et cependant l'une & l'autre sont par la loy fondamentale de l'Estat, excluses, & du Royaume, & de la moindre portion de quelque Domaine que ce soit de la Couronne; Et par consequent les Comtez de *Champaigne & de Brie*, n'avoient point esté unis, consolidez ny confus avec le Patrimoine Royal.

Par la seconde, *Ieanne* est reconnuë *seule proprietaire de ces Comtez à titre de seule heritiere immediate & mediate du Roy Louys Hutin son pere*; On traitte avec elle en cette qualité: *Philippes le Long son oncle achepte d'elle, s'il faut ainsi dire, les droicts qu'elle y avoit;* Elle de sa part les quitte, cede & transmet au Roy; Et encore ne luy en donne elle pas absolument & indefiniment la proprieté incommutable

mutable, puis qu'elle stipule qu'ils *retourneront & appartiendront à elle comme son propre, en cas que le Roy son oncle decede sans enfans mâles.* Or comment peut-on accorder cela avec un jugement solemnel que Choppin dit avoir esté prononcé par *Philippes le Long,* en l'assemblée des Pairs & Seigneurs de France, contre ladite *Ieanne* sa niéce, jugement uniquement fondé, suivant sa pensée, sur une *union tacite, une consolidation de droit, une confusion* necessaire qui s'étoit faite des mesmes Comtez avec le Domaine de la Couronne? Ne voit-on pas au contraire, que par cette transaction *l'union, l'incorporation, là consolidation, la Confusion,* que Choppin présuppose avoir esté faite & consommée, est entierement rejettée, détruite, & ruinée?

Quatriéme erreur.

Quatriémement, l'Autheur qui veut pourtant faire valoir le passage de Choppin, asseurant *qu'il falloit bien qu'il eust lû en quelque part, ce qu'il avoit si positivement écrit,* croit avoir reparé toutes choses, en disant qu'il falloit rapporter à *Philippes de Valois,* ce que Choppin, ou plustost l'Imprimeur, avoit par erreur attribué à *Philippes le Long.* Mais cette reposition de noms se peut-elle faire au préjudice de la verité du fait, & de la fidelité de l'histoire?

Car on ne trouvera point que *Philippes de Valois,* ait assemblé judiciairement les Pairs de France, ny rendu aucun Arrest avec eux contre *Ieanne fille de Louys Hutin,* touchant les Comtez de *Champagne & de Brie;* bien loin de cela, ce Monarque en l'année 1335. passa la transaction dont il a déja esté parlé avec *Philippes* Comte *d'Evreux,* & ladite *Ieanne* de France lors sa femme, par laquelle outre ce qui avoit esté donné à *Ieanne* par la transaction de 1317. *Philippes de Valois,* leur delaissa encore le Comté de *Mortain,* & autres rentes & Domaines cy-dessus mentionnez, moyennant quoy *Philippes d'Evreux & sa femme,* luy quitterent tout le droict qu'ils avoient és Comtez de *Champaigne & de Brie,* tant par les successions de *Louys Hutin* & du petit Roy *Iean,* que par la transaction de 1317.

Cinquiéme erreur.

Cinquiémement, cét Autheur pour rectifier toûjours autant qu'il peut cette reposition de noms, ajoûte, *qu'aprés la mort de Charles*
,, *le Bel arrivée en 1328. Philippes d'Evreux avec Ieanne sa femme succeda*
,, *au seul Royaume de Navarre. Que Philippes de Valois nouveau Roy,*
,, *qui tenoit la Navarre, leva la main de dessus; mais qu'à l'egard des*
,, *Comtez de Champaigne & de Brie, le Comte d'Evreux ny sa femme n'y*
,, *succederent point.* Et cependant il est tres-certain que jamais *Philippes de Valois* n'a prétendu le Royaume de Navarre, ny ne l'a tenu sous sa main. Au contraire, nos Histoires font *a* foy, qu'incontinent apres la mort de *Philippes le Long, Charles* le Bel son frere qui luy succeda, rendit à *Ieanne* sa niéce le Royaume de Navarre, ne pouvant pas legitimement le retenir, puisque le cas du retour stipulé par elle dans la transaction de 1317. étoit arrivé, Philippes le Long étant decedé sans hoirs mâles.

a Sainte Marthe, *Tom.* 1. *liv. 22. chap. 2. pag.* 985.

Sixiéme erreur.

Sixiémement ce mesme Autheur remarque, que les Comtez *d'Angoulesme* & de *Mortain,* avoient esté donnez par *Charles* le Bel à *Ieanne* Reyne de Navarre sa niéce, pour récompense des droicts de *Champaigne;* récompense, dit-il, *tirée du fonds de l'ancien Domaine de la Couronne;* surquoy il y a deux importantes reflexions à faire.

La premiere, que cét Autheur en confondant, & les temps, & les personnes, & les choses, attribuë à *Charles le Bel* ce qu'il n'a jamais fait; car le Comté *d'Angoulesme* fut delaissé à *Ieanne* par *Philippes le Long,* pour partie de l'assignat des 15000. livres de rente qu'il luy donna par la transaction de 1317. Et celuy de *Mortain* fit partie des Domaines que *Philippes de Valois* delaissa à la mesme *Ieanne* par la transaction passée en Avignon le 14. Mars 1335. Ainsi *Charles le Bel*

ne donna aucun de ces Comtez ; l'un ayant esté delaissé par son predecesseur, & l'autre par son successeur à 18. ans l'un de l'autre.

La seconde reflection est, que si l'on donna des Domaines de la
Couronne à *Ieanne* Reyne de Navarre pour *récompense* de ses droicts
sur la *Champaigne*, ainsi que cét Autheur l'avouë, il faut donc par
sa propre confession qu'il reste & demeure pour constant que les
Comtez de *Champaigne* & de *Brie*, n'avoient point esté tacitement
& de plein droict unies, consolidez, incorporez, & confus avec le
Domaine de la Couronne, lors que *Louys Hutin* estoit devenu Roy
de France; Car la *récompense* n'est jamais deuë aux heritiers *ab incestat*
pour les Domaines que le Roy unit, soit expressement, soit tacitement à la Couronne, autrement il s'ensuivroit que nos Roys seroient
dans une espece d'interdiction de faire ces sortes d'*unions* ; & que
d'autre costé l'Estat ne pourroit jamais accepter la *consolidation* des
Domaines privez & particuliers du Prince, que sous la charge d'*indemniser* & de *recompenser* d'autant ses heritiers presomptifs ; ce qui
seroit de la derniere absurdité à croire, à dire, & à soustenir.

L'union consommée, & la *recompense* deuë aux heritiers, estant
donc deux choses absolument incompatibles ; il s'ensuit que comme
l'*union* exclurroit les heritiers de demander *recompense*, aussi *la recompense* accordée aux heritiers, justifieroit qu'il n'y auroit point eu d'*u-
nion* des Domaines pour raison desquels l'Estat les recompenseroit &
les indemniseroit.

*Conclusion ; Et que
l'Vnion tacite n'estoit
point receuë ny connuë
en France du temps de
Louys X I.*

Ainsi pour conclurre ce poinct, il est tres-certain, Que *l'union tacite*
n'estoit point lors usitée ny pratiquée ny mesme connuë; Qu'il n'y
avoit que l'expresse & formelle qui eut lieu; Que la jouyssance des
Domaines nouvellement recueillis par nos Roys, quoy que faite confusément avec celle du Domaine de la Couronne, n'estoit pas un
moyen d'union admis ny tenu; Et cela, soit que les nouveaux Domaines fussent conquis à main armée par nos Roys, ou qu'ils leurs
fussent adjugez par confiscation, comme il paroist à l'égard de la
Normandie ; soit qu'ils leurs écheussent par succession comme au fait
du Duché de *Bourgoigne* apres le deceds de Philippes de Rouvre ; soit
qu'ils vinssent à l'Estat en vertu de quelque Contract de Mariage ou
autre Acte, comme en l'espece du Comte de *Thoulouse* ; soit enfin
que nos Roys en fussent proprietaires lors de leur advenement à la
Couronne, comme au fait des Comtez de *Champaigne & de Brie* : De
sorte qu'il n'y a pas lieu de s'étonner si apres tant d'années que quelques-uns de ces Domaines avoient esté tenus successivement par
nos Roys, le Roy Iean par lettres patentes de Novembre 1361. en
fit l'union precise & formelle au Domaine de la Couronne.

Telle estoit donc la jurisprudence qui avoit cours en 1476. lors que
par la mort de *Charles* le Vaillant, dernier Duc de la seconde branche de Bourgoigne sans hoirs mâles, le Roy *Louys* X I. en vertu de la clause de *Retour*, inserée és lettres patentes de Septembre
1363. reprit non seulement le Duché de *Bourgoigne* & les dépendances, mais encore les terres de *Montbar*, *Chastillon* sur Seine, & autres qui n'estoient ny dudit Duché ny des dépendances d'iceluy. Mais
parce qu'il est important de sçavoir jusques en quel temps cette
mesme jurisprudence a duré, son ancienneté, les principes sur lesquels elle estoit fondée, quand, comment, & sous quelles conditions l'*union tacite* fut enfin introduite & receuë : c'est une espece de
necessité au sieur Aubery d'en faire icy la discussion comme d'un
moyen decisif pour la défense de son Droict.

Ny sous Louys XII.

Charles VIII. estant decedé sans enfans le 7. Avril 1498. La
Couronne par les Loix de l'Estat fut deferée à *Louys* Duc d'Orleans,

qui fut entre nos Roys le XII. de ce nom. *Louys* outre le Duché
d'Orleans & autres terres de l'Appennage de *Louys de France* son
ayeul, fils puisné de Charles V. avoit des propres, tant pàternels
que maternels extrémement confiderables, entr'autres les Comtez
de *Blois,* de *Dunois,* de *Soiffons* & la Seigneurie de *Coucy.*

Les Comtez de *Blois* de *Dunois,* & leurs dépendances avoient esté
acheptez par *Louys de France* Duc d'Orleans, des deniers dotaux
de Valentine, de Milan son épouse, au *a* mois d'Octobre 1391. moyennant deux cens mil livres d'or; Guy de Chaftillon II. du nom Comte de Blois, se voyant sans enfans avoit vendu ces Domaines à Louys
de France du confentement de Marie de Namur sa femme.

Le mesme *Louys de France* par Contract de l'année 1400. avoit
encore *b* acquis de Marie de Coucy veufve de Henry de Bar, les
Seigneurs de *Coucy, Marle,* & *la Fere,* Moyennant 400000 liv. auffi
des deniers dotaux de ladite Valentine.

Et enfin en 1404. il avoit *c* achepté de ladite Marie de Coucy
les portions qu'elle avoit en la Ville, Comté, Chàfteaux & Chaftellenie de *Soiffons.*

Ce Prince fut tué à Paris le 23 Novembre 1407 par les gens du Duc
de Bourgoigne, & Valentine se voyant hors d'efperance d'avoir Iuftice & reparation d'un si cruel affaffinat, mourut de douleur, de trif-
teffe & de déplaifir au mois de Decembre de l'année fuivante 1408.
Ainfi les Comtez, Terres & Seigneuries cy-deffus par eux acquifes,
écheurent à Charles d'Orleans leur fils aifné.

Il est vray qu'Ifabeau de Coucy, fœur de Marie, tirant peut-eftre
avantage de l'abbaiffement où se trouva lors la Maifon d'Orleans,
obtint par Arreft de 1408. les Seigneuries de *Marle* & *de la Fere,*
comme n'ayant pû eftre venduës par sa fœur : Mais auffi par tranfa-
ction faite en 1412. avec Robert de Bar fils de Marie de *Coucy,* nepveu
& heritier d'Ifabeau, Charles d'Orleans fut déchargé de payer ce
qui reftoit deû des 400000 l. portez par le Contract d'acquifition
de l'an 1400. de forte que Charles demeura encore proprietaire des
Comtez de *Blois, Dunois, Soiffons,* & de la Seigneurie de *Coucy* comme de propres naiffans partie paternels, partie maternels.

Par le deceds de Charles d'Orleans, arrivé le 4 Ianvier 1465, toutes ces Seigneuries écheurent à Louïs d'Orleans son fils aifné, qui pa-
la mort inopinée de Charles VIII. devint Roy de France au commencement de 1499. selon la maniere de fupputer, qui lors avoit
cours ; car le jour de Pafques qui commençoit l'année n'écheant
qu'au 15 d'Avril, le deceds de Charles VIII arrivé le 8 du mefme
mois se trouva dans l'année 1498, & Louïs XII. n'ayant efté facré
à Rheims qu'au mois de May enfuivant, qui se comptoit de 1499.
quelques-uns de nos Hiftoriens ont par confequent écrit que son
reigne avoit commencé avec l'année 1499.

Or si l'*Vnion tacite* & de droit eut efté lors admife & receuë, il
eft certain qu'auffi-toft que Louïs XII eut efté éleve à la Couronne, les Comtez de *Blois,* de *Dunois,* de *Soiffons,* & la Seigneurie de
Coucy euffent efté dés l'inftant mefme incorporez, confolidez & confus avec le Patrimoine Royal; mais il en arriva tout autrement.

Ce Monarque au *d* mois de Ianvier 1499. contracta mariage avec
Anne de Bretaigne veufve de Charles VIII. de laquelle au mois
d'Octobre enfuivant il eut une fille appellée *Claude,* mariée depuis à
François I. & voyant que deux fils qu'il avoit eus eftoient decedez
incontinent aprés leur naiffance ; que d'ailleurs par la Loy de l'E-
ftat, la fille qui luy reftoit ne pouvoit pretendre aucune portion és
Domaines de la Couronne, il luy *e* donna le Comté de *Soiffons,* qu'il

a Le Contract de cette
acquifition eft rappor-
té tout au long par du
Chefne dans l'hiftoire
de la Maifon de Cha-
ftillon, *livre 4. chap. 6.
pag. 175 & fuivantes.*
b Du Puy, *in verbo,*
Coucy, *pag. 788 &*
790.
c Idem. *In verbo,* Soiffons, *pag. 949, & 950.*

d Sainte Marthe, *tom. 1.
liv. 16. chap. 3. pag.
751.*

e Du Puy, *in verbo,*
Soiffons, *pag. 950.*

érigea en titre de Pairie par Lettres Patentes du mois de Fevrier 1500. pour en jouyr par elle & ses heritiers successeurs masles & femelles tant en ligne directe que collateralle.

Ces Lettres furent verifiées tant au Parlement qu'en la Chambre des Comptes, ainsi que Choppin *a* le témoigne. Preuve évidente que l'*Vnion tacite* & de droit n'avoit pas esté faite de ce Comté au Domaine par l'avenement de Loüys XII. à la Couronne, qui en estoit, comme on a veu, le proprietaire.

a Sur les Coustumes d'Anjou, *chap. 48. nomb. 3.*

La Reine Anne devint encore enceinte en l'année 1509. Loüys dans l'incertitude de quel enfant elle se delivreroit, ne voulut pas qu'aprés sa mort on pût douter ou nier qu'il eut eu des Domaines libres, transmissibles également aux masles & aux femelles, ny du pouvoir qu'il auroit eu d'en disposer à sa volonté : Il fit donc au mois de Septembre 1509. expedier des Lettres Patentes, *b* portant que les Comtez & Seigneuries de Blois, Dunois, Soissons & Coucy „ estant Domaines particuliers des Ducs d'Orleans, *Il n'entendoit pas* „ *qu'ils fussent confus avec le Domaine Royal & public, mais vouloit* „ *qu'ils demeurassent en leur premiere condition privée, comme heritage ma-* „ *ternel & feminin de la maison d'Orleans alienable & transitoire à tous ses* „ *heritiers de mesme sang & ligne.*

b Du Puy. *In verbo.* Comté de Blois, *pag.* 728.

Ces Domaines constamment estoient mouvans & tenus en plein fief de la Couronne; ils avoient par consequent une aptitude à y estre unis. Louïs XII. lors de son avenement à la Couronne n'avoit point fait de declaration precise, qu'il voulut tenir ces Domaines separez & distincts du patrimoine Royal; Il y avoit desja plus de dix ans qu'il estoit Roy : Cependant les Lettres Patentes qui viennent d'estre rapportées furent verifiees au *c* Parlement & en la Chambre des Comptes, & depuis confirmées par autres Lettres Patentes de François I. du 12 Ianvier 1514, & 29 Mars 1527. selon la supputation ancienne, verifiées en la Chambre des Comptes le dernier Septembre ensuivant. Y a-t-il donc, & y pourroit-il avoir rien de plus formel pour prouver, que l'*Vnion tacite* n'estoit pas lors faite ny consommée soit par l'avenement du proprietaire à la Couronne, soit par son silence, soit par un temps & un écoulement de dix années continuës?

c Choppin sur les Coustumes d'Aujou, *chap. 48. nomb. 3.* in margine.

Quelques-uns ont écrit, que Louys XII. avoit fait expedier ces dernieres Lettres Patentes de 1509. parce qu'il ne se voyoit que de-filles : Mais cela ne se trouve pas vray dans le fait; car elles sont dat-tées du mois de Septembre 1509. C'estoit donc pendant la grossesse de la Reine Anne, qui n'accoucha *d* que le 25 d'Octobre ensuivant. Il est vray que ce fut d'une fille qui fut appellée Renée, & qui depuis épousa Hercules d'Est II. du nom Duc de Ferrare; mais lors de l'ex-pedition des Lettres, il estoit incertain de quel enfant la Reine Anne estoit enceinte, & il n'y avoit pas lieu de croire, que ce dût estre plustost d'une fille que d'un fils.

d Sainte Marthe, *tom.* 1. *liv.* 15. *chap.* 4. *pag.* 699.

Ny sous François I.

La mesme chose a esté pratiquée sous François I. & la Cour de Parlement de Paris l'a confirmée par plus d'un Arrest ; Preuve bien évidente & bien certaine, que l'*Vnion tacite* n'estoit pas non plus ny en usage, ny mesmes connuë sous ce Monarque.

Le premier *e* Arrest a esté rendu en faveur du Grand Maistre de *Boissy*, au sujet de la terre & Seigneurie de *Bourg sur Charente*, que François I. luy avoit donnée : Cette terre mouvoit en plein fief du Comté d'Angoulesme; Iean d'Orleans Comte d'Angoulesme, fils de Louys de France Duc d'Orleans, & ayeul de François I. l'avoit ac-quise, & les revenus en avoient esté confus avec ceux du Comté d'Angoulesme son Appennage, n'y ayant eu que mesmes comptes dressez & rendus pour les uns & pour les autres; le mesme ordre

e Voyez cet Arrest dás Choppin, *de Demanio,* *lib. 1. tit. 2. num. 16.*

avoit

avoit esté tenu & gardé par Charles d'Angoulesme son fils aisné, & encore par François I. son petit fils : Celuy-cy estant parvenu à la Couronne au moyen du deceds de Louys XII. arrivé le premier Ianvier 1514, suivant le calcul ancien, le Comté d'Angoulesme fut de plein droict reüny à la Couronne : Mais quant à *Bourg sur Charente*, ce Monarque quelque temps après le donna à *Arthus Gouffier* sieur de *Boissy*, Grand Maistre de France : Si l'*Vnion tacite* eut eu lieu par l'advenement du proprietaire à la Couronne, il est certain que *Bourg sur Charente* eut esté fait Domanial dés que François I. estoit devenu Roy, & que la donation n'en eut pas esté valable : C'est aussi ce que Monsieur le Procureur General au Parlement de Paris pretendit ; mais il en fut debouté, & la donation declarée valable par Arrest contradictoire du 15 Ianvier 1548. reignant lors Henry II.

a Voyez cet Arrest dans Choppin. *de Doma. lib. 1. tit. 2. num. 17.*

Le second Arrest *a* fut rendu en faveur d'*Artus de Montmorancy* Mareschal de France, qui depuis fut Connestable, pour & au sujet de la terre de *Mondevis*.

Charles Comte d'Angoulesme estant mort le 1. Ianvier 1495, suivant le stile ancien, Louyse de Savoye sa veufve eut la garde noble de François son fils, qui n'avoit pas encore deux ans, Cette Princesse en 1508. acquit la Seigneurie *de Mondevis*, mouvante en plein fief du Comté d'Angoulesme. En 1514, comme il vient d'estre dit, François estant devenu Roy, ce Comté fut reuny de plein droict à la Couronne : Mais ce Monarque en fit don à Louyse de Savoye sa mere, pour en joüir sa vie durant seulement : Ainsi cette Princesse se trouva posseder en mesme temps ce Comté (lors Duché Pairie) & *Mondevis*, qui en relevoit en plein fief. *b* Mais estant decedée le 11 Septembre

b Sainte Marthe, *tom. 1, livre 16. chap. 2. pag. 737.*

1531. François I. son fils, recueillit l'Angoumois par droict de *Retour*, & *Mondevis* par droict de *succession*. Et au mois de Novembre ensuivant, il fit don de 1000 l. de rente fonciere & perpetuelle à Anne de Montmorancy à les prendre & avoir sur la Terre de *Mondevis* : C'estoit en effet luy donner la Terre mesme, aussi s'en mit-il en possession. Fort long-temps après Monsieur le Procureur General reclama cette Terre comme estant du Domaine, pretendant qu'elle y avoit esté unie dés l'instant que François qui estoit Roy l'avoit recueillie à titre de succession : Le donataire soustint au contraire, que cette Terre estoit écheuë à François I. *Non Regio, publico, Augusto, sed fœmineo, personalique jure maternæ hereditatis, eo jure privatæ stirpis sanguinisque peculiari : fundum quoque proprium ac mere privatum stetisse, cùm & intra tertium mensum à materno funere, Princeps fundum ipsum adsignarit quantitati annuæ peristandæ : Atqui Princeps, ut quilibet alius rerum suarum, ita privati Patrimonij legitimus est moderator & arbiter*, C'est en ces termes que Choppin reduit les raisons d'Anne de Montmorancy donataire, au profit duquel intervint Arrest le 10. Decembre 1547. sous le regne de Henry II.

Ainsi donc le Parlement a jugé que sous François I. l'*Vnion tacite* n'estoit point admise ny des Domaines particuliers que le Prince possedoit lors qu'il devenoit Roy, ny de ceux qui par succession luy écheoient pendant son reigne.

Or outre tant d'exemples qui prouvent invinciblement qu'auparavant, & encore bien long-temps depuis le reigne de Louys XI. l'*Vnion tacite* n'estoit point receuë ny mesme connuë : nous avons des Autheurs si consommez dans la Iurisprudence de ces temps qui l'ont ainsi tenu & écrit, que ce qui en esté dit cy-dessus & jusques à present ne peut estre traité de paradoxe ny de chimere.

Autheurs qui font foy que l'Vnion tacite n'a point esté admise auparavant l'Ordonnance de Moulins faite en 1566, sçavoir

Pontanus.

Le premier est l'illustre & sçavant *Pontanus*, qui dans son docte

Commentaire *a* fur la Coûtume de Blois, traitant du Domaine de nos   *a Ad §. 10. in principio.*
Rois fuivant l'ufage qui avoit eu cours dans les Siécles precedens, &
qui eftoit encóre en vigueur dans le fien, dit qu'il y en a de deux fortes, l'un *de la Couronne*, l'autre *du Prince*, aufquels auffi il attribuë
des noms differens donnant au premier le titre d'*Appennage*, & au
fecond celuy de *Patrimoine* : Il pourfuit expliquant les differentes
qualitez & proprietez de l'un & de l'autre : Le Domaine de la Couronne, ajoûte-il, eft inalienable, nos Rois n'en ont que la fimple adminiftration, ainfi que les Marys, les Peres, les Prelats ont la fimple & nuë adminiftration des biens de leurs Femmes, de leurs Enfans, de leurs Eglifes, ils n'en peuvent difpofer au profit des particuliers à titre de donation ny autre, & font au contraire obligez de
le conferver en fon entier, & de le tranfmettre fans aucune diminution à leurs Succeffeurs au Royaume : Mais quant au patrimoine du
Prince, qu'il definit, *Celuy qui luy advient par acquifition ou par fuc-*
ceffion, il en eft, dit-il, tellement le maiftre, qu'il en peut faire &
difpofer à fa volonté au profit de telle perfonne que bon luy femble.

L'exemple qu'il donne de ce patrimoine particulier du Prince, eft
le Comté de *Blois* : il fçavoit bien que ce Domaine avoit efté acquis
par Louys de France Duc d'Orleans, & que Louys XII. fon petit
fils en eftoit proprietaire lors qu'il eftoit parvenu à la Couronne :
mais il ajoûte que par le deceds de ce Roy, Claude de France fa fille
qui avoit époufé François I. avoit recueilly ce Comté, & qu'aprés
la mort de la Reyne Claude, Henry II. qui lors regnoit en France
y avoit fuccedé comme à un propre maternel ; c'eft pourquoy il dit
ouvertement comme une chofe tout à fait notoire, que ce Comté
n'eft point du patrimoine du Fifque, du Domaine ny de l'Appennage
,, de la Couronne : *Porrò*, ce font fes propres termes, *Id ignorandum*
,, *non eft, Blefenfem Comitatum è patrimonio fifci non effe (quod vulgò*
,, *dicimus, ad Regiam Coronam, non pertinere) nec de ejus Appennagio.*
Il pourfuit, difant qu'il n'avoit point non plus efté du patrimoine
particulier de François I. ayant au contraire appartenu à la Reyne
Claude fa femme, comme héritiere du feu Roy Louys XII. fon
pere, & parce qu'il prevoyoit que l'on pourroit luy objeɗer ; Que
neantmoins les Coûtumes de Blois avoient efté reformées en l'année
1523 en vertu des Lettres Patentes du mefmes François I. dans l'article dixiéme de laquelle le Roy eftoit declaré Comte de Blois ; il pre-
vient cette objeɗion, difant que le Roy y eft dit Comte de Blois,
non de fon chef, mais de celuy de la Reyne Claude fa femme, les
Marys eftant aucunement les maiftres des fonds dotaux de leurs
Femmes pendant le temps du Mariage ; mais que la Reyne Claude
avoit toûjours efté fi abfolument & fi veritablement feule proprietaire du Comté de Blois, que par fon deceds arrivé le 2. Mars 1534.
François I. luy furvivant, ce mefme Comté eftoit écheu à titre de
fucceffion à François, Henry & Charles de France fes trois fils.

Ce texte eft trop decifif pour ne le pas rapporter en fon entier :
,, *Imò*, dit-il, *nec ad privatum quoque patrimonium Franciçi Regis incliti*
,, *Comitatus Blefenfis pertinebat : Conftat*, pourfuit-il, *ad Auguftiffimam*
,, *illam Reginam Claudiam Regis Ludovici huius nominis duodecimi filiam*
,, *(adhuc illis temporibus, cùm Regio mandato confuetudines noftræ in cer-*
,, *tam redigerentur formam) huius Comitatus proprietatem dominiumque*
,, *pertinuiffe, quam in caufam legitimæ fucceffionis à Ludovico patre ac-*
,, *ceperat : ita ut à die fecunda Martii anno 1534. hic Blefenfis Comitatus*
,, *ad illuftriffimos Reginæ filios Francifcum, Henricum & Carolum heredi-*
,, *tario iure pervenerit :* Puis prevenant l'objeɗion de la Reformation &
du Texte des Coûtumes, *Quaré* ajoûte-il, *quòd hac confuetudine Fran-*

*ciſcus Rex Comes appellatur Bleſenſis , id quidem non ex proprio patrimo-
nio, ſed uxoris illius Claudiæ Reginæ ; eò quòd Mariti ſunt rerum dotalium
Domini quamdiu conſtat matrimonium.*

Le ſecond Autheur tres-formel & tres-deciſif ſur cette matiere eſt
du Molin *a* dont l'autorité & le témoignage ne peuvent eſtre que de
tres grands poids, ayant ſceu tres-parfaitement la Iuriſprudence qui
eſtoit pratiquée dans le Royaume touchant l'*Union expreſſe* ou *tacite* des Fiefs mouvans de la Couronne au patrimoine Royal.

Du Molin donc parlant du Comté *de Blois*, non ſeulement aſſeure,
auſſi bien que Pontanus avoit déja fait, que ce Comté n'eſtoit point
du Domaine de la Couronne, mais il va plus loing, diſant, que quand
Louys XII. depuis ſon advenement à la Couronne auroit tenu ce
Comté confuſement avec le patrimoine Royal, & que quand il auroit ſouffert les revenus de l'un & de l'autre eſtre reçeus, regis & adminiſtrez par les meſmes Officiers, cela toutesfois n'en auroit pas
operé ny conſommé l'*Union*, la conſolidation, la confuſion, laquelle ne ſe pouvoit faire tacitement, mais au contraire ſe devoit
faire expreſſément, & ſolemnellement par des Actes authentiques
dont il apparut, & qui fuſſent rapportez.

,, *Patet*, dit-il, *Comitatum Bleſenſem non eſſe de Domanio Regio, &*
,, *Coronæ Regiæ, ſed adventitium & patrimonium Nobiliſſimæ Valeſiorum*
,, *Principum familiæ; Quamvis enim*, ajoûte-il, *inclitæ memoriæ Lu-*
,, *dovicus Valeſius præfati Ludovici nepos, Aurelianenſis Dux & Ble-*
,, *ſenſis Comes, Rex Franciæ huius nominis duodecimus effectus, præfatum*
,, *Comitatum ſimul cum Regno (etiamſi hoc feciſſet ſine ulla diſcretione ad-*
,, *miniſtrationis & redituum iux. Prædiis §. Titio ff. de Legat. 3.) poſ-*
,, *ſederit, non tamen ex hoc facta eſt unio nec incorporatio præfati duca-*
,, *tus Domanio Regio, niſi aliàs de ſolemni unione & incorporatioue pro-*
,, *baretur.*

Le troiſiéme Autheur eſt Choppin, *b* qui ne peut eſtre ſuſpect
ſur cette matiere, puis qu'il a traité à fonds tout ce qui regarde le
Domaine, & que ceux qui ont ſoûtenu l'*Union tacite* & de Droit,
ont taſché de faire valoir ſon authorité pour appuyer leur opinion,
ainſi qu'il a eſté veu cy-deſſus: Choppin donc beaucoup plus circomſ-
pect, quand il parle du Comté de *Blois*, que quand il traite de
celuy de *Champaigne*, eſt obligé de demeurer d'accord, que par l'advenement de Louys XII. à la Couronne, il n'y avoit point eu de
Confuſion ny d'*Union* de ce Comté avec le Patrimoine Royal : c'eſt
pourquoy il donne volontiers les mains à ce que Pontanus & du Molin en avoient écrit, & ſe renferme à dire que l'Ordonnance du
Domaine faite à Moulins en 1566. avoit enfin changé la nature de
ce Patrimoine, & l'avoit rendu un heritage de la Couronne, attendu que pendant dix années continuës, les revenus en avoient eſté
regis & adminiſtrez par les Officiers Royaux : *Sed priſcum de iis hominum iudicium princeps unà liturà expunxit, edicto propoſito, ditiones
haſce Regni Patrimoniales eò factas quòd annuos earum proventus unà
cum fiſcalibus confuſim Regii Quæſtores, decennio adminiſtrarint.*

L'on dira peut-eſtre, qu'il y a eu un fondement ſingulier de diſpa-
rité entre le Comté de *Blois* & les autres Domaines, tiré de ce que
Louys XII. avoit voulu que le revenu de ce Comté ne fut point
meſlé ny confus avec les revenus de la Couronne, & pour cet effet
y avoit creé une Chambre des Comptes par les Lettres de 1509.
Qu'auſſi *c* du Molin n'oublie-il pas cette particularité de fait ſi importante & ſi deciſive, ayant écrit au contraire que ce Roy, *redituum diſtinctos Officiales inſtituit & Præfectos rationum à Domanio ſepa-
ratos.*

Mais ce discours, s'il estoit serieusement tenu & advancé par quelqu'un, seroit plûtôt une cavillation illusoire, qu'une objection tant
soit peu colorée & pretextée.

Car premierement du Molin n'a pas fait cette remarque, *quantò
magis*, mais *quantò minùs*, ayant auparavant estably pour une maxime
tres-certaine qu'il n'y avoit point eu jusques à son temps d'*Vnion
tacite* introduite & reçeuë, non pas mesmes par l'administration faite
confusement & par mesmes Officiers du Patrimoine du Prince avec
celui de la Couronne.

Secondement dans ce Patrimoine particulier du Prince, qui jusques à l'Ordonnance de 1566. avoit esté libre, distinct & separé de
l'Etat, ne se trouvoit pas seulement le Comté de *Blois*, mais encore
celuy de *Soissons*, & la Seigneurie de *Coucy*, ainsi qu'il a esté prouvé cy-
dessus, & que Choppin en demeure luy-mesme d'accord : Et quand
bien on répondroit que la Chambre des Comptes de Blois avoit
esté érigée tant ponr les unes que pour les autres de ces Seigneuries,
encore demeureroit-il certain & constant dans le fait que les Lettres
Patentes n'ayant esté expediées que quatre ou cinq années depuis
l'advenement de Louys XII. à la Couronne, il falloit bien que
l'*Vnion tacite* de ces Domaines n'eut pas esté faite de plein droit des
l'instant de cet advenement ; autrement lès Lettres fussent venuës à
tard, sçavoir aprés l'*Vnion* faite & consommée.

Troisiémement cette mesme Iurisprudence a eu lieu jusques à l'Ordonnance de 1566. à l'égard des Domaines particuliers du Prince
devenu Roy : lesquels n'ont point esté confondus avec le Domaine
de l'Estat, ny pas l'avenement du Proprietaire à la Couronne, ny
par l'administration d'iceux faite confusement avec le Patrimoine
Royal pendant dix, quinze & vingt années continuës, parce qu'alors
l'*Vnion de droit* n'estoit pas mesmes connuë.

C'est sans doute pousser cette matiere jusques où elle peut aller,
mais la verité qui sert de base & de fondement à la Iustice, est un si
bon garand qu'il n'y a rien à risquer à la prodnire.

Il a esté véu cy-dessus, que Louys de France & Valentinne de Milan son Epouse, acquirent en 1391. le Comté de *Blois* & ses dependances de Guy de Chastillon, & de Marie de Navarre sa femme,
moyennant 400000. francs d'or. Aprés la mort de Louys, partage fut
fait entre les enfans qu'il avoit laissez ; Charles l'Aisné, qui fut pere
de Louys XII. eut le Duché d'Orleans, le Comté de *Blois* & autres Domaines : Iean l'un des puisnez eut le Comté d'Angoulesme &
plusieurs terres, entre lesquelles se trouverent lès Chastellenies de
Romorantin a & *Millancey*, qui estoient des dependances du Comté
de *Blois*, mais qui en furent distraites. Ce partage fut fait le 29.
Iuin 1445.

A Iean Comte d'Angoulesme decedé en 1467. succeda Charles son
fils unique : & à Charles decedé en 1496. succedà François qui l'an
1514. au mois de Ianvier, suivant l'ancienne supputation, parvint à
la Couronne par le déceds de Louys XII. arrivé sans avoir laissé
aucuns hoirs masles.

Or François I. constamment ne fit point de declaration particuliere touchant le Patrimoine qu'il avoit : ainsi *Romorantin* & *Millancey* furent administrez par les Officiers comptables du Domaine
de la Couronne, depuis l'an 1514. que François I. devint Roy jusques en 1547. qu'il deceda qui sont 33. années entieres : & cette mesme
administration fut continuée sous Henry II.

Si donc l'Vnion tacite & de droit eut lors esté connuë, il est certain
que ces Domaines de *Romorantin* & de *Millancei* se fussent trouvez
consolidez

confolidez & incorporez au Domaine de l'Etat, mais par ce que l'on ne connoiſſoit point lors d'*Vnion* ſi elle n'eſtoit expreſſe, ſolemnelle & precife, *Pontanus* qui écrivoit ſous Henry II. remarque que ces deux Seigneuries eſtoient du Patrimoine particulier & domeſtique de ce Monarque, entierement diſtinct & ſeparé de l'Appennage & du Domaine de l'Etat ; & que comme il avoit herité en la ſucceſſion de la Reyne Claude ſa mere du Comté de *Blois*, auſſi avoit-il recueilli ces deux Chaſtellenies dans la ſucceſſion des biens particuliers de François I. ſon pere : *Item & Roma minor, dit-il, & Nubitia Cæſaris, duæ in agro Bleſenſi inſignes Caſtellaniæ, Sereniſſimi Franciſci quondam Regis patrimonium paternum & avitum fuit.*

Or après une Iuriſprudence ſi évidemment prouvée, & ſi exactement pratiquée, comment les Autheurs qui ſe ſont attachez à la combattre, ont-ils oſé mettre en fait qu'elle n'avoit jamais eſté? Mais comment au prejudice de tant d'exemples que l'Hiſtoire nous en a laiſſez ont-ils pû dire, „ *Que nos Roys b n'ont iamais eu de Domaine* „ *particulier ; Qu'on a tenu pour maxime en France, que lors-que nos* „ *Roys deviennent Roys, les Fiefs qu'ils poſſedent à titre particulier, &* „ *qui relevent de la Couronne deviennent ioincts & vnis au Domaine pu-* „ *blic ; & que par c le ſaint & politique Mariage entre nos Roys & leur* „ *Couronne, les Seigneuries qui leur appartiennent particulierement ſont* „ *cenſées par meſme moyen appartenir au Royaume ?* Le ſieur Aubery à la verité ne s'eſt pas tant mis en peine de prouver que cette Iuriſprudence eſtoit ancienne, qu'il a pris ſoin de faire voir qu'elle avoit eſté reçeuë, admiſe & pratiquée tant devant que depuis le regne de Louys XI. parce qu'il s'agit en cette cauſe uniquement, de ſçavoir de quelle maniere ce Roy uſa des biens qu'il reprit après la mort de Charles dernier Duc de Bourgoigne, quels furent les Domaines qui ſe reünirent de plein droit, quels ceux qui doivent eſtre preſumez avoir eſté unis, ou ne l'avoir pas eſté ; quels ceux, ou qui ne le furent pas ou qui ne le purent pas eſtre ; & enfin ſous quelle de ces claſſes la terre de Montbar doit eſtre miſe pour en porter un jugement certain & ſolide.

Mais s'il falloit faire voir l'ancienneté de cette Iuriſprudence, il ſeroit tres-facile de montrer que dés le commencement de la ſeconde Race de nos Roys elle eſtoit déja reçeuë ; & que bien loin que les Fiefs & Domaines dont *Pepin le Bref* eſtoit proprietaire, euſſent eſté unis au Patrimoine ſacré de la Couronne, quand d il fut éleu Roy par les Etats de France, qu'au contraire il conſerva & tranſmit à ſes Succeſſeurs Roys ces meſmes Domaines, comme un Patrimoine domeſtique, particulier & privé, dont luy & eux pouvoient diſpoſer librement, n'eſtant ny confus ny uny au Domaine de l'Etat.

Vn ſeul texte de l'Hiſtoire e de Thegan, Chorevefque de l'Egliſe de Treves, ſuffiroit pour la demonſtration de cette verité : cet Autheur a décrit les actions les plus memorables de Louys le Debonnaire, ſous le Reigne duquel il vivoit, mais parce que ſon ouvrage eſtoit d'un ſeul & meſme contexte, Strabon Abbé de l'Abbaye Dauge (laquelle environ l'an 1540. a eſté unie à f l'Eveſché de Coutances) le diviſa en Chapitres, dont il compoſa les Sommaires. Il eſt donc dit au Chapitre 19. que Louys fut ſi magnifique & ſi liberal, qu'il donna à pluſieurs Gentilhommes de ſa Cour, dont il avoit connu & éprouvé la fidelité, les Terres & Seigneuries qui avoient autrefois eſté à ſon Ayeul & à ſon Tris-ayeul, g *In tantum largus*, ce ſont les termes de cet Hiſtorien, *Vt antea nec in antiquis libris nec in modernis temporibus auditum eſt : ut villas Regias, quæ erant ſui & avi & tritavi, fidelibus ſuis tradidit, eas in poſſeſſiones ſempiternas :* Et præ-

---

Marginal notes (left):

a *In Conſuetud. Bleſ. art. 10. In princip.*

b Du Puy. *In verbo.* Blois. pag. 728. 729.

c De la Gueſle. *Remonſtrance* 4. pag. 94. *Remonſtrance* 14. pag. 480.

d Sainte Marthe *tom.* 1. liv. 7. chap. 1. pag. 224.

e Cet Autheur ſe trouve dans le ſecond Tome des Hiſtoires de du Cheſne, *pag.* 274.

f Sainte Marthe. *Gallia Chriſtiana. In Conſtantien. num.* 86.

g Thegan. *cap.* 19.

Marginal notes (right):

Concluſion : Et que l'Vnion tacite a eſté univerſellement improuvée auparavant l'Ordonnance de 1566.

Que nos Rois de la ſeconde Race avoient des Domaines particuliers & de famille non unis & non confus avec celuy de la Couronne.

dont l'Hiſtoire & les Chartres anciennes nous fourniſſent diverſes preuves.

cepta construxit, & annuli sui impressione cum subcriptione manu propriâ roboravit.

L'on voit donc dans cet exemple, que l'Empereur Louys donna les Terres qui avoient esté non seulement à Charlemaigne son pere, à Pepin le Bref son ayeul, à Charles Martel son bisayeul, mais encore à *Pepin* surnommé *Heristel* son trisayeul, ce qui nous montre que ces Domaines estoient passez à titre de succession particuliere de Pepin Heristel à Charles Martel son fils; de Charles Martel à Pepin le Bref; de Pepin le Bref à Charlemaigne ; de Charlemaigne à Louys le Debonnaire ; & qu'encore que *Pepin le Bref* proprietaire d'iceux fut devenu Roy, neanmoins ny en sa personne, ny en celles de Charlemaigne, & de Louys le Debonnaire ses Successeurs Roys de France, ils n'avoient point changé leur qualité de Patrimoine particulier & domestique, mais s'estoient conservez distincts & non Vnis avec le Domaine de la Couronne, c'est pourquoy Louys en disposoit librement comme de son propre heritage.

Mais ce que Thegan n'a dit qu'en gros, à la maniere d'écrire des Historiens, se trouve bien nettement expliqué dans les Chartres particulieres qui nous sont restées, des Donnations faites par Louys le Debonnaire à quelques-uns de ces Seigneurs: le sieur Perard dans son Recueil de Pieces pour servir à l'Histoire de Bourgoigne, en a inseré deux. L'une du mois d'Aoust 836. est le Don de la Terre d'*A-zery* *a* au profit de *Fulbert.* L'autre du mois de Decembre 840. est la Donation de plusieurs Domaines *b* scis dans le Territoire d'Autun, dont cet Empereur gratifia le Comte *Eccard*: dans l'une & dans l'autre desquelles Chartres, Louys qui y parle en premiere personne, declare que les choses qu'il donne sont de son Domaine particulier: *Res nostræ proprietatis.* Pepin Roy d'Acquitaine l'un des fils de ce Monarque, use des mesmes termes dans la Donation qu'il fit au mois de Iuin 839. au mesme Comte *Eccard* de la Terre de *Precy* & ses dependances sises prés d'Autun : *libuit Celsitudini Nostræ quemdam fidelem nostrum Heccardum nomine, de quibusdam rebus proprietatis nostræ honorare,* & peu aprés ; *concedimus fideli nostro, Heccardo nomine, ad proprium, quasdam Res iuris nostri, quæ sunt sitæ in pago Augustidunense,* &c.

Charles Chauve qui fut Roy de France aprés Louys le Debonnaire son pere, exerça les mesmes liberalitez envers les principaux Seigneurs de sa Cour, leur donnant en pleine proprieté des Terres considerables, sous la seule reserve des droits & des services feodaux.

Le mesme sieur Perard a inseré dans son Recueil *c* le Don que fit ce Monarque en l'année 843, à *Nivelong* de la Terre de *Hermocourt,* scize en Gastinois sur la petite Riviere de *Bée,* & autres Domaines y exprimez, *Concedimus,* c'en sont les termes, *cuidam fideli nostro Nivelongo, sub devotione servitii sui quasdam Res iuris nostri sitas,* &c. Et pour montrer que la pleine proprieté en estoit transferée à ce Seigneur & à ses ayans cause; la Chartre ajoûte, *suprà taxatas res, iure proprietario concedimus, ut quemadmodum de suis reliquis proprietatibus, abhinc per nostrum præceptum in omnibus habeat potestatem faciendi quid elegerit.*

L'Autheur de l'Histoire de l'Abbaye *d* de Tournus rapporte une autre Chartre du mesme Charles le Chauve de l'année 844. contenant une semblable donation, mais avec des clauses si precises, touchant la translation de la proprieté des choses données en la personne du donataire, qu'il est de la derniere consequence de les rapporter: *Prôinde,* porte-elle, *morem parentum, Regum videlicet prædecessorum nostrorum sequentes, libuit Celsitudini Nostræ, quemdam fidelem nostrum Vi-*

---

a Quia concessimus ad proprium *Fulberto* fideli nostro quasdam res *proprietatis nostræ* &c. in loco cujus vocabulum est *Aziriaca* villa &c. & cætera quantum cumque prædictus *Fulbertus* in memorata villa, nostra muni-ficentia *Beneficario jure* adeptus est &c. ut ab hinc in futurum memoratæ res in ejusdem fidelis nostri *Fulberti* jure ac dominatione permaneant : Ita videlicet, ut quidquid de eis vel in eis *jure proprietatis* facere ordinare atque disponere voluerit, *vendendi, donandi, commutandi* liberam in omnibus habeat potestatem faciendi. *Recueil de Perard pag. 19.*

b Dans le mesme Recueil *pag. 24 & 25.*

c Dans le mesme Recueil *pag 143.*

d Preuves de l'Histoire de l'Abbaye de Tournus *pag. 200.*

vianum, dilectum & amabilem nobis Comitem, de quibusdam rebus nostræ proprietatis honorare, atque in eius iuris potestatem, liberalitatis nostræ gratiam conferre; idcirco, est-il dit, concedimus eidem fideli nostro Viviano ad proprium quasdam res iuris nostri sitas in pago Andegavensi : & peu aprés, & de nostro iure, in ius ac potestatem illius solemni donatione transferimus; ita videlicet ut quidquid ab hodierna die & tempore exinde pro sua utilitate atque commoditate, iure proprietario facere decreverit, liberam & firmissimam in omnibus habeat vendendi seu commutandi nec non etiam hæredibus relinquendi facultatem.

Il y a dans la mesme Histoire une autre Chartre *a* de l'an 871. contenant la donation faite par le Comte Wibert de la Seigneurie de *Regnon* en Champaigne, à l'Abbé *Geilon* & à sa Congregation; laquelle Seigneurie Lothaire Roy de Lorraine & de la Bourgoigne, Transjurane avoit auparavant donnée à ce Comte: *Trado eis prædictum fundum Redonionem à Præfato Glorioso Rege mihi donatum.*

De tous lesquels exemples, il resulte trois choses fort importantes, à sçavoir.

La premiere, que nos Roys de la seconde Race, avoient un Domaine qui estoit domestique, propre & particulier, & qui n'estoit nullement confondu avec le Patrimoine de l'Estat, quoy qu'ils joüissent de l'un & de l'autre confusément : *Res iuris nostri : Res proprietatis nostræ.*

La seconde, qu'ils disposoient librement de ce Domaine, dont ils transferoient la pleine proprieté à qui bon leur sembloit : *Iure proprietario concedimus. Ad proprium. Facultatem habeat vendendi, commutandi nec non etiam hæredibus relinquendi :* Il est vray que ce fur ce Domaine particulier & domestique, ils retenoient l'hommage, le ressort & la Souveraineté, comme il parôit de ces Termes, *Beneficiario iure:* Et encore de ceux-cy, *Sub. devotione servitii sui.* Preuve authentique & formelle, que bien auparavant Hugues Capet nous avons eu en France des Fiefs *b* hereditaires & patrimoniaux.

La troisiéme, qu'il ne faut nullement trouver estrange, que nos Roys de la troisiéme Race, aussi bien que ceux de la seconde ayent tenu conjointement, & neantmoins sans aucune *union*, consolidation ny confusion, deux sortes de Domaines, l'un de famille & l'autre de l'Etat : & que cela ait duré jusques à l'Ordonnance faite à Moulins en l'année 1566. ç'a esté une espece de Coustume ou plûtôt de Loy, autant ancienne que la Monarchie : & ceux qui ont écrit que les Domaines particuliers de nos Roys, s'estoient toûjours *unis* de plein Droit à celuy de l'Etat, si-tôt qu'ils estoient parvenus à la Couronne, n'ont pas pris garde qu'ils s'exposoient à estre convaincus d'advancer une proposition que nos Histoires & les anciennes Chartres dementoient absolument.

Mais dira-on, quel estoit donc le fondement de cette Iurisprudence, selon laquelle nos Roys avoient deux sortes de Domaines, dont l'un appartenoit à leur dignité & à leur Couronne; l'autre *à leur personne organicque*, pour user des termes de du *c* Molin.

A cela le sieur Aubery se pourroit tres-legitimement dispenser de répondre; car ce n'est pas à luy à rendre raison des Loix ny des Coûtumes que nos Roys ont introduites dans leur Etat: Il suffit qu'il prouve qu'elles y ont esté observées mesmes par nos Roys: Et que c'est selon ces mesmes Loix & Coûtumes que le droit a esté acquis tant à luy qu'à ses Autheurs, & Predecesseurs, Seigneurs de *Montbar*, comme il sera montré incontinent, en faisant l'application de cette mesme Iurisprudence à l'hypothese particuliere de cette cause.

Mais neantmoins afin de ne rien laisser à desirer dans une matiere

Fondement de cette Iurisprudence.

---

a Ibidem *pag.* 212.

b Il y a eu en France des Fiefs tant simples que de dignité, proprietaires, patrimoniaux & hereditaires, non seulement sous la seconde, mais encore sous la premiere Race de nos Rois, ainsi que l'Auteur du present *Factum* l'a prouvé dans celuy qu'il fit en 1668 pour Madame la Duchesse de Noirmontier, en faveur de laquelle intervint Arrest au Conseil d'Estat le 27 Aoust audit an: le tout imprimé dans le V. Tome du Iournal du Palais, *pag.* 271 *& suivantes.*

c Bona & jura quæ spectant ad Principem in quantum est Princeps, quod nos vocamus Domanium Regium, cujus proprietas spectat ad Majestatem & Coronam, & non ad personam Principis organicam. *Molin. ad consuetu. Paris. §. 30. num.* 170.

tiré de la nature & des qualitez, differentes du Domaine propre & particulier, & de celuy de la Couronne.

autant importante qu'est celle-cy ; il est aisé de voir que le fondement unique de cette Iurisprudence , se tiroit de la differente nature du Domaine de l'Etat , & de celuy des particuliers, laquelle nature on ne croyoit pas pouvoir estre changée & convertie de l'une en l'autre, que par le propre fait de celuy qui se trouvoit en mesme temps possesseur de l'un & de l'autre de ces Domaines.

Nos Princes estoient *a* Maistres absolus de tous les biens particuliers, ou qui leur appartenoient lors de leur élévation à la Couronne, ou qui leur échéoient pendant leur reigne ; ces biens, quant à leur nature , n'estoient differens en aucune chose, de tous les Domaines possedez, & appartenans aux sujets de leur Estat; car ils estoient propres ou acquests quant à la ligne ; feodaux ou roturiers quant à la teneure ; libres , alienables, transmissibles, prescriptibles, quant à l'administration & à la disposition.

a Fontanus. *In consuetud. Blesen. §
sub princip. §. 65. verf. finem.*

Le Domaine de la Couronne tout au contraire ne reconnoissoit point d'autre ligne que celle que la Loy fondamentale de l'Etat y avoit appellée, non pas par la proximité du sang, mais par la qualité du sexe; il estoit feodal quant à la Noblesse, mais independant quant à la mouvance ; il n'estoit nullement libre en la main du Prince , qui n'en estoit pas proprietaire, mais simple administrateur ; enfin il estoit incommunicable à tout autre qu'au successeur de l'Etat, imprescriptible, & inalienable.

dont l'un ne pouvant agir sur l'autre.

Or deux Domaines d'une nature si differente, ne pouvoient jamais par eux-mesmes se changer & se convertir l'un en l'autre, en sorte que les qualitez du plus noble, par exemple, fussent transmises & transfuses dans le moins noble, avec une telle plenitude, que ce dernier fut absorbé & englouty, s'il faut ainsi dire par le premier ; car pour cela il auroit fallu que le plus noble eût agy sur le moins Noble: Or le droit ne donne point d'action aux choses, mais seulement aux personnes : c'estoit donc à la seule personne du Prince , possesseur de l'un & de l'autre Domaine, d'exercer cette action ; mais parce qu'une seule & mesme personne ne peut pas agir contr'elle mesme, l'exercice de cette action se reduisoit à la seule *Vnion* qu'il pouvoit faire du moins noble au plus noble.

l'Vnion ne s'en pouvoit faire que par la volonté du Prince qui les possedoit tous deux.

Sa volonté pour cet effet estoit donc absolument necessaire ; & non seulement sa volonté, mais encore la declaration de sa volonté avec tout ce qui estoit requis de droit pour la produire au dehors, la reduire en acte, & porter l'acte jusques à la derniere & parfaite consommation ; car par les principes de droit la nuë & simple intention, proposition, destination, resolution, n'opere rien dans l'estat civil.

laquelle n'estoit connuë que par une Declaration precise & formelle,

Si donc le fait du Prince & son ministere estoit absolument requis pour faire l'*Vnion* du Domaine qui luy estoit propre & particulier avec le Domaine de la Couronne, dont il n'avoit que la simple & nuë administration, il s'ensuit que jusques à ce qu'il eut effectivement, reellement, & precisement fait cette *Vnion* dans les formes & avec les solemnitez requises, non seulement elle estoit reputée n'avoir pas esté faite; mais dans la verité elle ne l'estoit pas. Et comme la simple & nuë jouïssance de ces deux sortes de Domaines, quoy que confusement, & par mesmes Officiers, n'estoit pas lors un acte suffisant pour induire une volonté d'*Vnion* ou plûtôt n'estoit pas un moyen d'*Vnion*, ainsi que l'on a veu: Il s'ensuit que par quelque temps que cette jouïssance fut continuée , tant par le Prince devenu Roy & par ses Successeurs, que par le Roy, auquel des Domaines particuliers estoient advenus & par ses Successeurs, jamais l'*Vnion* n'étoit faite ny consommée.

& non pas par la jouïssance confuse de ces deux Domaines quelque temps qu'elle eut duré.

Et

Necessité qu'il y eut au Roy Iean d'unir à la Couronne par Lettres Patentes expresses le Comté de Thoulouse.

Et c'eſt ce qui nous découvre à preſent le veritable motif, qui avoit porté le Roy Iean à conſolider, unir, & incorporer par ſes Lettres Patentes de 1361. des Provinces entieres au Domaine de la Courònne, quoy que luy & ſes Predeceſſeurs Roys de France en euſſent joüy par l'eſpace de quatre-vingts, cent, & cent ſoixante années, confuſément avec le Patrimoine Royal ; car le Comté de *Thoulouſe*, par exemple, eſtoit venu à Philippes le Hardy fils de ſaint Loüys, dés l'année 1270. aprés la mort d'Alphonſe ſon oncle, & de Ieanne ſon Epouſe ; mais c'eſtoit en vertu d'une clauſe particuliere appoſée au Traité de Paix fait entre ſaint Loüys d'une-part, & Raymond Comte de *Thoulouſe* d'autre-part au mois d'Avril 1228. qui portoit, que ſi Alphonſe decèdoit ſans enfans nez de ſon Mariage, ce Comté retourneroit à ſaint Loüys & à ſes heritiers ; *Si autem* (ce ſont les propres termes de ce Traité rapporté par *a* Catel) *Frater noſter, quod abſit, moreretur ſine filiis ex ipſa : Toloſa & Epicopatus Toloſanus revertentur ad nos & hæredes noſtros : Et ſi ipſa ſine filiis ex fratre noſtro moreretur, Toloſa ſimiliter & Epiſcopatus Toloſanus ad nos & hæredes noſtros revertentur, & nulli poterunt ibi jus aliquod reclamare, niſi filii aut filiæ deſcendentes ex fratre noſtro & filia prædicti Raimundi ſicut dictum eſt.*

a Hiſt. de Thoulouſe, livre 2. chap. 7. page 334.

C'eſtoit donc une pure *Eſcheoitte*, comme l'on diſoit en ce temps, avenuë au Roy Philippes, non pas d'un Comté autrefois démembré, disjoint, & des-uny du Domaine de la Couronne, ny en vertu d'une clauſe de retour appoſée à l'acte du demembrement, ce qui auroit produit une reünion de droit ; mais d'un Comté qui appartenoit en propre aux Comtes de *Thoulouſe*, & qui n'avenoit à Philippes qu'en vertu d'une convention particuliere inſerée en l'article du Traité de Paix touchant le Mariage d'Alphonſe ſon Oncle, avec Ieanne fille du Comte Raymond, de ſorte qu'il ne pouvoit eſtre conſolidé à la Couronne, que par une *Vnion* formelle & expreſſe.

Or par la Iuriſprudence qui lors avoit cours, & qui vient d'eſtre expliquée la nuë & ſimple joüiſſance n'eſtoit pas un moyen d'*Vnion* : C'eſt pourquoy Bartole qui ne mourut qu'en 1355. auparavant que l'*Vnion* du Comté de *Thoulouſe* eut eſté faite à la Couronne par le Roy Iean, *Regi Franciæ*, dit *b* il, *fuit datus Comitatus Toloſanus, ita quòd ipſe eſt Rex & Comes, non quòd Comitatus Toloſanus efficiatur de Regno, ſed Comitatus Regni : Et Benedicti* qui a écrit dans le ſiecle paſſé, conſiderant le meſme Comté de *Thoulouſe*, en l'eſtat où il avoit eſté originairement auparavant qu'il eut eſté *Vni* au Patrimoine Royal : *Nam licet*, dit-il, *Comitatus Toloſæ fuerit per donationem Regi Franciæ acquiſitus, tamen quia Regno non cedit acceſſorié, cum ipſe ſit Rex & Comes, Comitatus non fuit effectus de Regno, ſeu in Regnum confuſus.*

b Bartolus ad l. ſi convenerit ſi nuda, co. de Pigneratitia Actione

L'on voit bien à preſent que l'un & l'autre de ces Docteurs ſuivent à la lettre la clauſe du Traité de Paix fait avec Raymond en 1228. qui donnoit le Comté à ſaint Loüys, & à ſes hoirs, & non pas au Royaume ny à la Couronne : de ſorte qu'ils ne conſideroient ce meſme Comté que comme une obvention ou une écheoitte, qui ne pouvoit appartenir à la Couronne ſans y eſtre *Vny*, & qui n'y pouvoit eſtre *Vny* que par les formalitez lors uſitées & reçeuës.

Le meſme eſtoit à proportion ſous le meſme temps du Roy Iean à l'égard des Duchez de *Normandie* & de *Bourgoigne*, & des Comtez de *Champaigne* & de *Brie*. La *Normandie* avoit eſté confiſquée ſur Iean ſans terre au profit de Philippes Auguſte dés l'an 1202. c'eſtoit donc une pure obvention ; les Comtez de *Champaigne* & de *Brie* avoient eſté acquis par divers Traitez particuliers ; c'eſtoit donc pareillement une pure obvention : Et enfin le Duché de *Bourgoigne* eſtoit nouvellement écheu au Roy Jean, & avoit eſté par luy recueilli au

les Duchez de Normandie & de Bourgoigne, & les Comtez de Champaigne & de Brie.

seul titre de succession, c'estoit donc encore une pure obvention & une echeoite. Or aprés le fondement qui vient d'estre apporté de la Iurisprudence de ces temps, & qui a eu cours jusques à l'Ordonnance de 1566 comme on a veu, sçavoir que telles sortes d'écheances & d'obventions ne se confondoient point de plein droit avec le Domaine de la Couronne, qu'au contraire elles constituoient le Patrimoine particulier de nos Roys, jusques à ce que par une *Vnion* solemnelle elles eussent esté incorporées & consolidées au Domaine de l'Etat, & que la nuë & simple joüissance n'estoit pas un moyen d'*Vnion* qui fut reçeu, approuvé, ny mesme connu, peut-on estre en peine du motif qui avoit porté le Roy Iean à *Vnir* en 1361. ces Duchez & ces Comtez au Domaine de la Couronne, & mesmes peut-on ne pas voir qu'en l'état deplorable où se trouvoient lors les affaires de l'Estat, ce luy estoit une espece non seulement de prudence, mais encore de necessité d'en user ainsi?

Certainement il est fascheux que le soin tres-singulier que ce Monarque fit paroistre en cette occasion, d'empescher par cette *Vnion* que nos Provinces ne vinssent à estre alienées comme estant du Patrimoine particulier de nos Roys, ait esté traité *d'expedient imaginaire*, par un *a* Magistrat qui ne pouvoit ignorer la Iurisprudence de ce siecle, veu les preuves invincibles qui en ont esté jusques icy rapportées; mais il vaut mieux attribuer cela à un défaut de memoire, qu'à aucun dessein qu'il ait eu ou denier, ou de combattre sciemment la verité.

a De la Guesle. *Remonstrance 4. pag. 152.*

Que l'Union tacite des Rotures aux Censives, et des Arriere-fiefs aux Fiefs possedez confusément par les particuliers a esté anciennement rejettée.

Mais cette Iurisprudence n'estoit pas singuliere & particuliere au fait du Domaine de la Couronne, puis qu'elle estoit universellement receuë & pratiquée entre tous les sujets du Royaume qui se trouvoient avoir acquis & possedé confusément la Censive & la Roture; l'Arrest du 25. Mars 1498. le decida ainsi entre les heritiers de Poignant Hacqueville, qui avoit acquis des Rotures dans sa Censive, & avoit possedé confusément le tout jusques à son deceds : car les Rotures furent jugées avoir conservé leur qualité, & le partage égal en fut ordonné entre tous les heritiers : Choppin qui rapporte cet *b* Arrest n'oublie pas d'observer que tel estoit l'usage de ce siecle: *Prisco quidem Gallici fori usu, plebeius fundus haud ideò pristinam exuebat conditionem, quòd à recto ipsius Domino ære comparatus esset, ni ejus nomine comparator, in clientelam se unà cum superiori feudo suo ad patrimonium contulisset;* Il falloit donc une *Vnion* expresse & formelle, laquelle estoit reputée faite, quand l'acquereur comprenoit dans son dénombrement les heritages par luy acquis comme feodaux, & faisant partie de la mense de son Fief; par ce que cet adveu precis & formel, estoit une declaration authentique de la volonté qu'il avoit euë de faire l'union, ou plustost estoit une union veritable & expresse.

b De Domanio, *lib.* 1. *tit* 6. *num.* 8. de Moribus Parisio. *lib.* 1. *tit.* 2. *num.* 25.

Le mesme s'observoit quant aux Arriere-fiefs acquis par le proprietaire du Fief; car suivant cette mesme Iurisprudence l'un & l'autre estoient tenus & possedez en la mesme qualité qu'ils avoient euë auparavant l'acquisition, & sans qu'il y eut aucune confusion; c'est ce qui est attesté par du Moulin *c* sur l'ancienne Coustume de Paris en plusieurs endroits : *Subfeudum,* dit-il, *non consolidatur nec incorporatur ipso jure, sed demùm si Dominus velit, & de facto uniat, & incorporet mensæ feudi principalis æque principaliter, & in eadem qualitate uniformi;* Et peu aprés, *non continuò efficitur de subfeudo feudum, sive pars homogenea, & æque principalis feudi dominantis, nisi subsequatur incorporatio : unde antequam fiat, remanet quantum ad hoc & qualitatis & juris diversitas.*

c §. 30. *num.* 181.

Et par ce que le concours en mefme perfonne de l'action & de la paffion, qui depuis a fait changer la Iurifprudence, fembloit déja former une raifon fuffifante de douter; Il la refute en un autre *a* endroit en ces termes. *Refpondeo*, dit-il, *quòd qualitates & relationes feudales, magis funt reales quam perfonales, & res ipfas propriè & non perfonas afficiunt: Vnde*, pourfuit-il, *quamdiu res dominans, & res ferviens remanent feparatæ & diftinctæ, etiam fi fpectent ad eamdem perfonam, non eft inconveniens, quia non gerit utrumque extremum correlationis refpectu ejufdem rei, fed refpectu diverfarum & feparatarum rerum fuper quibus propriè, & non fuper perfona, illæ fundantur.*

Or fi par la Iurifprudence univerfelle du Royaume l'*Vnion* tacite n'eftoit pas admife entre les particuliers, ny à l'égard des Arrie fiefs aux pleins-Fiefs, ny à l'égard des Rotures aux Cenfives, à plus forte raifon cette mefme *Vnion* tacite ne devoit-elle pas avoir lieu à l'égard du Patrimoine particulier de nos Roys avec le Domaine de la Couronne, & cela par deux confiderations fingulieres.

La premiere eft, que les perfonnes privées avoient en elles le fondement de la confufion & de l'*Vnion tacite*, qui depuis a efté introduite; car elles avoient la pleine proprieté du Fief, & de l'Arriere-fief, de la Cenfive & de la Roture; mais nos Roys n'avoient la proprieté que de leur patrimoine, & non pas du Domaine de la Couronne, duquel ils n'eftoient que fimples Adminiftrateurs, *& quafi Domini*, ainfi que *b* parle Pontanus; fi donc l'*Vnion tacite* à l'égard des particuliers, n'avoit pas de lieu, quoy qu'ils fuffent également proprietaires du Fief fervant, & du Fief dominant, de la Cenfive & de la Roture, & qu'il y eut en leur perfonne un concours de titres & de droits implicans; bien moins devoit-elle avoir lieu à l'égard de nos Rois, qui n'avoient point en eux aucuns titres implicans, n'eftant que proprietaires de leur patrimoine & fimples ufufruictiers ou adminiftrateurs du Domaine de l'Etat, titres & qualitez qui n'impliquoient nullement, ainfi qu'il a efté veu fur la fin de la premiere partie de ce *Factum.*

La feconde eft, que par l'*Vnion tacite* la condition de nos Roys feroit devenuë beaucoup plus defadvantageufe que celle des particulieres; car ceux-cy nonobftant l'*Vnion* n'auroient pas efté moins proprietaires de l'Arriere-fief & de la Roture, que s'ils les euffent tenus en leur premiere qualité: c'eft pourquoy ils n'auroient pas eu moins qu'auparavant de pouvoir & de liberté de les vendre, engager, donner, aliener, & generalement en difpofer, tant entre vifs que par Teftament, de forte que l'*Vnion* n'auroit intereffé au plus que les aifnez & les puifnez es succeffions directes au fujet du preciput, que les mâles & les femelles en succeffions collaterales, à caufe de l'exclufion de celles-cy, & que les Seigneurs dominans pour avoir la mouvance en plein Fief de ce qui ne relevoit d'eux auparavant qu'en Arriere-fief; car au furplus la condition de l'acquereur ne feroit pas devenuë pire par l'*Vnion.*

Mais quant à nos Roys, on ne pouvoit nier que l'*Vnion* ne les eut privez de la liberté qu'ils avoient de difpofer de leur patrimoine particulier, d'autant que ce patrimoine feroit devenu une partie integrante du Domaine Fifcal & Royal, & qu'il en auroit pris toutes les qualitez. *Res unita*, dit du *c* Moulin, *efficitur pars integralis, & æquè principalis rei vel feudi principalis;* De forte que fuivant *d* la máxime ordinaire que *Vnitorum una eft natura*; ce patrimoine, de libre qu'il eftoit, feroit devenu inalienable, & nos Roys d'abfolus proprietaires qu'ils en eftoient, n'en feroient devenus que les fimples adminiftrateurs & ufufruictiers.

Si donc l'*Vnion tacite* n'estoit pas reçeuë à l'égard des Domaines appartenans aux particuliers, nonobstant que par cette *Vnion* il ne leur fut arrivé aucun desavantage ny prejudice ; faut-il s'estonner qu'elle n'eut pas lieu és patrimoines de nos Roys, la condition desquels elle auroit rendu tout à fait defadvantageuse.

Or Voila quel a esté le veritable fondement des deux Domaines separez & distincts, que nos Roys ont eu jusques à l'Ordonnance de 1566. & de ce qui en a esté tenu par nos Autheurs qui ont ecrit auparavant cette Ordonnance, fondement comme on voit, establi sur nostre pur droit François, & lequel par consequent, il ne faut point tyrer, soit des Loix du Code & du Digeste, soit de l'exemple des Empereurs Grecs & Romains, comme ont fait ceux qui à tous rencontres tranvestissent nostre Iurisprudence particuliere, & nous la veulent faire passer pour une estrangere naturalisée parmy nous.

Mais enfin il est aisé de recueillir de cette derniere consideration qui vient d'estre expliquée, pourquoy l'Ordonnance du Domaine faite à Moulins en Février 1566. qui a introduit l'*Vnion tacite* du patrimoine particulier de nos Roys au Domaine de la Couronne, a requis pour cette *Vnion* plus de formalitez que la nouvelle Iurisprudence n'en a demandé en l'*Vnion tacite*, des Arriere-fiefs, & des Rotures aux Censives & aux Fiefs possedez par les particuliers.

Il n'est besoin pour cette derniere *Vnion tacite* ny de declaration ny de temps ; elle se fait de plein droit *& in instanti* (hors les Coûtumes, qui par des dispositions contraires ont encore retenu quelque chose de l'ancienne Iurisprudence) sans qu'il soit besoin de declaration de l'acquereur ; lequel au contraire, s'il veut tenir le Fief & l'Arrie-fief separément, est obligé d'en faire sa declaration précise, en quoy la derniere Iurisprudence a pris entierement le contre-pied de l'ancienne ; car par les regles de celle-cy, jamais il n'y avoit d'*Vnion* sans une declaration precise & formelle, & par les maximes de la derniere, jamais il n'y a de distinction & de separation, s'il n'y en a une declaration specifique.

Mais à l'égard de nos Roys, l'on n'a pas voulu que l'*Vnion* se fit de plein droit, *& in instanti* : au contraire on leur a donné du temps, qui n'a pas esté moindre de dix années, & encore a-t-on voulu, que pendant ce temps le patrimoine, qui leur estoit particulier, fut administré confusément avec le Domaine de la Couronne, par les Officiers Royaux & entrast en ligne de compte : aprés quoy, l'on a declaré leur patrimoine *Vny* à celuy de l'Etat, pour delà en aprés ne composer qu'une seule & mesme masse, jouir des mesmes Privileges, estre sujet aux mesmes Loix.

Et la raison de cette difference a eu pou fonde ment l'interest personnel de nos Roys, lesquels on n'a pas trouvé juste de mettre en une espece d'interdiction ; ce qui seroit neantmois arrivé, si leur patrimoine & tout ce qui leur écheoit par succession, confiscation, donation ou autrement, estoit à l'instant mesme & de plein droit *Vny* au Domaine de la Couronne ; les particuliers, comme on a veu, ne sont pas moins maistres absolus de l'Arriere-fief *Vny* que de l'Arriere-fief disjoint & separé : ils en peuvent disposer également entre vifs, & à cause de mort ; mais nos Roys ne peuvent plus disposer d'un Domaine tel qu'il puisse estre, quand il est une fois consolidé, & incorporé au patrimoine de l'Etat ; on a donc pour cela, requis plus de temps & plus de formalitez à leur égard, que d'on n'en a exigé des particuliers.

Mais aussi d'un autre costé, l'on a accordé aux mesmes particuliers, une

une liberté, que les Loix de l'Etat n'ont pas trouvé à propos d'accorder à nos Roys, ou plustost nos Roys pour l'affection singuliere qu'ils ont euë au bien de leur Etat & de leur Couronne, ont bien voulu se mettre eux-mesmes dans une espece d'interdiction ; car les particuliers peuvent, en faisant une declaration speciale, tenir separément l'Arriere-fief, & le plein Fief, la Roture & la Censive: mais nos Roys ne peuvent, quelque declaration qu'ils fassent, tenir aprés les dix ans passez, leur patrimoine separé & distinct du Domaine de la Couronne.

Cela s'est veu en la personne de Henry I V.

Ce Monarque estant parvenu à la Couronne de France par le deceds d'Henry III. arrivé à saint Cloud le 2. d'Aoust 1589. fit le 13 Avril de l'année suivante expedier des Lettres Patentes par lesquelles il declara vouloir tenir son patrimoine separément & distinctement de celuy de la Couronne ; Or il n'y avoit rien, ce semble, dans l'Ordonnance faite à Moulins en 1566. qui y fut contraire. Aussi ces Lettres furent-elles verifiées au Parlement de Bourdeaux par Arrest *a* du 7. May 1590. Mais le Parlement de Paris seant à Tours aprés avoir oüy Monsieur le Procureur General de la Guesle *b* ne les voulut point verifier ny deferer aux Lettres de Iussion qui luy avoient esté addressées en datte des 8. Avril & 29. May 1591. l'Arrest qui fut rendu à ce sujet le 29. Iuillet au mesme an, sera un monument eternel de la fermeté avec laquelle cette Cour Souveraine prefera l'interest de la Couronne à l'interest particulier & domestique du Prince.

L'extreme besoin d'argent ou Henry I V. se trouva lors, pour soûtenir les frais de la Guerre qu'il avoit sur les bras, le fit recourir à l'expedient, qui presque seul luy restoit : c'estoit la vente de la meilleure partie des Domaines de la Couronne ; Il y en eut donc un Edit dressé, mais parce que l'on avoit glissé dans la Preface d'iceluy quelques mots qui inspiroient la division & la distinction du patrimoine de ce Monarque d'avec celuy de l'Estat, le Parlement de Paris seant encore à Tours ne le voulut verifier par Arrest du 9. Ianvier 1592. que sans préjudice de la *Réünion* des biens patrimoniaux du Roy à l'ancien Domaine de la Couronne : C'est ainsi qu'en parle *c* Monsieur le Procureur General de la Guesle.

Le 31. Decembre 1596. de secondes Lettres Patentes furent expediées en conformité de celles de 1590. Choppin *d* en rapporte ainsi la substance : *Quibus professus est, Regij Franciæ tituli accessione privatas suas ditiones, cum publicis non confundi debere.* Elles furent presentées au Parlement de Thoulouse qui les verifia par Arrest du 20 Iuin 1597. Et le mesme Choppin *e* qui avoit veu de son temps les deux differentes Iurisprudences concernant l'*Vnion* au Domaine, faisant reflexion sur la fermeté que le Parlement de Paris avoit apportée lors de ses Arrests de Iuillet 1591. & Ianvier 1592. *Id puto,* dit-il, *f temporum illorum rationibus civilumque motuum Galliæ tribuendum, quibus nunc divinâ virgulâ beatè pacatis, videtur hodie trita illa fiscalis privatique feudorum separatio vetus repetunda.* Mais si cét Autheur, qui mourut en Février 1606. eut encore vescu deux années, il eut veu sa pensée condamnée par le propre fait d'Henry I V. qui par l'Edit *g* du mois de Iuillet 1607. quoy qu'il joüit lors d'une tres-profonde paix, *Vnit inseparablement son patrimoine tenu en Fief de la Couronne, au Domaine sacré de son Estat.

Et c'est ce qui nous donne moyen de concilier les Autheurs dont les sentimens se trouvent si opposez touchant le patrimoine parti-

N n

a Choppin. *de legib. And. lib. 1. cap. 48. num. 3. pag. 469. in margine.*
b Ce fut le sujet de la I V. Remonstrance de Monsieur le Procureur General de la Guesle: Voyez ladite Remonstrance, *pag. 92 & 212.*

c XIV. Remonstrance, *pag. 482.* Choppin. *de legib. and. cap. 48. num. 3. pag. 470. in margine.*
d Ibidem, *pag. 469.*
e Ibidem, *pag. 470.*
f Ces paroles sont remarquables, & font connoistre que jusques à l'Ordonnance de 1566, nos Roys avoient eu deux sortes de Domaines.
g Cet Edict se trouve dans le second Tome de la *Bibliotheque Tolosane,* appellé, *le Recueil d'Escorbiac, tit. 30. chap. 1.*

Rois depuis cette Ordonnance n'ont pû tenir leur Domaine particulier separé & de-uny de celuy de la Couronne.

Fermeté du Parlement de Paris à refuser la verification des Lettres Patentes par lesquelles Henry I V. declaroit vouloir tenir son patrimoine de famille, separé de celuy de l'Estat.

Qui porte enfin ce Monarque à en faire l'Vnion expresse & formelle.

Conciliation des Autheurs qui auparavant

culier de nos Roys. Car il est vray que jusques à l'Ordonnance du mois de Novembre 1566. nos Roys selon le témoignage de Pontanus & de du Molin dont les textes ont esté cy-dessus rapportez, ont possedé deux sortes de Domaines, l'un qui leur estoit propre & particulier, l'autre qui estoit de leur Couronne & de leur Estat; Mais depuis que cette Ordonnance a esté faite, elle a esté observée avec tant de rigueur, que nos Roys n'ont plus eu de Patrimoine particulier; estant obligez, dans dix ans du jour qu'ils parviennent à la Couronne ou que les obventions leur eschéent & leur arrivent, de se deffaire aussi bien du Patrimoine qu'ils ont, que du bien qui leur eschet, autrement tout est *Vni* au Domaine de l'Estat.

Il ne reste plus qu'une chose à observer sur cette matiere de l'*Vnion* au Domaine, qui est que tant par l'ancienne Iurisprudence qui avoit cours lors que Louys XI. reprit le Duché de Bourgoigne & la Terre de Montbar; Que par la nouvelle introduitte par l'Ordonnance de 1566, l'*Vnion* soit expresse soit tacite a toûjours requis comme un fondement absolument necessaire, que les Domaines particuliers fussent *Vnissables*, c'est à dire, qu'ils eussent une aptitude pour estre *Vnis* & incorporez au Patrimoine Royal.

C'est un principe dont les personnes les plus fiscales n'ont jamais disconvenu, jusques-là que quelques-uns d'entr'eux ont reconnu deux sortes de biens qui n'estoient point susceptibles de cette *Vnion*, sçavoir ceux qui estoient hors du Royaume & de la domination de nos Roys, & ceux qui estant enclavez dans le ressort de leur Souveraineté, ne relevoient pas neantmoins de leur Couronne, mais estoient tenus & mouvans d'ailleurs.

Le Royaume de Navarre leur a paru un exemple tres-propre de la premiere sorte de biens; *Nous sommes demeurez d'accord,* a écrit „ *a l'un d'iceux, que l'Vnion à cet ancien Domaine, n'estoit que des fiefs* „ *mouvans d'iceluy ou de ses annexes : mais qu'elle ne passoit pas les fron-* „ *tieres de la France, outre lequel estoit assis le Royaume de Navarre* „ *lequel pour ce estant exempt de toute reünion, le Roy Philippes de Valois* „ *ne l'avoit pû ny dû retenir.*

Et quant à la seconde sorte de biens non *Vnissables*, le mesme Autheur les explique de ceux qui sont mouvans des Vassaux de nos „ Roys, soit Ecclesiastiques, soit Seculiers. *A la verité,* dit-il, b *quand* „ *ils relevent d'ailleurs les Roys sont tenus d'en vuider leurs mains, selon* „ *une Ordonnance du Roy Philippes le Bel ou plustost declaration d'un droit* „ *plus ancien, comme estant chose peu convenable à la raison, & moins* „ *encore correspondante à la dignité Royalle, que le Souverain fut vassal de* „ *ses vassaux.*

Mais il est arrivé à cet Autheur & à ceux qui ont esté de son sentiment que pour avoir fait leur distinction & rendu leur decision trop en general, ils ont erré à l'égard de la premiere sorte de biens, joint qu'ils ont passé de l'*Vnion* à la *Reünion* comme si l'une eut esté l'autre, quoy qu'elles soient bien differentes entr'elles ainsi que l'on a montré cy-dessus.

Il faut donc en juger avec beaucoup de discernement. Car quant aux biens qui sont hors du Royaume & de la domination de nos Roys, il est certain suivant les principes qui ont esté cy-dessus expliquez qu'ils ne sont point *reünissables* à leur Domaine, puisqu'ils n'en ont esté jamais desunis, demembrez & separez.

Il est certain outre cela qu'ils ne sont point *Vnissables* par la simple *Vnion tacite* introduitte par l'Ordonnance de 1566. d'autant que ces

a De la Guesle. Remonstrance I V. pag. 147.

b Ibidem, pag. 94 &. 95.

Domaines & celuy de la Couronne, *sunt inter se disparata & heteroā genea*, & qu'il n'y a nulle implication dans le concours en mesme personne des tiltres soit de la possession, soit de la proprieté d'iceux.

Mais aussi il est tres-certain que quand un mesme Monarque se trouve proprietaire de l'un & de l'autre de ces biens, il les peut *Vnir*, consolider & incorporer l'un à l'autre, non pas comme l'un estant le tout ou la masse, & l'autre en estant une partie integrante; mais comme estant deux tous independans l'un de l'autre, & neantmoins ayant l'aptitude à se joindre & *Vnir* en une masse totalle; aptitude fondée sur ce que l'un & l'autre sont domaines ingenus & independans d'aucun autre.

Cela se rend sensible en l'exemple cy-dessus du Royaume de *Navarre*.

Henry IV. estoit déja Roy de Navarre quand il fut élevé à la Couronne de France. Il posseda jusques à sa mort le Royaume de France & celuy de *Navarre*, Louys XIII. après luy continua cette mesme possession pendant plus de dix années; Cette joüissance qui eut suffit pour operer l'*Vnion* d'un Domaine relevant de la Couronne de France, ne fut pas suffisante & ne l'auroit jamais esté pour *Vnir* & pour incorporer ces deux Royaumes ensemble. Il falloit pour cela une declaration de volonté precise & formelle & reellement executée.

Dont le Royaume de Navarre & la Souveraineté de Bearn nous fournissent des exemples.

C'est pourquoy en Octobre *a* 1620, le Roy Louys XIII. les *Vnit* & incorpora par un Edit donné à *b* Pau, confirmé par un autre Edit du mois de Iuin 1624. Et par un Arrest du Conseil d'Estat du 10. Decembre ensuivant; Cette *Vnion* fut precise, expresse & solemnelle, & l'independance d'un Royaume à l'autre, bien loin de servir d'obstacle à cette incorporation, en fut au contraire le fondement. Ce ne fut donc pas une union *partis integrantis ad totum*; mais bien, *totius ad totum*.

a Du Puy. *In verbo.* Navarre, *pag.* 907.
b Cet Edict est dans le second Tome de la Bibliotheque Tolosane, *tit. 30. chap, 2.*

Mais pour ce qui est des biens tenus & mouvans des Seigneurs Ecclesiastiques ou Seculiers, quoy qu'ils soient dans l'estenduë de la Souveraineté de nos Roys, enclavez dans leur Royaume, soûmis à leur Empire & à leur domination, ils ne sont pas neantmoins susceptibles ny de *Reünion* ny d'*Vnion*; Ils ne le sont pas de *Reünion*, parce qu'ils n'ont jamais esté desunis de la masse du Patrimoine Royal, du moins n'a-on jamais compté pour une des-union l'*Infeodation* qui a esté faite autrefois du Domaine, duquel ils ont depuis esté eclipsez par accensement ou par sous infeodation; les investitures primitives concedées par nos Roys ayant plûtost passé pour une augmentation que pour un éclipsement ou pour une diminution de leur Domaine ainsi que Pontanus *c* l'a tres-doctement remarqué.

Que les Domaines enclavez dans le Royaume de France, tenus & mouvans des Vassaux de la Couronne, ne peuvent par Vnion ny tacite ny expresse estre incorporez au Domaine de l'Estat.

c Neque enim per infeudationem minuitur honor ac Regia dignitas : quin-imo ex subditorum potentia & facultatibus augetur. *Ponta. in conf. Blesen. art. 10. in princip. verf. fin.*

Ils ne sont pas non plus susceptibles d'*Vnion* soit tacite soit expresse, parce qu'ils ont une qualité repugnante à l'*Vnion* qui est la teneure, la mouvance & la dépendance en laquelle ils sont des vassaux du Prince. Qualité tellement opposée à l'incorporation, que nos Rois par les plus anciennes Loix de leur Estat, sont mesmes tenus de vuider leurs mains de ces Domaines, à moins qu'ils veulent bien en payant l'indemnité deuë à leurs vassaux, oster à ces mesmes Domaines la qualité qui empesche l'*Vnion*; c'est à dire, les rendre francs & independans de toute Feudalité, Censive & assujettissement, tel que doit estre necessairement le Domaine de la Couronne.

Voila quelle a esté la Iurisprudence, qui a eu cours depuis l'esta-

Quelle estoit la Iuris-prudence tant de la Reünion que de l'Vnion soit Tacite soit expresse, qui avoit cours sous Louys XI en 1476. lors de la mort de Charles dernier Duc de Bourgoigne de la seconde Branche.

blissement de la Monarchie jusques à present, tant pour la *Reünion* que pour l'*Vnion*, soit expresse, soit tacite au Domaine de l'Estat; les changemens qui y ont esté faits, & les temps dans lesquels ces mesmes changemens ont esté introduits; de sorte qu'il est aisé de connoistre, celle qui estoit receuë, pratiquée & usitée sous Loüis XI. en l'année 1476. lors qu'en vertu de la clause de Retour apposée aux Lettres Patentes du mois de Septembre 1363. il reprit aprés la mort de Charles dernier Duc de Bourgoigne, non seulement le Duché de Bourgoigne & ses dépendances; mais encore tous les autres biens que le Roy Iean avoit recüeillis dans la succession de Philippes de Rouvre, quoy qu'ils ne fussent ny dudit Duché ny des dépendances d'iceluy.

L'on a veu qu'en ce temps la *Reünion* se faisoit de plein droit à l'égard des Domaines d'Appennage, parce qu'ils avoient esté autrefois desunis, éclipsez & demembrez du patrimoine Royal.

L'on a veu que l'*Vnion tacite* des Domaines escheus & advenus à nos Rois par succession, confiscation ou autrement ne se faisoit point quelque temps qu'ils en eussent joüy confusement avec le patrimoine de l'Estat: Que cette *Vnion tacite* n'estoit pas mesmes connuë, ou que si elle l'estoit, on ne l'avoit point admise, ny tenu que cette sorte de joüissance confuse dût passer pour un moyen valable d'*Vnion*.

Enfin l'on a veu qu'il n'y avoit que l'*Vnion expresse* & solemnelle qui fut admise & receuë pour ces sortes de Domaines; Qu'il falloit qu'il en apparut; Et sur tout que ces Domaines se trouvassent susceptibles de cette *Vnion*.

Cela posé, il est fort aisé de connoistre de quelle maniere Loüis XI. devoit & pouvoit user des Domaines qu'il reprit aprés la mort de Charles dernier Duc de Bourgoigne.

Que suivant cette Iuris-prudence le Duché de Bourgoigne, qui estoit un Appennage masculin, fut avec toutes ses dépendances reüni de plein droict à la Couronne.

La clause des Lettres Patentes du mois de Septembre 1363. contenant l'Appennage de Philippes le Hardy, portoit, que si luy ou sa posterité decedoient sans hoirs procréez de leur corps en loyal mariage capables de succeder au Duché de Bourgoigne, en ce cas, tous les Domaines delaissez audit Philippes retourneroient au Roy Iean & à ses successeurs Roys *Corona Domanio applicanda*, lesquels derniers termes devoient avoir effet *secundum subjectam materiam*, eu égard à la Iurisprudence qui lors avoit cours.

Ainsi dés que Loüis XI. eut repris ces Domaines, il est certain que le Duché de Bourgoigne & ses dépendances furent de plein droit & *ipso facto*, reünis au patrimoine de la Couronne; La matiere, qui estoit le corps & les dépendances du Duché, y estoit sujette & disposée, puisque c'estoient des Domaines d'Appennage, & la Iurisprudence le vouloit ainsi; C'est pourquoy il ne fut point besoin de Lettres Patentes pour faire cette *Reünion*, & aussi ne trouvons-nous point que Loüis XI. ny aucuns de ses successeurs Rois en ayent jamais fait expedier.

Que les Domaines qui n'estoient ny du Duché ny des dépendances d'i-celuy, mais qui rele-voient de la Couronne, firent partie du Domai-ne privé particulier & domestique de Louys XI.

Quant aux Domaines qui n'estoient ny du Duché de Bourgoigne ny des dépendances d'iceluy; mais qui estoient pourtant tenus & relevans de la Couronne, il n'y en eut point, ny de *Reünion*, par les principes cy-dessus establis, ny mesme d'*Vnion tacite*, parce qu'elle n'estoit pas lors receuë; Loüis XI. fut donc en liberté de les posseder comme un patrimoine qui luy estoit particulier, de les conserver sans confusion aucune avec le Domaine de la Couronne; & d'en disposer comme de biens dont il estoit le maistre absolu.

Et

Et enfin à l'égard des Domaines qui n'estoient point de la Mouvance de la Couronne, bien loin de les pouvoir *unir* où *tacitement*
ou expressement, il fut au contraire obligé de s'en deffaire & d'en
vuider ses mains pour ne point préjudicier à ses vassaux dans les
Fiefs desquels ils estoient.

Or faisant l'application de ces principes à l'hypothese de cette
Cause, il est à present tres certain que Loüis XI. n'a point *uny* la
Terre de *Montbar* au Domaine de la Couronne.

Premierement, la Baronnie de *Montbar* n'estoit point constamn è >t
ny du Duché de Bourgoigne ny des dépendances d'iceluy, ainsi que
l'on a prouvé cy-dessus ; Mais au contraire c'estoit une Terre mouvante en fief Lige des Evesques de Langres, & par consequent
elle estoit de la qualité des Domaines qui n'estoient ny *Reünissables*
ny *unissables*: C'est pourquoy dés l'année 1478. Loüis XI. en vuida
ses mains par la donation qu'il en fit à Philippes de Hohsbert Marefchal de Bourgogne pour les Causes qui seront expliquées en la troisiéme partie de ce Factum.

Et par conseqnent, il est déja vray de dire, que la Terre de *Mont-*
bar, non seulement n'a point esté *unie* par Loüis XI. au Domaine dé
la Couronne ; mais qu'elle ne le pouvoit ny ne le devoit pas estre.

Secondement, quand la Terre de *Montbar* auroit esté un Fief
Mouvant de la Couronne, il faudroit, pour pouvoir dire qu'elle
auroit esté *unie* au Patrimoine Royal, en rapporter les preuves; Car
l'union tacite n'estoir pas lors admise, receuë ny mesme connuë ; Or
on demeure d'accord qu'il n'y a ny Lettres Patentes ny aucun acte
qui justifie de *l'union expresse* & formelle qui lors estoit absolument
requise. Et par consequent il est encore vray de dire que mesme en
ce cas cette Tetre n'auroit pas esté *unie* par Loüis XI. au Domaine
de la Couronne.

Troisiémement quand la Terre de *Montbar* auroit esté mouvante
de la Couronne, & que l'*Vnion tacite* introduite par l'Ordonnance
de 1566. auroit par impossible eu lieu dés l'année 1476. c'est à dire
90. ans auparavant que d'avoir esté faite & publiée, il est certain
qu'encore en ce cas cette Terre n'auroit pas esté *Vnie* par Louys XI.
au Domaine de la Couronne.

La raison est, qu'il auroit falu que cette Terre eut esté admini-
strée par dix ans continus confusément, & par mesmes Officiers
avec le Domaine de la Couronne, & qu'elle fut entrée en ligne
de compte.

Or bien-loing de cela, dés l'année 1478. deux ans seulement
aprés le deceds de Charles dernier Duc de Bourgoigne, Loüis XI. en
disposa par donation entre vifs au profit du Marefchal de Hohsbert,
pour une Cause juste & legitime, ainsi qu'il sera prouvé en la derniere partie du present Factum.

Et par consequent vray de dire encore en ce cas, que *Montbar*
n'auroit pas esté *Vny* par Loüis XI. au Domaine de la Couronne.

Ces raisonnemens qui ne peuvent recevoir de response, attendu
les principes sur lesquels ils sont establis, & dont on a cy-dessus
prouvé l'invincibilité, surprendront sans doute le sieur Buisson partie adverse qui ne s'y attendoit pas; mais ils ne serviront peut-estre
pas peu à détromper dans la Province de Bourgoigne la plufpart
de ceux qui se sont imaginé, que tout ce qui avoit esté possedé par
les Ducs de Bourgogne tant de la premiere que de la seconde branche ayant esté du Domaine de Ducs, estoit par consequent du Domaine de la Couronne.

Mais que quant aux terres mouvantes des Seigneurs Ecclesiastiques ou Seculiers Louys XI. fut obligé d'en vuider ses mains.

Que Montbar n'a point esté uni par Louys XI. au Domaine de la Couronne.

Premiere demonstration.

II. demonstration.

III. demonstration.

Erreur qui s'est glissée dans la Province de Bourgogne. Que tout ce qui a esté d Domaine des Ducs de la premiere & seconde Branche, ait esté & doive estre du Domaine de la Couronne.

C'est certainement une erreur qui s'est glissée sous pretexte, que pendant 446. années continuës, à compter depuis 1030. que le Duché de Bourgogne fut delaissé à Robert de France, jusques en 1476. qu'il retourna à la Couronne, l'on n'a en cette Province connu aucun Domaine que celuy des Ducs, ny veu aucune Chambre des Comptes, que celle des mesmes Ducs, dans laquelle, comme il estoit bien juste, l'on comptoit de tous leurs Domaines confusément, tant d'Appennages, que de Patrimoine & d'escheoitte.

Vexations injustes auxquelles cette erreur donne lieu quand on s'opiniastre à la soustenir & à ne pas vouloir connoistre la verité.

Si cette erreur se terminoit seulement à une fausse opinion, il n'y auroit du mal que pour ceux, qui faute d'approfondir les choses, voudroient bien croupir dans l'ignorance; Mais quand cette creance si erronée & si fausse sert de motif de vexation, & quand sans vouloir discerner le vray d'avec le faux, l'on persecute injustement & indifferemment, tant de pauvres particuliers qui n'ont ny le moyen ny les forces pour prouver, que ce qu'ils possedent n'est point du Domaine de la Couronne, quoy qu'il ait esté possedé par les Ducs de Bourgogne; C'est certainement une injustice qui dégenere en une oppression si évidente & si violente tout ensemble, qu'il ne se peut qu'elle ne retombe sur ceux qui en sont les autheurs par l'erreur où ils sont & qu'ils inspirent aux autres.

Les Ducs de Bourgoigne, quant à leur Domaine, ont esté de simples vassaux de la Couronne, quoy que par leur naissance ils fussent tous Princes du Sang: Ils ont eû leur Appennage; mais ils n'ont pas eu plus de pouvoir dans les Domaines d'iceluy que les autres fils de France en ont eu dans les leurs; & non seulement ils pouvoient estre Vassaux de quantité de vassaux de la Couronne; mais dans le fait ils estoient vassaux *Liges* de quelques Seigneurs qui pour raison d'autres Fiefs estoient aussi leurs vassaux; Le dernier de ces Ducs est mort en 1476. Il n'y avoit point lors d'*Vnion tacite* admise ny connuë à l'égard de nos Roys; Comment donc auroit-elle esté connuë dans le Duché de Bourgogne, & sous quel pretexte peut-on attribuer plus de pouvoir aux Ducs de Bourgoigne vassaux de nos Roys, que les Loix de l'Estat n'en donnoient à nos Roys mesmes qui estoient leurs Souverains?

Conclusion de la seconde Partie de ce Factum.

Mais il est temps de finir cette seconde partie, qui ne se peut conclurre que tres-advantageusement en faveur du sieur Aubery, puis qu'il a prouvé demonstrativement ce qu'il avoit entrepris; Sçavoir, *Que la Terre & Baronnie de Montbar n'a point esté unie à la Couronne ny par le Roy Iean, après la mort de Philippes de Rouvre dernier Duc de la premiere Branche de Bourgogne ; ny par le Roy Loüis XI. Après la mort de Charles Comte de Charolois dernier Duc de la seconde Branche.*

PREUVES.

PREVVES

DE LA TROISIESME PROPOSITION.

Que le Roy Louys XI. par ses Lettres Patentes du mois d'Octobre 1478. à pû valablement donner (comme il a fait) la Terre & Baronnie de Montbar à Philippes de Hohsberg Mareschal de Bourgoigne, ses descendans & ayans cause.

cy-dessus pag. 74. 75. 113. 114. 115.

CHARLES Duc de Bourgoigne, surnommé le *Guerrier* & le *Vaillant*, ayant esté tué à la Bataille de Nancy le 5. Janvier 1476. suivant le calcul ancien, Marie de Bourgoigne, sa fille unique, se trouva excluse non seulement du Duché de Bourgoigne, parce que c'estoit un Appennage purement masculin , mais encore de toutes les terres & Seigneuries situées dans l'estendüe du mesme Duché, qui avoient fait autrefois partie de la succession de Philippes de Rouvre, recueillies par le Roy Jean, quoy qu'elles ne fussent ny du Duché, ny des dépendances d'iceluy; Et cela en consequence de la clause singuliere apposée aux Lettres Patentes du mois de Septembre 1363: par laquelle ces Seigneuries particulieres avoient esté declarées reversibles au Roy Jean & à ses successeurs Rois de France, en cas que Philippes le Hardy ou ses hoirs decedassent sans hoirs, procréez de leur corps en loyal mariage, *capables de succeder au Duché de Bourgoigne.*

Louys XI. qui regnoit lors, n'ignoroit ny la qualité de cet Appennage, ny la clause particuliere de ce retour; Mais comme il estoit extremement prudent, avisé & politique, il prevoit bien que son droit, quoy que tres-certain, souffriroit neantmoins de tres-grands obstacles dans l'execution, si par une diligence singuliere, il ne se mettoit en possession de tous les Domaines qui luy estoient deferez.

Livre 5. chap. 10.

Philippes de Commines qui a écrit tres-fidellement la pluspart de la vie de ce Monarque, n'a pas oublié *b* de remarquer ce qu'il fit pour y reüssir : Et entr'autres, qu'à la premiere nouvelle qu'il receut de la défaite du Duc de Bourgoigne, quoy qu'il fut encore incertain de sa mort, il ne laissa pas de disposer par donations au profit de plusieurs Seigneurs, qu'il croyoit luy pouvoir estre utiles en son dessein, d'aucunes des terres que le Duc de Bourgoigne avoit possedées, *si ainsi estoit qu'il fut mort.*

D'autres Auteurs ont ajoûté, Qu'aprés que la nouvelle de cette mort eut esté renduë certaine, Louis XI. obtint de René Duc de Lorraine la pluspart des Seigneurs de marque qui avoient esté faits prisonniers à la Bataille de Nancy, afin qu'estant maistre de leurs personnes, il pût ou menager leur esprit, & les engager dans ses interests; ou les empescher de rien entreprendre à son prejudice.

Du nombre de ces prisonniers se trouva le fils du Marquis de Rotelin : C'estoit Philippes de Hohsberg, fils unique de Rodolphe Landgrave de Susemberg & de Brisgaw, Seigneur de Rotelin, de Bandeville, & Comte de Fribourg, qui portoit lors le nom de *Rotelin* : Marquisat situé dans le Brisgaw, presqu'à egale distance de Rheinfeld & de Basle, qui dés l'an 1335. avoit esté donné à Henry VI. du nom Marquis de Hohsberg son tris-ayeul par Leopold dernier Seigneur de Rotelin.

Or l'engagement & l'attachement que Philippes de Hohsberg avoit

---

Notes marginales :

Diligence de Louys XI. à se mettre en possession des Domaines qui luy estoient deferez par la mort sans hoirs masles de Charles dernier Duc de Bourgoigne de la seconde branche.

Capti verò nobiles ii; Marchionis Rotelini ac Comitis Nassovij filij; Comes quidam Anglus &c. qui Francorum Regi eos expetenti sunt traditi. Pontus Heuterus, Rerum Burgundicarum, lib. 5. Les prisonniers furent Joste de Lalain, Olivier de la Marche, les fils des Comtes de Nassau & de Rottelin &c. Golut. Memoires des Bourgoignons liv. 10. chap. 107.

Il obtient du Duc de Lorraine plusieurs Seigneurs de marque faits prisonniers de Guerre à la Bataille de Nancy, du nombre desquels estoit Philippes de Hohsberg Marquis de Rotelin.

Causes pour lesquelles

ce Seigneur s'estoit attaché au party du Duc
de Bourgoigne.

eu auprés de Charles Duc de Bourgoigne jusques à sa mort procedoit d'une cause illustre qui n'a pas esté oubliée dans l'Histoire, C'estoit l'asseurance a d'épouser Marie de Savoye seconde fille d'Amé IX. Duc de Savoye, & d'Yoland de France sœur de Louys XI. Car Amé IX. estant mort au mois de Juin 1472. il y eut contention entre divers Princes pour le Gouvernement de ses Estats, à cause de la minorité de Philbert son fils aisné & successeur : Louys XI. le vouloit absolument avoir comme oncle maternel : Charles Duc de Bourgoigne s'y opposoit, & le pretendoit comme voisin, & comme parent. La Duchesse pour en exclurre honnestement l'un & l'autre, prit elle mesme la tutelle de ses enfans, & ne voulut en l'administration de leurs Estats autre assistance que celle de Iean Louys de Savoye Evesque de Geneve, frere du Duc son mary, & par consequent oncle paternel de ses mineurs. Iean Louïs estoit grand partisan de Charles Duc de Bourgoigne, & la Duchesse de Savoye qui projettoit de marier son fils avec Marie, fille unique de Charles, & qui en avoit eu quelques asseurances, *Se passionna*, dit un Auteur, *pour le party du Duc de Bourgoigne contre son propre frere le Roy Louys XI.* Et ce fut dans ce temps que le Duc de Bourgoigne traitta du mariage de Philippes de Hohsberg avec Marie de Savoye.

a Sainte Marthe, tom.
1. liv. 14. chap. 8. pag.
645.

Il est vray, qu'aprés la deffaite du Duc prés Gransson au mois d'Avril 1476. la pluspart de ses Alliez l'ayant abandonné, la Duchesse de Savoye essaya de se reconcilier avec le Roy son frere : Mais soit que Charles en eut esté averty, soit qu'aprés la Bataille qu'il perdit à Morat le 22 Iuin de la mesme année, il crut qu'asseurément la Duchesse suivroit b le train de ses autres Alliez, il se saisit d'Elle, de son puisné (l'aisné ayant esté sauvé par ses Domestiques) & de ses deux filles, & les fit conduire au Chasteau de Roüvre prés Dijon, où il les tint *avec quelque peu de Garde*, pour user des termes de Philippes de c Commines, qui ajoûte que, *les alloit voir qui vouloit, & entre les autres y alloit Monseigneur de Chasteau Guyon, & le Marquis de Rotelin, qui estoient pour lors, desquels deux ledit Duc avoit traité le mariage avec deux Filles de ladite Duchesse.*

b Golut. Livre 10.
chap. 105.

c Livre 5. chap. 4.

Peu aprés Charles d'Amboise Seigneur de Chaumont, qui lors estoit Gouverneur de Champaigne, retira par Ordre du Roy la Duchesse de Savoye & ses enfans de cette espece de captivité. Le mesme de Commines qui rapporte de quelle maniere le tout d fut executé, ajoûte, qu'Elle vint trouver le Roy au Plessis lez Tours, & que *le Roy la voulut démouvoir du mariage de ses deux Filles; Mais*, poursuit-il, *Elle s'en excusoit sur les filles, lesquelles y estoient obstinées, & à la verité elles n'y estoient point mal ; Quand ledit Seigneur connut leur vouloir, il s'y consentit :* Ce sont les termes de cet Auteur, qui ajoûte, qu'aprés que la Duchesse eut esté au Plessis sept ou huit jours, *le Roy la fit bien conduire jusques chez elle, & luy fit rendre ses enfans & toutes ses places & bagues, & tout ce qui luy appartenoit.*

d Ibidem.

Les choses estoient donc en cet estat, lors que Charles Duc de Bourgoigne, nonobstant les pertes signalées qu'il avoit faites *de ses biens à Gransson, & de ses gens à Morat*, ainsi que parlent nos Histoires, entreprit avec le peu de Troupes qu'il pût ramasser d'assieger la Ville de Nancy, que René Duc de Lorraine avoit reprise fraischement sur luy ; De sorte qu'il ne faut pas s'estonner si Philippes de Hohsberg se trouva des premiers dans son Armée : possedant, comme il faisoit, plusieurs terres dans ses Estats ; & se connoissant luy estre redevable de son mariage, qu'il tenoit dés lors comme asseuré, puisque Louys XI. à la fin y avoit consenty.

Louys XI. le ménage, l'attire à son party.

Mais d'ailleurs Louïs XI. sçeut bien distinguer ce Seigneur d'avec les autres que le sort de la Guerre avoit fait prisonniers à la Bataille de

Nançy, & que le Duc de Lorraine luy avoit delivrez : Il en connoissoit la naissance, le merite, & les grands biens : Il le voyoit fils unique d'un pere, qui possedant les Landgraviats de Susemberg & de Brisgaw, les Marquisats de Rotelin & de Bandeville, la Souveraineté de Neuf-Chastel en Suisse, & le Comté de Fribourg, pouvoit beaucoup luy servir dans les intrigues des Suisses & des Allemans qu'il vouloit ménager ; & il ne pouvoit ignorer qu'en attirant dans son party, cet illustre prisonnier de Guerre, il ne trouvât en sa personne un des meilleurs Sujets qu'il eut pû souhaiter, pour affermir la possession qu'il venoit de faire prendre tant de l'Appennage du Duché de Bourgoigne, que des Domaines qui luy estoient retournez dans l'estenduë de ce Duché par le deceds sans hoirs masles du Duc de Bourgoigne.

Ce fut un singulier bon-heur à Philippes de Hohsberg dans sa disgrace, que le Roy, duquel il estoit devenu prisonnier, eut pour luy de si favorables sentimens : Mais le desir qu'il avoit que son mariage ne fut point empesché par un Monarque, duquel seul il voyoit bien que la conclusion en dépendoit absolument, ne luy permit pas de balancer sur le party qu'il avoit à prendre : Et quoy qu'il vit bien qu'en se declarant pour la France, il perdroit infailliblement les grandes terres qu'il possedoit dans les Estats de la Princesse Marie de Bourgoigne : Il n'estima pas que cette perte deût estre considerée ; joint qu'il esperoit que Louys XI. ne manqueroit pas de l'en indemniser.

luy fait épouser Marie de Savoye sa niepce, luy donne plusieurs terres, entr'autres celle de Montbar, à luy, ses successeurs & ayant cause, tant pour le recompenser de ses services, que pour l'indemniser des terres que Marie de Bourgoigne luy avoit ostées.

En effet aussi-tost que ce Seigneur se fut declaré, & eut donné sa foy à Louys XI. ce Monarque le fit son Mareschal en Bourgoigne ; Et cette Charge luy ayant donné une *a* grande autorité sur les Trouppes qu'il fallut opposer à celles de Marie de Bourgoigne, il s'en servit avec tant de fidelité & de courage, *b* qu'il y courut risque plusieurs fois de sa personne & de sa vie : Les terres & les Seigneuries qu'il possedoit dans les Estats de la Princesse Marie, luy furent lors ostées : Mais Louys XI. ayant conclu son mariage avec Marie de Savoye, & voulant aucunement le recompenser de cette perte, luy donna & à ladite Marie de Savoye, leurs hoirs & ayant cause la Baronnie de Montbar & la terre de Sermoise ; ausquelles il ajoûta quelque temps aprés la jouïssance du Comté de Charolois, & la proprieté des terres de Monceny & Villaines en Duesmois, Savoisi & Chaussins en Bourgoigne.

a De cette autorité de Mareschal. Voyez Golút. *Livre 10. chap. 98.*

b Tout cela est énoncé és Lettres Patentes du don de la terre de Montbar du mois d'Octobre 1478. qui seront rapportées cy-aprés. veri[illegible] la chambre des [com]ptes de Dijon le [illegible] 1678 [illegible] le [illegible]

La confiance que Louïs XI. avoit prise en luy, paroist assez, en ce qu'au commencement de 1481. Ce Roy estant aucunement revenu de la maladie fâcheuse, qui pendant plusieurs jours l'avoit privé de la parole & de la connoissance, il luy confia le commandement des Trouppes qu'il envoya contre les Seigneurs de la Chambre, Miolant & de Bresse ; & que ce fut luy, qui avec Philippes de Commines receut *c* le Duc de Savoye à Grenoble : Il mourut sous les premieres années du Regne de Louys XII. laissant de son mariage une fille unique appellée Ieanne de Hohsberg : laquelle le mesme Louys XII. en 1504. maria avec Louys d'Orleans I. du nom Duc de Longueville, petit fils du fameux Iean d'Orleans Comte de Dunois.

Ieanne de Hohsberg fille unique & seule heritiere de Philippes de Hohsberg, est mariée à Louys d'Orleans I. Duc de Longueville : au moyen dequoy la Baronnie de Montbar passe en la Maison de Longueville, puis en celle de Nemours, & par succession de temps est avenue au sieur Aubery defendeur.

c Il amena le Duc de Savoye à Grenoble, où Monseigneur le Mareschal de Bourgoigne Marquis de Rotelin & moy l'allasmes recevoir. *Commines, livre 6. chap. 7.* Godefroy és observations qu'il a faites sur ce texte, pag. 482. de l'Impression du Louvre dit, que le Mareschal de Bourgoigne duquel il est parlé, estoit Guillaume IV. sieur de Vergy & de Champlite : Enquoy il a notablement erré ; car il n'y avoit qu'un Mareschal de Bourgoigne ; Et comme cette expedition fut faite en l'année 1481. ainsi que Commines l'a remarqué ; Ce Mareschal de Bourgoigne estoit Philippes de Hohsberg, qui l'estoit dés l'an 1478. & le fut jusques à son déceds arrivé en 1487. Sous le regne de Louys XII. Guillaume de Vergy estoit lors dans le party de la France, & ne fut fait Seneschal de Bourgoigne qu'aprés la mort du Mareschal de Hohsberg : Mais ayant en 1498. quitté le party de Louys XII. & s'estant retiré sous l'obeïssance de l'Empereur Maximilian, celuy-cy le fit son Mareschal de Bourgoigne, ainsi que du Chesne l'a remarqué és preuves de l'Histoire de Vergy, pages 308. 309. 310. L'édition du Louvre contient encore une erreur dans le texte de Commines, portant, *Monsieur le Mareschal de Bourgoigne, le Marquis de Rotelin & moy l'allasmes recevoir,* comme si c'estoient trois personnes differentes : Et pour cela on a ajoûté l'article, *le*, auparavant le mot *Marquis* : Mais cet article *le*, manque aux autres exemplaires, parce qu'en effet le Mareschal de Bourgoigne estoit Marquis de Rotelin, ainsi qu'il paroist des Lettres Patentes du don de Montbar du mois d'Octobre 1478. qui seront cy-aprés rapportées.

Ce fut au moyen de ce mariage, que la Baronnie de Montbar, de laquelle il s'agit, passa dans la Maison de Longueville, avec les autres grandes terres & Seigneuries que possedoit Ieanne unique & seule heritiere de la Maison de Hohsberg : L'on a vû cy dessus dans le fait à en a Cy-dessus, pag. 1. quel temps cette mesme terre écheut en partage à la Maison de Nemours : Comment & à quel titre Monsieur le Duc de Bellegarde en estant devenu proprietaire dés l'année 1615. Elle est enfin avenuë au sieur Aubery defendeur, qui ayant aujourd'huy en sa personne tous les droicts de proprieté de ses Auteurs, mediats & immediats, se trouve obligé de les expliquer, & de faire voir que Louis XI. a pû valablement donner, comme il a fait, la proprieté incommutable de cette Baronnie au Mareschal de Bourgoigne Philippes de Hohsberg, pour luy ses hoirs, successeurs & ayant cause.

La donation de la terre de Montbar declarée valable.

Mais auparavant que d'entrer dans l'establissement des moyens, qui concernent le fonds, il est bon d'observer, que depuis tantost 200 ans que cette donation a esté faite, la validité en a esté reconnuë & declarée dans tous les Tribunaux devant lesquels ceux qui se sont attachez de temps en temps à la recherche des droicts du Domaine de la Couronne ont bien voulu traduire les Seigneurs & Barons de Montbar.

Premierement par les Estats Generaux du Royaume convoquez et tenus sous Charles VIII. aprés la mort de Louys XI.

Il ne faut pas avoir beaucoup lû l'Histoire de France pour y avoir reconnu avec quelle exactitude incontinent aprés la mort de Louys XI. arrivée le 30 Aoust 1483. l'on recherche & l'on discuta la validité ou l'invalidité des dons qu'il avoit faits de quantité de Terres, de Domaines & de Seigneuries considerables : Gaguin b qui vivoit en ce temps, le dit b Lib. xi. in princip. dans son Style concis en ce peu de paroles, *Protinùs de superfluis Ludovici donationibus ratio habita est quæ ad jus fisci revocatæ sunt.* Mais l'Auteur des Chronicques ajoûtées au troisiéme Volume de Monstrelet c sous l'an c Folio 79. versa. 1484. en parle un peu plus amplement : Car aprés avoir dit, que Charles VIII. au retour de Rheims où il avoit esté Sacré, fit son entrée solemnelle en la Ville de Paris, il poursuit en ces mots ; *Et aprés cette dite entrée, le Roy tint le Siege Royal au Parlement de Paris, & sejourna plusieurs jours en icelle ville de Paris, où il démontra chacun jour avoit bon zele & affection à la chose publique, & à la tres-noble Couronne de France, de laquelle il estoit descendu :* Puis marquant le principal sujet pour lequel le Roy avoit tenu son Parlement : *Estant doncques,* poursuit il, *ledit Roy Charles ainsi accompagné des Princes de son Sang, & garny de gens sages en sadite Ville de Paris, furent plusieurs choses considerées & mises en Conseil pour le bien & soulagement du Royaume, & de tout le Peuple ; Et entre plusieurs autres choses fut diligemment regardé, que le feu Roy Louis son pere peu de temps par avant son deceds avoit fait & concedé aucuns grands dons superflus en plusieurs lieux & diverses manieres : Ausquelles superfluës donations, toutes raisons considerées en y mettant droict & raison, furent revocquées & remises à la bourse & au droict du Prince pour toûjours soulager son peuple.*

Et certes, il ne se faut pas étonner, si l'un des premiers soins de Charles VIII. fut de revoquer expressément les donations & les alienations du Domaine faites par le feu Roy son Pere, veu que dés le vivant mesmes de Louis XI. elles avoient esté tacitement revoquées par divers arrestez de la Cour de Parlement, ainsi qu'un de nos d Auteurs modernes l'a trés-judicieusement remarqué. d Du Puy. *In verbo.* Chasteauthierry, *pag.* 772. Chastillon sur Marne, *pag.* 778. Nemours, *pag.* 910.

Il faut pourtant observer, que l'Edict de Charles VIII. n'estoit que pour la revocation des dons *immenses* & *superflus* que Louis XI. avoit faits, & ne comprenoit pas les autres qui avoient des causes justes & legitimes : Mais comme le discernement ne pouvoit en estre fait qu'en pleine connoissance de cause, l'on sequestra d'abord, & l'on mit indistinctement sous la main du Roy toutes les Seigneuries, Terres & Domaines qui avoient esté départis par gratifications, donations & liberalitez

de

de ce Monarque, afin d'obliger les poſſeſſeurs de rapporter leurs titres, & d'en faire l'examen.

La Baronnie de Montbar fut de ce nombre : Le Mareſchal de
Hohſberg ne fut pas beaucoup en peine de faire voir, que le don
qui luy avoit eſté fait de cette terre ne pouvoit tomber ſous la cauſe
ny dans les termes de l'Edict : Mais quoy que l'on en fut tres-per-
ſuadé, on ne voulut pas neantmoins ſtatuer diffinitivement en ſa faveur que dans les regles, & la politique demandoit que l'on en uſat
ainſi. Car aprés cela, dequoy les autres donataires pouvoient-ils ſe
plaindre, quand ils voyoient qu'un Seigneur autant élevé qu'eſtoit le
Mareſchal de Hohſberg, dont la femme avoit l'honneur d'eſtre cou-
ſine germaine du Roy, eſtoit neantmoins obligé de repreſenter ſes
titres, d'en ſouffrir l'examen, & d'attendre le Jugement qui ſeroit
interpoſé ſur iceux ? Il eſt vray que comme ſon droict eſtoit extremement palpable & ſenſible, auſſi trouva on juſte d'en faire quelque
diſcernement ; C'eſt-pourquoy Charles VIII. par Lettres Patentes
données à Blois le 27 Octobre 1483. luy accorda main-levée provi-
ſionalle de ſa terre ; Mais encore fut-elle limitée, pour n'avoir cours
& effet que juſques au premier Ianvier enſuivant, que les trois Eſtats
du Royaume avoient eſté convocquez à Orleans ; *Auquel jour & heure,*
portent les Lettres, *Nous entendons faire & donner à noſtredit couſin*
Suppliant, ſur ladite Requeſte telle & ſi bonne proviſion qu'il devra eſtre
content de Nous.

Il paroiſt donc de ces Lettres qui furent enregiſtrées en la Chambre des Comptes de Dijon le 27 Novembre de la meſme année 1483.
Que l'examen & la diſcuſſion des donations faites par Louïs XI. eſtoit
un des articles qui devoient eſtre agitez aux Eſtats convocquez à Orleans ; Ce ne fut pas neantmoins à Orleans que cette convocation
fut faite, mais à Tours, ainſi que Choppin ſemble *a* l'inſinuer : En effet
nous en avons la preuve entiere dans le livre imprimé en 1651. intitulé,
Recueil General des Eſtats tenus en France ſous les Rois Charles VI. Charles
VIII. Charles IX. Henry III. & Louys XIII. dans lequel la remonſtrance des Eſtats tenus à Tours ſous Charles VIII. ſe trouve toute
entiere ; Elle fut faite, ainſi que porte le cahier, *par Honorable homme*
Maiſtre Iean de Rely, Docteur en Théologie, & Chanoine de Paris, Eleu
& Deputé par ceux des trois Eſtats ad ce faire & prononcer. Et entre les
articles propoſez, il y en a un conceu en ces *b* termes, *Qu'il plaiſe au*
Roy reünir & remettre entierement ſon ancien Domaine à la Couronne, lequel
a eſté cy-devant alienè par le feu Roy Louïs au moyen de pluſieurs dons &
alienations qu'il en a faits à pluſieurs Egliſes & perſonnes, & revoquer tou-
tes les donations & alienations deſſuſdites en entretenant les fondations an-
ciennes. La réponſe que le Roy fit à cet article, donne aſſez à entendre que desja il y avoit pourveu en partie par l'Edict fait à Paris au
retour de ſon Sacre, & qu'il avoit convocqué les Eſtats pour achever
ce qui giſoit en execution. *Le Roy,* porte le *c* cahier, *a ja pourveu tant*
par la reünion de ſon Domaine qu'autrement, au mieux qu'il a eſté poſſible :
Et en ce qui reſteroit, ledit Seigneur a bon vouloir d'y faire toûjours, ainſi que
le temps & le lieu le requierent.

En execution donc de cette deliberation & de l'examen qui fut fait
enſuite des dons de Louys XI. tous ceux qui ſe trouverent *ſuperflus,*
comme parlent les autheurs de ce Siecle, furent caſſez, revocquez &
remis dans la maſſe du patrimoine de la Couronne. De cette qualité
furent les donations de terres & de Domaines faites au profit des
Egliſes, *de terres,* dit Philippes *d* de Commines, *donha grande quantité*
aux Egliſes ; mais ce don de terres, pourſuit-il, *n'a point tenu ; auſſi ils en*
avoient trop : Les Seigneurs ſeculiers qui n'eurent pas de titres vala-

---

a De Domanio, lib.
2. tit. 1. num. 4.

b pag. 92.

c pag. 135.

d Livre 6. chap. 6
ſur la fin.

bles, soit que la cause y énoncée ne fust pas juste, soit qu'estant juste,
elle ne se trouva pas veritable, furent pareillement évincez des Domaines dont ils avoient esté gratifiez : Et la quantité des terres qui
furent revocquées au profit de la Couronne fut si grande, qu'il a paru
à quelques Auteurs, que toutes les donations que Louys XI. en avoit
faites, avoient esté indistinctement cassées & annullées : Choppin,   *a De Domanio, lib.*
plus qu'aucun autre, semble l'insinuer : *Turonicis,* dit-il, *Franciæ Comi-*   *2. tit. 1. num. 4.*
tijs decreta est universim alienati Dominij conditio, reünio, anno 1483.
Propterea, ajoûte-il, *Ludovici XI. acta Senatus consulto rescindi visum,*
quæ Regij Canonis alienationem spectarent.

La verité est neantmoins, qu'il n'y eut de revocqué que les donations qui se trouverent non-valables & *superfluës,* ainsi qu'il a desja
esté dit : Cette Assemblée d'Estats convoquée pour le bien public ne
se porta pas à faire injustice aux particuliers dont les titres se trouverent avoir une cause juste & veritable : Et ce qui resulte de l'exactitude avec laquelle se discernement en fut fait dans un temps où les
choses estant encores toutes récentes, l'on pouvoit en juger avec
plus de lumiere & de certitude, est que les donations qui furent declarées valables par les Estats en pleine connoissance de cause, rem-
porterent de cet examen également public, équitable & rigoureux,
comme un caractere singulier & incontestable de leur validité.

De cette qualité & de ce nombre se trouva la donation des Terres de
Montbar & de Sermoise, de sorte qu'elle fut confirmée par Lettres
Patentes que Charles VIII. en fit expedier ; Elles sont datées *au*
Bois de Vincennes le 19 Iuin 1484. Elles portent, *main-levée pure, simple*
& diffinitive de la saisie & main-mise qui avoit esté faite d'icelles, & injonc-
tion à ses Officiers d'en laisser joüir le Mareschal de Hohsberg pleinement
& paisiblement, nonobstant l'Ordonnance de reünion par nous faites des choses
alienées de nostredit Domaine, & sans prejudice d'icelle en autre chose; Et
pour marque qu'elles avoient esté accordées en pleine connoissance
de cause, ces termes sont ajoûtez après la souscription, *Par le Roy en*
son Conseil, auquel Messieurs les Cardinal & Duc de Bourbon Connestable de
France, les Comtes de Clermont & de Dunois, vous les Evesques de Langres,
d'Alby, de Perigueux, & de Lombez, les sieurs de Gyé, de Toux, de Baudri-
court, du Landelisle & plusieurs autres estoient. Signé, BRINON.

Voila le premier Tribunal dans lequel la donation de la terre de
Montbar aprés un rigoureux examen de la Iustice & de la verité des
causes d'icelle, fut reconnuë, declarée & jugée valable : Tribunal,
comme on a veu tres-auguste, puisque c'estoit une Assemblée des trois
Estats de la France, où le Roy presidoit en personne, dont l'arresté
se justifie par des Lettres Patentes delivrées & expediées en plein
Conseil, & s'il faut dire, aprés un second examen & Iugement.

Ces Lettres Patentes ayant esté portées aux Generaux des Finances en Bourgoigne, ils en consentirent l'enterinement & accomplisse-
ment par leur attache du 10 Iuillet 1484. Ensuite dequoy elles furent verifiées, enterinées & registrées en la Chambre des Comptes de
Dijon par Arrest du 19 du mesme mois. Charles VIII. estant decedé
le 7 Avril 1498, Philippes de Hohsberg porta les foy & hommage de
Montbar à Louys XII. son successeur, dont les Lettres données à
Blois le 31 Decembre 1500. furent enregistrées en la Chambre des   *1501*
Comptes de Dijon par Arrest du 26 Novembre 1501. Et Louys d'Orleans I. du nom Duc de Longueville ayant en 1504. épousé Ieanne de
Hohsberg, fille unique dudit Philippes de Hohsberg, desja decedé,
ainsi qu'il a esté observé cy-dessus, il rendit à cause de sa femme, les
foy & hommage au mesme Louys XII. pour raison de Montbar &
autres terres à elle écheuës par le deceds de son pere, ainsi qu'il

paroiſt des Lettres dudit hommage, datées du 12 Iuillet 1509.

La poſſeſſion paiſible en laquelle ſe trouva lors la Maiſon de Lon-gueville de la Baronnie de Montbar ; paroiſſoit ne pouvoir eſtre traverſée, fondée qu'elle eſtoit ſur un titre autant juſte & autant legitime qu'eſtoit le don de cette terre ; auſſi le pretexte que l'on prit de l'y troubler en l'année 1517. ſous François I. ne ſervit-il qu'à faire rendre un ſecond Iugement à ſon avantage & en ſa faveur.

Secondement au Con-ſeil d'Eſtat ſous Fran-çois I.

a De Doma. lib. 2. tit. 1. num. 4. in margine.

Choppin dans ſes Livres *a* qu'il nous a laiſſez du Domaine, a fait mention d'un Ediɕt de François I. du 30 Avril 1517. regiſtré au Parlement de Paris le 7 May enſuivant ; portant *revocation & caſſation de tous dons & ceſſions faites par ſes predeceſſeurs & par luy meſme, des portions & revenus du Domaine, pour quelque faveur ou conſideration que ce fut, ſoit à perpetuité, à vie ou à temps nonobſtant les verifications & expeditions ſur ce faites :* Ieanne de Hohſberg, qui lors eſtoit recemment veuve de Louys Duc de Longueville, I. du nom, avoit quelque temps auparavant ſollicité & obtenu de François I. la confirmation du don de la terre de Montbar, de ſorte que les Lettres Patentes en furent expediées le 8. du meſme mois de May. Mais la Chambre des Comptes de Dijon, voyant qu'en icelles il n'eſtoit point fait mention de l'Ediɕt de revocation du 30 du mois d'Avril precedent, fut en doute ſi elles devoient paſſer pour une dérogation à l'Ediɕt, ou ſi l'Ediɕt, qui eſtoit general, ne devoit pas prévaloir à des Lettres Patentes particulieres, qui quoy que poſterieurement expediées pouvoient paroiſtre ſubreptrices, veu qu'elles n'en faiſoient point de mention. Ainſi l'affaire ayant eſté miſe en deliberation, il fut reſolu de ſurſeoir à la verification de ces Lettres juſques à ce que la volonté du Roy fut connuë, devers lequel & pour l'informer de la cauſe de cette ſurſeance M. Benigne Boiſſeaul , l'un des Maiſtres des Comptes de Dijon fut deputé, & cependant la terre de Montbar fut ſaiſie & miſe és mains du Roy.

François I. ne pût trouver que tres-louable l'exaɕtitude & le zele de ſes Officiers, mais comme il ne vouloit pas que ſon Ediɕt ſervit de pretexte pour vexer les particuliers qui avoient des titres juſtes & legitimes de proprieté : Auſſi declara-il de vive voix au ſieur Boiſſeaul, qu'il entendoit que les Lettres de confirmation de don par luy oɕtroyées à la Ducheſſe de Longueville fuſſent inceſſamment enregiſtrées, & main-levée faite & baillée de la ſaiſie des terres de Montbar & autres données par Louys XI. au Mareſchal de Hohſberg, leſquelles il n'avoit entendu comprendre dans le nouvel Ediɕt de la revocation des Domaines ; Et comme cet ordre verbal ne parut pas ſuffiſant à la Chambre des Comptes de Dijon pour ſa décharge, il y eut des Lettres Patentes en forme de juſſion expediées le 14 Novembre de la meſme année 1517.

Iuſques-là il n'y avoit rien à redire dans le procedé de cette Chambre, mais ce qui ſuivit ne pût eſtre toleré ny diſſimulé : Car au lieu de verifier & d'enregiſtrer tant les Lettres Patentes de confirmation que celles de juſſion, elle offrit ſimplement à la Ducheſſe de Longueville d'en conſentir l'enterinement, *à prendre le revenu des terres & Seigneuries y declarées par les Receveurs d'icelles par les déſcharges du Receveur general, & par les Eſtats qui en ſeroient faits par chacun an par la Roy ſelon ce enſuivant Rendu de ſes Finances :* Ce ſont les propres termes du Reſultat du Bureau en forme d'Ordonnance, tenu expreſſement pour ce ſujet le 26. Mars 1517.

La Ducheſſe de Longueville fut fort étonnée de cette nouvelle difficulté, mais François I. qui voyoit que la Chambre des Comptes de Dijon par un trop grand zele faiſoit plus qu'elle ne devoit, connut qu'il estoit de la derniere consequence de l'obliger à obeïr : C'est pourquoy non seulement il y eut de secondes Lettres de Iussion expediées le 16 Avril 1518 (l'année commençoit lors à Pasques) pour toûjours mettre les choses dans les formes : Mais outre cela le Roy écrivit en particulier à ladite Chambre, & chargea de sa missive Messire Denis Poillot Conseiller au Grand Conseil : Louyse de Savoye, Mere du Roy : le Chancellier du Prat, & M. Raoul Hurault l'un des Generaux des Finances de Bourgoigne, qui se trouva lors à la suite de la Cour, écrivirent pareillement à la mesme Chambre des Comptes, afin qu'en procedant incessamment à l'enterinement & verification de toutes les Lettres Patentes, elle osta l'impression qui pouvoit estre restée au Roy du refus precedent par Elle fait, suivant quoy les Lettres furent enterinées & registrées par Arrest du 4 Iuin 1518.

C'est-là, s'il faut ainsi parler, le second Tribunal où la donation de la terre de Montbar fut jugée & declarée valable; Et il est sans doute, que les difficultez apportées de la part de la Chambre des Comptes de Dijon ne servent pas peu aux Successeurs du Mareschal de Hohssberg pour l'affermissement du titre & du droit qu'il leur a transmis.

Pontanus sur la Coûtume de *a* Blois remarque tres-judicieusement, qu'és cas esquels nos Rois peuvent par donations disposer de quelque portion de leur Domaine, il est bon que leurs Lettres Patentes de don, soient, sur le refus des Officiers d'y deferer, suivies de Lettres de Iussion : *Pragmatica Sanctione seu secunda jussione*; dont il rend cette raison excellente, *cum per secundam jussionem, res maturiore animi deliberatione ac judicio procedat* : Il tire en argument ce que l'Empereur Iustinien *b* avoit prescrit sur cette matière à Tribonien, qui estoit de ne pas deferer inconsiderément aux Rescrits & aux Mandemens qui luy estoient adressez & presentez touchant les ouvrages publics; mais au contraire d'en avertir l'Empereur, & d'attendre une seconde Iussion : *Tunc tu suscipiens quidem talem formam, non autem aliquid agens ex ea, antequam ad nos nuntians, secundam præceptionem nostram suscipias.* Et nous trouvons que la mesme chose, en ce qui concernoit la levée des nouvelles impositions publiques, fut encore enjointe par le mesme Empereur à celuy auquel il avoit confié l'administration de la Iustice dans l'Hellespont; *sin quod ostenditur Pragmatica forma sit, ut ne sic quidem ex eo confestim aliquid fiat, sed talem Pragmaticam formam Præses Provinciæ apprehendat, de eaque ad nos referat, & alteram à nobis Iussionem expectet.*

Suivant donc ces principes, il est certain qu'y ayant eu non seulement des premieres, mais encore des secondes Lettres de Iussion expediées pour la verification des Lettres Patentes de Confirmation du don fait autrefois par Louys XI. de la terre de Montbar : Et outre cela François I. y ayant joint des Lettres missives dont un Conseiller du grand Conseil fut le porteur; Louyse de Savoye sa mere, le Chancellier du Prat, & un des Generaux des Finances de Dijon, qui estoit lors à la suite de la Cour, ayant pareillement par leurs Lettres missives écrit à la Chambre des Comptes de Dijon de proceder sans plus de remises à l'enterinement & verification des Lettres de confirmation. Il est certain encore une fois, que toutes ces démarches sont autant de preuves invincibles de l'examen qui avoit esté fait de nouveau de la *Iustice* & de la *Verité* des causes de la donation de Louys XI. & de la *Certitude* que l'on avoit euë de la validité d'icelle. Car on ne peut pas dire que des démarches si singulieres ayent esté faites ou accordées à la seule faveur & au credit de Ieanne de Hohssberg Duchesse de

Longueville

a Art. 10. pag. 136 de la nouvelle édition.

b Nou. 17. cap. 3. in principio.

Longueville impétrante. En effet, bien loin d'avoir aucune authorité à la Cour, c'estoit au contraire une Dame pour laquelle il n'y avoit que la compassion qui parlât & qui intercedât, estant *a* lors nouvellement restée veufve d'un espoux decedé en la fleur de son âge, qui luy avoit laissé quatre enfans mineurs. Il n'y eut donc que le seul zele de la Iustice qui porta François I. à faire cesser les difficultez proposées par la Chambre des Comptes de Dijon ; & cela en pleine connoissance de cause, & après avoir sceu que la donation qu'il confirmoit, ne pouvoit d'ailleurs recevoir d'atteinte, ayant esté declarée valable dans l'Assemblée des Estats de la France, tenuë dés le commencement du Regne de Charles VIII.

Le troisiéme Tribunal dans lequel cette mesme donation a esté declarée & jugée valable est le Parlement de Paris, & voicy comment la cause y fut portée.

Il y eut en 1531, sous le mesme Roy François I. un autre Edit de revocation generale des Domaines alienez, dont Chopin a fait mention au titre premier du second Livre *de Domanio*, nombre 4. En execution de cét Edit, Monsieur le Procureur General au Parlement de Paris, fit saisir & mettre en la main du Roy toutes les terres autresfois données par Louïs XI. au Mareschal de Hohsberg, possedées lors par la maison de Longueville, du nombre desquelles estoit celle de *Montbar*, dont il s'agit ; ce fut le sujet d'un procez: car les Seigneurs de Longueville demanderent main-levée, & l'obtindrent contradictoirement avec ledit sieur Procureur General, par Arrest du 11. Decembre 1533 : le mesme Chopin *b* parlant de ce jugement celebre, *Decursu Temporum*, dit il, *Regius actor manum feudis inijci procuravit, quasi publicis ac Dominicis Anno 1532 : sed fide facta*, poursuit il, *privatæ conditionis ipsorum, qui ad Regiam Francicam proprietate numquam spectarint, Longevillavi Duces evicerunt à fiscali cognitore vindiciariam fundorum possessionem P.C. decreto 3. Idus Decemb. Anno 1533.*

Il paroist assez des termes de cét Autheur, que l'Arrest fut rendu en pleine connoissance de cause, & après la discution des moyens du fonds qui seront cy-après deduits ; c'est pourquoy comme on ne pouvoit plus douter de la validité de la donation de Louïs XI. & qu'au moyen d'icelle, la terre de *Montbar* ne fut un Domaine proprietaire de la maison de Longueville, qui tiroit son droit de celuy du Mareschal de Hohsberg, François I. voulant prevenir les difficultez qu'il apprehendoit que l'on ne suscitât de nouveau aux Ducs de Longueville, sous pretexte d'un *c* troisiéme Edit de revocation des Domaines alienez expedié le 10 Septembre 1543, declara par Lettres Pâtentes du 14 Novembre au mesme an, son intention n'avoir esté qu'en ladite revocation & reünion generale, les Terres & Seigneuries de *Montbar*, *Villaines* en Duesmois, *Sermoise* & autres y énoncées, fussent aucunement comprises, lesquelles Lettres furent verifiées purement & simplement au Parlement de Bourgoigne, par Arrest du 10 Decembre ensuivant.

Il ne faut donc pas s'estonner si dans le partage que le Roy Henry II. voulut bien faire luy-mesme par un Arrest celebre du Conseil d'Estat du dernier Février 1554, des biens & effets de la succession de François d'Orleans III. du Nom Duc de *d* Longueville, decedé sans enfans, le 22 Septembre 1551 ; la Terre & Baronnie de *Montbar*, écheut à Jacques de Savoye Duc de Nemours, Cousin maternel du deffunt, à cause de Charlotte d'Orleans sa mere ; & luy fut donnée comme un propre de famille, qui n'estoit nullement domanial ; C'est pourquoy ce que Monsieur le Procureur General du Parlement de Paris, fit de nouveau saisir cette mes-

Rr

me terre fous pretexte d'un Edit de reünion, du 22 Aouft 1559, publié fous François II. Il y eut un fecond Arreft de main-levée donné contre luy par Arreft du mefme Parlement, du 10 Février 1560, rapporté par *a* Chopin, au mefme endroit où il parle du premier rendu en 1533.

Qu'aprés tant de Iugemens l'on pourroit fe difpenfer d'entrer dans les moyens du fonds, qui fe reduifent. 1°. aux caufes de la donation. 2°. A la qualité de la terre donnée.

Or aprés tant de Iugemens intervenus dans les premiers Tribunaux de la France, qui tous ont eu pour unique fondement de leur decifion, que la Baronnie de *Montbar* n'eftoit point une terre du Domaine de la Couronne; il eft certain que le fieur Aubery pourroit fe difpenfer d'entrer dans aucuns moyens du fonds, concernant la validité de la donation de cette terre faite autresfois par Louïs XI. au Marefchal de Hohfberg, pour luy, fes hoirs & ayant caufe, neantmoins pour ofter tout pretexte au fieur Buiffon demandeur de s'opiniaftrer en la pourfuite d'une pretention autant deplorée qu'eft la fienne, il veut bien expliquer ces moyens, & les eftablir par des preuves hors de toute atteinte.

On les peut reduire à deux Claffes, dont la premiere comprend les *caufes* de la donation, de laquelle il s'agit : La feconde concerne la *qualité* de la terre donnée.

a De Doma. *lib.* 3. *tit.* 16. *num. ult.*

Motifs de la donation faite par Louys XI. au Marefchal de Hohfberg de la terre de Montbar pour luy, fes hoirs & ayans caufe, exprimez és Lettres Patentes de ladite donation; qui font entre autres les fervices fignalez, rendus à l'Eftat; & la perte de fes biens en haine de ce qu'il s'eftoit attaché au party de la France.

Que ces caufes eftoient legitimes pour valider une donation d'une terre mefme domanialle.

A l'égard des *caufes*, elles font fort *b* eftenduës dans les Lettres Patentes du don, & l'on en pourroit faire plufieurs chefs : mais quand il n'y en auroit point d'autres que les *fervices fignalez* rendus par le Marefchal de Hohfberg *à la Couronne & à l'Eftat*, & *la fidelité inviolable* qu'il avoit fait paroiftre jufqu'à fouffrir *la perte de plufieurs terres & Seigneuries* qu'il avoit dans les Eftats de la Princeffe Marie de Bourgoigne plûtoft que d'abandonner le party de la France, il eft certain que Louïs XI. auroit pû luy donner en pleine proprieté incommutablement & perpetuellement pour luy, fes hoirs & ayant caufe non feulement une Seigneurie, dont la difpofition luy eftoit autant libre que celle de *Montbar*, ainfi que l'on a veu dans la feconde partie de ce Factum : mais encore quelque terre du Domaine de la Couronne, nonobftant que le patrimoine de l'Eftat foit de fa nature reputé inalienable.

b Louys par la grace de Dieu Roy de France: Comme nous confiderans & ayans en memoire les *grands &* recommandables fervices que noftre cher & amé nepveu, PHILIPPES DE HOHSBERG Seigneur de Bandeville, noftre Marefchal en Bourgoigne a faits *tant à Nous qu'à toute la chofe publique & à noftre Royaume*; & comme il s'eft grandement & vertueufement employé au fait de nos Guerres, & y a avanturé en grand danger & par plufieurs fois fa perfonne & biens, & auffi la bonne & grande loyauté qu'il a montrée par effet envers Nous & la Couronne de France, & que pour garder fadite loyauté & tenir noftre party, il a abandonné plufieurs de fes Terres & Seigneuries de bon & grand revenu, & de tout fon pouvoir a porté grief & dommage à nos adverfaires fans aucunement vaciller de fon bon propos quelques divifions & fubverfions qui foient intervenuës durant les divifions n'agueres paffées : De tout defirant en reconnoiffance des chofes fufdites, & pour l'attraire en amour & accroiftre en honneurs & biens : ayant fait traiter & accorder le mariage d'entre noftredit nepveu & noftre trefchere & amée niepce Marie de Savoye; Sçavoir faifons, que Nous ce que dit eft confideré &c. à iceux avons de noftre propre mouvement, certaine fcience, grace fpeciale, pleine puiffance & autorité Royalle, donné, cedé, quité, &c. par pur, fimple & irrevocable donation faite entre vifs &c. nos Villes, Places, Prevofté, Tabellionage & Seigneuries de *Montbar* & *Sermoife* affifes en noftre païs de Bourgoigne, ainfi qu'ils fe comportent de toutes parts, pour en jouyr par nofdits nepveu & niepce, & leurfdits hoirs mafles & femelles defcendans d'eux, en prendre & percevoir les fruits, profits, revenus & émolumens à quelque valeur & eftimation qu'ils foient & puiffent monter foit en Iuftice & Iurifdiction haute, moyenne & baffe, Hommes, hommages, fiefs, arriere-fiefs &c, & autres chofes quelconques à icelles appartenans, *et en faire es difpofer comme de leur propre chofe & heritage*, fans aucune chofe y referver ne retenir pour Nous ne aux Noftres, fors feulement les foy & hommage, reffort & fouveraineté &c. Si donnons en mandement par cefdites prefentes à nos Amez & Feaux Gens de nos Comptes à Dijon, au Bailly d'Auxerre, & à tous nos autres Iufticiers & Officiers ou à leurs Lieutenans prefens & à venir, & à chacun d'eux, fi comme à luy appartiendra, que nofdits neveu & niece & leurfdits hoirs & ayans caufe, ils faffent, fouffrent & laiffent jouyr & ufer de nos prefentes, don, ceffion, quittance & transport, & leur en baillent & faffent bailler dés à prefent la poffeffion reelle &c. Donné au Pleffis du Parc au mois d'Octobre 1478. & de noftre regne le dix-huictiéme, &c.

La raifon eft, que tout don qui eft purement remuneratoire, ne paffe point pour une diffipation ny pour une alienation, mais pour un acte d'administration legitime, tel qu'est la permutation & la compensation : ou plûtost pour un acte de Justice distributive tel qu'est l'acquit & le payement d'une debte legitimement creée & valablement contractée.

Entre divers motifs que la jurisprudence Romaine s'est proposé pour declarer invalides certaines donations, l'estat des personnes & la qualité des biens, ont tenu le premier rang : car elle n'a pas voulu que les Tuteurs, Curateurs & autres semblables Administrateurs pussent faire des liberalitez & des gratifications des biens, dont ils n'estoient pas proprietaires ; ny que les mineurs, quoy que proprietaires ; mais qui par le deffaut d'âge n'avoient pas assez de jugement pour se conduire, pussent donner de leur patrimoine ; & cette mesme jurisprudence ayant declaré inalienables les Domaines de l'Eglise & des Communautez, a voulu aussi que toutes les donations qui s'en feroient fussent absolument nulles. Mais cependant la renumeration a si peu passé dans l'esprit des Jurisconsultes & des Empereurs pour une simple donation, & au contraire ils l'ont les uns & les autres si unanimement consideré comme un titre onereux, & legitime, qu'ils ont approuvé les dispositions faites à ce titre, tant par les simples Administrateurs & les mineurs, que du patrimoine de l'Eglise & du Domaine des Communautez.

Donations remuneratoires approuvées par le Droict Civil, quoy que faites par des Tuteurs, & des Mineurs: ou des biens appartenans aux Eglises et aux Communautez.

Ainsi les Tuteurs & les Curateurs par plusieurs loix *a* precises & formelles peuvent employer les biens & les facultez de leurs pupilles pour *recompenser* ceux qui leur ont rendu des services considerables.

Ainsi les mineurs *b* peuvent affranchir, mettre en liberté & *remunerer* ceux de leurs esclaves qui les ont eslevez dans leur bas âge : ou instruits les Arts liberaux : ou gueris de leurs maladies : ou sauvez dans le combat : ou deffendus contre les voleurs : ou preservez des embusches qui leurs avoient esté dressées, la foy les reputant majeurs, quant à ces dispositions, *tanquam sapientiâ ætatem supplente.*

*a L. 12. §. 3. ff. de admi. Tut. l. 4. ff. ubi pupill. educa. deb. Tiraquellus ad l. si umquam. In verbo, donatione largitio, num. 25.
b L. 11. l. 13. l. 15. § 1. de manum. vindicta.*

Ainsi, quoy que le patrimoine de l'Eglise soit inalienable, il peut neantmoins *c* estre donné à perpetuité pour recompenser *les services qui ont esté rendus à l'Eglise* ; & nous avons quantité d'Arrests, par lesquels les Officiers pourveus pour *recompense de services* par eux rendus aux Eveschez, Abbayes & autres Eglises, ont esté maintenus contre les successeurs aux mesmes Eveschez & Abbayes qui les vouloient deposseder.

Ainsi enfin, quoy que les Domaines appartenants aux Citez, Villes & semblables Communautez, soient par une expresse disposition de droit inalienables, les Decurions neantmoins & autres Magistrats Municipaux en peuvent legitimement disposer à titre de *remuneration*, sans apprehender que leur decret soit censuré comme ambitieux.

*c D. D. ad l. Iubemus 14. in principio. vers. scientes. Ibi. ad vicissitudinem Beneficij Colorati. Co. de Sacros. Eccles. Cano. si quis Episcopi suffragio. 66. Can. 12. q. 2.
d Loüet. O. nomb. 2. & ibi. Brodeau.
e DD. ad l. 4. ff. De decretis ab ordine faciendis.*

Et c'est de là que l'on infere communément que les donations du patrimoine de la Couronne, qui se trouvent faites pour *recompense des services rendus à l'Estat*, doivent subsister pleinement, veu qu'il ne seroit pas juste que nos Rois, soit que l'on les considere comme estant toûjours mineurs, soit que l'on les regarde comme des simples Administrateurs du patrimoine de la Couronne, soient mis & constituez en une plus estroitte interdiction, que les mineurs, les tuteurs, les Decurions & les Prelats ne l'ont esté & ne le sont par la disposition des loix Civiles.

D'où l'on infere vulgairement, que pour recompense des services rendus à l'Estat nos Rois peuvent donner des Domaines de la Couronne.

Mais quelque force que ce raisonnement paroisse avoir, il n'est pas neantmoins convenable à la Majesté de nos Rois, qui bien loin de devoir estre reglez par les exemples des personnes qui leur sont sousmises, doivent au contraire servir de modele & de regle à leurs peuples, comme estant la loy vivante & animée, & par consequent le premier mobile de la souveraine Justice & de la souveraine raison.

Raison primitive pour laquelle nos Rois peuvent faire ces sortes de dons, tirée du serment qu'ils font lors de leur Sacre, de rendre la Justice à leurs Sujets.

Pour trouver donc le premier principe de derision dans la matiere dont il s'agit, il faut observer que nos Rois dans leur Estat, ont par excellence & par independance de tout autre que de Dieu seul la pleine, entiere & souveraine administration de la Justice, & qu'un des Chefs du serment solemnel, qu'ils font lors de leur Sacre, est de la rendre aux peuples que Dieu a soûmis à leur puissance & à leur domination : Or cette Justice qui est purement distributive, se divise en deux especes suivant les principes de la morale, dont l'une est appellée *remunerative*, & l'autre *vindicative* : La premiere s'applique à distribuer les *recompenses* qui sont deuës aux personnes qui ont bien merité de l'Estat & du public : La seconde est purement occupée à punir les crimes, & à reprimer les desordres.

Mais d'autant que les peines en soy sont odieuses & les *recompenses* favorables, nos Rois, ainsi qu'observe excellemment un *a* Autheur du dernier siecle, ont laissé aux Magistrats les fonctions de la Justice *vindicative*, & se sont uniquement reservé l'exercice de la *remunerative* : pour acquerir, dit-il, *l'amour de leurs Sujets, & fuir leur mal-veillance.*

a Bodin : De la Republique : *Livre* 5. *chap.* 4. au commencement, *pag.* 563.

Et de ce qu'ils se reservent à eux seuls l'exercice & les fonctions de la Justice remunerative.

Nos Rois donc chargez par un serment solemnel, de faire & de rendre la Justice *remunerative*, & n'en ayant voulu confier à aucun soit Officier soit Magistrat, l'exercice & les fonctions, ont eu par l'Auguste Caractere de leur dignité, la pleine puissance non seulement de juger du merite des services rendus à leur Estat, mais aussi de disposer des honneurs & des biens dont ils ont crû que ces services devoient estre recompensez ; car cessant cette faculté de disposer, il est certain qu'ils n'auroient pas eu l'exercice complet de la Justice *remunerative* qu'ils s'estoient reservez, & qui ne consiste pas simplement à juger du merite ; mais encore à le recompenser aprés l'avoir connu.

Or quand ils ont jugé qu'une portion du patrimoine de l'Estat, n'estoit pas une *remuneration*, ny disproportionnée, ny excessive, eu égard aux services rendus à l'Estat ; & quand ils ont effectivement donné cette portion à ceux qui avoient rendus ces services, qu'ont ils fait, sinon consommer & reduire en acte, cette eminente vertu de la Justice *remunerative* de la distribution de laquelle ils s'estoient chargez par le serment fait lors de leur Sacre ?

On objecte ordinairement, que le Domaine de la Couronne estant inalienable, & nos Rois mesmes, lors de leur Sacre, faisant un serment particulier de ne le point aliener, il ne peut servir de matiere pour la *recompense* des services, quoy que rendus à l'Estat.

Si nos Rois lors de leur Sacre s'obligent par serment de ne point aliener le Domaine de la Couronne.

Mais ceux qui font cette objection, & qui s'en servent en tous rencontres, comme d'un bouclier qu'ils s'imaginent estre à l'epreuve de toutes sortes de traits, ne s'apperçoivent pas qu'ils s'exposent à estre convaincus de n'avoir jamais bien examiné, ny le serment fait par nos Rois, lors de leur Sacre, ny le veritable Domaine de la Couronne, que l'on tient de sa nature estre inalienable.

Et c'est ce qu'il faut expliquer.

Que cette clause n'a jamais esté mise que dans le formule du serment presté par Charles V. dit le Sage.

Dans tous les anciens formulaires qui nous restent des Sacres de *b* nos Rois, & dont le premier fut dressé l'an 1179, sous le Regne de Louïs VII. dit le jeune, le serment qu'ils doivent prester y est conceu en mesmes termes, & ne comprend que trois articles, dans pas un desquels il n'est parlé nommement du Domaine de la Couronne. Il est vray que lors du Sacre de Charles V. dit le Sage, au *c* mois de May 1364, le serment fut plus estendu, car il y eut un article

b Ceremonial François, *tom.* 1. *pag.* 3 & 14.

c Ibidem, *page* 33.

cle

cle adjousté en ces termes, *superioritatem, iura, & nobilitates Coronæ Franciæ custodiam & illa nec transportabo nec alienabo* : Mais nous ne trouvons point que cela ait esté observé és Sacres de ses succes-seurs, Charles VII. & Louïs XI. Et d'ailleurs il est certain que *a* les formulaires des Sacres de Charles VIII. en May 1484 : de François I. en Ianvier 1514 : de Henry IV, en Février 1594 : & de Louïs XIII. en Octobre 1610, se sont conformez aux anciens, & ont obmis sciemment l'article particulier, qui avoit esté inseré au serment de Charles V.

a Ibidem, *pages* 197. 257. 361. 410.

Or les raisons pour lesquelles cét article fut nommement ad-jousté au serment de Charles V. & depuis absolument retranché, n'ont pas esté expliquées par aucun Auteur, & neantmoins elles sont tout à fait decisives pour le sujet, dont il s'agit.

Charles V. & son Conseil, creurent estre aucunement engagez de l'adjouster, en consequence des Lettres Patentes du Roy Iean, expediées au mois de Novembre 1361, touchant l'union des Duchez de Bourgongne & de Normandie, des Comtez de Champagne & de Thoulouse au Domaine de la Couronne, desquelles il a déja esté cy-dessus fait mention plus d'une fois ; car le Roy Iean, aprés avoir consideré les grandes pertes que son Estat avoit recemment souffertes par le Traité conclu à Bretigny prés de Chartres, le 15. May 1360, & les demembremens qui avoient esté faits, non seulément en Domaines, mais encore en ressort & Souveraineté des Provinces de Poictou, Saintonge, Perigord, la Rochelle, Ponthieu & autres qui y sont enoncées, lesquelles il avoit cedées & transpor-tez au Roy d'Angleterre : creut que pour aucunement reparer ces pertes, il devoit joindre & unir inseparablement au Patrimoine *b* de son Estat, les Duchez & Comtez cy-dessus, afin de les rendre de là en avant de la mesme nature & qualité qu'estoit originairement le Domaine de la Couronne.

b Cy-dessus *pages* 98 & 99.

Mais parce qu'il luy sembloit que ce n'estoit pas assez de faire luy mesme cette union, s'il n'obligeoit ses successeurs Rois de Fran-ce à l'entretenir inviolablement ; il tascha de les y engager par deux differentes clauses.

La premiere fut particuliere & speciale au sujet du Duché de Normandie. Ce Duché estoit lors possedé par Charles son fils aisné à titre d'Appanage, ce qui le mit en quelque sorte de doute, si au prejudice de l'Appannage, il en pouvoit faire l'union ; c'est pourquoy afin de surmonter cette difficulté, il *c* voulut & ordonna que si Charles luy succedoit au Royaume, il fit luy mesme cette union, & que par le serment qu'il presteroit lors de son Sacre, il s'obligeât specialement de jamais ne desunir le Duché de Norman-die du Patrimoine de l'Estat. Il alla encore plus loin ; car il fit promettre à son fils, sous un serment solemnel, d'executer ponctuel-lement ce qu'il luy enjoignoit.

c Insuper dictæ nostræ Coronæ ¡augentes in-signia, Ducatum Nor-maniæ volumus in modum, qui sequitur, nostræ Coronæ socia-ri ; nam cum dictus Ducatus Normaniæ de præsenti sine cujus-que injurijs nostræ Coronæ uniri nequiret seu consolidari, cùm eodem Ducatu Carissimus noster primoge-nitus Carolus Delphinus Viennensis ex dono Regio per nos sibi facto jam plurimis temporibus fuit & sit investitus & eidem jus reale quæsitum, quem legitimum possidentem sicut nec alium quemcumque spoliare non intendimus : Ipsum Tamen Ducatum Normaniæ tunc nostræ Coronæ uniendum & consolidandum volumus & disponimus altero duorum casuum subsequentium eveniente : videlicet quando nobis præsenti vitâ functis dictus primogenitus noster in regno successor extiterit tunc consolidandum jubemus, & tamen *ipsum*, quantum possumus, *obligamus cùm insignia Coronarum suscipiet prestare tunc juramentum*, quòd num-quam per ipsum inter ea sic unita & conjuncta aliqua generabitur divisio seu scissio, pro quibus omnibus & singulis adimplendis totaliter & complendis, dictum primogenitum Carissimum nostrum juramento volumus adstringi & super hoc per ipsum de præsenti solemne præstari corporaliter juramentum : *Lettres Patentes du Roy Iean du mois de Novembre 1363.* rapportées par Catel, dans l'Histoire des Comtes de Tolose, *livre* 2. *chap. dernier, pag.* 398. *& suivantes.*

Raison particuliere pourquoy elle y fut ajoûtée & inserée.

La seconde fut generale & commune pour les Duchez & Comtez de Bourgongne, Normandie, Champagne & Thoulouse ; car ce Monarque enjoignit à ses successeurs Rois de France, de s'obliger par un serment special & singulier lors de leur Sacre, que jamais ils ne desuniroient ny ne demembreroient ces Duchez & Comtez du Domaine de la Couronne.

Quand donc il fut question de proceder au Sacre de Charles V. ce serment particulier qu'il devoit faire, & auquel il s'estoit déja engagé par un serment prealable, obligea indubitablement son Conseil de revoir la formule du serment presté par tous les Rois ses predecesseurs, & de concerter en quels termes l'on y pourroit adjouster un nouvel article ; car comme il falloit que le nouveau Roy s'acquittât de sa promesse, aussi ne falloit il pas que ce fut d'une maniere qui pût porter prejudice aux droits de sa Couronne & de son Estat.

Or de ne parler dans l'article, que des Duchez de Bourgongne & de Normandie, des Comtez de Champagne & de Thoulouse, l'on voit bien que c'eût esté donner pretexte aux ennemis de l'Estat, de pouvoir dire selon les occurences, que les autres Duchez & Comtez seroient restez alienables & sujets au demembrement, & que l'inclusion de ceux-cy, auroit esté une espece de marque & de caractere de l'alienabilité de tous les autres. D'ailleurs l'on ne pouvoit pas dans la formule d'un serment exprimer en détail & nommement tous les Duchez, Comtez, Vicomtez & Domaines qui lors estoient unis, consolidez & incorporez au patrimoine de l'Estat.

C'est pourquoy il fut trouvé à propos de n'en cotter aucuns en détail, & de les comprendre tous sous une clause generale qui fut enfin conceuë és termes cy-dessus déja rapportez : *Superioritatem, iura & nobilitates Coronæ Franciæ custodiam & illa nec transportabo, nec alienabo.*

Et peut estre que ce qui s'estoit passé dans l'execution du Traitté de Bretigny, ne servit pas peu pour reduire l'article en ces termes qui renfermoient le veritable Domaine de la Couronne dans les droits eminens de la Souveraineté & de l'independance, seuls inalienables & incessibles ; car au témoignage de Froissart, *b* le juste & legitime sujet que les Comtes de la Marche, d'Armaignac, de Perigord, de Comminges : les Vicomtes de Chastillon & de Carmaing : les habitans de la Rochelle & autres avoient eu de reclamer contre ce Traitté estoit ; Que le Roy de France ne pouvoit les mettre hors de son Domaine, ny les quitter de son ressort & de sa Souveraineté, pour les abandonner & assujettir à des Estrangers ; & il y a bien de la vray-semblance que dans le pitoyable estat où la France se trouvoit lors, cét article du serment fut ainsi concerté & redigé, pour donner quelque asseurance aux autres Vassaux & Sujets de la Couronne, qu'ils ne seroient plus exposez à un semblable abandonnement, dont quelques-uns voulurent mesmes avoir des Lettres Patentes particulieres, comme le Comte *c* d'Armagnac en 1364, & les Eschevins de la ville d'Usez, en 1369.

Voila donc la raison particuliere pour laquelle, dans la formule du serment que Charles V. presta lors de son sacre, il y eut un article adjousté, portant qu'il conserveroit le Domaine de la Couronne, & qu'il ne l'alieneroit, ny ne le transporteroit jamais.

Mais comme il a déja esté dit cy-dessus, nous ne trouvons point que cela se soit pratiqué, ny par Charles VI. ny par Charles VII. ny par Louïs XI. qui reignerent immediatement & successivement aprés Charles V. l'Autheur du Ceremonial François *d*, passe plus

a Quæ sic fieri & impleri jam ad sacrosancta Dei Evangelia manibus suprà elevata juravimus solemniter & servari ; & ad quæ perficienda & observanda perpetuò nos & futuros successores nostros Reges Franciæ obligamus & volumus esse adstrictos, ac dum insignia Coronationis recipient, ad prædicta iuramenta renovanda per eosdem modo & formà prædictis ipsos teneri volumus per præsentes &c. *Lettres Patentes susdites.*

b Volume 1. *chap.* 214. *pag.* 253.

c Choppin 2. *De Doma. tit. 1. num.* 3.

Raison pourquoy elle avois esté obmise auparavant Charles V. & a esté depuis retranchée & rejettée.

d Dans la Table. In verbo. Serment, nomb. 5. *pag.* 86. *du Tome* 1.

avant ; car il dit positivement que cela ne fut point continué par les successeurs dudit Roy, comme estant superflu ; & nous voyons dans les formulaires qui nous ont esté donnez des sacres de Charles VIII. François I. & de tous leurs successeurs que ce mesme article y a esté sciemment & expressement obmis.

La raison singuliere que l'Autheur du mesme Ceremonial en rend est, Que la promesse *a* de conserver le Domaine de l'Estat, & de ne le transporter ny aliener estoit suffisamment contenuë & expliquée dans la formule du serment qui avoit esté observée par tous les predecesseurs de Charles V. & qui a esté suivie par tous les Rois ses successeurs : *D'autant*, poursuit-il, *que promettant de deffendre & de proteger leurs sujets, de les maintenir en paix, de leur faire administrer bonne Iustice, & user de clemence & misericorde envers eux*, ils contreviendroient à leur serment, *s'ils consentoient iamais, ou permettoient qu'ils tombassent sous la domination & Seigneurie d'aucun Prince Estranger.*

En effet, ceux qui depuis le Regne de Charles V. se sont le plus attachez à deffendre & à expliquer les droits de la Couronne, n'ont point fait de difficulté d'asseurer que nos Rois, par le serment fait lors de leur Sacre, promettoient de ne point aliener le patrimoine de l'Estat, quoy que depuis Charles V. la formule de leur serment n'en contint aucune chose, ainsi qu'il vient d'estre observé. C'est ce qui se trouve dans le discours, touchant les differends d'entre les Rois de France & d'Angleterre en l'année 1436 sous Charles VIII. dont Iean Iuvenal des *b* Ursins, premierement Evesque de Beauvais, puis de Laon, & enfin lors Archevesché de Rheims, est l'Autheur, *le Roy*, dit-il, *ne peut aliener une partie de son Royaume, & le iure à son Sacre expressement qu'il n'alienera rien de son heritage:* Et dans les memoires dressez par le commandement dudit Charles VII. le mesme Autheur continuë en disant, *Et seroit chose trop merveilleuse que le Roy pût aliener partie de l'heritage de sa Couronne, & de le non aliener le iure à son Sacre.*

Choppin *c* qui ne pouvoit ignorer la formule du serment presté par tous les Rois successeurs de Charles V. écrit neantmoins que *Rhemis Inaugurandus Rex Galliæ Sacramento rogatnr more Maiorum se Augustum Canonem minime alienaturum.* Il adjouste que c'est en consequence de ce serment que tous les Edits de la reünion du Domaine & de la revocation des dons & alienations d'iceluy ont esté dressez, & dans l'enumeration qu'il en fait se trouvent les Edits des Rois, tant predecesseurs que successeurs de Charles V. des années 1321, 1329, 1423, 1433, 1517, & autres subsequens : l'Ordonnance mesme des Estats tenus à Blois, en 1579, y est nommement comprise.

Un autre Autheur plus *d* recent, *Solent*, dit-il, *Reges in sua Coronatione iurare iura Regni sui & honorem Coronæ illibata servare :* Et enfin, Monsieur *e* le Bret écrit, que *nos Rois s'obligent mesme par serment qu'ils font à leur Sacre de maintenir leur domaine, & le conserver de toute leur puissance.*

D'où il resulte clairement, que puisque la formule du serment de nos Rois, ne fait nulle mention expresse ny du Domaine*, ny des droits de la Couronne, la promesse de ne les point aliener est censée comprise sous la generale, par laquelle ils s'engagent de rendre la Iustice à leurs Sujets, & par consequent à leur Estat.

Mais il faut aller plus avant, afin de mieux connoistre que la clause particuliere adjoustée au serment de Charles V. non seulement estoit superfluë, mais que de plus, il eut esté d'une dangereuse consequence à l'Estat de la souffrir dans les sermens prestez & à prester par les Rois, qui luy ont succedé.

Quo le Domaine de toutes les Souveraine-tez est inalienable de sa nature par le droict des gens.

Le Domaine de la Couronne est inalienable de sa nature ; ce n'est donc pas par aucune loy, soit speciale, soit generale, mais par un privilege d'origine, selon lequel, comme dit Choppin, *a Sacrum existimatur, ut Imperiale, sic Regale patrimonium : Vnde*, poursuit il, *scriptorum etiam omnium calculis interdictum est, summo cuique Monarchæ, Regaliorum alienatione fundorumve publicorum, qui ab ipso ut non patti, ita posteris sunt servandi.*

a De Domanio, *lib. 2. tit. 1. num. 1.*

Un autre Autheur, *b* s'eslevant jusques à l'origine de cette inalienabilité, advouë ingenuëment qu'elle n'est deuë qu'au *droit des gens*, & qu'il n'y en a point eu de loy écrite : *de cuius prohibitione*, ce sont ses termes, *nulla fuit lex specialis, sed hæc fuit generalis omnium Regnorum, cum ipsis Regnis nata ; hoc fuit quasi ius gentium, ut de lege Regia sive Augusta scriptam est, cum ipso imperio natam esse.*

b Bouchel. Bibliotheque du Droict François. *In verbo.* Domaine inalienable, *pag. 863. col. 1.*

Or cela estant, il ne se faut pas estonner que dans toutes les anciennes formules du serment fait par nos Rois, lors de leur Sacre, ils ne se soient point adstraints nommement, de ne jamais aliener le Domaine de leur Couronne ; puis qu'ils le promettoient suffisamment par l'engagement solemnel, où ils entroient de rendre la Iustice à leurs Sujets & à leurs peuples ; car cét engagement de sa nature & par sa qualité les obligeant à deffendre & proteger les peuples qui leur estoient sousmis, les adstreignoit par consequent à retenir & à conserver sur ces mesmes peuples la Souveraineté qui leur estoit transmise, afin de la pouvoir un jour transmettre toute entiere & sans diminution aucune à ceux que la loy du Royaume leur donneroit pour successeurs.

D'où resultent necessairement les deux choses cy-dessus remarquées.

La premiere, que l'article particulier, concernant l'inalienation du Domaine adjousté à la formule du serment de Charles V. lors de son Sacre estoit absolument inutile & superflu.

La seconde, que ce mesme article a esté tres-sagement obmis dans les formules du serment presté par tous les Rois successeurs de Charles V. lors de leur Sacre, pour empescher que les ennemis de l'Estat ne prissent pretexte de soustenir comme valables les alienations du Domaine faites par les predecesseurs du mesme Charles V. & d'induire de ce nouvel article qu'il avoit esté necessairement introduit comme un remede pour l'advenir, & non pas pour le passé.

Et c'est ce qui fait voir manifestement, Que ceux qui pour combattre l'exercice & les fonctions de la Iustice *remunerative* de nos Rois à l'égard des donations de leur Domaine, objectent le serment fait par nos Rois lors de leur Sacre de ne jamais aliener ce Domaine, n'ont jamais bien examiné, ny bien penetré les termes & la force de ce serment ; Car puis qu'il n'est compris que dans la promesse solemnelle, mais generale & indefinie, que font nos Rois de rendre la Iustice à leurs peuples, comment seroit il contraire à l'exercice de la Iustice *remunerative*, de l'administration de laquelle ils se chargent envers leurs peuples, par cette mesme promesse solemnelle, generale & indefinie ?

Mais si les Autheurs de l'objection n'ont jamais bien examiné le serment fait par nos Rois lors de leur Sacre, on peut dire qu'ils ont bien moins penetré la qualité du Domaine de la Couronne, qui seul de sa nature est incessible & inalienable.

Deux sortes de Domaines de la Couronne.

Pour en estre convaincu bien clairement il faut observer, que le mot de *Domaine*, pour estre general, devient fort equivoque, si dans l'application particuliere que l'on en fait, on n'est soigneux de s'en servir avec circonspection & avec discernement. Il y en a donc de

deux

deux especes, mesmes à l'égard de la Couronne, du moins sommes nous obligez d'en parler ainsi.

Le premier consiste dans la *Souveraineté* & dans *l'Independance:* Souveraineté qui s'estend sur toutes les personnes & sur tous les biens des Sujets de l'Estat, avec une telle plenitude d'authorité & de puissance, qu'Elle ne reconnoist au dessus de soy aucune autre domination que celle de Dieu.

Le second consiste dans la jouyssance des droits, des fonds & des Domaines particuliers, lesquels, s'ils estoient possedez par les Sujets, seroient soûmis à cette mesme *Souveraineté*; mais parce qu'ils sont unis à la Couronne, ils entrent dans la Masse du Patrimoine de l'Estat, & sont communément qualifiez du titre de *Domaine.*

Or quant à la *Souveraineté* & à *l'Independance*, ce sont choses que nos Rois ne peuvent aucunement aliener, ceder ny *a* transporter; & c'est une verité dont chacun demeure d'accord, comme estant un premier principe en la matiere dont il s'agit.

En effet, quoy que la *Souveraineté* les establisse Monarques absolus sur les personnes & sur les biens de leurs Sujets; c'est neantmoins avec une relation ou pluftost une liaison si estroite que nos Rois & leurs peuples ne constituënt qu'un mesme corps politique, dans lequel la puissance & l'authorité appartient de verité aux Rois, comme au chef; la soûmission & l'obeyssance demeure aux peuples, comme aux membres; mais neantmoins de mesme que les membres ne peuvent se souftraire de la domination du chef, aussi le chef ne doit il pas transmettre à d'autres le pouvoir qu'il a luy seul sur es membres.

C'estoit, comme on a vû cy-dessus, le juste & legitime sujet des plaintes que firent les habitans des Villes & des Provinces considerables cedées, par le Roy Iean au Roy d'Angleterre, par le Traité conclu à Bretigny, veu que non seulement les droits utiles & profitables, dont la Couronne jouyssoit en ces quartiers, estoient delaissez; mais qu'outre ce, la Souveraineté sur ces peuples estoit transportée au Roy d'Angleterre. Il est vray que la fermeté avec laquelle le Roy Iean insista à executer ce Traité de bonne foy, l'emporta sur la reclamation, ou pluftost sur la fidelité des peuples. Mais sous François I. le contraire advint heureusement, la fidelité des peuples l'ayant emporté sur l'esprit & sur le serment du Roy.

C'est ce qui se trouve assez nettement expliqué dans la remontrance que Monsieur de Selve Premier President au Parlement de Paris, portant la parole pour tous les Parlemens de France, fit au Roy François I. tenant son lit de Iustice au mois de Decembre 1527: le Roy par le Traité de Madrid devoit ceder à Charles V. Empereur, le Duché de Bourgoigne & renoncer au droit de Souveraineté sur iceluy: on avoit exigé son serment pour confirmation de ce Traité, & il y avoit un article particulier qui portoit que comme il devoit estre mis en liberté le 10 Mars de l'année 1526: Aussi dans le 20 Iuin ensuivant, devoit il remettre à l'Empereur le Duché de Bourgoigne & ses dépendances, sinon retourner prisonnier en Espagne.

Or l'advis unanime de tous les Parlemens de France, dont les Deputez avoient esté assemblez à Paris, fut que le serment du Roy estoit nul, & qu'il ne devoit delaisser le Duché de Bourgoigne, quoy qu'il l'eut promis par le Traité de Madrid; Ce resultat *b* en forme d'Arrest en datte du 18 Decembre 1527, chargea Monsieur de Selve d'ainsi le dire, lors que le Roy tiendroit son lit de Iustice; ce qu'il fit le 20 du mesme mois. Cette action a esté imprimée &

T t

---

a Nam & in Universum Rex, aut quilibet alius Princeps, non potest jure aliquo, seu ex quacumque causa, ex suo regno vrbem Provinciam-rè in alium omninò transferre, se omni jure quod in ea competit abdicando. Et-si enim dicatur Principem omnia posse, moderanda tamen est ea tam lata potestas, in his quæ salvo regali jure dignitateque fiunt. *Ponta. ad consuet. Blef. tit. 9. §. 10. pag. 135. nova editio.*

a Ceremonial François, tom. 1. pag. 489. 492. et suivantes.

Dont le premier, qui consiste dans la Souveraineté & l'indépendance, est absolument inalienable & incessible.

Exemples.

eſt publique. *Et quant eſt du Duché de Bourgoigne (c'en ſont les ter-*
mes) y a des raiſons pour leſquelles, ledit Seigneur ne le doit bailler. Car
c'eſt la premiere Pairie de France qui eſt inalienable, & ne ſe peut mettre
hors la Couronne ; & peu aprés, d'avantage ledit Seigneur ne le pourroit
faire. Car il eſt tenu d'entretenir les droits de la Couronne, laquelle eſt à
luy & à ſon peuple & à ſes ſujets commune : à luy comme le chef & au
peuple & ſujets comme aux membres. Et enfin, ledit Seigneur ne peut alie-
ner ledit Duché ſans le conſentement de ſes Sujets, leſquels ne veulent ny
ne voudroient eſtre ſeparez de la Couronne, mais y veulent perpetuellement
demeurer.

La meſme choſe ſe doit dire de *l'Independance* : car nos Rois ne
peuvent aſſujettir, ny leur perſonne, ny leur Eſtat à aucune puiſ-
ſance temporelle : c'eſt une verité qui n'a pas beſoin de preuves;
l'on en a neantmoins touché quelque choſe dés le commencement
du preſent Factum.

Voila donc les deux choſes qui ſont abſolument inceſſibles &
inalienables par nos Rois.

a Cy-deſſus pag. 8.

Mais à l'égard des droits, **Terres & Seigneuries** qui ſont entrées
dans la Maſſe du Patrimoine de l'Eſtat, jamais on n'a douté que nos
Rois pour des cauſes juſtes & legitimes ne les puſſent aliener meſmes à perpetuité, en retenant ſur iceux la Souveraineté, l'hommage
& le reſſort.

Monſieur le Bret en ſon *b* Traité de la Souveraineté du Roy,
advouë qu'il y a certains cas pour leſquels nos Rois peuvent
aliener cette ſorte de Domaine, & qu'ils ſont ſpecifiez par une
Ordonnance de 1562. Il les rapporte enſuite & les fait monter
juſqu'au nombre de ſix ; Auſquels il adjouſte un ſeptiéme qui
eſt le titre d'Eſchange & de permutation. Et la raiſon fondamentalle eſt, que la proprieté utile qui ſeule eſt alienée par nos Rois,
n'eſt pas un demembrement abſolu de leur Domaine, veu qu'ils
retiennent la directe ; & que d'ailleurs la juſtice de la cauſe pour
laquelle cette alienation ſe fait, la met dans les termes d'une legitime adminiſtration.

b Livre 3. chap. 1. pag. 173. & 174.

Il eſt vray, qu'outre la Iuſtice de la cauſe exprimée dans le titre
de l'alienation, la verité en doit eſtre connuë, & meſmes l'on doit
examiner, ſi elle ne ſeroit point prejudiciable à l'Eſtat : & c'eſt
une diſcution dont nos Rois ſe ſont déchargez ſur les ſoins & ſur
la fidelité des Officiers de leurs Cours Souveraines, auſquels les
Lettres Patentes de l'alienation ſont adreſſées pour en faire la verification & l'Enregiſtrement ; Car quoy qu'au ſentiment d'un il-
luſtre politique, *c Regnantis ſententia judicium de ſolis aĉtibus ſumat,*
nos Rois neantmoins par une ſage prevoyance & par une pruden-
te moderation ont trouvé à propos que les diſpoſitions qu'ils feroient
de leur Domaine fuſſent examinées par des Magiſtrats, dont la vi-
gilance & l'affeĉtion puſſent les garantir contre les ſurpriſes des im-
petrans ; mais comme il y a quantité d'Arreſts de verification & d'en-
regiſtremens intervenus ſur de ſemblables Lettres Patentes d'alienation ; il s'enſuit évidemment, que les auteurs de l'objeĉtion cy-
deſſus propoſée, n'ont pas bien penetré la qualité & la difference
du Domaine de la Couronne alienable ou inalienable, quand ils
ont pretendu qu'il n'y en avoit que d'une ſeule eſpece, & que le
Domaine de la Couronne eſtoit indiſtinĉtement & indefiniment inalienable.

c Lib. 2. tit. 14. in principio.

Ainſi donc pour achever de les convaincre, il n'eſt plus queſtion
que de ſçavoir, ſi la remuneration des ſervices rendus à l'Eſtat,
paſſera pour une cauſe juſte, legitime & ſuffiſante de l'aliena-

Le ſecond qui conſiſte en la proprieté utile des Domaines & droiĉts peut eſtre aliené :

Pour certaines cauſes juſtes.

Dont la verité s'exa-mine par les Cours Sou-veraines :

Que la remunera-tion des ſervices rendus à l'Eſtat, eſt une cauſe

tion qui s'eſt faite à titre de Don, de la proprieté utile de quelque *juſte de l'alienation de cette ſeconde eſpece de Domaine.* portion du Domaine de la Couronne.

Or il eſt bon ſur cette matiere de ne leur alleguer que des Auteurs qui ne puiſſent leur eſtre ſuſpects, & de ne leur cotter que des Arreſts auſquels il n'y ait rien à oppoſer.

a Livre 3. chap. 1. pag. 174.

Monſieur le Bret au *a* meſme Traité cy-deſſus allegué de la Souveraineté du Roy, aprés avoir expliqué cinq cas differens eſquels l'alienation du Domaine de la Couronne eſt permiſe & legitime, *Auteurs non ſuſpects qui l'ont ainſi tenu & ecrit.* *L'on a encore,* dit-il, *ajoûté un ſixième cas, Pour reconnoiſtre quelque ſervice notable & extraordinaire que quelqu'un des Sujets du Roy auroit fait à la Couronne.*

b lib. 2. tit. 14. in principio.

Choppin aprés avoir eſtably en pluſieurs titres que le Domaine de la Couronne ne ſe devoit aliener, en employe *b* un tout entier à expliquer, *Quomodo alienetur Domanium Rei bellicæ causâ* : Il diſtingue à cet effet les deux temps : *Belli gerendi, ut militare pendatur ſtipendium, Belli confecti ad militum labores remunerandos :* Puis prouvant que les ſervices militaires rendus à l'Eſtat pouvoient eſtre recompenſez en

c Idem, ibidem num. 6.

fonds du Domaine de l'Eſtat, *at bello c geſto,* dit-il, *haud levius eſt argumentum militaris rependendæ militiæ, non modò coronâ, præconio, honoribus, hoſtilibus manubijs, quibus, reſtra Cenſores ornabant; ſed & largiendo militibus Reipublicæ patrimonio in eamque câuſam, alienando :* La raiſon qu'il en rend eſt excellente ; Car ſi originairement les Domaines de l'Eſtat ont eſté donnez en Fief, ſous la charge expreſſe que ceux qui en eſtoient inveſtis, ſerviroient l'Eſtat en temps de Guerre ; n'y a-il pas plus de raiſon de donner les meſmes fonds ſous la meſme Loy à ceux qui ont par avance defendu l'Eſtat par leurs Armes; *Quùm igitur,* dit cet Auteur, *Règes ex nativâ feudorum conditione, ea ſubditis aſſignare cæperint antiquitùs futuræ militaris operæ auctoramentum, quanto æquius re bene geſtâ, Dominicum prædium dabitur fortiſſimo Equiti poſſidendum lege Beneficiariâ?*

Mais il faut paſſer des raiſons aux Exemples.

Le premier eſt touchant la Baronnie de Marſillargue, & les terres *Arreſts qui l'ont ainſi jugé.* de S. Iullien & des Portes en la Seneſchauſſée de Beaucaire. Elles *Pour la terre de Marſillargue.* avoient eſté données environ l'an 1303. par Philippes le Bel à Guillaume de Nogaret, & à ſes Succeſſeurs, au lieu de 300 l. de rente qu'il luy avoit auparavant données, & aſſignées ſur ſon Threſor: La cauſe de ce don eſt connuë dans l'Hiſtoire : Car c'eſtoit pour recompenſer Nogaret de ce qu'il avoit executé avec tant de valeur & de conduite en la Ville d'Anagnie en Italie pour conſerver les droicts de nos Rois & de leur Couronne, ſur leſquels Boniface VIII. avoit notablement

d Ibidem.

entrepris: *Vt hoc immortali gloriæ apud ſuos monumento,* dit *d* Choppin, *poſteri omnes militarent regibus operam præſtare, velut hæreditariam non cunctarentur :* Or plus de deux cens ans aprés, Monſieur le Procureur General du Parlement de Paris fit ſaiſir ces terres, & en conteſta le don,

e Le Bret, de la Souveraineté du Roy, livre 3. chap. 1. pag. 174.

ſe fondant *e* ſur l'Edict du Roy François I. de l'an 1531. pour la revocation & reünion des Domaines alienez; Mais par Arreſt contradictoire la donation fut declarée valable, & les ayans cauſe de Nogaret maintenus en la proprieté deſdites terres, dont main-levée pure &

f Choppin de Doma. lib. 2. tit. 1. num. 4. in margine. g Idem tit. 14. num. 6.

ſimple leur fut faite & baillée; Et quoy qu'en 1561, Requeſte *f* Civile fut priſe contre cet Arreſt, dont les moyens d'ouverture furent tirez d'un autre Edict *g* de revocation des Domaines alienez du mois d'Aouſt 1559 : Neantmoins cette tentative demeura inutile contre les Seigneurs de Coviſſon, lors proprietaires de ces terres, pour leſquels plaida Maiſtre François de la Porte.

Le ſecond exemple nous eſt fourny par la Maiſon de Pons en Sainctonge.

Pour l'Isle d'Oleron.

Environ l'an 1400, le Roy Charles VI. donna à Regnaud, Sire de Pons, l'Isle d'Oleron, & soixante livres de rente à prendre annuellement sur le Tresor, pour luy tenir lieu de deux mille livres de rente, que Charles V. luy avoit données dés l'année 1370. Choppin *a* remarque la cause de cette donation en ces termes. *Viro bellicis in republicam Officiis promerito.* Cette Isle estoit constamment du Domaine de la Couronne, car le Roy *b* Charles V. l'y avoit unie par Lettres Patentes expresses du 17 Février 1372.

a Ibidem num. 13.

b Du Puy, *in verbo.* L'Isle d'Oleron, *pag.* 917. & 918.

Aprés plus de cent années de possession par Regnaud de Pons & ses successeurs, Monsieur le Procureur General au Parlement de Paris, fit saisir & mettre és mains du Roy l'Isle d'Oleron, comme estant domaniale, & contesta la donation qui en avoit esté faite par Charles VII. Le procez, à ce que remarque le sieur du Puy dans ses memoires, dura long temps; mais enfin par Arrest solemnel du 16 Septembre 1514, les successeurs de Regnaud de Pons, retinrent la jouyssance de l'Isle d'Oleron, jusques à ce que l'assignat des deux mille livres de rente, leur eut esté fourny : Choppin parlant de ce celebre jugement : *Placuit enim,* dit.il, *Ordini Amplissimo, redhibitoriam domanij legem non porrigi ad Clientis officiosissimi præmium, nisi prius ei donata, alio collato munere pensarentur :* Et sur ce que la mesme Isle d'Oleron fut depuis saisie comme terre domaniale en execution de l'Edit de reünion des Domaines alienez de l'année 1531: second Arrest intervint au Parlement de Paris, le 18 Janvier 1543: par lequel il fut ordonné qu'Antoine de Pons, ses freres & sœurs, auroient main-levée pour en jouyr comme personnes Estrangeres.

Pour les Chastellenies d'Annet, Breüil & c.

Le troisiéme exemple se trouve dans l'Arrest celebre rendu en 1553: au Parlement de Paris, au profit des descendans de Pierre de Brezé, pour les Chastellenies d'Annet, Breüil, Montchauvet, & Nogent le Roy, dit auparavant Nogent l'Issembard ou l'Erambert.

Charles VII. en l'année 1445. donna lesdites Terres à Pierre de Brezé, *Anglicis bellis inclyto,* dit *c* Choppin *ejusque hæredibus :* il estoit lors Seigneur de Varennes, & fut tué à la bataille de Monthlery, sous Loüis XI. estant grand Senefchal *d* de Normandie. En 1531: Monsieur le Procureur General au Parlement de Paris, fit saisir ces Chastellenies, comme domaniales, en vertu de l'Edit de reünion de l'année 1531. les enfans mineurs de Loüis de Brezé, petit fils de Pierre donataire, & Diane de Poictiers leur mere & gardienne Noble en jouyssoient lors : il y eut donc opposition formée à la saisie par le Cardinal Iean le Veneur tuteur desdits mineurs, & par ladite Diane de Poictiers leur mere, & fut le procez instruit en la Chambre du Domaine; c'estoit une *e* quatriéme Chambre des Enquestes que François I. par Lettres Patentes du mois de May 1543, verifiées le 10 Iuillet ensuivant, avoit creée, composée de Presidens & de Conseillers tirez des autres Chambres avec attribution particuliere de la connoissance des causes du Domaine. Le sieur du Puy dans ses memoires remarque que ce procez qui estoit grand & important fut traitté si amplement & avec tant de diligence de part & d'autre, qu'il y eut Arrest de partage en l'année 1532, la moitié des Juges ayant esté d'avis de declarer lesdites terres estre domaniales, l'autre moitié au contraire.

c De Doma. *lib.* 2. *tit. 14. num. 13.*

d Cronique de Louys XI. dite scandaleuse.

e Choppin. De Doma. *lib.* 2. *tit. ult. num.* 1.

Aprés un Arrest de partage.

Les raisons de ce partage se peuvent aisément penetrer, tant par la qualité primitive des terres données, que par les causes qui avoient mêu Charles VII. à les donner à Pierre de Brezé. Car à l'égard des terres, elles estoient constamment du Domaine de la Couronne y ayant esté unies dés l'an 1317. sous Philippes Auguste, & possedées par les Rois ses successeurs. Philippes le Long en 1318 : les avoit données

données pour supplément d'Appanage à Louïs Comte d'Evreux, l'un des successeurs duquel (c'estoit Charles III. du nom Roy de Navarre) les avoit en 1404 : transportées à Charles VI. pour le Duché de Nemours : De sorte que ceux des Iuges qui opinoient pour la reünion se fondoient sur ce qu'ils n'estimoient pas que le Domaine de la Couronne pût valablement estre aliené ny démembré. Mais les Iuges qui estoient d'avis contraire s'arrestoient aux causes de la donation, sçavoir les grands & recommandables services militaires de Pierre de Brezé rendus à l'Estat és guerres de Charles VII. contre les Anglois : Que le Domaine pouvoit estre valablement donné par nos Rois pour la recompense de ces sortes de services : Et que les Arrests recens l'avoient ainsi jugé en faveur des successeurs, & ayant cause de Guillaume de Nogaret & de Regnaud, Sire de Pons.

Depuis cét Arrest de partage, il y eut Lettres Patentes par lesquelles le procez fut evoqué à la Grand'Chambre des Enquestes pour y estre departy ; & pour les difficultez qui se trouverent au sujet des Iuges, il fut ordonné, sur la remontrance de Monsieur le Procureur General, que par chacune des parties seroit fait un Rôlle de quarante Iuges du Parlement, qui seroit mis és mains de Monsieur le Garde des Sceaux, afin qu'il en fut retenu par le Roy nombre suffisant. Le Sieur du Puy qui a pris un *a* soin particulier de rapporter ce détail, aprés avoir dit que le Roy retint ving-un Conseillers, avec les Sieurs de Ligneris & du Faur Presidens aux Enquestes, poursuit en ces termes : *En suite de ce fut mandé à ladite Gran'Chambre des Enquestes (y Presidens, lesdits deux Presidens & y assistans, lesdits Conseillers dénommez ausdites Lettres, nonobstant qu'ils ne fussent de ladite Grand'Chambre des Enquestes, ains de diverses Chambres des Enquestes, mesmes anciens de la Grand'Chambre du plaidoyé) proceder par eux avec le Rapporteur & Compartiteur au Iugement diffinitif dudit procez :* Choppin remarque, *b* que ce choix de Iuges fut extraordinaire pour la decision d'une cause domaniale : *perpetuum*, dit-il, *constansque est Domanij axioma forense, illud ipsum à delectis è Senatorio cætu quibusdam judicari non debere, sed ordinario solum civilique more judiciorum : Proin*, adjouste-il, *scriptis consignata fuit à Regio in Senatu Procuratore contestatio petendæ persequendæque retractationis de Anneto Castro judicati extra ordinem à Senatoribus, in causa Fisci patrimoniali anno 1553.*

Mais cela ne servit qu'à rendre plus solemnel & plus celebre l'Arrest diffinitif qui intervint aussi bien que la faculté extraordinaire, qui fut accordée respectivement aux parties, de produire de nouveau, nonobstant l'Arrest de partage ; *Car enfin*, dit le *Sieur du Puy*, *aprés plusieurs contestations & mesmes aprés avoir les uns & les autres produit jusques à trois & quatre productions, Arrest fut rendu le 13 Iuillet 1553: par lequel il fut dit que la saisie & main mise seroit ostée & levée à pur & à plein, au profit des successeurs de Pierre de Brezé donataire, pour en joüyr par eux conformément à l'Arrest de verification du don.*

Cét Arrest fut reconnu par toute la France, comme un ouvrage de la derniere Iustice. Choppin dans son Traité du Domaine, *c* dont la premiere Edition parut dés l'année 1572, en parle avec des termes qui font voir, qu'au temps qu'il en écrivoit, ce jugement estoit cité & allegué avec des eloges singuliers ; *Senatus-Consultum*, dit-il, *quod in omnium adhuc ore versatur, de Anneta arce & finitimis quibusdam Druydum agris, pro Brezæo magnate :* Et il est bien à croire que ces trois Arrests celebres rendus en si peu d'années en faveur des successeurs & ayans cause de Guillaume de Nogaret, Regnaud de Pons, & Pierre de Brezé, rallentirent l'ardeur avec laquelle ceux qui se fai-

V u

a In verbo. Annet, *pag.* 698. 699. 700.

b De Doma. lib. 2. tit. vlt. num. 13.

c Lib. 2. tit. 14. num. 13.

Iustice de l'Arrest diffinitif publiée avec éloge par toute la France.

foient un honneur particulier de rechercher les droits du Domaine,
s'eſtoient propoſé d'inquieter les ſucceſſeurs des donataires de nos
Rois.

*Pluſieurs ſucceſſeurs
& ayant cauſe des dona-
taires de nos Rois que
ces Arreſts ont mis à
couvert de toutes recher-
ches.*

Du moins ne voyons-nous point que les ſucceſſeurs heritiers &
ayant cauſe de Iean Comte *de Comminges* ; de Tanneguy *du Chaſtel* ;
de Girard *de Campen* ; d'Arnauld Amanjeu *d'Albret* , & d'Imbert
de Grolle, tous donataires de nos Rois pour recompenſe de ſervices,
ayent eſté recherchez, inquietez ny pourſuivis au ſujet des terres
Domaines & Seigneuries qui avoient eſté donnez à leurs Auteurs.

Car Charles VII. par Lettres Patentes du mois de Iuillet 1450,
verifiées au mois de May 1453, donna la Baronnie de *l'Eſparre* à Arnaud Amanjeu *d'Albret* pour luy, ſes ſucceſſeurs & ayant cauſe:
Bellicæ in Anglos fortitudinis præmium , dit *a* Choppin ; Louïs XI.
ſon fils & ſon ſucceſſeur en l'année 1464, donna S. *Beart* en Languedoc, *Iano Convenarum Comiti*, ajouſte le meſme *b* Auteur, *Tribuno,
militum Clariſſimo : Is enim* , pourſuit-il , *egregij Ducis munus objerat in
Catalanis & Ruſcinonenſis agri finibus.* Le meſme Roy donna en 1471.
Chaſtillon-Sur-Indre à Tanneguy du Chaſtel , *Tancredo Caſtelleo-Bel-
licà virtute præſtanti :* Et l'an 1474. *Beaumont en Argone* à Girard de
Campen , *bellatori ſtrenuiſſimo.* Enfin Imbert *de Grolle* , Gentilhomme
Dauphinois , ayant en 1473 , pris en guerre Guillaume Prince d'O-
range, receut pour recompenſe d'une ſi belle action *Chaſteau-Milan*
en Dauphiné. *Similiter* , dit Choppin , *Ludovicus XI. Imberto à Grol-
lea militi adſignavit nobile prædium in Delphinatibus quùm hic Vilhelmum
Auräycæ principem bello cæpiſſet , captumque Ludovico reddidiſſet.*

*a De Domanio, lib. 2.
tit. 14. num. 6.
b Ibidem num. 13.*

Et il ne faut pas oppoſer que ces dons eſtoient limitez aux ſeuls
deſcendans des donataires , & qu'ainſi la clauſe de retour qui devoit
avoir lieu és cas ſpecifiez dans les Lettres Patentes, empeſchoit que
ces donations ne paſſaſſent pour des alienations perpetuelles & pour
des abdications abſoluës du droit de proprieté incommutable.

Car quoy que cela ſoit vray à l'égard de *Beaumont* en Argonne,
conceſſum ad nepotes uſque maſculos Gerardi Campenſis poſſidendum , ainſi
que Choppin a obſervé , il ne s'enſuit pas que les donations des autres Terres euſſent pareille clauſe de reverſion.

*Quoy que le don fut
fait de la pleine proprieté des terres Domanial-
les tranſmiſſible à toutes
perſonnes.*

En effet , le meſme Auteur parlant de la Terre Noble de *Châ-
teau-Milan* en Dauphiné : *Eâ ditione* , dit-il , *Imberti hæredes etiam-dùm
dominij jure potiuntur :* Et nous avons veu depuis peu d'années, que la
Sirie de *l'Eſparre* avoit eſte tranſmiſe aux ſucceſſeurs & ayant cauſe
d'Arnaud Amanieu *d'Albret* avec la plenitude du droit de proprieté
incommutable , puis qu'aprés avoir paſſé de la maiſon *d'Albret* , en
celle de *Matignon*, elle a eſté enfin venduë publiquement par les Di-
recteurs des creanciers de feu Monſieur le Duc d'Eſpernon à Monſieur le Mareſchal de Grandmont, qui l'a fait decreter ſur luy-meſme ; Cependant lors que Charles VII. en 1450, l'avoit donnée à Arnaud Amanieu *d'Albret*, c'eſtoit conſtamment une Terre du Patrimoine de la Couronne, auquel elle avoit eſté unie au moyen *c* de la
confiſcation de biens prononcée contre Pierre *de Montferrand* , qui
s'eſtoit jetté dans le party des Anglois.

*c Choppin, ubi ſupra.
num. 6.*

Que peuvent donc à preſent repliquer les Auteurs de l'objection
cy-deſſus , qui croyoient que toute ſorte de Domaine de la Couronne eſtoit inalienable ; qui ſouſtenoient que nos Rois, lors de
leur Sacre, faiſoient ſerment de ne le jamais aliener, & qui mettoient
les donations remuneratoires au nombre des profuſions & des diſſi-
pations ? Car tant d'Arreſts rendus en faveur des donataires des
Terres de la Couronne , de leurs ſucceſſeurs & ayant cauſe ; mais
Arreſts rendus en un Parlement, qui a toûjours eu un ſoin tres-par-

ticulier de la conservation du Patrimoine de l'Estat, ne sont-ce pas
des preuves invincibles de la fausseté des principes, sur lesquels leur
objection estoit uniquement fondée?

Certainement un seul passage de Choppin auroit pû leur
suffire : *optimé*, dit *a* cet Auteur, *statutum est à Principe bellorum causâ
Rei Dominicæ alienationem valere ; putà, ad bellicam suorum virtutem
æquâ mercede remunerandam, postquam emeritis stipendijs, honorificè soluti
sunt militari Sacramento.* Le titre de cette acquisition, à l'égard du
donataire, est honorable, mais onereux ; Et quant au Prince, la cause
qui le fait agir & donner, est une pure Iustice retributive dont il s'est à
luy seul reservé l'administration, la dispensation & l'exercice ; *Quidquid ex ordine tribuitur,* disoit *b* Cassiedore, *dispendium non putatur :* Mais
la legalité selon laquelle nos Rois ont vescu, & la Iurisprudence à laquelle nos Parlemens se sont tenus, ont encore esté plus loin, puis
qu'ils nous ont laissé des monumens si augustes, du caractere particulier de ces sortes de dons renumeratoires, qu'ils les ont mesme declarez enfermer & conserver par un privilege singulier l'action de *garentie* en cas d'éviction des choses données.

.Cela paroistroit un paradoxe à quiconque n'en penetreroit pas la
veritable raison. Les donateurs, à ce que l'on tient, ne sont point
garands envers les donataires, parce qu'ils ne sont pas présumez vouloir transmettre autre ny plus grand droict que celuy qu'ils ont, &
qu'il ne seroit pas juste qu'aucun receut du prejudice d'une liberalité
qu'il auroit voulu faire : Neantmoins le Droict Civil a judicieusement distingué entre les donations pures & simples, & celles qui sont
remuneratoires : Es premieres, il a refusé l'action de recours & de
garantie ; mais il l'a accordée aux secondes, parce que ce sont des titres
onereux, & non pas gratuits ny purement lucratifs à l'égard des donataires.

Le Parlement de Paris a suivy cette mesme distinction, & se re-
glant sur la legalité & la Iustice de nos Rois, qui n'ont jamais entendu recompenser en simples idées des services reels rendus à leur
Estat, il les a condamnez de garentir à leurs Sujets, les Domaines &
les effets dont ils avoient voulu recompenser leurs services.

Il y en a dans les Registres du Parlement de Paris un Arrest tres-
formel & tres-précis. *Richard,* dit *Bellanger.* avoit intenté action petitoire au sujet d'un Domaine dont *Guyot de Louverot* estoit en possession ; *Guyot* le possedoit à titre de succession de ses Ancestres, ausquels
il avoit esté donné par le Roy pour recompense de leurs services ; c'est
pourquoy il appella Monsieur le Procureur general en garentie ; surquoy, porte *c* l'Arrest, *Auditâ petitione ipsius, visâque cartâ Regiâ ab ipso
exhibitâ per quam apparebat dictam terram ex bona causâ, videlicet grati
servitij prædecessoribus suis datam fuisse ; determinatum fuit quòd Dominus
Rex super hoc garentiret eamdem, & in se litem hujusmodi susciperet.*

Cet Arrest, qui fut rendu à la Pentecoste 1270, sous le regne de
Philippes Auguste, fait encore évidemment connoistre, que la remuneration des services rendus à l'Estat, est une des causes justes pour
lesquelles le patrimoine de la Couronne se peut aliener : *Apparebat,*
est-il dit, *terram ex bonâ causâ, videlicet grati servitij datam fuisse ;* Mais
il juge en mesme temps, que quand nos Rois ont une fois connu ces
services, quand ils les ont trouvez dignes de recompense ; quand en
effet ils ont delaissé pour remuneration d'iceux quelque terre mesme
Domaniale, Ils se font, par l'exercice de cet acte de Iustice purement
retributive, engagez & s'il faut dire condamnez à garentir ce qu'ils
ont donné.

Que si les services rendus à l'Estat par les propres Sujets de l'Estat

a Ibidem, num. 12.

b lib. 1. varia, cap. 3.

*c Choppin, de Doma-
lib. 2. tit. 14. num. 6.*

*Que la donation pour
recompense de services
rendus à l'Estat oblige
nos Rois à la garentie
des choses données.*

*Arrest remarquable
à ce sujet.*

Que quand les servites ont esté rendus à l'Estat par des Seigneurs estrangers, les donations qui leur ont esté faites des terres domaniales sont encore plus favorables.

font une cause juste, légitime & suffisante pour valider les donations qui leur font faites en proprieté du Domaine de la Couronne, à plus forte raison de pareils services opereront-ils la mesme chose quand ils auront esté rendus par des Gentil-hommes ou Soldats Estrangers, vû qu'à leur egard, c'est un acte de Iustice qui paroist tenir quasi plus plus de la commutative que de la distributive.

C'est une seconde particularité, dont il faut à present rapporter les preuves ; afin d'en faire cy-aprés l'application à l'espece de cette cause.

I. Exemple tiré de Pontanus.

Pontanus dans *a* son docte & sçavant Commentaire sur la Coûtume de Blois , fait mention d'une semblable donation , dont il défendit luy mesme la validité ; *Quâ ex re , dit-il , deffendi aliquando illam donationem Castellaniæ Monsterioti Donitij , in militem quemdam nobilem , natione Scotam à Carolo septimo factam ob singularia ejus in Anglos Gallorum hostes gesta, idque in presentia Reverendi b Cardinalis Legati ac Cancellarii Galliæ* : Il poursuit en deduisant les raisons desquelles il se servit , dont la premiere fut tirée , *Ex statu ac personâ concedentis , nimirum Regis Gallorum , à cuius dignitate non fuit alienum peregrinum militem, egregiè de se ac Regno suo meritum aliquâ honestâ remuneratione beare* ; Son second moyen fut appuyé sur la qualité de cette Chastellenie, *cuius valor erat exiguus : ità ut Terrula tantum esset nullis propugnaculis munita nec in Regni limine sita* ; Et la troisiéme, par laquelle il conclud , *Tùm postremò quòd huiusmodi donatio facta esset ob bene merita & ita in remunerationem ; neque enim hæc erat mera donatio, sed Officii viri militaris quadam mercede remuneratio que non solùm à Principe , sed & à simplici tutore fieri posse explorati iuris esset.*

II. Exemple pour la terre d'Aubigny.

Le mesme Roy Charles VII. donna la terre d'*Aubigny* sur Nierre en Berry (quoy qu'elle fut du Domaine de la Couronne) *c* à Iean Stuard, Seigneur Escossois, *voulant reconnoistre* (dit le sieur du Puy) *l'assistance qu'il en avoit receuë contre les Anglois*, les Lettres Patentes de ce don en datte du 26 Mars 1422, furent verifiées au Parlement seant lors à Poictiers au mois de Iuillet 1425 , & en la Chambre des Comptes, le 10 Avril 1423 : Et depuis le mesme *Roy pour plus grande reconnoissance, permit audit Stuard & à sa posterité de porter en ses armoiries trois fleurs de Lys d'Or en champ d'Azur,* par Lettres Patentes du mois de Février 1427.

Neantmoins y ayant eu au mois d'Aoust 1559. un Edit de reünion generale du Domaine engagé alienné ou donné , soit que les dons eussent esté faits pour recompenses de services ou autrement, nonobstant toutes verifications faites aux Parlemens & Chambres des Comptes, Monsieur le Procureur General au Parlement de Paris , fit mettre en la main du Roy la Terre Chastel & Chastellenie d'Aubigny. Iean Stuard, qui possedoit lors de cette Terre, ne pût qu'il ne fut un peu surpris de cette procedure, d'autant plus qu'Henry II. avoit recemment par Lettres Patentes du 14 Avril 1558, confirmé la donation de Charles VII. mais le changement survenu en l'Estat par la mort de ce Monarque arrivée le 10 Iuillet 1569, & la nouvelle face des affaires qui se trouva sous le Reigne de François II. firent connoistre à ce Seigneur qu'il luy falloit, en une Iustice reglée, défendre la validité de son don, c'est ce qu'il fit ; Et par Arrest contradictoire du 27 May 1560, main-levée luy fut faite & accordée de la Terre d'*Aubigny* , pour en joüyr comme luy & ses predecesseurs avoient fait. Ledit sieur du Puy, qui rapporte cet Arrest, ajouste, que ceux de cette maison qui sont en Angleterre, joüissent encore à present de ladite Terre d'Aubigny.

Mais enfin, quand les Terres du Domaine de la Couronne sont.

données

a Tit. 3. num. 10. Versicul. Cæterum, In principcip.

b C'estoit Antoine du *Prat.*

c Du Puy. *In verbo* Aubigny, *pag. 306.* Choppin, de Domanio, *lib. 2. tit. 14. num. 6.*

données à des Seigneurs Estrangers, non seulement pour les re-compenser des services qu'ils ont rendus à l'Estat; mais aussi pour les indemniser de la perte qu'ils ont soufferte de leurs propres biens, en s'attachant au service de nos Rois. Cette troisième & derniere particularité a esté toûjours trouvée & jugée si considerable & si importante, que l'alienation du Domaine, quoy que faite à perpe-tuité, a esté confirmée non seulement en la personne de leurs des-cendans; mais encore au profit de leurs successeurs & ayans cause. Monsieur a le Bret s'en explique disertement en ces termes : *l'usage,* dit il, *a donné la liberté d'aliener le Domaine de la Couronne en d'autres occasions, sçavoir est quand il faut rachepter le Roy, & payer sa rançon, lors qu'il est pris par ses Ennemis ; Et peu aprés, Et enfin pour recom-penser les services des Seigneurs Estrangers qui ont quitté leur païs & aban-donné leurs biens, pour se donner entierement au service de nos Rois, qui est un devoir qu'on ne peut obmettre sans reproche d'une extrême ingrati-tude ;* il ajouste *que cela fut dit ainsi autresfois en plain Parlement, lors qu'on voulut retirer la Terre de Concressault, qui avoit esté donnée au Sei-gneur de Stuard Escossois, pour recompense de ses services.*

Mais ce qu'il ne touche presque qu'en passant de ce don de la Terre de *Concressault,* est bien amplement expliqué par le sieur du Puy dans ses recherches du Domaine du Roy sur plusieurs Villes, & par Maistre René Choppin en divers endroits de ses Livres du Domaine.

Charles VII. suivant les remarques b dudit sieur du Puy, par Lettres Patentes du 23 Avril 1421 : ratifiées en Decembre 1425, don-na à *Berault Stuard* Comte de Boucan Escossois, Capitaine de la compagnie Escossoise, le lieu & Chastel de *Concressault* en Berry, & ce pour l'avoir bien servy contre les Anglois, & à la charge qu'il pourroit estre retiré en baillant audit Stuard & ses successeurs 200 l. de rente, moyennant, quoy & non autrement, Concressault pour-roit estre reüny au Domaine.

Choppin c rapporte ce don presqu'en mesmes termes ; *atque ita,* dit il, *propemodum sibi Reique publicæ cavit septimus Carolus munificâ Concressaldi Biturigum oppidi ac Territorij alienatione in Bucanium Comi-tem Scotum : Quippe quòd huic, adscriptâ conditione, datum sit, ut alte-rius præstatione latij fundi, quod duo libellarum Turonensium millia annuo proventu exæquaret, pristinam in causam revocaretur Census Augusti.*

Or, *Concressault* estoit constamment une Terre domaniale, ayant esté acquise au Patrimoine Royal au moyen de la confiscation de biens encouruë par les successeurs de Resinel de Concressault, qui en estoient les Proprietaires ; C'est ce que le mesme Choppin d re-marque en autre endroit ; *Ast hæc posterorum scelere possessorum, redacta est in principis fiscum, donec Karolus VII. Rector Galliarum, eamdem Be-raldo Stuarto largitus, fit copiarum Duci Scoto, reique Gallicæ in Britan-nicos hostes propugnatori strenuissimo.*

Soixante ans ou environ aprés, un des successeurs de *Berault Stuard* vendit cette terre au sieur du *Mesnil-Peny* ; Elle fut en 1533. saisie & mise en la main du Roy, à la requeste de Monsieur le Procureur General au Parlement de Paris, en execution de l'Edit de reünion de l'an 1531. *Antoine de la Roche-Chaudry,* & Dame *Anne du Mesnil-Peny,* fille de celuy qui l'avoit acquise des successeurs de *Berault Stuard,* s'op-poserent à cette main-mise ; & par Arrest du premier Aoust audit an 1533, les parties ayant esté appointées contraires, main-levée pendant procés fut faite par provision audit *de la Roche-Chaudry* & sa femme, pour jouyr par eux de ladite Terre, comme auparavant la saisie.

X x

Le 24 Novembre 1548, lesdits *de la Roche-Chandry* & sa femme, vendirent la mesme Terre au sieur *Boucart*, qui a quelque temps de là, la revendit à Maistre Jean *Allaman sieur de Guepean*, en faveur duquel & de ses successeurs, il y a eu divers Arrests contre Monsieur le Procureur General, en datte des 22 Janvier 1585, 12 Decembre 1598, & 22 Janvier 1603. Par celuy de 1598, main-levée fut faite à Messire *François Allaman sieur de Guepean*, Maistre des Requestes, pour jouyr par luy & ses successeurs de ladite terre de Concressault, conformément aux Arrests des premier Aoust 1533, dernier Aoust 1543, & 22 Ianvier 1585, mesmes du droit de provision aux Offices de ladite Chastellenie.

L'on voit clairement dans cét exemple que la donation de *Concressault faite à Berault Stuard*, estoit de la pleine & entiere proprieté, *pour luy ses susseurs & ayans cause*, puisque les ventes qui en avoient esté faites par ses successeurs aux sieurs *du Mesnil Peny*, & par ceux-cy aux sieurs *de Guepean*, a tenu & a esté confirmée ; Car d'insister sur ce que cette Terre pouvoit se retirer & estre reünie au Domaine en fournissant aux successeurs & ayans cause dudit *Stuard* un autre fonds de deux mille livres de revenu, ce n'est pas soudre la question, puis que le fonds qui auroit esté fourny, auroit toûjours appartenu en pleine proprieté à ceux desquels *Concressault* auroit esté retiré.

Cependant cette Chastellenie, lors qu'elle avoit esté donnée par Charles VII. estoit constamment domaniale ; ayant esté acquise & unie au Patrimoine Royal, au moyen de la confiscation de biens encouruë, prononcée & executée contre les successeurs de Rosinel de Concressault, qui en estoient les proprietaires, ainsi qu'il a esté prouvé par l'autorité & le texte de Choppin.

Et quant aux Arrests de 1598, & de 1603, rendus au Parlement de Paris, en faveur des sieurs *de Guepean*, ayans cause dudit *Stuard*, ils font assez connaistre que la question du don ayant esté agitée avec beaucoup de contention l'on n'avoit aucunement obmis de relever là Iustice de la cause pour laquelle cette alienation en proprieté & à perpetuité s'estoit pû faire d'une Terre domaniale ; sçavoir pour recompenser les services d'un Seigneur Estranger, qui avoit quitté son pays & abandonné ses biens, pour se donner entierement au service de la France, & que c'estoit un devoir qui ne pouvoit estre obmis *sans reproche d'une extréme ingratitude* : Car Monsieur le Bret remarquant, ainsi qu'il a esté observé cy-dessus, que cela avoit esté dit en plein Parlement, lors que l'on avoit voulu retirer la Terre de *Concressault* donnée au Seigneur de *Stuard* Escossois, pour recompense de ses services, insinuë assez que c'avoit esté lors desdits Arrests de 1598, & de 1603.

II. Arrest pour les terres de Pleuvot, Longeau &c.

Mais après l'Arrest celebre du 27 Aoust 1585. rendu au Parlement de Paris, en faveur des successeurs de *Guillaume de Rochefort* Chancellier de France, contre Monsieur le Procureur General, la question de laquelle il s'agit, ne peut plus estre la matiere d'une difficulté.

Aprés la mort de *Charles le Guerrier*, dernier Duc de la seconde branche de Bourgoigne, *Guillaume de Rochefort*, *a* Seigneur Fran-Contois, se rangea du party de Louïs XI. & luy fait serment de fidelité ; Marie de Bourgoigne, fille unique de Charles, irritée de ce que le Seigneur de Rochefort l'avoit abandonnée, confisca les biens considerables qu'il avoit dans ses Estats ; c'est pourquoy Louïs XI. environ l'an 1480, luy donna en pleine proprieté les Terres de *Pleuvot, Longeau* & *Labergement* scituées partie dans le ressort du Chasteau & Chastellenie de Rouvres, partie dans la Prevosté d'Aussonne, mais

a Tout cecy, ensemble l'Arrest cy-aprés cotté est rapporté par Choppin, *lib. 2. de Doma. tit. 14. num. 8.*

quoy que ce soit, des dependances du Duché de Bourgoigne : *partim*, dit Choppin *remunerandi eximia Rupefortij in nostram Rempublicam officia, partim ut illam fundorum jacturam sarciret.*

Cent ans & plus aprés, ces terres furent saisies & mises en la main du Roy, comme domaniales ; & sur l'opposition qui y fut formée par les successeurs & ayant cause du donataire, la cause ayant esté portée au Parlement de Paris, Arrest de main-levée püre & simple intervint en leur faveur le 27 Aoust 1583 ; qui fut mis à execution par Monsieur Brulart Premier President au Parlement de Dijon, les mois de Ianvier & de Mars 1584.

Il faut donc qu'il demeure pour constant que les terres du Domaine de la Couronne, se peuvent aliener en toute proprieté & à perpetuité, pour recompenser les services rendus à l'Estat par les Sujets de la Couronne, & beaucoup plus par des Seigneurs Estrangers, sur tout quand pour s'estre addonnez entierement au service de nos Rois, ils ont perdu leurs propres biens dans leurs pays ; & que bien loin qu'en faisant cette sorte d'alienation, nos Rois se departent du serment solemnel qu'ils ont presté lors de leur Sacre, au contraire ils le remplissent & l'executent par l'exercice de l'administration de la Iustice retributive, dont ils se font à eux seuls reservez les fonctions.

Or ces fondemens ainsi posez & establis, il n'y a plus qu'à en faire l'application au particulier de cette cause, pour demeurer pleinement convaincu de la validité du don de la terre & Baronnie de Montbar, fait par Louïs XI. au Mareschal de Hohsberg, pour luy ses successeurs & ayant cause.

Application de toutes ces principes à la donation de la terre de Montbar faite

Philippes de Hohsberg, estoit un Seigneur Estranger, qui par consequent pouvoit demeurer neutre entre Louïs XI. & Marie de Bourgoigne : mais c'estoit outre cela un Seigneur qui a raison des Terres considerables qu'il possedoit dans les Estats de Marie de Bourgoigne, pouvoit sans encourir aucun blasme se declarer pour cette Princesse contre la France ; cependant il prend ouvertement le party de Louïs XI. il luy fait serment de fidelité, il expose pour le bien de son Estat & ses biens & sa personne ; il perd les uns & court bien souvent le risque de l'autre, voila donc en luy une cause juste & veritable, pour laquelle une Terre mesme domaniale pouvoit luy estre valablement donnée en toute proprieté pour luy ses successeurs & ayant cause, ainsi que les Arrests l'ont jugé non seulement pour les naturels François Sujets de la Couronne & de l'Estat : mais encore & bien plus favorablement pour les Seigneurs Escossois & Fran-Contois, cy-dessus denommez leurs successeurs & ayant cause.

à Philippes de Hohsberg Seigneur Estranger, pour recompense de services rendus à l'Estat, & pour l'indemniser des grands biens qu'il abandonnez en prenant le party de la France.

Mais deux particularitez qui sont enoncées dans les Lettres Patentes du don de la Terre de *Montbar*, semblent relever *Philippes de Hohsberg* donataire, au dessus de tous les autres, dont les donations ont neantmoins perpetuellement esté declarées & jugées valables.

La premiere est, qu'il est demeuré inviolablement attaché à Louïs XI. *sans aucunement vaciller de son bon propos, quelques divisions & subversions qui soient intervenuës durant les divisions naguieres passées :* Ce sont les propres *a* termes de ces Lettres Patentes, dont la verité est justifiée par l'Histoire. Elles sont dattées du mois d'Octobre 1478. jusques auquel temps, à compter depuis la mort de Charles *le Guerrier* Duc de Bourgoigne arrivée le 6 Ianver 1476, plusieurs grandes revolutions s'estoient faites principalement és Duché & Comté de Bourgoigne, dont Louïs XI. s'efforçoit de se rendre le maistre ; car

Sa fidelité inviolable.

a Lettres Patentes du don de la terre de Montbar fait par Louys XI. à Philippes de Hohsberg.

Louys par la grace de Dieu Roy de Fran-
Comme

le Prince d'Orange s'estoit revolté contre ce Monarque, *Dole* avoit chassé la garnison Françoise; plusieurs Villes s'estoient soustraites de la domination de la France, parce qu'elles avoient remarqué que la fortune sembloit se declarer pour Maximilam d'Austriche, qui avoit espousé Marie de Bourgoigne; mais au milieu de toutes ces revolutions ou plutost *divisions & subversions* pour user des termes de Louïs XI. la fidelité de *Philippes de Hohsberg*, demeura inesbranlable, & se fit paroistre d'autant plus insigne qu'elle estoit rare & singuliere; c'est pourquoy elle est recommandée avec eloge, & en des termes qui semblent avoir esté empruntez du grand Theodoric, *a* lors qu'il honora Cassiodore de la dignité du Patriciat : *In ipso quippe, b* dit-il, *Imperij nostri devotus fuisti exordio, cùm adhuc fluctuantibus rebus Provinciarum corda vagarentur, & negligi novam dominum novitas ipsa pateretur.*

considerans & ayans en memoire *les grands & recommandables services* que nostre tres-cher & amé nepveu Philippes de Hohsberg Seigneur de Bandeville nostre Mareschal en Bourgoigne a faits *tant à Nous qu'à toute la chose publique de nostre Royaume,* & comme il s'est grandement & vertueusement employé au fait de nos Guerres, *& y a avanturé en grand danger & par plusieurs fois sa personne & biens*; & aussi la bonne & grande loyauté qu'il a montrée par effet *envers Nous & la Couronne de France*; Et que pour garder sadite loyauté & tenir nostre party, *il a abandonné plusieurs de ses terres & Seigneuries de bon & grand revenu,* & de tout son pouvoir a porté grief & dommage à nos adversaires, *sans aucunement vaciller de son bon propos, quelques divisions et subversions qui soient intervenuës durant les divisions naguieres passées.* De tout desirans *en reconnoissance des choses dessusdites,* & pour l'attraire en amour & accroistre en honneur & biens, ayans fait traitter & accorder le mariage d'entre nostredit nepveu & nostre tres-chere & tres-amée niepce *Marie de Savoye,* Sçavoir faisons, que Nous ce que dit est consideré, & pour la grande & singuliere amour & dilection que Nous avons à nosdits nepveu & niepce, & mesmement en faveur & contemplation de leurdit mariage, & pour augmentation de leur bien, afin qu'ils ayent toûjours mieux dequoy supporter les grands frais & dépenses que faire leur conviendra pour l'entretenement de leur Estat, à iceux avons de nostre propre mouvement, certaine science, grace specialle, pleine puissance & autorité Royalle. *Donné, cedé, quitté, transporté & délaissé, Donnons, cedons, quittons, transportons & délaissons par pure, simple & irrevocable donation faite entre-vifs* pour eux & leurs hoirs masles & femelles descendans d'eux en loyal mariage, nos Villes, Places, Prevostez, Tabellionnages & Seigneuries de *Montbar & Sermoise* assises en nostre pays de Bourgoigne, ainsi qu'ils se rapportent de toutes parts, pour en jouïr, &c. en faire & disposer *comme de leur propre chose & heritage,* sans aucune chose y reserver ne retenir pour Nous ne aux nostres, fors seulement *les foy & hommage, ressort & Souveraineté,* en faisant & payant les charges ordinaires & anciennes deuës & accoustumées estre payées sur icelles d'ancienneté, où & ainsi qu'il appartiendra. SI donnons en mandement par cesdites presentes à nos Amez & Feaux Gens de nos Comptes à Dijon, au Bailly d'Auxerre, & à tous nos autres Iusticiers & Officiers, ou à leurs Lieutenans presens & avenir, & à chacun d'eux, si comme à luy appartiendra, *que nosdits nepveu & niepce, & leursdits hoirs & ayans cause,* ils fassent, souffrent & laissent jouyr & user de nos presentes, don, cession, quittance & transport, & leur en baillent & fassent bailler dés à present la possession reelle & actuelle &c. Donné au Plessis du Parc au mois d'Octobre, l'an de grace 1478. & de nostre regne le 18. signé, LOUIS; & sur le reply desdites Lettres, Par le Roy, PICOT.

a Cassiodo. 1. *varia. cap. 3.*

Sa naissance & ses merites personnels.

La seconde particularité est tirée de la naissance & du merite personel de Philippes de Hohsberg en consideration, desquels Louïs XI. l'honore de son aliance, & luy fait espouser Marie de Savoye sa niece.

Arnoul Evesque de Lysieux, qui parut avec esclat environ l'an 1102, sous le Regne de Philippes Auguste, relevant avec eloge une liberalité qui avoit esté faite en veuë des services considerables & des merites singuliers de celuy qui en avoit esté gratifié, *liberalitati, b* dit-il, *prudentia discretionis accessit; quoniam ei dedistis cujus vobis honestas, cujus industria, cuius sedulitas officiosa complacuit; nec ignotæ personæ, nec inutili contulistis, sed ei cuius merita præcesserant & sequentur;* mais l'on peut dire sans exaggeration la mesme chose de la donation faite par Louïs XI. de la terre de *Montbar* à Philippes de Hohsberg; car encore que ce Monarque n'ait pas toûjours gardé la circonspection qui eut esté requise és gratifications d'un Roy de France, neantmoins en celle-cy, la prudence & le discernement avoient paru avec tant d'esclat & de sagesse, que l'on pouvoit conclurre avec le mesme

b Episto 60. *ad Laurentium. wesmonst. to.* 3. Biblioth. Patrum.

Evefque de Lyfieux , *quod bené merenti rependitur , illuftrari donationis nomine non meretur.*

En effet, quand cette donation , comme il a efté obfervé cy-deffus , fut examinée és Eftats tenus à Tours fous Charles VIII, quand la validité en fut difcutée au Confeil d'Eftat fous François I. Et enfin , quand au Parlement de Paris , Monfieur le Procureur General pretendit que c'eftoit un don purement gratuit qui eftoit revocable de fa nature, & revocqué effectivement par les Edits de reünion, il n'y eut dans tous ces Tribunaux auguftes qu'un fentiment & un jugement uniforme en faveur de cet acte qui fut confideré , comme un titre dont la caufe eftoit veritable , equitable & legitime.

Pour donc finir ce premier moyen du fonds tyré de la caufe de l'acte & refumer en peu de mots ce qui en a efté cy-deffus avancé eftably & prouvé ; Il eft certain que nos Rois ont pû recompenfer les fervices rendus à l'Eftat par l'alienation en proprieté & à perpetuité des Terres du Domaine de la Couronne ; Que cette caufe d'alienation eft jufte, Que nos Rois, par ces fortes d'alienations, bien loin de contrevenir au ferment qu'ils ont prefté lors de leur Sacre, l'ont au contraire tres-religieufement accomply ; Et par confequent que la donation de *Montbar* , faite à Philippes de Hohfberg Marefchal de Bourgoigne, ayant eu pour motif & pour fondement les fervices fignalez que ce Seigneur avoit rendus à l'Eftat ; cette donation feroit valable & demeureroit hors d'atteinte , quand mefmes la Baronnie de *Montbar* auroit efté une Terre du Domaine & du Patrimoine de la Couronne.

Mais le fecond moyen du fonds paffe encore plus loin , puis qu'il tend à faire voir, que quand le Marefchal de Bourgoigne Philippes de Hohfberg , n'auroit rendu aucuns fervices à l'Eftat ; ou quand le Domaine de la Couronne ne pourroit eftre donné en proprieté & à perpetuité pour la récompenfe de femblables fervices, la donation de la Baronnie de *Montbar* faite à luy, fes fucceffeurs & ayans caufe, ne laifferoit pas d'eftre valable, d'autant que cette terre *n'eftoit point Domaniale*, mais au contraire *eftoit un Domaine privé, particulier & domeftique à Louïs XI.* dont il pouvoit difpofer à fa volonté & abfolument.

C'eft ce que l'on a infinué cy-deffus en un mot dans la divifion des moyens du fonds , dont le fecond a efté eftably fur la qualité de cette Baronnie,

Car enfin l'on a prouvé dans la premiere partie de ce Factum , *Que Montbar n'avoit point fait partie de cette portion eclipfée par le Roy Robert du Domaine de l'Eftat, & donnée en Appennage à Robert de France fon fils, fous le titre du Duché de Bourgoigne.*

L'on a prouvé dans la feconde partie, *Que cette Baronnie n'avoit point efté vnie foit expreffément, foit tacitement au Patrimoine de la Couronne, ny par le Roy Iean après la mort de Philippes de Rouvre dernier Duc de la premiere branche de Bourgoigne , ny par le Roy Louys XI. après le deceds de Charles le Guerrier dernier Duc de la feconde branche.*

Enfin l'on a prouvé , *Que cette Terre n'eftoit pas mefme vniffable au Domaine de l'Eftat , parce qu'elle eftoit tenuë & mouvante en Fief Lige de l'Evefché de Langres.*

Et par confequent, il eft certain que Louïs XI. pouvoit non feulement en difpofer, comme il a fait, au profit de Philippes de Hohfberg : mais que de plus il n'auroit pas pû la retenir, & que mefme fuivant les plus anciennes loix de l'Eftat, les Evefques de Langres auroient pû l'obliger de la mettre hors de fes mains.

Le Sieur Buiffon partie adverfe, ne manquera pas de dire que Montbar lorfqu'il a efté donné par Louïs XI. avoit fans doute efté affranchy

Y y

de Montbar lorsx qu'il l'a donnée ne l'ont pas renduë Domanialle.

de la *Feudalité Lige* envers l'Evesché de Langres, puis que ce Monarque par les Lettres Patentes du don de cette Terre avoit expressément retenu sur icelle, *les foy & hommage, ressort & Souveraineté* : D'où il conclura sans doute, que dés le moment de cet affranchissement, elle estoit devenuë Domaniale.

Mais cette observation, aussi bien que l'induction qu'il en pourra tirer, se trouveront absolument inutiles pour plusieurs raisons qui né reçoivent point de réponse.

I. Raison.

Car premierement, ce n'estoit point au Marefchal de Hohsberg à s'informer de qu'elle mouvance & feudalité la Baronnie de Montbar avoit esté par le passé, ny si Louïs XI. en avoit recemment composé avec Guy Bernard, qui lors estoit Evesque de Langres. D'ailleurs il luy estoit beaucoup plus avantageux d'estre Vassal de la Couronne, que de l'Evesché de Langres ; mais quand bien Louïs XI. auroit amorty cette mouvance, cela n'auroit pas esté suffisant pour rendre cette Baronnie Domaniale, ainsi qu'il sera prouvé incontinent.

II. Raison.

Secondement, cette retention de foy & hommage inserée és Lettres Patentes, ne pouvoit avoir effet qu'entant qu'elle se trouveroit appuyée de la verité : car Louïs XI. ne pouvoit pas faire tort aux Evesques de Langres, jusqu'au point que de s'attribuer une feudalité directe & immediate qui leur appartenoit, & de laquelle il leur estoit garend luy mesme, comme tout Seigneur feodal est garend à ses Vassaux des mouvances, qu'ils luy rapportent en arriere fiefs.

C'est pourquoy en l'année 1613, Claude d'Escars lors Evesque de Langres fit saisir feodalement la Baronnie de *Montbar*, membres & dependances d'icelles, comme estant un fief de son Evesché, ouvert par le deceds de Messire Edme de Malain Baron de Lux.

Pour bien entendre cecy, il faut sçavoir que Monsieur de Nemours ayant vendu sous faculté de rachapt la Baronnie de *Montbar* à Messire   de Malain Baron de Lux, celuy-cy deceda pendant la grace du reémeré, laissant plusieurs enfans. Il est vray que le reémeré fut executé sur eux, & que cette Terre fut aussi tost venduë à forfait à Monsieur le Duc de Bellegarde, mais dans l'entretemps du deceds du Baron de Lux & du reémeré executé, l'Evesque de Langres fit saisir feodalement, *Montbar* faute d'hoirie, *droits & devoirs non faits & non payez.* Il porta en suite l'instance afin de *Commise* aux Requestes du Palais de Dijon, en laquelle ayant obtenu par Sentence du 18 Mars 1614, permission de faire Compulser, Extraire & Collationner toutes les pieces qui pouvoient luy servir pour justifier sa *Feudalité Lige*, procez verbal de Compulsoire fut dressé le Lundy lendemain de Quasimodo 7 Avril 1614 par Maistre Philippes Pietrequin, Lieutenant Particulier au Bailliage Royal de Langres, pour l'absence du Lieutenant Civil commis par ladite Sentence.

Il paroist par ce procez verbal qui est revestu de toutes ses formes ; Que l'on tira des Archives de l'Evesché de Langres, les actes de *foy & hommage lige* rendus par les Ducs de Bourgoigne, tant de la premiere que de la seconde branche, aux Evesques de Langres, pour raison de la Terre de *Montbar*, & mesme le denombrement vulgairement appellé *de Guy Bernard*, parce que c'estoit la declaration que Guy Bernard lors Evesque de Langres avoit fournie en 1464, à Louïs XI. de tout le temporel de son Evesché, tenu en Pairie de la Couronne, dans laquelle *Montbar* se trouvoit avoir esté mis comme mouvant en plein fief dudit Evesché & en arriere fief du Roy.

Ces pieces ainſi collationnées ont eſté rapportées tant en la premiere qu'en la ſeconde partie de ce Factum , & ſont produites par
le ſieur Aubery en cette inſtance ; & comme elles eſtabliſſoient la
feudalité que Meſſire Claude d'Eſcars pretendoit, ce Prelat preſſa
le Jugement de ſon inſtance. Les Concluſions qu'il avoit priſes d'a-
bord par ſa Requeſte du 7 Aouſt 1613. eſtoient preciſes : elles ten-
doient à ce que permiſſion luy fut donnée de faire aſſigner les heri-
tiérs du feu ſieur Baron de Lux , *pour voir declarer la Terre & Sei-*
gneurie de Montbar , membres , dependances d'icelle, commiſes par faute de
foy & devoirs non faits , & en ſuite à luy acquiſe comme Seigneur de
Langres dominant & feodal , enſemble les fruits, profits, revenus & emo-
lumens d'icelle , depuis ſa ſaiſie feodale.

La Juſtice de cette demande paroiſſoit trop claire , pour eſtre ſuſ-
ceptible de la moindre difficulté ; les Iuges eſtimerent ſeulement que
le droit de l'Eveſché de Langres , ſeroit plus puiſſamment eſtably,
ſi l'on pouvoit mettre les choſes en regle , pour rendre un Iugement contradictoire & diffinitif, tant ſur la perte des fruits, que ſur
la commiſe du fief. C'eſt pourquoy il y eut Sentence le 29 Iuin 1614 :
, qui declara la Seigneurie de *Montbar* , membres & dependances
, d'icelle (fors la maiſon ſciſe derriere le Chaſteau , qui eſtoit de
, la mouvance de l'Abbaye du Montier ſaint Iean) eſtre chargée
, de Fief envers ledit ſieur Claude d'Eſcars, comme Eveſque & Duc
, de Langres : & neantmoins qu'avant faire droit ſur le ſurplus de
, ſa Requeſte, les heritiers du Baron de Lux , enſemble Monſieur
, le Duc de Bellegarde , grand Eſcuyer de France & Gouverneur
, de Bourgoigne (que l'on ſçavoit eſtre nouvel acquereur de ladite
, Terre) ſeroient aſſignez à l'Audience, pour parties oüyes eſtre ap-
, pointées comme il appartiendroit , & ce pendant que la ſaiſie
, des fruits tiendroit juſques à que les foy & hommage euſſent
, eſté faites au demandeur.

Le deceds de ce Prelat arrivé peu de temps aprés cette Sentence , en empeſcha l'execution ; mais quand elle auroit eſté pour-
ſuivie contre Monſieur le Duc de Belgarde , nouvel acquereur de
Montbar : quand-celuy-cy auroit appellé le Roy à garand de ſa mouvance ; quand l'inſtance auroit eſté evocquée à la Grand'Chambre,
ſoit du Parlement de Dijon , ſoit de celuy de Paris : quand meſmes
Monſieur le Procureur Gēneral ſeroit intervenu , auroit pris le fait
& cauſe pour Monſieur le Duc de Bellegarde , & auroit ſouſtenu
la Baronnie de *Montbar* , eſtre un fief de la Couronne ; la ſeule retention de foy & hommage que Louïs XI. en avoit faite par les
Lettres Patentes du mois d'Octobre 1478 , auroit elle pû eſtablir
une mouvance & feudalité en faveur du Roy au prejudice des Eveſ-
ques de Langres , qui par tant d'actes ſolemnels, reïterez & con-
ſecutifs , pendant l'eſpace de prés de trois ſiecles entiers , avoient
eſté reconnus, non ſeulement par les Ducs de Bourgoigne , mais
encore par nos Rois meſmes , ſeuls Seigneurs feodaux & dominans
de cette Baronnie ? La preſcription , ſi elle eut eſté alleguée de la
part du Roy , n'eut elle pas auſſi-toſt eſté rejettée en conſequence
d'une des plus anciennes loix feodales & des plus inviolablement
obſervées que nous ayons ſelon laquelle le Seigneur ne preſcript
point contre ſon Vaſſal, ny le Vaſſal contre ſon Seigneur ? il auroit
donc fallu un titre particulier au Roy , pour ſe faire reconnoiſtre
Seigneur feodal & dominant de la Terre de *Montbar* ; & ce titre
pour eſtre valable , auroit dû eſtre une acquiſition ſpecifique de cette mouvance au profit de la Couronne , ſoit par achapt , ſoit par

eschange, soit par indemnité fournie à l'Evesché de Langres.

Or le sieur Aubery ne dit pas cela pour contester au Roy son droit de mouvance, ny pour se soustraire de sa feudalité; il luy est trop avantageux & trop honorable d'avoir le Roy à Seigneur dominant, pour entrer dans des sentimens qui luy seroient si prejudiciables & si desavantageux à sa Terre; Aussi n'en est il venu jusques là, que pour montrer combien est vaine l'objection que le sieur Buisson partie adverse voudroit uniquement fonder sur la retention que Louïs XI. avoit faite des foy & hommage de *Montbar*, pour en induire que cette Baronnie seroit dés lors devenuë Domaniale.

Le sieur Aubery passe encore plus loin : car il ne doute pas que Louys XI. auparavant que de donner *Montbar* au Mareschal de Hohsberg, n'en eut acquis la feudalité de l'Evesche de Langres, par un titre legitime. La retention qu'il en fit par les Lettres de Don l'insinuë trop puissamment pour en douter; car si il n'est pas croyable que nos Rois, qui ont toûjours fait gloire de doter, de fonder, de proteger les Eglises, & d'en augmenter les revenus, en ayent voulu usurper les biens ou les droits; cette suspicion tomberoit beaucoup moins sur Louys XI. aprés les témoignages que nous avons dans nos Histoires, des liberalitez & donations qu'il avoit faites aux Eglises avec tant de devotion & de magnificence qu'il les fallut retracter aprés son deceds, comme immenses & immoderées.

Mais quoy que Louys XI. ait acquis, comme l'on suppose, la feudalité de *Montbar*; ce n'est pas à dire pour cela, que cette Terre soit dés l'instant mesme devenuë Domaniale, & que ce Monarque ait esté mis dans l'impuissance, pour ne pas dire interdiction, d'en disposer.

C'est la troisiéme raison, que l'on oppose à l'objection du sieur Buisson : Car il est certain que cette acquisition de feudalité n'auroit pas rendu la Baronnie de *Montbar*, d'autre qualité ny condition à l'égard du Roy que l'estoient les autres Terres mouvantes de la Couronne (mais non dependantes ou faisant partie du Duché de Bourgoigne,) qui estoient revenuës à ce Monarque avec le mesme Duché par la clause particuliere de retour inserée aux Lettres Patentes de l'Appennage de Philippes le Hardy du mois de Septembre 1363. Ces Terres, comme on a veu dans la seconde partie, avoient esté possedées par les Ducs de Bourgoigne, comme un Patrimoine qui leur avoit esté propre & particulier, entierement distinct, divisé & separé de celuy de leur Appennage; c'est pourquoy elle estoient revenuës à Louys XI. en la mesme qualité de Domaines particuliers, & il les pouvoit posseder & retenir comme un Patrimoine domestique, separé de celuy de la Couronne. Il eut fallu mesme, pour les rendre Domaniales, que ce Monarque les eut vnies expressement au Patrimoine de l'Estat, attendu que *l'vnion tacite* n'avoit pas lors de lieu & n'estoit pas receuë parmy Nous.

Montbar, nonobstant l'acquisition de cette feudalité, seroit donc restée & demeurée de la mesme nature & qualité, c'est à dire qu'elle n'auroit esté qu'un Domaine propre, particulier & domestique de Louys XI. avec plein pouvoir de l'aliener, le donner & en disposer; c'est aussi ce que Choppin remarque avoir servy de motif & de fondement aux deux Arrests de main-levée rendus contradictoirement au Parlement de Paris, contre Monsieur le Procureur General, en faveur des Seigneurs de Montbar, les onze Decembre 1533, & 10 Février 1660, qui ont esté déja cy-dessus rap- *a 3. de Doma. tit. 16. num. vlt.*

portez : *planum est enim* , dit cet Autheur , *fundos hujusmodi Burgundiæ Regulis privatim competiisse* , & un peu auparavant , *fide factà privatæ conditionis ipsorum, qui ad Regiam Francicam proprietate numquam spectarint.*

L'on ne peut rien souhaiter de plus formel & de plus decisif contre le sieur Buisson partie adverse. Que *Montbar* , pour suivre la pensée & le sentiment de cet Autheur , ait esté si l'on veut une Terre mouvante de la Couronne aussi bien que *Chaussins* & *la Perriere* : elle n'a pas neantmoins fait partie de l'Appanage de Bourgoigne; mais a esté possedée & tenuë par les Ducs , comme un Domaine & Patrimoine qui leur estoit propre & particulier , dont ils estoient les maistres & proprietaires absolus , & qu'ils poûvoient aliener à leur volonté. Louys XI. à la verité l'a recueillie ; mais deux ans aprés l'avoir possedée , il en a disposé : & il l'a pû faire valablement, parce qu'elle n'estoit point du Domaine de la Couronne , ny du Patrimoine de l'Estat.

Mais il est temps de conclurre & de finir , & le sieur Aubery ne desespere pas, qu'aprés tant de veritez generales & particulieres qui ont esté retablies & mises au jour avec tant de certitude dans les Trois Parties de ce Factum , le sieur Buisson partie averse n'avoüe & ne reconnoisse que la pretention où il s'est si facilement engagé, est tout à fait déplorée.

C'est pourquoy led. sieur Aubery soustient qu'aprés la representation par luy faite des titres de la Baronnie de *Montbar* , en execution de la Sentence du 29 Novembre 1673 , la main levée provisoire portée par icelle de la saisie qui avoit esté faite de ladite Terre par exploit du 7 Octobre 1673 , doit demeurer pure , simple & diffinitive , nonobstant les moyens alleguez au contraire par ledit sieur Buisson, desquels ensemble de sa demande , il sera debouté & condamné és dommages & interests dudit sieur Aubery , & aux despens.

Conclusion.

FIN.

BIBLIOTHEQUE ROYALE

www.ingramcontent.com/pod-product-compliance
Lightning Source LLC
LaVergne TN
LVHW051044200726
843508LV00001B/344